国家“十一五”重点规划图书——当代生态经济译库(一)

生态经济学

——原理与应用

Herman E. Daly　Joshua Farley　著

徐中民　张志强　钟方雷
唐　增　程怀文　译校

黄河水利出版社

图书在版编目(CIP)数据

生态经济学:原理与应用/(美)戴利(Daly,H. E),(美)弗蕾(Farley,J.)著;徐中民等译. —郑州:黄河水利出版社,2007. 5
书名原文:Ecological Economics:Principles and Applications
ISBN 978—7—80734—200—7

Ⅰ. 生…　Ⅱ. ①戴…②弗…③徐…　Ⅲ. 生态经济学
Ⅳ. F062. 2

中国版本图书馆 CIP 数据核字(2007)第 052711 号

出 版 社:黄河水利出版社
地址:河南省郑州市金水路 11 号　　邮政编码:450003
发行单位:黄河水利出版社
发行部电话:0371－66026940　　传真:0371-66022620
E-mail: hhslcbs@126. com
承印单位:河南地质彩色印刷厂
开本:787 mm×1092 mm　1/16
印张:22
字数:510 千字　　印数:1—2 000

版次:2007 年 9 月第 1 版　　印次:2007 年 9 月第 1 次印刷
书号:ISBN 978-7-80734-200-7/F·74　　定价:50.00 元

著作权合同登记号:图字16-2007-26

出 版 前 言

当人类跨入21世纪的时候,科学研究的方式发生了很大的变化,已经进入了多学科交叉和团队协作研究来解决全球性重大问题(如全球变暖、生物多样性损失、环境污染、水土流失等)的新时代。生态经济学作为一门倡导从最广泛的角度来理解生态系统与经济系统之间复杂关系的新兴交叉学科,最近十多年来得到了迅速的发展,其在可持续发展的定量衡量、环境政策和管理、生态系统服务评价、生态系统健康与人类健康、资源的可持续利用、集成评价和模拟、生活质量及财富和资源的分配等方面的研究取得了突破性进展,对理解和解决环境问题做出了巨大的贡献。

个人能否成才通常取决于智商、情商、健商和机遇等许多因素,其中健商最为重要,"一个人做对的事情比做对事情更重要"指的就是一个人要有健商。一门学科的发展与此有许多相似之处。我国西北地区经济发展落后,生态与环境脆弱,从生态经济的角度来理解环境问题的病因、探询生态系统与经济系统和谐发展的机制、找寻积极而有效的行动对策措施,无疑是正确的方向。在知识创新和文化创新的背景下,中国科学院寒区旱区环境与工程研究所与兰州大学、西北师范大学等高等院校的一批对生态经济问题有浓厚兴趣的青年科研人员自发组织成立了一个学习型生态经济研究小组。该团队以五项修炼(自我超越、改善心智模式、建立共同愿景、团体学习和系统思考)为加强自身个人修养的要旨,目标是为解决西北地区突出的生态经济问题做出自己的贡献。这说明生态经济学科在西北的发展已经具备"智商"、"情商"和"健商"的基础,所缺的只是"机遇"。在西部做事比东部难、机遇少是当前不争的事实,但要认识到机遇只垂青于有准备的头脑,我们需要创造条件,等待机会。切莫在机遇到来时,因自身条件限制而不能抓住,空悲叹。

如何创造条件?科研有它自己的规律,讲求厚积而薄发,"十年铸一剑"。任何学科的进步,都是靠一代又一代人的积累。没有旧知识的积累,就不会有新知识的拓展。对我国生态经济的发展而言,现阶段的任务主要是学习国际上的"开山斧法"。由于我国目前生态经济学科发展与国际前沿存在较大差距,要想顺利通过面前的"文献山",跟上国际前沿,找到国际上生态经济研究的"开山斧"著作,并将它翻译出来,并介绍给国内,是一种很好的厚积斧头的方式。

当然,我们不能仅满足于掌握国际上的"开山斧法",我们的最终目的是拥有自己的"开山斧法",也就是要做出自己的创新成果。从现阶段的实际情况来看,要开创自己的"开山斧法"困难重重,但只要大家能静下心来,好好演练国际上生态经济研究的"开山斧法",并以"十年铸一剑"的毅力和勇气,持之以恒,在不久的将来定能拥有自己的"开山斧法”。

为了全面、系统地总结当代生态经济研究的全貌和进展，带动国内生态经济领域的研究，提升我国生态经济学科的研究能力，我们与黄河水利出版社协商决定出版“当代生态经济系列丛书”，主要包括两个子系列：①当代生态经济译库，主要翻译国际上生态经济研究方面的“开山斧”著作；②当代生态经济文库，主要反映自己的研究成果。希望通过大家坚持不懈的努力，近期内能在研究范围、研究内容、研究方法和手段等方面跟上世界生态经济研究的前沿，甚至能在一些方面结出自己的思想之果，引领风骚。

春风拂柳，抚昔追远，迎着朝晖，充满希望。

我和大家一起瞻望中国生态经济研究的未来！

2006.10.16

A Preface to the Chinese Edition of Ecological Economics: Principles and Applications

Most economics professors receive a steady stream of new textbooks. We would have to admit that we receive so many of these that we don't even bother to open every one. Economics textbooks are so common (at least in the US) they can scarcely be given away! Why then have we written yet another, and why has it been translated into Chinese?

The answer is that most of the standard economics textbooks are very misleading on some important issues. For example, we are told that if individuals and countries specialize in their comparative advantage and engage in trade, society can produce more economic outputs — more guns and butter, more houses and cars — with no change in resource inputs, and everyone can be better off. Even if you do not yet know what comparative advantage is, this sounds almost too good to be true, and for a good reason: it is. Producing more physical outputs inevitably requires more raw material inputs (unless we compare very large houses and cars with very small ones, which is not what the textbooks are doing), because it is a law of physics that we cannot produce something from nothing. It is a law of physics that it takes energy to do work, and more economic production generally means more use of both material and energy. Finally, it is a law of physics that it is impossible to produce nothing from something and that disorder increases, so all economic activities generate waste.

We too might be willing to ignore the laws of physics if doing so provided a usefully simplified model of the human economy. Maybe that was the case in the "empty world" of the 19th Century when the foundations of neoclassical economics were laid. But it not true in the "full world" of the 21st Century. Both China and the US need an economic vision that recognizes that we live on a finite and increasingly crowded planet that supplies all the resources we consume and must absorb all the wastes we emit. The raw materials we extract from nature, essential to all economic production, are also the structural building blocks of ecosystems. Humans, like all species, depend for their survival on the life support functions generated by healthy ecosystems, such as climate stabilization, water purification and regulation, and the reproduction of raw materials essential to economic production. When we disrupt ecosystem structure and spew waste back into the environment, we damage the earth's capacity to sustain life. Given the current scale of the global economy and the rate at which it continues to grow, we can no longer afford an economic model that ignores the fundamental laws of physics and ecology. Indeed the conventional model also ignores elementary economics by failing to count the most basic of all opportunity costs — the reduction of the capacity of the earth to support life.

We wrote this textbook to popularize a more scientific approach to economics in which the economic system is modeled as a subsystem of the sustaining and containing global ecosystem, different resources have different physical characteristics, and those characteristics help determine how they should be allocated. Within this model, the primary goal is to make sure that the physical size of the economy does not exceed the capacity of the ecosystem to sustain it. But as soon as we recognize that the planet is finite and there are physical limits to economic growth, it raises the ethical issue of distribution: Who is entitled to the finite stock of natural resources, including waste absorption capacity, and to the benefits they provide? There is no value free answer to this question, but many of the most important questions in economics are value laden, and to claim otherwise is foolish. While ecological economics is more explicitly scientific than conventional economics, it also explicitly acknowledges the importance of values.

We believe that China, as well as the US, is in desperate need of developing an ecological economy. There is no doubt that the rapid economic growth in China in recent years has brought tremendous and much needed benefits to many of its citizens, and more growth is needed. But no one in China can deny that this increased output has required more resource inputs and has generated substantial waste output, and that these negative impacts threaten the well—being of future generations. Economic growth is not an end in itself but a means to other ends. High on that list of other ends is a high quality of life for all Chinese, now and in the future. The benefits of growth must therefore be balanced against its tremendous costs. China must also pay attention to the distribution of benefits within the country, which has been highly skewed, and through international forums to the distribution of resources between countries, which is even more highly skewed. Unfettered markets may do a good job of promoting growth in the short run, but they too often ignore the costs of growth and do a terrible job at distribution. How we allocate — whether by capitalism, socialism or commonwealth trusteeship — should be determined both by the desired ends and by the physical characteristics of the resources required to achieve those ends. China has already shown pragmatism in this regards, and may yet avoid falling into the ideological trap so prevalent in economic theory of favoring one allocation mechanism under all circumstances. While ecological economics does not promise easy answers to China's problems, it at least suggests the right questions, namely: what is the proper physical scale of the economy relative to the biosphere; what is a fair distribution of the wealth produced; and how can different types of resources be most efficiently allocated among alternative uses?

Herman E. Daly and Joshua Farley, April 11, 2007

中 文 版 序

大多数经济学教授都会不断地收到新的经济学教科书。必须承认,这样的教科书非常多,我们不会每一本都读。经济学教科书如此之多(至少在美国是如此),其中很多又无人问津!为什么我们还要写一本?为什么这一本又被翻译成了中文呢?

这是因为标准经济学教科书在一些重要的问题上有误导。例如,这些书中提到,如果个人和国家根据比较优势进行专业化生产和贸易,社会可以在不改变资源投入的情况下,生产出更多的经济产品——更多的枪支和黄油,更多的住房与汽车,人人都将从中受益。即使不知道什么是比较优势,我们也能想到,这种观点过于理想化可能不正确。确实是这样。更多的物质产出需要投入更多的原材料(除非是比较大的房子和汽车与小的房子和汽车,而本教材并不处理这样的事情),不能凭空造物是一个基本的物理学规律。做功需要消耗能量也是基本的物理学规律,说明更大规模的经济生产要使用更多的原料和能量。最后,物质不会凭空消失,系统的无序会增多也是基本的物理学规律。因此,所有的经济活动都会产生废弃物。

如果忽视物理学规律可以提供一个有用的、简化的人类经济系统模式,我们愿意这样。也许 19 世纪“空的世界”,新古典主义经济学奠基时就是这样的情形,但在 21 世纪我们生存在“满的世界”中,情形已不再如此。中国和美国都需要这样一种经济愿景:我们生活在一个有限的且日益拥挤的星球上,它提供人类消费的所有资源,并吸收所有废弃物。从自然界中获取的原料对所有经济生产都至关重要,同时这些物质也是生态系统结构的组成部分。与其他物种一样,人类的生存也依赖于健康的生态系统提供的生命支持功能,比如,气候稳定、水的净化和调节,以及对经济生产极为重要的原材料的再生产。当人类破坏生态系统结构,向环境排放大量废弃物时,地球支持生命系统的能力将遭到削弱。在目前全球经济的规模状况和不断增长的情形下,我们不能采用忽视基本的物理学和生态学规律的经济发展模式。而且,传统的经济发展模式也忽视了基本的经济学原理,它忽视了所有机会成本中最重要的部分——降低的地球支持生命系统的能力。

我们写这本书的目的是为了普及一种更科学的经济学方法,它将经济系统作为支持并包含它的地球生态系统的子系统,不同的资源具有不同的物理特性,这些特性有助于决定资源应该如何配置。在这个模型中,首要的目标是保证经济系统的物理规模没有超出支持它的生态系统的承载能力范围。只要意识到地球是有限的,经济增长有物理上的限制,就会引起分配的伦理问题:谁有权拥有这些有限的自然资源,包括废弃物吸收能力和它们所产生的效益?这个问题的答案涉及价值,许多重要的经济学问题都与价值密切相关,其他方面的说法都有些微不足道。尽管生态经济学比传统经济学更具有明确的科学性,但它也明确承认价值的重要性。

我们认为中国和美国一样,都亟待发展生态经济。无疑,中国近年来快速的经济增长为许多中国人带来了巨大的利益,并且中国还需要更多的经济增长。但没有哪个中国人能否认,产出的增加使资源的投入增加,同时产生了更多的废弃物,这些负面影响将危及后代的福利。经济增长本身并不是目标,而只是实现其他目标的手段。在各种目标中,重要的是使所有中国人(包括当代人和后代人)有高的生活质量。因此,必须权衡增长的效益与产生的巨大成本。同时,中国必须关注当前国内利益分配极度不公平的问题,并通过国际交流关注资源在国家间分配更不公平的问题。自由市场在短期内可能有助于促进经济增长,但往往忽视经济增长的成本,并且在分配上表现很糟糕。如何配置资源——不管是通过资本主义、社会主义或是联邦托管——都应该由期望的目标以及实现这些目标所需的资源的物理特性决定。在这一方面,中国已经找到了实用的方法,应该可以避免经济理论中普遍盛行的意识形态陷阱:在所有情形下都采用一种配置机制。虽然生态经济学不能保证为中国面临的难题提供答案,但至少它提出了正确的问题,即:相对于生物圈,经济系统合适的物理规模是多大,如何分配财富才算公平,以及不同类型的资源如何在各种用途间最有效地配置。

Herman E. Daly,Joshua Farley

2007.4.11

(唐增、程怀文、苏芳译)

译　序

Daly 和 Farley 的这本《生态经济学——原理与应用》能选做我们这套当代生态经济译库之首，靠的不仅是 Daly 先生的盛名，更重要的是文中传递的内功心法。译者——当然是一群致力于中国生态经济发展的有志青年，在阅读原著后，大有打通任督二脉的感觉。于是本着磨刀不误砍柴工的思想，欣欣然将这本书翻译成中文，介绍给我国的生态经济同行，期望能有助于提高我国生态经济研究的发展能力。

本书的精彩内容在正文中有详细介绍，这里仅简单勾勒其骨架，算是给读者提供一个正式阅读前的"愿景"吧。第一部分生态经济学导言详细解释了生态经济学与传统经济学的区别；分析了二者基本愿景的差异，提出了生态经济学面临的三大问题：可持续规模、公平分配和高效配置；并在区分目标和手段的基础上，总结了生态经济学集成生态学和生态学的三种战略。第二部分包容性和支持性的生态系统，建立了区分存量一流量资源和资本一服务资源的概念框架，并从热力学和生态学的角度讨论了关键的 8 种稀缺性资源的特征。第三部分至第五部分，在简要介绍微观经济学、宏观经济学和国际贸易理论的基础上，探讨了从生态经济的角度，需要如何扩展这些理论框架，以更符合可持续发展的实践需要。第六部分是政策设计部分，在总结政策设计原则的基础上，分别讨论了影响可持续规模、公平分配和高效配置的政策选择。最后的展望部分还重新思考了生态经济学的伦理假设。

本书的出版是中国科学院寒区旱区环境与工程研究所生态经济研究小组成员集体努力的成果。张志强带领生态经济研究组的成员翻译了本书的初稿；本书的第二、三、四稿由钟方雷、程怀文、唐增交叉校订；徐中民校订了第五稿；定稿由徐中民、钟方雷、程怀文、唐增讨论完成。为了保证本书的可读性，付印前新入学的硕士生王康、孙克阅读了本书的最后一稿，提出了一些有价值的修改意见。本书的出版得到了国家自然科学重点基金项目"环境变化条件下干旱区内陆河流域水资源可持续利用研究"(No. 40235053)、国家自然科学基金"中国西北地区虚拟水战略研究"(No. 40671076)、甘肃省重点学科生态经济学和中国科学院知识创新工程方向性项目(KZCX2－YW－501)的资助，在此一并致谢。

本书的内容涉及面广。为了保证本书的质量，尽管我们付出了两年多的时间，五易其稿，力求客观、完整和准确，但毕竟学识水平有限，挂一漏万之处在所难免，敬请各位读者批评指正。

衷心希望本书的读者能从本书中有所收获，那将是对我们这没有止境的努力的莫大鼓励；更希望你我能携起手来，推动我国生态经济研究的发展。

译　者

2006 年 12 月

致　谢

感谢国际生态经济学协会的许多同事与我们分享他们的学识和提供的支持，他们的一些见解具有启迪思维的作用。特别感谢佛蒙特大学 Gund 生态经济研究所的 Robert Costanza 教授和其他研究人员，及马里兰大学公共事务学院的同事们。非常感谢 Santa Barbara 家族基金会的财务资助，感谢 Jack Santa Barbara 的鼓励和大量超过资金支持的帮助。作为本书的编辑，Island 出版社的 Todd Baldwin 引导了从组稿到出版的整个过程，并提供了许多有用的建议。

致教师

从教学的角度来看,教科书通常需要直接地介绍一门明确的学科中已被普遍接受的概念和命题。尽管我们努力想使本书能用于教学,但严格来说,本书还不是一本教科书,因为生态经济学不是一门学科,甚至也没有期望成为一门学科。由于缺乏更好的词汇,我们称之为“交叉学科”。我们认为学科结构使知识破碎化,学科结构是需要通过许多努力来克服的事情,而不是一种要满足的规范。现实中的问题并不遵守学科界线。当然,我们确信考虑到逻辑和事实,推理方式应该“遵守一定的准则”,但不是像限定在新古典经济学派供奉的传统方法和工具范围内那样的“学科化”。此外,生态经济学仍然处于“建设”过程中,还没有普遍接受的方法和工具。因此,生态经济学的实践者往往利用不同学科的方法和工具来研究具体的问题。

本书的很多内容比标准经济学原理教科书中的内容更具争议,也很少形成固定的标准。在严厉批判标准经济学、过分强调 GNP 的增长,而忽视了包含经济系统的生物物理系统时,我们也认识到许多环境破坏和面对的其他形式的悲惨境遇与对标准经济学认识不足有关。例如,对自然资源进行价格补贴,忽视外部成本和收益,政治上不愿意考虑稀缺性和机会成本的概念,对这些问题我们和标准经济学家都持批评态度。

书中介绍的微观经济学和宏观经济学基础,讨论的分配和贸易,这些内容都是基于标准经济学。需要澄清的是,我们并没有声称生态经济学家发明了供给和需求、国民收入核算或比较优势。尽管可能没有必要这样声明,但经验告诉我们,即使有些经济学概念现在已为公众广泛接受,也需要清楚地认识它们的由来。标准经济学和生态经济学对很多问题都有争议,这里没有必要补充任何编造的争论问题。对于有争议的问题,我们并不回避争论,但要尽量避免不必要的意气之争,并且要记住只是观点的冲突,不是观点持有者之间的冲突。然而,必须承认我们确实全都以极大的热情持有某种观点。如果不是这样,就没有人会支持任何事情,学习经济学也会非常令人厌烦。但所有的热情都需要承诺公平——首先考虑他人的观点,其次才要求别人平等地对待自己的观点。

作为本书的作者,我们两位都是接受了标准的新古典主义经济学博士学位项目训练的经济学家,这样的教育几乎在美国所有大学都有。我们俩在不同国家的大学及发展机构中讲授和应用经济学的时间已经超过了 50 年。我们不是“非经济学家”,也不认为“非经济学家”这个称号就说明了处于一种不可救药的堕落状态。毕竟,大多数政策制定者是“非经济学家”,这是我们有时会感激的一个事实。尽管我们明确地拒绝接受一些传授给我们的事物,但从传统经济学那里我们接受的要比拒绝的多。一方面,我们很难容忍一些反对经济学家的人,他们提倡废除货币,认为所有的稀缺性都是人造的社会模式,所有自然提供的服务都应该是免费的;另一方面,我们也不敢苟同许多经济学同行的观点,他们认为增长可以解决经济问题,狭隘的利己主义是人类唯一可靠的动机,技术总可以为任何枯竭的资源找到替代品,市场能够有效地配置所有类型的物品,或者热力学定律与经济学不相关。正是因为生态经济学与标准经济学有一些基本的分歧，所以才有必要强调这些分歧是共同的历史树干上的分枝，而不是砍伐共同的树干。

作为这本教科书的一个补充，我们还编写了一本工作手册。需要强调的是，这本教科书自成体系，并不依赖于工作手册。然而，工作手册可能在案例研究、应用和班级项目设计方面对一部分教师和学生有帮助。

目 录

第二部分　包含性和支持性的生态系统：一个整体

第三部分 微观经济学

第四部分 宏观经济学

第五部分 国际贸易

第六部分 政 策

绪 论

历史学家 J. R. McNeill 的《阳光下的新事物》[1]一书的结论可能是本书最好的介绍。McNeill 认为，传道书中传道士的观点虽然不是全部，但大部分是正确的。的确，在虚无和邪恶领域内“阳光下没有什么新事物”，但人类在自然界中的位置发生了变化。人类规模对上帝的其他创造物带来的巨大的和破坏性的影响确实是阳光下的一个新事物，而且它进一步放大了虚无和邪恶的后果。McNeill 的结论有助于将生态经济学置于历史的背景中，并且解释为什么生态经济学如此重要[2]。因此，McNeill 的结论值得详细引用：

> 曾有人期望共产主义成为 20 世纪普遍的信念，但最终失败了，而一个更温顺和诱人的信仰——追求经济增长却成功了。因为经济增长掩盖了大量的罪孽，资本家、民族主义者——差不多是所有人，包括共产主义者在内——都在同一圣坛中对它顶礼膜拜。在经济增长持续时，印度尼西亚和日本的人民忍受着无止境的腐败；俄罗斯和东欧的人民忍受着笨拙的国家管制；美国和巴西的人民承担着巨大的社会不平等。为了经济增长，社会、道德和生态上的灾难都被承受下来，信仰经济增长的人甚至指出只有更多的增长才能解决这些问题。经济增长几乎变成了所有国家不可缺少的意识形态。怎么会是这样？
>
> 很早以前，这种国家信仰就有很深的根基，至少在封建帝制时的中国和重商主义时的欧洲已经如此。但在 20 世纪 30 年代的大萧条之后这种信仰才完全成功……大萧条之后，经济的理性实践击败了除安全外所有人们关心的问题。那些承诺分送圣餐的人成为了高级牧师。
>
> 这些人是经济学家，而且大部分是英美经济学家。他们通过使通货再膨胀和对英美经济的管理帮助政府赢得了第二次世界大战。1945 年以后美国在国际上的统治地位使美国的观念被广泛接受，特别是其最显著的经济成功。在此期间，苏联在其地缘政治范围内进行了经济体制改革，提供了一个工程师管理多于经济学家管理的经济增长模式。
>
> 由于在结束大萧条和管理战时经济中的贡献，美国经济学家获得了极大的信任。1935～1970 年间，他们获得了极大的声望和权利，因为（或者看上去是这样）他们可以通过财政和货币政策的微小调整来控制需求，从而使失业最小、避免衰退和保证经济的长期增长。他们渗透到了政治和学术领域，为国内和国外提供专业建议，培训了大批来自全球的追随者，为大众杂志撰写专栏——抓住一切机会来传播他们的信仰。他们中的大师宽容地对待各不同的学派，只要他们遵循共同的基本原理。他们的思想非常适合当时的社会和政治条件，在许多社

---

[1] J. R. McNeill, *Something New Under the Sun*, New York: Norton, 2000, pp. 334～336.

[2] 在近期的学术和历史背景下，关于生态经济学地位的其他论述可参见：Peter Hay, *Main Currents in Western Environmental Thought*, Bloomington: Indiana University Press, 2002，第八章。

会被奉为正统思想。因为经济学家能思考、写作、为社会开处方，而自然不能，所以经济学家所做的一切都很重要。

上述这些都很怪异。早期的经济学家曾努力将自然考虑进去，最著名的是牧师托马斯·马尔萨斯(Thomas Malthus)(1766～1834)和 W. S. Jevons。但随着工业化、城市化和服务业的兴起，1935～1960 年间的经济理论变成了一堆冷冰冰的抽象概念，在其中自然只是那些等待利用的资源的储藏室。自然不会经历逐渐的变化过程，它在被榨取的时候不会感到痛，也不会进行自我调整。曾经很沉闷的经济学现在变成了欢快的科学。1984 年一位美国经济学家兴高采烈地预言经济可以增长 70 亿年——直到太阳消亡，地平线为黑暗笼罩。诺贝尔奖获得者们，不顾自己的名声，宣称"没有自然资源，实际上世界可以照常运转并继续发展"，这无疑是极端的言论，却是规范的观点。在犹太—基督教将自然从其教义中清除后，英美经济学家(大约 1860 年以后)也将自然从经济学中清除了。

总的来说，在有空旷的土地、浅滩、未受干扰的鱼群、大片森林和厚厚的臭氧保护层的地球上，迷恋增长非常实用，但迷恋增长却使地球越来越拥挤，压力越来越大。尽管生态缓冲作用已消失，真正的成本急剧增加，但迷恋增长的意识形态仍然在资本主义和共产主义的圈子里盛行。经济学家中没有哪个著名的学派能解释自然资产的折旧。而真正的异教徒——那些质疑增长的根本目的并寻求认识生态系统服务价值的经济学家，20 世纪末仍处在主流之外。经济学思想没有随着情况的变化做出相应的调整，而这些变化本身就有它自己的作用。因此，经济学思想仍然合法地、间接地引起了生态系统巨大而快速的变化。无疑，经济增长具有至高无上的优先性是 20 世纪最重要的思想。

从大约 1880 年到 1970 年，学术界集体否认正在发生的大规模环境变化。当经济学家忽视自然界的时候，生态学家也假设人类不存在。为了不让人类事务的不确定性玷污他们的科学，生态学家只是找寻原始的斑块地来监测能量流动和种群动态。因此，生态学家没有政治、经济或者生态影响。

McNeill 评论中的"经济增长具有至高无上的优先性是 20 世纪最重要的思想"，这个观点正确吗？很难想象还有比经济增长更重要的事情，目前几乎没人怀疑经济增长的优先地位[1]。然而很多学生厌烦经济学也是因为 McNeill 给出的理由，即经济学家完全忽视自然界，将经济增长视为"至善"而过度沉浸其中。尽管这样的厌恶可以理解，但如果学习经济学的学生是那些不知道经济学这门学科的局限性，或者是那些意识到某些东西是错的，但没有能力或勇气去改变的学生，这将是非常令人悲哀的事情。

McNeill 教授在"真正的异教徒"注解中明确表示生态经济学就是那个直到 20 世纪末仍在主流之外的"真正的异教徒"。我们写这本教科书的目的就是尝试改变这种令人遗憾的局面——帮助下一代经济学家正确看待自然和自然的限制。为了达到这一目的，需要

---

[1] 关于增长如何主导战后美国的政治这段有趣的政治历史，参见 R. M. Collins，*More：The Politics of Growth in Postwar America*，New York：Oxford University Press，2000.

融合多学科的知识和方法，创立一个跨学科的经济学研究方法。如果想理解自然的限制，提出促进经济在自然限制内发展的政策，那么必须掌握这样的方法。然而，如果不想得到随机的结果，就必须将可获得的途径集中到具体的目标上。McNeill令人信服地指出，现代社会中大多数人赞同的目标是通过无休止的经济增长来提供日益增加的物质消费。这强调了一个不可能实现或可能不合理的目标。可以证明，这是传统经济学的一个严重缺陷，而不是一个对途径理解有限的问题。

呼吁改变

写这本书的时候，有新闻报道在法国和英国的大学里有一群学经济学的学生正在抵制教学内容，他们成立了后自我经济学协会。同传统经济学一样，自我中心主义具有"非正常的主观性，接受幻想而不是现实"的特征，他们行为中隐含的判断是恰当的。生态经济学试图为经济学上的推理方式提供生物物理环境和道德环境的现实和约束基础。当前从无法满足的欲望和无穷的资源这样的"规范假定[1]"得出的永远增长结论显然没有现实基础。它带来的严重后果显而易见，而这确实是阳光下的新事物。

在生态经济学的早期研究中，曾经希望生态学家接管经济学家的领域，从而弥补经济学家忽视自然的缺陷。虽然生态学家有很多的贡献，但我们不得不承认McNeill的论断，他们的影响基本上是令人失望的——他们中大多数人不愿意"人类事务的不确定性玷污他们的科学"。为什么生态学家处理政策问题时存在困难将是第二章中讨论的主题。虽然生态学和经济学的缺陷不一样，但在研究生态系统时假设生态系统在一个有60亿人口的星球上能不受人类的影响，这表明生态学倾向接受幻想而不是现实。因此，生态经济学并不是简单地在经济学忽视的地方引入生态学思想。这两门学科都需要进行根本性的变革，这样两者的结合才能发挥作用。

其实并不是以自我为中心这样的狭隘视野限制了经济学和生态学。目前大部分大学教给学生的都是一些范围狭窄的传统学科知识。教给学生一套某学科特有的工具以期能解决所有的问题，而不是教学生如何研究问题，如何应用一切必要的工具来解决问题。困难在于，我们今天所面临的最紧迫问题来自于两个高度复杂系统间的相互作用——人类系统和支撑人类系统的生态系统。这些问题非常复杂，从单一学科的角度根本无法解决。从单一学科的角度来解决必然会忽视这些问题在自己学科范畴外的其他方面，或者是运用了不恰当的工具。单一学科教育不可避免地会形成"非正常的主观性"（自我中心主义）。多学科交叉的视角可以驱散单一学科都倾向的幻想。比如，一个熟悉生态学或物理学的经济学家怎么可能会赞成在一个有限的星球上经济可以无限增长呢？有效解决问题的研究需要提供跨学科交流时彼此能理解的语言，否则，各学科就会继续孤立于自我的世界中，而无法理解周围的世界，更不要说解决困扰它的问题了。

[1] 规范的字面意思是"依据宗教原则"，一般指依据已被接受的一些做法。

一门跨学科的科学

生态经济学家必须大大超出生态学和经济学的简单融合。当今的复杂问题相应地需要利用社会科学、自然科学以及人文学科的思想和工具进行复杂的演绎推理才能解决。常可见不同学科背景的研究队伍分开研究同一问题,然后努力把各自的结果组合在一起。这也就是所谓的多学科研究,但是组合的结果却像是盲人摸象,盲人只是根据自己接触的大象身体部分的情况来描述大象。不同的是,盲人很容易汇总他们得到的信息,而不同学科之间甚至缺乏交流的共同语言。一开始就让不同学科的研究者一起处理一个问题,可以减少他们以后交流的语言障碍,这样的交叉学科研究是正确方向上的一步。大学里有学科,现实生活中有问题。生态经济学试图推进真正的跨学科研究,其中的实践者都能接受这样的观点:学科界线是学术组织的模式,与大学外面的世界没有关系,要让所研究的问题决定合适的工具集,而不是相反。

利用不同学科的视角和工具有助于有效地解决问题,在不同意识形态的价值体系中进行公开讨论对定义我们努力达到的目标也会有帮助。不幸的是,20 世纪占统治地位的两种意识形态,其价值体系都缺乏足够的多样性,因而很难推动这样的讨论。苏联和西方社会尽管在许多重要的方面存在差异,但都将经济增长放在首要位置。马克思辩证唯物主义决定论不考虑任何道德或公正的诉求,“新社会主义者”只有在物质极为丰富的情况下才能出现,这反过来要求经济增长最大化。同时,只有在不存在稀缺性时资产阶级才不会自私自利。通常美国和西方的大多数社会都不拒绝道德与正义的要求,但必须承认相比自然资源和技术能力,道德资源更加稀缺。美国和西方社会的战略也是增长优先,相信大馅饼总比小馅饼更容易分配❶。但在实践中,这两种意识形态的社会都为 McNeill 的“增长崇拜”支配,而且都忽略了经济增长的成本。

有限系统内的无限增长是不可能实现的目标,最终一定会失败。苏联的失败首先是因为,其忽视人权的中央计划体系比西方尊重人权的权利分散体系的运行效率要低。相比西方,苏联更不注意经济增长的环境成本和社会成本,所以它崩溃得更快。因为西方的运行效率高一些,所以能够在追求不可能实现的目标的道路上走得远一点。随着经济增长成本的不断积累,西方最终也会崩溃。无论如何,苏联的解体只是确认了西方的制度具有更高的效率。效率仅能争取一点时间,西方无限制的增长最终也会失败,西方国家甚至没有考虑过这种可能性。替代无限的增长和无止境的物质消费这样的误导目标的讨论会贯穿本书。

---

❶ 即使对西方大的和有权势的集团,增长第一和对市场支配力的迷信也让他们将公众的道德观念抛到了脑后。Ayn Rand,一名非常有影响的哲学家和作家,她将艾伦·格林斯潘(联邦储备委员会前任主席,世界上最有权力的人之一)算作自己的铁杆追随者。她认为利他主义是有害的,自私自利是一种美德。芝加哥学派的诺贝尔经济学奖获得者 Milton Friedman 一脉相承地指出:“承担一定社会责任的官员都将尽可能多地为相关的利益团体赚钱作为信念,还没有什么趋势能像这样削弱自由社会的基础。”*Capitalism and Freedom*, Chicago: University of Chicago Press, 1962, p. 135. *Selfishness: A New Concept of Egoism*, New York: Signet, 1964。

想一想!

考虑一下你有一定了解的当前社会面临的某个问题。需要单一学科还是不同学科的知识来解决这个问题?哪些学科可能被包括在内?在你所在的大学,不同学科的院系之间(教授和学生)的交流有多少?

全书概况

本书第一部分介绍了生态经济学的主要思想。生态经济学试图解释世界如何运行,并试图提出使世界运行更好的机制和制度。为了说明新的跨学科的生态经济学的研究范围,第一章介绍了新古典经济学与生态经济学的基本主题。确定了研究范围之后,首先确定了将要分析系统的基本属性。在第二章开始阐述了生态经济学的核心(分析前的)愿景,即经济系统是支撑它的全球生态系统的一部分或子系统。这与新古典经济学认为经济系统是一个能自给自足的完整实体的基本思想有显著的差别。如果要让一个系统更好地运行,我们需要弄清楚可获得的资源(手段)和期望的结果(目标)。第三章主要阐述目标一手段谱,对于理解将自己定义为连接不充足的手段和替代目标的生态经济学,这是必要的一步。

第二部分主要阐述地球及大气——具有包含性和支撑性的整体。这一部分深入分析了整体的属性——全球生态系统通过为经济过程提供资源(作为源),同时又吸纳人类的废弃物(作为汇)来支持人类社会。第四章确定了经济生产中低熵(有用、有序的物质一能量)的重要性,经过经济过程这些低熵物质必然转化为高熵、无序、无用的废弃物。第五章描述了低熵的具体表现形式,自然界提供的非生物物品和服务,分析了它们与市场相关的具体性质。与第五章类似,第六章以同样的方式分析了生物资源。第七章描述了自然界提供的许多物品和服务。这些物品和服务以前非常丰富,即使经济系统在配置稀缺资源时忽视它们也没有什么影响。正如绪论所讨论的,现在这些物品和服务已经变得稀缺,对它们的配置因而变得非常重要。

从第三部分开始分析生态系统中我们最感兴趣的一部分——经济子系统,这里将新古典经济学理论中有用的部分融入到生态经济学中。微观经济学、宏观经济学和国际贸易每一门的内容非常丰富,本书只是介绍了它们一些最基本的内容。

第八章和第九章介绍了微观经济学,研究在具体的目标下高效配置稀缺资源的机制。这两章解释了竞争性市场经济的自组织特征。在竞争性市场经济中,数百万独立的决策者根据自己的利益自由行动,就产生了第一章开头暗示的那些惊人结果。这两章还解释了如何修正新古典生产函数和效用函数,以处理生态经济学的有关问题。

第十章从传统微观经济学对资源配置的分析中回过来探讨能被市场机制有效配置的资源所必须具备的特征。结果是自然界提供的物品和服务很少具备这些特征。通过自由市场来配置不具备这些必备特征的资源只会导致低效率、不公平以及不可持续的结果。个人的自私自利创造的“一只无形的手”,它可使社会福利最大化。相反,市场配置“非市场”资源创造了“一只无形的脚”,它狠狠地踹了公共物品一脚。仔细分析稀缺资源的市场相关特征是制定政策的必要前提。因此,在第十一章和第十二章市场失灵的概念被分别用来分析非生物资源和生物资源。

第四部分转向宏观经济学。如前所述,生态经济学将经济系统看成一个更大的有限系统的一部分。这意味着不可能实现宏观经济政策的传统目标——经济在物质维度上的无限增长。因此,在生态经济学中最佳规模取代了增长目标,接着是公平分配和有效配置,并按这样的顺序区分目标的优先次序。规模和分配都是基本的宏观经济学问题,因此除了传统经济学教科书中讨论的财政和货币政策工具外,还介绍了一些有助于经济系统达到最佳规模的政策❶。第十三章主要阐述了两个基本的宏观经济学概念:GNP 和福利,从分析经济核算或测量期望目标(国民生产总值和人类需求评价)开始。第十四章讨论了货币在经济中的作用。第十五章主要讨论了代内和代际分配问题。第十六章逐步阐明了基本的宏观经济模型——储蓄和投资行为如何与货币的供需一起决定利率和国民收入水平。然后,将宏观经济模型与设计的政策杠杆结合起来,以实现可持续规模和公平分配的生态经济学目标。

第五部分阐述了国际贸易。第十七章和第十八章讨论了不同经济体如何相互影响以及全球经济一体化中出现的问题,特别探讨了全球一体化对政策制订的影响。第十九章关注金融问题(如贸易收支差额和汇率),同时还论述了全球化对宏观经济政策的意义。

第六部分主要讨论政策。第二十章提出了政策的设计原则。第二十一章评论了许多影响规模的政策选择,第二十二章评论了影响分配的政策选择,第二十三章评论了影响配置的政策选择。

最后的总结性章节,即展望部分,再次思考了生态经济学的伦理假设。我们提倡重新回到早期的经济学,将它明确作为提高当代人和后代人生活质量的道德哲学。

总之,新古典经济理论出现主要是为了解释市场经济,相比生态经济学则更具有综合性和能动性。我们描述了稀缺资源的属性和利用它们的目标,以及在公平分配和可持续规模的社会背景下预先设计的有效配置稀缺资源的制度。我们有市场这个基本的配置机制,虽然它需要改善,但至少它存在。我们没有控制经济规模的机制,而调节分配的机制(反托拉斯法、累进税制)已被允许缩减。制度建设是一项政治任务,而“政治是可能的艺术”,这是一种明智而谨慎的策略。为了避免明显的政治上的“不可能之事”,这条格言阻止我们徒劳地尝试自然上的“不可能之事”。当面临在自然上的“不可能之事”和政治上的“不可能之事”间作出两难选择时,试试政治上的“不可能”是更好的选择。

---

❶ 最佳规模是指经济增长的位置,在该位置上经济增长造成生态系统功能降低的边际成本等于增加增长的边际效益。在正文中会谈到,有很多因素影响最佳规模。

第一部分

生态经济学导言

第一章 为什么要学习经济学

经济学是什么

经济学是一门研究在可选择的、竞争性目标间**配置**有限或稀缺资源的学科。例如,可以选择将钢铁用于生产犁或多功能厢式跑车。接着这些产品又被分配给不同的人,如索马里的农民或好莱坞的明星。当然,作为一个社会我们不会有意识地选择将钢铁用于生产确定数量的犁或多功能厢式跑车。但我们有集体的期望,即加总每个人作出的买东西的选择。实际上,经济学就是研究我们想要什么以及得到它我们愿意放弃什么。

> 配置是将资源分配给生产不同物品和服务的过程。新古典经济学认为市场是资源配置的基本机制。生态经济学认为市场仅是资源配置的一种可能机制。

事实上,引导经济学研究的是以下需要依次提出的三个关键问题:

(1)我们希望达到什么目标?

(2)达到目标需要哪些有限的或稀缺的资源?

(3)哪些目标是需要优先考虑的事情?怎样为这些目标配置资源?

显然,不深思前两个问题则无法回答第三个问题。

第一个问题经济学家的传统答案是"效用"或人类福利❶。福利取决于人们的需求,这些需求通过市场交易——商品和服务的买卖体现。显然,市场交易只揭示了人们对市场商品的偏好,并暗含非市场物品对福利几乎没有贡献。假定人类贪得无厌❷,那么福利将随商品和服务供给的增加而增加。由于商品和服务是用它们的市场价值衡量的,因此通常将永恒的经济增长作为一个合适的、可测量的期望目标的代理指标。

> 有效配置是帕累托有效配置的简称,即与当前的配置状况相比,不存在另外一种能在不损害他人福利的情况下改善至少一个人福利的资源配置方式。

这是现代主流经济学派——**新古典经济学**(NCE)的基本观点。新古典经济学家认为市场能够揭示大部分期望目标,而巨大多数稀缺资源都是商品,从而主要研究市场这种在可选择的目标间配置资源的机制。采用市场作为合适的机制是因为在某些限制性假设条件下市场是有效率的,而效率是与价值无关的测量"善"的客观标准。**有效配置**是**帕累托有效配置**的简称(以帕累托命名是为了纪念经济学家 Vilfredo Pareto),它指这样一种状况:在不减少其他人效用的情况下,没有哪种资源配置方式能改善至少一个人的效用。在新古典经济

❶ 实际上许多新古典经济学家认为经济学是一门实证科学(基于价值中立的前提和分析)。由于期望的目标是规范性的(基于价值观),所以它不属于经济分析的范畴。

❷ 贪得无厌意味着我们永远不会对所有物品感到满足,即使在特定时间内获得了足够多的任何物品。

学中,效率如此重要以至于有时就将它作为目标❶。

必须牢记的是,如果目标是邪恶的,那么效率只会把事情弄得更糟。要知道希特勒屠杀犹太人时就很有效率。只有当目标是善的而且次序合理,效率才是有价值的——不值得做的事情当然不值得做好。这个问题在第三章关于"目标-手段"的讨论中还会谈到。

与新古典经济学不同,**生态经济学**认为有效配置尽管很重要,但本身决不是目标。以船为例,有效率地装载货物需要确保船脊骨两边的重量相等,并且船头、船尾的负荷均匀,这样船才能平稳地浮在水面上。尽管有效率地装载货物非常重要,但更重要的是确保船不要超载。一艘船因超载而沉没,说其货物装载很有效率不能带来任何慰藉!哪些人有权利在船上装货也很重要,我们不能让头等舱的乘客霸占所有货仓,而经济舱的乘客连放食物和衣服的地方也没有。

生态经济学家把地球看做一艘船,经济的总物质产出看做货物。地球之船是否适于航行取决于它的生态健康、给养状况和设计。生态经济学家认为,人类正在未知海域上航行,没有人能预测航行的天气情况,因此没人知道载重多少才是安全的,但都知道载货太多会使船沉没。

新古典经济学家只关注商品的有效配置。**环境经济学**(新古典经济学的一个分支)尽管认识到人类福利在很大程度上依赖于生态系统服务,并受环境污染的影响,但是环境经济学仍然热衷于效率的研究。由于生态系统服务或污染很少存在市场,所以环境经济学家采用各种技术赋予它们市场价值,以便将它们融入市场模型中。生态经济学家坚持认为,船上的装载重量要低于安全载重量(用航海术语表示是指 Plimsoll 线❷)范围内,安全载重量由船只的设计和可能遇到的最坏情况决定;同时要有足够资源保障所有乘客的舒适航行。只有解决了这两个问题,才能认为货舱的装载是有效率的。

有足够的证据表明,地球之船装载的货物量已经超过,或者至少已经接近安全航行的承载力,许多乘客已经无法携带航行的基本必需品。毫无疑问,货舱中还有太多的温室气体和有毒化合物。要给不断增加的货物腾出空间,就必须清除那些不重要的东西。但人类生活在一艘复杂的船上,人类还根本不了解船的设计和人类的选择对船的结构完整性的影响。需要多少森林和湿地才能使船漂浮在水上?哪些物种是至关重要的铆钉,缺少它们就会危及船的安全?生态经济学就是研究这些问题,其目标是使船的装载量处于安全载重量范围内;使船上有足够的空间让乘客感到舒适并能享乐;使乘客能沉醉于造船技艺的精美,并维持其良好的性能以便下一批乘客搭乘。

那么,为什么要学习经济学呢?如果不学习经济学,我们很可能会因为一些不重要的目标耗尽了资源,而那些重要的目标却没有实现。除非我们研究地球之船航行的海域以及船自身的设计和功能,否则地球之船很可能因为超载而沉没。

---

❶ D. Bromley. The Ideology of Efficiency: Searching for a Theory of Policy Analysis. *Journal of Environmental Economics and Management*, 19:86~107 (1990).

❷ 1875 年,Samuel Plimsoll 维持了英国商船载重量法案,该法案要求进出英国港口的货船身上都需要标有安全载重量线(Plimsoll 线)。船只的吃水线超过该线便被认为是超载,超载船只禁止进出英国的港口。由于当时英国的航海事业处于世界领先地位,该措施很快在全球实行。然而那些从超载中获利的船东强烈反对这项措施,因为对超载船只偶然的翻船风险,他们可以以照样有利可图的价格购买保险来应对。自实施以来,Plimsoll 线已经拯救了许多海员的生命。

本书的目的

传统的经济学思想(新古典经济学)已经统治了整个学术界一个多世纪,本书的目的是将生态经济学作为其必要的发展引入进来。本书不仅批判新古典经济学理论,而且批判支持增长的市场经济,许多人心中实际上认为市场经济是美国民主的同义词。生态经济学家没有呼吁终止市场。市场是必要的,需要质疑的是以下普遍的信念:市场能揭示所有的期望;市场这个理想系统不仅能有效配置所有资源,而且能公平分配资源;市场能够自动地将整个宏观经济❶调整到生物圈内可持续的物质规模范围内。

解析市场并阐明它所擅长的领域是我们目标的一部分,另外我们还要说明为什么自由市场系统对配置自然界提供的大部分物品和服务是不合适的。本书的这部分内容不会有争议,其中大部分观点实际上来自新古典经济学,这里也只是为了让读者注意它们的全面涵义(我们从正统思想中衍生出的)。

> 增长是规模数量或吞吐量的增加。
>
> 吞吐量是指从全球生态系统进入经济系统、再以废弃物形式反馈回全球生态系统中的原材料流和能量流。
>
> 发展是在一定的吞吐量下物品和服务质量的提高,这里的质量定义为提高人类福利的能力。

更具争议(也更重要)的是生态经济学呼吁停止增长。我们把**增长**定义为**吞吐量**的增加,吞吐量是指从环境进入经济系统的自然资源流量和从经济系统中反馈给环境的废弃物流量。它是经济系统产出和(或)经济系统产生的废弃物的物质规模数量上的增加。由于地球和地球上的资源都是有限的,这种增长当然不能无限地继续下去。增长必然会停止,但这并不意味着**发展**也会停止。我们把**发展**定义为质量的改善、潜力的实现、向改进(但数量规模不扩大)的结构或系统的演化——在吞吐量不变的情况下,提高物品和服务的质量(根据增加人类福利的能力来衡量质量)。本书的读者中大多数已经停止了身体的生长,然而为了开发自己的潜能正在阅读这本书。我们希望人类社会能继续发展,但也坚信只有停止数量的增长,才能在无限的未来继续发展。幸运的是,许多期望目标的实现几乎不需要自然资源。

"可持续发展"的思想(后面将会详细讨论)是指没有增长的发展,也就是说,在吞吐量的数量增加不超出环境承载力的情况下,满足人类需求(需要和愿望)的能力得到质的改进。承载力是指在一定的技术和消费水平下,特定的生态系统能够维持的人口数量。增长的极限并不意味着发展的极限。

传统新古典经济学家把增长定义为经济中商品和服务生产的增加,通常用它们的市场价值来衡量,也就是国民生产总值(GNP)的增加。然而,经济可以在不增长的情况下发展,也可以在不发展的情况下增长,或者二者并存。GNP 把质的发展和量的增长混在一起——这是两个遵循不同规律的、完全不同的事情,因此 GNP 不是一个很好的测量指标。

---

❶ 微观经济学主要关注针对不同商品和服务的生产与消费如何配置资源。宏观经济学传统上主要关注经济增长(即经济的规模)、就业和通货膨胀。

尽管增长和发展有显著的区别，但要停止增长则需要整个社会对善(目标及其次序)的认识有一个革命性的改变，这个主题在本书中将反复出现。对人来说，从青春期向成年的转变是一个困难的过程，社会也是如此。

市场经济是令人惊奇的制度。在过去3个世纪，消费品空前地快速增加，这充分反映了市场的力量。今天富裕国家的穷人拥有许多几个世纪前欧洲的国王们做梦都没想到过的奢侈品，我们通过一个建立在自由选择基础上的体系实现了这一点。在纯粹的完全市场中，个人可以自由选择买卖和生产任何商品。除个人自由的意愿外，没有任何其他强加的控制力量影响个人的决策。当然，理想的市场形式只存在于教科书中，但竞争市场确实展现了令人印象深刻的自我调节力量。因此，修正这个被广泛接受、深入人心的体系，确实需要令人信服的理由。其实，只要简单回顾市场和经济的历史，就会发现这样的修正一直都有。

协同演化经济学[1]

正如Karl Polanyi在他的经典著作《大转折》[2]中所述，经济系统是人类文化的一部分，和人类文化一样，它也在不断地演化。事实上，通过文化的演化适应环境变化的能力是人与其他动物最显著的区别。经济、社会和政治体制以及技术进步，都是文化适应的实例。所有这些系统都已经适应了环境的变化，而适应反过来又引起新的环境变化，然后人类必须在协同演化过程中再次适应。一些显著的协同演化例子，及其对未来变化的意义将有助于说明这个概念。

从狩猎者一采集者到产业工人

在人类历史90%以上的时间中，人类都是以小群游牧的狩猎者一采集者形式繁衍生息。人类学和考古学一起让我们对狩猎者一采集者的经济有了基本的了解。他们并不像许多人想象的那样过着"肮脏、野蛮和短暂"的生活，早期人类每天只要工作几个小时就可以满足他们的基本需求。由于资源充足，对采集食物贡献很少的老人和孩子，也能很好地满足他们的需求。昆(音译)部落生活在非常干旱和贫瘠的环境中，最近对他们的研究发现，他们中10%以上的人都超过60岁，这与许多工业化国家相比都是值得称道的[3]。

小群狩猎者一采集者消耗完一个地方的资源后，就会迁移到其他资源丰富的地方，这样可以恢复他们原来营地的资源。迁徙是生存所必需的，而物质积累可以减少迁徙。许多人类学家的研究报告证实，狩猎者一采集者根本不关心有形物品，可以很欣然地放弃自己的财产，他们相信自己有能力在需要的时候得到一个新的[4]。在游牧社会里，对土地赋

---

[1] 这里的许多基本思想来自于 Richard Norgaard 的著作，包括：R. Norgaard，Coevolutionary Development Potential，*Land Economics*，60：160～173(1984)和 R. Norgaard，Sustainable Development：A Coevolutionary View，*Futures*：606～620(1988)。

[2] K. Polanyi，*The Great Transformation*：*The Political and Economic Origins of Our Time*. Boston：Beacon Press，(2001)。

[3] R. Lee，"What Hunters Do for a Living." In J. Gowdy，ed. *Limited Wants*，*Unlimited Means*：*A Reader on Hunter—Gatherer Economics and the Environment*. Washington，DC：Island Press，1998.

[4] M. Sahlins，"The Original Affluent Society." In J. Gowdy，同前。

予所有权根本没有意义。在驯养家畜以前，即大约一万年前，对兽群赋予所有权实际上也不可能。不管是谁获取的食物，大家都一起分享，这部分也许是因为技术的限制。人群如果分散有些食物就无法获取。如果狩猎者将捕获的大猎物带回家，这些未被分享的食物只会腐烂或招致危险的食肉动物❶。对昆部落和其他部落的研究发现，老人和孩子一般不需要参加获取食物的劳动，甚至一些成年男子和妇女也常常不参加这些活动，但他们仍然可以平等地分享食物❷。

如果私有财产和财富积累对大部分人类生活都没有实际意义，并且可以从人类社会中去除的话，那么就应该把他们视为人类文化的产物而非人类本性的内在特征。

狩猎者一采集者社会逐渐获得了把大量食物连续储藏数月的技术，这是农业出现的必要先兆。农业使很多早期人类结束了游牧生活。人们开始在城镇或小的居民区定居下来，这导致了比以前规模更大的人口集中❸。储藏技术和农业改变了产权的属性，在产权真正有意义之前，事实上它们也是必需的。当然，农业本身就给土地赋予了某些形式的产权。生产剩余使得更大规模的劳动力和专业化分工成为可能，反过来这又导致了更大规模的生产。更大规模的生产促进了大范围的贸易，并最终导致发明货币。更多的人口、保护增加的财富免受其他群体侵犯、保护社团内的产权，政府和统治阶级就是为满足这些需要而出现的❹。统治阶级和国家的需求显然必须通过他人的生产能力来支持，这就不可避免地形成了各种形式的税收体系并导致财富集中到上层社会中。

当然，到这里连续的演化事件并没有结束。大量的人口和农业已经破坏了当地的生态系统，最终降低了它们不依赖农业生产食物和其他物资的能力，这只能提高社会对农业的需求。这些需求与密集社团中更快的信息交流一起促进了新技术的产生，比如大规模灌溉❺。但长期灌溉会导致土壤盐分增加，在没有进一步的农业技术创新或往外移民的情况下，这最终会降低生态系统维持如此大规模人口生存的能力。

工业革命

更多的生产剩余与更好的船舶一起扩大了贸易的规模。商人们不仅仅交换商品，同时也交流思想，这进一步提高了技术进步的速度。其中关键的技术飞跃是人类具备了利用不可更新矿物资源的能力。贸易使专业化不再只是一个社会内个人之间的事情，跨地区的专业化分工也开始出现。技术进步和全球市场奠定了工业革命的基础。

工业革命对经济、社会和全球生态系统都有深远影响。人类社会有史以来第一次变得如此依赖化石燃料和其他不可更新资源（部分是响应作为燃料的森林资源的枯竭）。化石燃料不仅将人类从依赖来自太阳的固定能量流中解放出来，而且用化学能替代了人力和畜力。这一新增能源可以让我们更多地获取其他原材料，包括生物资源和矿产资源。

---

❶　最近的一些事实证据表明了储藏技术和产权的关系。在阿拉斯加州的一个土著居民区，政府提供了冷藏设备，用以储藏食物，没想到所带来的影响却非常具有戏剧性。以前，猎人捕到猎物会与其他人分享，而冷藏设备（也许同时伴随着其他社会结构的瓦解）使猎人可以将猎物储藏起来慢慢享用，从而使得该地区的老人、孩子和弱者没有了生活来源。

❷　Lee，同前。

❸　J. Diamond，*Guns，Germs and Steel：The Fates of Human Societies*. New York：Random House，1997.

❹　许多政治哲学家认为，政府的主要目标就是保护私有财产。John Locke 在《An Essay Concerning the True Original，Extent，and End of Civil Government》一文中说"政府除了保护私有财产外没有其他的目标"。

❺　Diamond，同前。

新的技术和大量的化石能源使消费品的生产空前高涨。为大量生产的消费品开拓新市场和找寻原材料的供应地，这是很多发达国家实施殖民主义政策和追求帝国主义统治权的根本原因。市场经济逐渐成为一种非常有效的配置这种物品的方式，促进了更大规模的生产。

国际贸易的爆炸性增长将各个国家紧密地联系在一起。满足基本需求能力的增强，卫生和医药科学的发展，促进了人口的急剧增加，而满足这些人口的需求需要利用更多的能源并使资源更快地枯竭。不断增长的人口打开了使他们在局地资源枯竭的情况下能重新安置的溢流阀，很快就占满了最后剩下的边缘地带。现在，高涨的人均消费及排放的大量废弃物使我们的生态系统面临退化的威胁。

生态约束的时代

如前所述，经济学是研究在不同的可选择目标间配置稀缺资源的科学。工业革命的成功，很大程度上缓解了世界上大部分人口消费品短缺的状况。然而，与此相伴的经济增长现在正削弱我们最终依赖的自然提供物品和服务的能力，这些自然提供的物品和服务已经成为新的稀缺资源❶。我们必须重新设计经济系统来解决目前的现实情况。不幸的是，人类通过枯竭资源基础来增加消费的能力已经使人们错误地认为，人类及其经济系统已经超越了自然。在目前的经济系统中，最主要的获取财富的方式似乎与自然资源毫不相干，只需在计算机上进行金融交易即可，物质上只是电子的移动。虽然知识和技术很重要，但获取财富最终还是需要自然资源。好的烹饪方法确实能改善饭菜的质量，但烹饪不能代替饭菜本身。

相比过去的系统，现代经济系统出现的时间非常短暂，但它已经引起了环境巨大的变化。这些变化使我们重新定义了稀缺资源的概念，相应地也要求我们对经济理论和经济系统进行大的变革。经济系统的变化是不可避免的。唯一的问题是，经济系统的变化是对无法预见的地球生命支撑系统瓦解的一种混乱响应，还是为了让经济系统能在有限的地球资源限制范围内，道德、伦理价值观的约束下有效运行而精心设计的一种转变。答案很大程度上取决于我们的行动有多快。迫在眉睫的问题是，我们还有多少时间？

变化的速度

在人类历史的绝大部分时间里，技术、社会和环境的变化都相当缓慢。农业的革命实际上不是革命而只是一种演化。例如，从古代墨西哥类蜀黍进化到玉米需要数千年❷。通常在一两代人的时间内看不出所发生的变化，为适应所发生的变化，人类文化也以相应的缓慢速度演化。从工业革命开始，变化速度明显加快，一两代人的时间内就可以看到这些变化。工业革命的主要成果之一就是增加了不可更新资源的开采，从而增加了人类的物质消费。这使人们普遍认为：只要有更多的不可更新资源，未来肯定会变得更好。因而

---

❶ 见 R. Hueting, *The New Scarcity and Economic Growth: More Welfare Through Less Production*? Amsterdam: North Holland, 1980.

❷ Diamond，同前。

人们以更快的速度耗尽这些有限的资源，以至于人类历史上第一次可以在人类时间尺度上显著地改变地球系统（阳光下真正的新事物）。事实上，这也改变了地球的生命支持能力。为适应新技术和新约束，文明仍然在缓慢演化，但史无前例的技术变化和生态退化速度说明已经不能再等了，我们必须马上变化。最需要改变的是文化习俗和价值观念，特别是导致目前这种局面的经济体制和价值观念。由于有很多限制，文化上的变化不会太快，所以需要认真考虑如何减缓那些迫使我们适应的变化速度。值得记住的是，不是所有变化都是人们所期望的，即使是期望的变化也不能变化得太快。

实现期望变化的困难

> 规模是经济子系统相对于包含和支撑它的生态系统的物理大小。

在限制变化和适应变化之间找到恰当的平衡点非常困难。目前的经济理论体系主要关注的是有效配置的微观经济问题，应用经济学关注的是增长最大化的宏观经济问题。然而，生态经济学关注的是更为宏观的经济问题：多大的经济系统就太大了。这是一个关于**规模**的问题。相对于支撑它的生态系统，物理维度上经济系统应该多大？当我们问这个问题时，暗示经济系统有一个最佳规模。许多人认为经济系统已经超过了最佳规模，因此要停止增长。如果认可需要停止增长，那么也必须认可需要更认真地处理好分配问题。

可持续规模和公平分配的联系

分配是在不同个体间分配资源。为什么停止增长要求我们关注分配呢？

首先，资源的过度利用对后代的不利影响要甚于对我们自己的影响，所以规模问题包含考虑我们的后代，或者代际分配。现在世界上有 12 亿人口处于赤贫状态，而另外许多人拥有多到自己都不知道怎么处理的财富。不关心今天仍处于穷困中的人，而去考虑我们的后代，这是一种奇特的道德信仰。

想一想！

为什么过度利用资源对后代的影响比对当代的影响大？回顾一下帕累托有效配置的定义，如果当代人实际上拥有所有资源，那么当代人较少地消耗资源以便后代过得更好是不是一种帕累托有效配置？

其次，只要经济在增长，就总可以告诉穷人：不久他们就可以从更大的馅饼上分到一块。有些人认为，由于资本主义系统是靠资本的集中维持的，所以现在不需要重新分配。如果穷人保持耐心，他们的痛苦很快就会减轻。这的确是一个比重新分配更具政治诱惑力的选择，但是只要停止增长，这个选择就没有任何价值。为了让尚未出生的后代能享受穷人梦中的生活必需品，我们能要求今天的穷人放弃追求更好的生活吗？显然不能，尤其是在不愿重新分配财富的今天，因为这样穷人很可能是为别人的孩子做出牺牲。因此，在生态经济学中分配至关重要。

新古典经济学只关心有效配置。生态经济学认为有效配置也很重要，但更重要的是规模和分配。后面将阐明，如果不先解决分配和规模问题，即便是在理论上也不可能确定有效配置。新古典经济学通常的解决方案是将现有的分配和规模状况都视为是“既定的”。

幸运的是，正如 McNeill 提醒我们的，大萧条以后，迷信增长才开始支配经济学。本书读者可以了解（如果以前不知道）经济学中有很多我们不能缺少的、正确的和有用的东西——独立于增长的意识形态。事实上，正如后面将要阐明的，经济学的基本最优化工具本身就提供了反驳增长优先的最好方法。

为什么要学习经济学，特别是生态经济学？如本章的开始提到的，经济学研究的是我们想要什么以及得到它我们不得不放弃什么。我们也希望经济增长，但与其他东西一样，得到它我们就必须放弃一些东西。生态经济学家一直有这样的疑问：使人们蒙受更多额外损失的增长是否值得？新古典经济学家往往忽视这个问题，或者答案是肯定的。

本章知识点

- 目标和手段
- 增长与发展
- 帕累托有效配置
- 吞吐量
- 配置、分配、规模
- 协同演化经济学

第二章　基本愿景

整体与部分

生态经济学与传统新古典经济学共享了许多概念。如都将**机会成本**作为基本概念，**机会成本**指选择做某事时必须放弃的最佳替代方案的收益。但生态经济学对世界是怎样的有一个与新古典经济学完全不同的愿景。直截了当地说，传统经济学将经济（整个宏观经济）视为一个整体，在这样的愿景下，自然或环境被视为宏观经济的组成部分或部门——森林、渔业、草地、矿业、油井、生态旅游景点等。然而，生态经济学认为宏观经济只是一个包含内容更多、更有支撑能力的整体（即地球、大气圈和生态系统）的一部分。经济只是这个大的“地球系统”的一个开放子系统。尽管能接收利用太阳能，但“地球系统”是有限的、非增长的和物质封闭的。

> 机会成本指做出一种选择所放弃的最佳替代方案的收益。举例来说，一个农夫砍倒一片森林来扩大自己的耕地，假定这块土地除耕种外，最佳利用的结果就是生产出失去的木材、薪柴和水净化功能，失去的木材、薪柴、水净化功能的价值就是扩大的耕地的机会成本。

理解开放系统、封闭系统和孤立系统之间的区别十分重要。**开放系统**指有物质和能量流入和流出的系统，经济系统就是一个开放系统。**封闭系统**只有能量的流入和流出，没有物质的流入和流出，物质只在其内部循环，地球近似于一个封闭系统。**孤立系统**是指与外界既没有物质交换，也没有能量交换的系统。很难举出一个孤立系统的例子，也许整个宇宙可视为一个孤立系统。我们认为地球近似于一个封闭系统，因为它同外层空间没有显著的物质交换——除了偶尔落下的陨石（在国家大教堂的彩色玻璃窗中就放着一块月球上的岩石），或是偶然无法返回的火箭。将来可能会有更多的物质交换，但迄今为止这种交换是可以忽略不计的。然而，通过接收太阳能和对外热辐射等形式，地球与外界的能量交换或吞吐量十分巨大。与生态系统类似，这个吞吐量也是有限的和非增长的。对地球来说，其基本规律是：能量能够流入和流出，而物质仅在其内部循环。

让我们回到整体和部分的问题上来。为什么这个问题如此重要？因为，如果经济系统是一个整体，那么它就可以无限增长。它没有替换任何东西，也不会产生机会成本——宏观经济向未占领空间进行物质扩张不用放弃任何东西。但如果宏观经济是“地球系统”的一部分，则它的物质扩张就会侵犯这个有限的、非增长系统的其他部分，造成某种损失——经济学家称之为机会成本。在这种情况下，因经济扩张而失去的最重要的自然空间或功能就是扩张经济的机会成本。这就是说，增长是有成本的，并不像向一个空的世界扩张那样是免费的。地球一生态系统并不是空的，而是包容人类的生命支持系统。因此，肯定存在宏观经济进一步增长的成本高于其产生的价值的时候，这时的增长称为

不经济的增长。这也是生态经济学区别于传统经济学的另一项基本的原则：增长可能是经济的，也可能是不经济的。相对于生态系统，宏观经济系统存在一个最佳的规模[1]。如何知道我们没有达到，或是已经超过了这个最佳规模呢？

最佳规模

最佳规模的思想是微观经济学中的基本概念，传统经济学家对它并不陌生。随活动（如生产鞋子或吃冰淇淋）的增加，活动的成本与效益会同时增加，但当活动增加到一定程度后，活动成本的增加速度将大于效益增加的速度，这是一个普遍规律，其原因将在后面讨论。也就是说，活动增加到一定程度后活动增加的额外效益将低于额外成本。用经济学术语讲，当**边际成本**（额外成本）与边际效益相等时，经济活动就达到了最佳规模[2]。如果超过最佳规模，成本将比效益上升得更快，这时的增长不会使我们更富而只会使我们更穷。当边际成本等于边际效益（$MC=MB$）时达到最佳规模，这是微观经济学的一个基本规律，称为“何时停止规则”，也就是说，何时停止增长。奇怪的是，宏观经济学中没有“何时停止规则”，也没有最佳规模的概念，它默认的规则是“永远增长”。的确，如果增长没有机会成本，为什么不永远增长呢？如果宏观经济是一个整体，那它的增长又怎么会有机会成本呢？

即使采用生态经济学的基本愿景，将经济系统视为生态系统的一个子系统，但只要相对于更大的生态系统而言经济子系统的规模非常小，就仍然不需要停止增长。在“空的世界的愿景”中，环境不是稀缺的，所以经济扩张的机会成本可以忽略不计。但在有限的和非增长的生态系统中，经济的继续增长最终会导致“满的世界的经济”，其中增长的机会成本将非常显著。生态经济学家认为，我们已经处于这种“满世界的经济”中。

图 2.1 描述了生态经济学的基本愿景。当增长让我们从“空”的世界走到“满”的世界中时，经济服务产生的福利在增加，而生态服务产生的福利却在减小。举例来说，砍树做桌子增加了桌子的经济服务功能（可以把盘子放在桌子上，这样我们就不必在地上吃饭），但失去了森林中树木提供的生态服务功能（光合作用、防止水土流失、为野生生物提供栖息地等）。经济学家传统上将资本定义为产品的制造方式，这里制造意味着“人类制造”。生态经济学家扩展了资本的定义，包括了自然提供的生产方式。资本被定义为可以为未来提供产品与服务流量的存量。人造资本存量包括我们的身体和心智、人造物品及社会结构。**自然资本**是指提供的自然服务流量和有形自然资源的存量，包括太阳能、土地、矿石和化石燃料、水、活的生物体以及生态系统各组分相互作用提供的服务。

福利有两个基本来源（见图 2.1）：人造资本提供的服务（指向“福利”的深灰色粗箭头表示）和自然资本提供的服务（指向“福利”的浅灰色粗箭头表示）。福利被置于圈外，因为

---

[1] 超过最佳规模的物质扩张就变成了“不经济的”增长，尽管我们还称之为“经济”增长，这往往会产生误解。“Economic”一词有两种含义：①与经济学有关的；②效益高于成本。某实体的“经济”增长是指第①种含义，但是含义①中指的增长可能是含义②中的“经济的”增长，也可能是“不经济的”增长。因此，语言习惯上使用的含义①常常需要根据第②种含义对问题进行重新判断。

[2] “边际”是指最后一个单位，这里是指获得、生产或消费的最后一个单位的物品。边际成本（边际效益）是某些活动的一个微小增加量引起的成本（效益）的增加量。

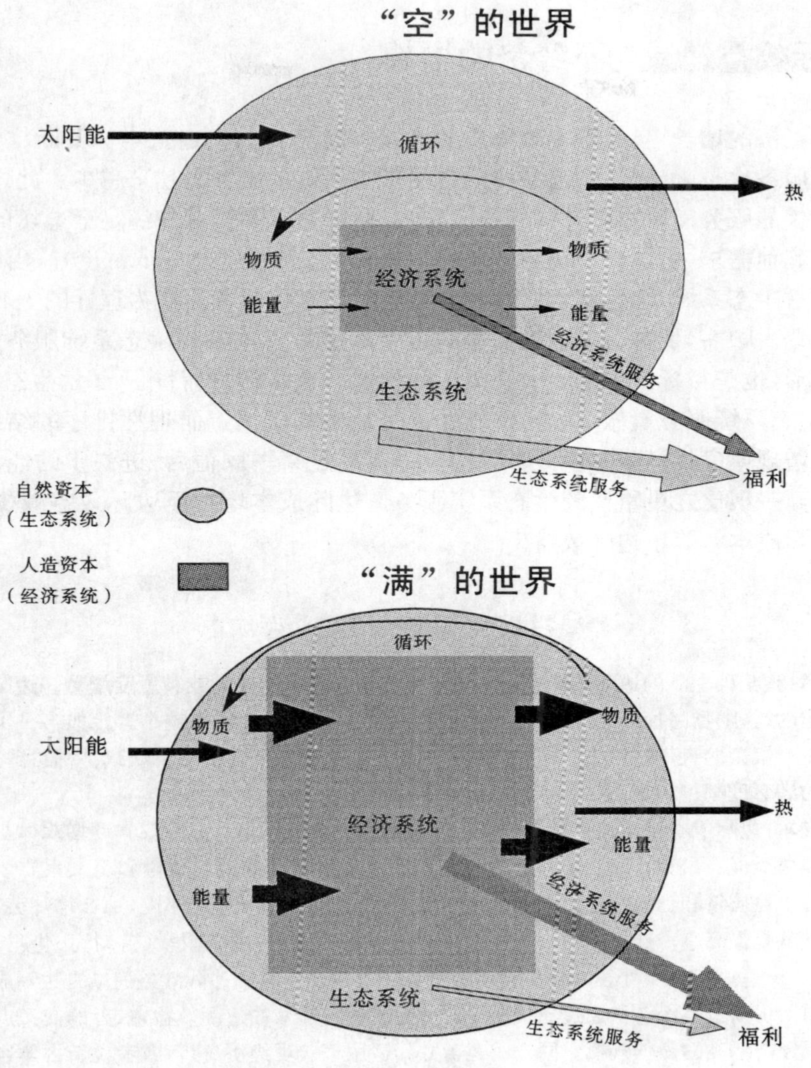

图 2.1　从“空”的世界到“满”的世界

它处于精神层面而非物质层面(是一种体验而不是一种事物)。圆圈内的大小表示物质量的大小。如果片面地以缺乏科学依据为由排除经济基本图片中的非物质成分,那么只能满足于将经济系统当成一台将资源转变成废物的愚蠢机器。经济过程的最终物质产出是退化的物质与能量——废弃物。忽视生物物理基础勾勒的经济图片是错误的,而忽视精神基础勾勒出的经济图片则没有任何意义。如果没有福利或生活享受的概念,那么物质资源先转化为产品(生产)再转变为废弃物(消费)本身应该当成目标——一个毫无意义的目标。传统经济学与生态经济学都承认福利的精神基础,区别在于对人造资本与自然资本对福利的贡献程度的认识不同。

边际效益递减与不经济的增长

随着经济的增长，自然资本以物质的形式不断转化为人造资本。不断增加的人造资本提供的服务也越来越多，不断减少的自然资本提供的服务也越来越少。此外，经济的继续增长提供的服务满足边际递减规律。作为理性的人，我们首先满足最迫切的需求，然后依次满足其他需求，所以存在边际效益递减规律（后面还将进一步讨论）。由于经济越来越多地侵占生态系统，因此我们必须放弃某些生态系统服务。作为理性的人，如果我们确定自己的侵占顺序，那么首先遭到侵害的将是那些最不重要的生态系统服务。这当然是最好的情形，也是目标。但实际上还无法做到这一点，因为我们并不了解生态系统的运行规律，将生态系统服务看做一种稀缺资源也是最近的事情。而理性排序的结果体现了边际成本递增规律（后面还将进一步讨论）——当超过某一阈值后，进一步的经济扩张意味着必须放弃一项比之更重要的生态系统服务。边际成本增加而边际效益减少，说明在某一点上边际成本将等于边际效益。

专栏 2.1　边际效用与边际成本

- **边际效用**：某种物品的边际效用是指增加单位该物品带来的效益或满意度增量。**边际效用递减规律**指的是，随物品拥有量增多，增加单位物品带来的满意度越来越小。比如第一块比萨饼可以给一个饥饿的人带来极大的满足，随后的比萨饼带来的满意度将不断减小，而且每增加一块带来的满意度都将小于前一块带来的满意度。
- **边际成本**：边际成本是增加物品单位产量所引起的成本变动量。**边际成本递增规律**与边际效用递减规律类似。由于首先利用最好的，新增产 1 t 小麦利用的土地质量和工人素质要低于以前利用的土地质量和工人素质。同样，如果全部的土地都已用于生产小麦，那么增加劳动力、化肥等措施就是提高小麦产量的唯一途径。在土地面积不变时，可变因素（劳动力、化肥）的收益是递减的——每增产 1 t 小麦所需的劳动力和化肥会越来越多。边际效益递减是边际成本递增的深层原因。新古典经济学通过比较递增的边际成本与递减的边际效益，二者的交叉点可用来确定微观经济活动的最佳规模。同样的逻辑并不适用于宏观经济分析，或者说新古典经济学根本就没有认识到宏观经济也有**最佳规模**的问题。而生态经济学家则认为，最佳规模的推理方法不仅与整个宏观经济相关，还与宏观经济的各部分相关。

图 2.2 展示了分析生态经济学的核心部分（或分析前的愿景）的第一步，基本的推理方式可追溯到 William Stanley Jevons(1871)，Jevons 通过权衡工资的边际效用与劳动力的边际负效用，进行了劳动力的供给分析。换句话来说，Jevons 的问题是：对工人来说，什么时候工作成果开始超过工资的价值？生态经济学家的问题是：对所有人来说，什么时候侵犯地球生态系统的成本开始超过利用受侵犯生态系统产生财富的价值？在图 2.2 中，边际效用（*MU*）曲线反映人造资本增量的边际效用递减。边际负效用（*MDU*）曲线反映随更多的自然资本转化成人造资本，增长的边际成本（牺牲的自然资本服务和劳动的负效用）递增。宏观经济的最佳规模（经济上的增长极限）位于 b 点，即 $MU=MDU$ 或 $ab=bc$，此时正的净效用最大（*MU* 曲线下方的面积减去 *MDU* 曲线上方的面积）。

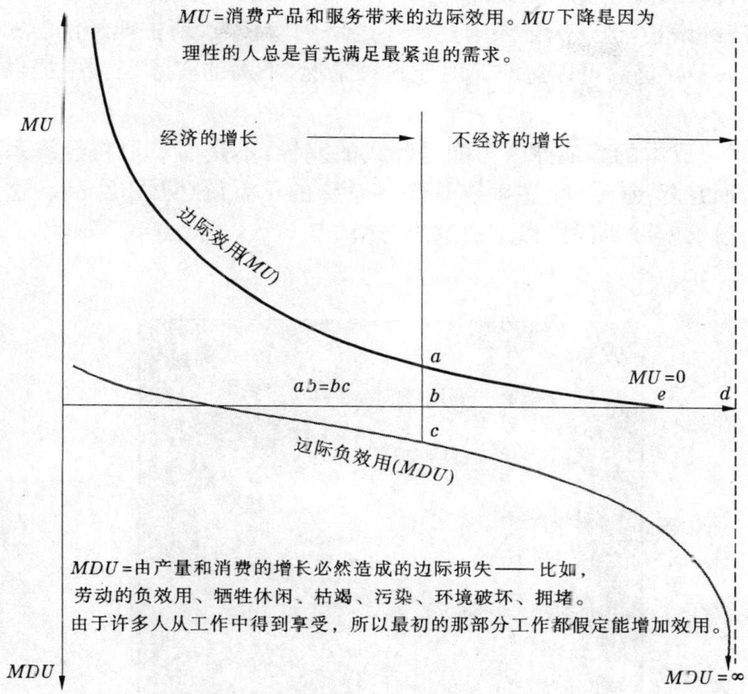

图 2.2　宏观经济的增长极限

b:经济上的极限点或最佳规模点,边际效用(MU)=边际负效用(MDU)(净正效用最大)

e:无效极限点,MU=0(消费者厌腻点)

d:灾难性极值点,MDU=∞,超过了可持续规模

应注意两个极限点:*e* 点,此时 MU=0,即使成本为零,进一步的增长也不会产生效用;*d* 点,此时将引发生态灾难,使 MDU 无穷大。例如,当一些化学污染物的含量足够高时,可能会阻碍光合作用,致使植物无法获取所有生命都依赖的太阳能。这些“远离中心的极限点”并不一定按照描述的顺序发生,人类可能在未厌腻之前就会遭遇生态灾难。图 2.2 表明,*b* 点之前的增长是经济的增长(效益高于成本),而在 *b* 点之后的增长则是不经济的增长(成本高于效益)。正如 John Ruskin 在一百多年前所预言的❶,超过 *b* 点,“被当做财富”的 GNP 确实就变成“一个有广泛影响的反映崩溃的镀金指标”。在这些极限点中,经济上的极限点 *b* 先发生,据此我们可以在不破坏地球生命支持能力的前提下最大化净效益。

最佳规模与不经济的增长两个概念的逻辑具有普遍性——不仅适用于微观经济单元,同样也适用于宏观经济❷,怎么会忽略它在宏观经济学中的作用呢?怎么会无视宏观

❶ J. Ruskin, *Unto This Last*, (1862). In Lloyd J. Hubenka, ed., *Four Essays on the First Principles of Political Economy*. Lincoln: University of Nebraska Press, 1967.

❷ 认为微观经济学是研究小事物,而宏观经济学是研究大事物的观点是错误的。微观经济学是关于局部的经济学,宏观经济学是关于整体或总体的经济学。局部可能是大的,整体也可能是小的。尽管 MB=MC 是微观经济学分析的准则,当大事物是局部而非整体时,也可以将其用于分析这些领域,如经济子系统。

经济中 *MDU* 曲线和最佳规模的存在呢？这有两种可能性：一是“空的世界的愿景”尽管认识到了不经济的增长，但认为还没有达到不经济的增长点；新古典经济学家倾向于认为 *MU* 还很大，而 *MDU* 仍然可以忽略。对于这种情况，下面的实际证据中提供了解决争论的方法。

完全忽视增长成本的其他原因可能是范式的差异：不是简单地将经济系统视为生态系统的子系统，而是相反——生态系统是经济系统的子系统（见图 2.3）。这里讨论的是观念上的差异，没有实践手段可以解决这个分歧。

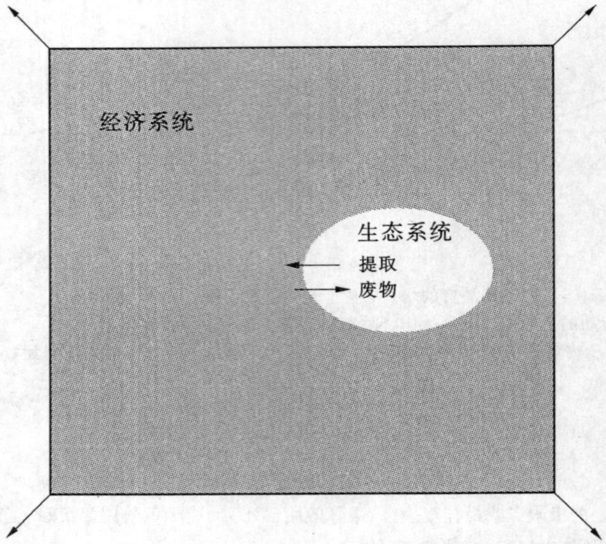

图 2.3　作为经济系统子系统的生态系统

图 2.3 提供的景象表明，生态系统是经济系统的资源供给和废物处理部门。即使生态系统服务变得稀缺，增长仍然可以永远继续。因为在市场价格的调配下，技术使人造资本可以替代自然资本，如此即使没有自然部门也可以增长。该观点认为，自然只是供应一些难以毁灭的积木，而这些积木还是可替代的、过于丰富的；增长的唯一限制是技术，而人类总能不断地开发出新的技术，所以经济增长没有极限。在这个范式中，“不经济的增长”的概念没有意义。因为经济是整体，经济的增长不以其他东西为代价；增长没有机会成本。相反，增长扩大了可让不同部门共享的物质总量❶。增长不但没有加剧任何事物的稀缺性，反而是消除了稀缺性。如此还怎么反对增长呢？

研究范式的转变

传统经济学鼓吹永远增长，而生态经济学提倡最佳规模下的稳态经济。从各自分析

❶ 需要注意，在图 2.1 中的深灰色部分是物质范畴。新古典经济学家认为图 2.3 中深灰色部分是 GNP，它以价值单位的形式存在，因此严格意义上并非物质。但价值等于价格乘以数量，而后者具有不可还原的物质成分。事实上，经济学家计算真实 GNP 时试图度量的主要是物质组成的变化，即非价格变化导致的 GNP 变化。

前的愿景来看各有各的合理性，但从对方的观点来看又都是荒谬的。这种分歧尽管不是一个容易回答的问题，但不是根本的，而是可以调和的。

换句话说，生态经济学呼吁进行哲学家 Thomas Kuhn 所提及的“范式转变”❶，或像我们一样追随经济学家 Joseph Schumpeter❷ 转变分析前的愿景。这里最好暂时停下来仔细思考一下这些概念的含义。Schumpeter 认为，“在分析工作开始之前需要有一个分析前的认知行为过程，它可以为分析工作提供素材”。Schumpeter 将分析前的认知行为过程称为“愿景”。也可以认为，“愿景”是右脑从经验中抽象出来的关于现实世界的格局或形状，而后需要送到左脑进行分析。在分析前的愿景中所忽略的东西，在后续的分析中不可能再获得。修正愿景需要一个新的分析前的认知行为过程，也不能通过进一步分析旧的愿景得到。Schumpeter 特别提到了愿景变化的重要意义：“每次有人教我们从与现有的科学事实、方法和结论不同的源头展开联想时，都为我们提供了改写学科发展史的契机。” Kuhn 也反复强调这种结论性的观点（他并不知道 Schumpeter 的论述）。

Kuhn 区分了“常规科学”与“革命科学”：“常规科学”局限在现有分析前的愿景（或 Kuhn 所称的“范式”）设立的框架范围内解决疑难问题，而“革命科学”是用新范式推翻旧范式。正是因为有科学家们共同接受的主导范式，才使他们的工作能不断累积，才能将严谨的科学家与科学骗子和南郭先生区分开来。科学家们抵制科学革命是正常的，毕竟大多数难题或难以澄清的事情，最终都是在现有范式内通过各种途径解决的。令人遗憾的是，有些人不屑掌握已有的科学范式，为了走终南捷径，常草率地宣称自己领导了什么“范式转变”。然而正如 Kuhn 所言，范式转变无论大小，都是科学史上不可否认的一部分。托勒密的地心说到哥白尼的日心说，牛顿的绝对时空观到爱因斯坦的相对时空观，这是两个最著名的范式转变。但也有这样的时期，正如 Kuhn 指出的，遵守现有范式变成了一些学者对既得利益的坚守。

教科书模糊了范式转变❸，正当的理由是教学上组织材料是根据逻辑关系而不是历史关系。物理系的学生肯定很难接受下面的事实，在前三章学习关于以太及其微粒的知识，但第四章的内容与以太没有任何关系，因为转向了牛顿的物理学体系，需要开始接受远距离的微粒间存在相互作用（引力）的思想！

30 多年前，经济思想史曾是所有经济学研究生的必修课，但今天在选修课程中都很少出现。这也许是因为经济学家对现有范式（过于）充满信心。我们现在已经知道了正确的东西，还用得着学习过去错误的东西吗？其结果是，学生们乃至许多教授都不知道经济学思想史上一些分析前的愿景的变化。

愿景从将经济系统看成整体转变为将其看成是生态系统的一部分，这是经济学研究

---

❶ T. Kuhn, *The Structure of Scientific Revolutions*, Chicago: University of Chicago Press, 1962.
❷ J. Schumpeter, *History of Economic Analysis*, New York: Oxford University Press, 1954.
❸ 教科书的设计要求能高效地将学生引导到主导范式上。第二章建立在第一章的基础上，第三章建立在第一章和第二章的基础上，如此类推。有效的教学方法是遵循逻辑、循序渐进。但科学的历史并不会如此秩序井然，很多时候都需要摒弃以前的内容而重新开始。尽管我们努力想做到井然有序，但本书在这方面仍有所欠缺。

中的一个重要范式转变。接下来的章节将讨论这种转变具体的重要性。

循环流动与线性吞吐量

尽管传统经济学与生态经济学使用的很多分析工具都一样，但分析前的愿景不同会引起一些根本的分析差异。

假定标准经济学分析前的愿景是将经济视为一个整体，那研究该整体首先分析什么呢？图 2.4 可用来说明这个问题，所有基础经济学的教科书都是从这个熟悉的流程图开始的。图中的经济系统有两个组成部分：生产单元（厂商）和消费单元（家庭）。厂商生产商品和服务并供给家庭，家庭需要厂商生产的商品和服务。厂商的供给和家庭的需求在商品市场上汇合（图 2.4 下部的循环圈），价格由供需关系决定。

同时，厂商需要家庭提供的生产要素，家庭为厂商提供生产要素（图 2.4 上部的循环圈）。要素（土地、劳动力、资本）的价格由要素市场的供需关系决定。用要素价格乘以家庭拥有的要素数量就可以得到家庭的收入。加总所有家庭的所有要素收入就得到国民收入。同样地，厂商生产的所有商品和服务数量乘以市场价格就得到国民生产。按照核算惯例，利润（总的产品价值减去总的要素成本）是国民收入的一部分，因此国民收入肯定等于国民生产。

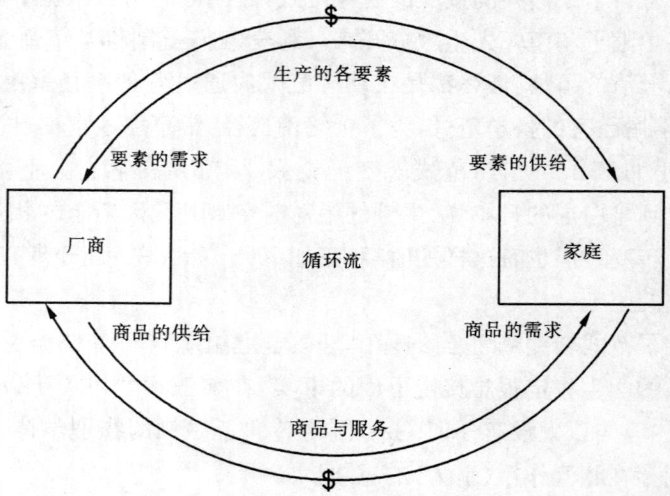

图 2.4　经济循环流动图

想一想！

如果利润为负，那么上述等式关系是否仍然成立？请解释原因。

因此，上部和下部的循环流量相等，二者一起构成了交换价值的循环流动。这是一个非常重要的愿景，也是大多数经济学研究的主要内容。交换价值的循环流动揭示了生产与消费的基本关系，是微观经济学的基础。微观经济学研究厂商和家庭的供给—需求计划是如何从利润最大化（厂商）和效用最大化（家庭）的目标下衍生出来的。交换价值的循环流动可以揭示在不同的市场结构下，供给和需求的相互作用如何决定价格，为生产不同的商品和服务组合，价格的变化又怎样影响要素的配置。此外，交换价值的循环流动也是宏观经济学的基础——揭示了厂商和家庭的总体行为怎样决定国民收入和国民生产。

萨伊定律：供给自己创造需求

前面提到的国民收入等于国民生产保证了家庭集体有购买厂商所有产品的购买力。当然，如果家庭不需要某些厂商生产的产品，那么产品的价格就会下降，如果降到低于生产成本，那么这些厂商将面临亏损和破产。交换价值的循环流动并不能保证所有厂商都能在获利的情况下销售出自己的产品，但可以保证总生产超过总收入是可能的。经济这种令人鼓舞的特征就是**萨伊定律**，即供给自己创造需求。在很长一段时期内，经济学家都相信萨伊定律，认为不会出现“大萧条”时期那样的长期大规模失业。然而，“大萧条”的经历促使约翰·梅纳德·凯恩斯（John Maynard Keynes）重新思考萨伊定律是否合理，循环流动的愿景得出的结论是否正确。

的确，生产可以提供足够的收入来购买生产的产品，但这并不能保证所有的收入都会用于消费，或用于当期消费，或用于商品和服务上，或在国内市场上消费。换句话说，在这个循环流动中存在着漏出，当然相应地也有注入。一般不能保证循环流动中漏出量和注入量互相平衡。

漏出与注入

有哪些漏出与注入呢？消费流中的一个漏出是储蓄，为了将来可以消费，人们现在节制消费将多余的钱存起来就是储蓄。相对应的注入是投资。投资引起当前消费增加，但在未来才能增加生产。储蓄如果与投资相等，那么可以恢复循环流动的平衡。通过金融市场和利率可实现储蓄与投资之间的反复循环。在图 2.5 中，有阴影的长方形代表从事存款和向投资者贷款的金融机构。

循环流动的第二个漏出是纳税，对应的注入是政府支出。长方形代表公共金融机构。公共财政政策可以使政府收支平衡，或弥补储蓄与投资的不平衡而有意识地使政府收支失衡。举例来说，如果储蓄超过投资，为避免衰退可以允许政府支出超出税收相同的数额。

国民经济循环流动的第三个漏出是进口的支出。相应的注入是出口的收入。国际金融市场和汇率是平衡进出口的机制。同样，图 2.5 中的长方形也代表这样的机构。如果总漏出等于总注入，即储蓄加上税收和进口等于投资加政府支出和出口，那么循环流动仍可以恢复平衡。如果漏出量大于注入量，可能会引发失业或通货紧缩。如果注入量大于漏出量，结果不是经济扩张就是通货膨胀。

图 2.5 是扩展的循环流动图，图中标明了漏出和注入。为简单起见，图中假定家庭都是净储蓄者、净纳税者和净进口者，而厂商是净投资者、政府支出的净接受者和净出口者。

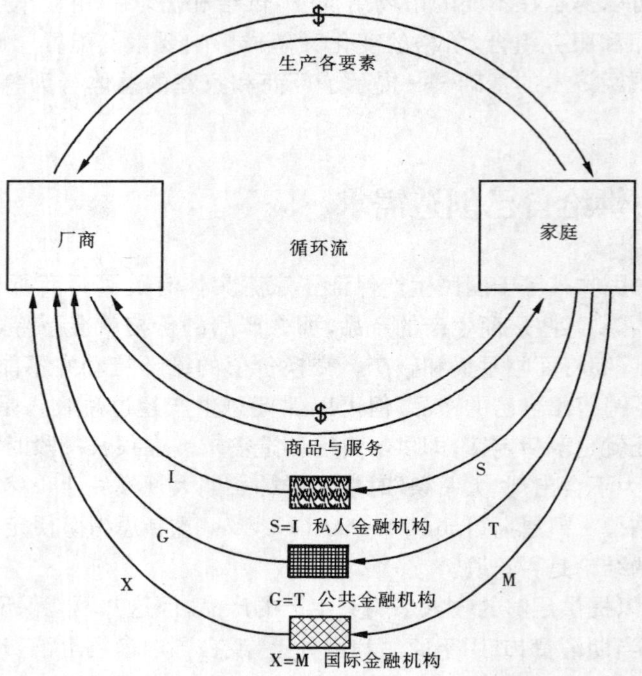

图 2.5 具有漏出和注入的经济循环流动图

S=储蓄，I=投资，T=税收，G=政府支出，X=出口，M=进口

经济循环流动图不仅将微观经济学与宏观经济学统一起来，而且也阐明了避免失业和通货膨胀（维持经济循环流动平衡）可采用的货币、财政、汇率措施的政策基础。循环流动愿景有如此多的优点，它的不足在哪里呢？

尽管经济循环流动模型对分析交换价值流动非常有用，但描述的并不是实际的经济情况。需要注意到，这里经济被视为一个孤立系统，与外界没有任何物质和能量交换。前面讨论的漏出与注入也只是该孤立系统的扩展，并不能改变系统与外界没有物质和能量交换的事实。分析漏出与注入只是为了将它们重新联系起来，以使系统再次闭合。为什么孤立系统存在问题呢？因为孤立的系统没有外界，没有环境。这与经济是一个整体的观点一致，但无法解释物质来自何方，又去往何处。如果分析前的愿景是将经济看做整体，就不可能分析经济与环境的关系，因为该整体没有环境。

在循环流动中流动的是什么呢？是有形的商品与服务、劳动力、土地和资源吗？不是，循环流动的是抽象的交换价值，即这些有形事物所表征的购买力❶。厂商嵌在商品里

❶ 我们很谨慎地说是“抽象的价值”而不是“金钱”，因为即使作为流通货币，金钱也不能在一个孤立系统中流通。钱会损坏，为确保正常流通需要有新钱来替换。日常使用中货币的磨损意味着需要吞吐量来维持其正常流通。由于小面额货币流通速度比大面额货币快，因而磨损也快，所以对小面额货币通常采用耐磨损的金属硬币来代替纸币。正因为如此，美国财政部曾周期性地发行一美元的硬币，但成效不大，因为通货膨胀使其贬值了。

的“灵魂”是“抽象的交换价值”。当商品进入家庭，交换价值的“灵魂”就从商品中跳出来附到生产要素上；当随生产要素一起返回到生产厂商那里的时候，又从生产要素中跳出来转移到商品中，如此往复循环。但是，当交换价值的灵魂在厂商与家庭之间无限地往复循环时，那些废弃物又在干什么？系统产生了废弃物吗？系统是否需要输入新的物质和能量？如果不需要，那么系统就是一个永动机，这显然违背了热力学第二定律（后面将详述）；如果不是永动机（物质与能量的完美循环），那么系统就必须向外排出废弃物，并接受来自外界的新资源。由于不存在永动机一类的事物，因此经济系统不是整体，它是更大系统——地球一生态系统的子系统。

循环流动模型在很多方面能给人以启发，但同所有的抽象概念一样，它只说明抽象出来的东西，而无视从哪里抽象东西。循环流动模型是从物质一能量的线性吞吐量中抽象而来，据此可知经济依赖于支撑它的环境。线性吞吐量指地球生态系统中低熵的源（矿物、石油、渔业、耕地）提供的原材料和能量流量，该流量通过经济系统并返回到地球生态系统高熵的废物汇（大气、海洋和垃圾场）中。循环流动的愿景好比生物学家描述动物只提循环系统，根本不提消化系统。毫无疑问，循环系统十分重要，但如果没有消化系统将循环系统的入口和出口与环境连起来，动物会很快死于饥饿或便秘。动物生存需要依靠一种代谢的流量——源于环境又返回到环境的熵流。**熵定律**表明，宇宙中的物质和能量总是向无序（低利用价值的）的状态演变。简单地说，熵流是物质和能量由有用变成无用的过程。例如动物需要进食和排泄废物，不能吸收自己产生的废物，经济系统也是如此。生物学家在研究循环系统时并没有忘记消化系统。经济学家关注交换价值的循环流动，却完全忽视了代谢吞吐量。原因是经济学家视经济为整体，而生物学家从未将动物当成是一个整体或永动机。

线性吞吐量与热力学

吞吐量以物理量为单位，受物质与能量守恒定律和熵定律约束。循环流动以抽象的交换价值为单位，不受任何物理定律限制。由于通货膨胀的影响，名义上循环流动可以永远增长。不考虑通货膨胀的影响，问题是从满足需求和“质”的发展角度来看，真实的经济价值能否永远增长？

错置具体感的谬误

显然，一个从环境中抽象出来的、视经济为孤立系统的模型，不可能清楚地阐明经济与环境之间的关系。误把地图当成领土；误以为仅为理解现实中某方面问题而开发的抽象模型可以解释一切，或与从中建立抽象模型的事情完全不同的事情。哲学家和数学家 Alfred North Whitehead 称这类错误为**错置具体感的谬误**。Whitehead 并不反对抽象思维。他强调没有抽象就无法思考。然而，最为重要的是，应当意识到抽象的局限性。进行抽象思维是有代价的，错置具体感的谬误就忽视了这些代价。

> 热力学第一定律指物质和能量既不能被创造，也不能被消灭。

下面仔细分析一下常规经济学家从循环流动模型中抽象出了什么——也就是吞吐量，即从原材料输入到废弃物输出的新陈代谢流量。吞吐量以物理量为单位，它严格遵循物理学定律。

根据物质和能量守恒的**热力学第一定律**，吞吐量约束于平衡方程：输入等于输出加积累。如果存在积累，经济子系统就在增长。在稳定均衡状态，增长与积累都为零，输入等于输出。换言之，所有投入的原材料最终都转变为废物。吞吐量最终只能枯竭资源的源和污染环境的汇。忽视吞吐量等于忽视枯竭和污染。与交换价值不同，吞吐量不是循环流动，而是从低熵到高熵的单向流动。这是**热力学第二定律**即熵定律的必然结果。我们可以循环利用物质，但不可能百分之百地循环利用，再循环仅是单向河流中的一个小漩涡。根据熵定律，能量无法循环利用。准确地说，能量可以循环利用，但实现循环需要的能量比循环的能量更多。因此，能量循环利用在物理上是可能的，但在经济上总是不划算的，无论能量的价格如何。任何动物都无法将自身的废弃物作为食物直接循环利用。如果可以的话，那它就是个完美的永动机。同样，任何经济系统都不能依靠直接循环利用自身的废弃物而运转。

专栏 2.2　热力学定律

图 2.6 左边的"沙漏"是一个孤立系统，没有沙子的流入和流出。同时也没有沙子的创造和消亡，因而沙漏中沙子的总量不变。这类似于热力学第一定律，即物质和能量守恒定律。最终，沙漏上部的沙子不断流出，在下部不断积累。下面容器中沙子的势能已全部转化为下降过程中所做的功，它们属于高熵的、难以利用的物质一能量。上面容器中的沙子仍具有下落的势能，是一种低熵的、可利用的物质一能量，这是热力学第二定律，即孤立系统中的熵(利用程度)增加。沙漏的类比非常贴切，因为在物理学领域中熵是"时间之箭"，也就是可以通过比较熵的变化来判断系统的先后顺序。然而，与真正的沙漏不同，熵沙漏不能倒置。

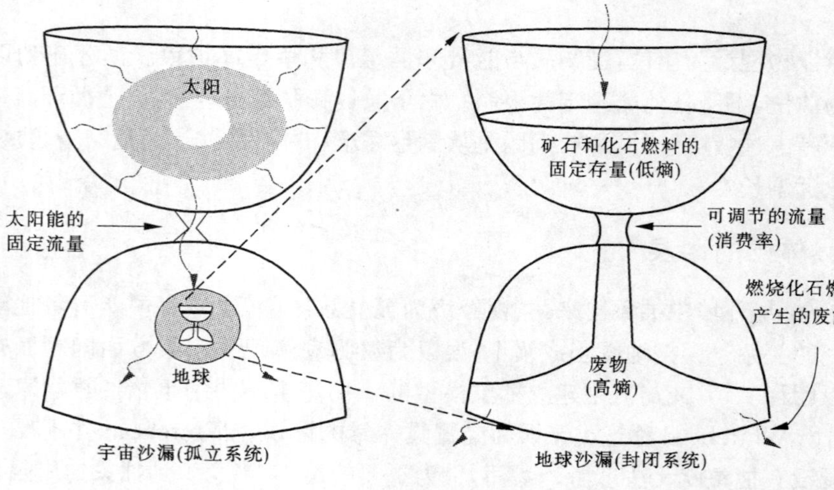

图 2.6　熵的"沙漏"(基于 Georgescu-Roegen 的研究)

进一步扩展这个类比,可以认为上面的沙子是低熵的化石燃料存量,如图 2.6 右侧图所示。化石能源的利用速率由中部漏口的大小决定,但与真实沙漏不同,人类可以调整它的宽窄(即改变化石能源的消耗速度)。消耗化石能源,就如同沙子落到沙漏的底部,最终会以废物的形式累积,并影响地球上的生命过程。

进一步扩展这个类比,可以认为上面的沙子是低熵的化石燃料存量,如图 2.6 右侧图所示。化石能源的利用速率由中部漏口的大小决定,但与真实沙漏不同,人类可以调整它的宽窄(即改变化石能源消耗速度)。消耗化石能源,就如同沙子落到沙漏的底部,最终会以废物的形式累积,并影响地球上的生命过程。

为了表示太阳能,左侧沙漏的顶部要比底部更大些(从人类的角度看)。太阳能最终也要变成废热,但没有限制在地球上。废热没有消失,而是向外层空间辐射,与其他废弃物不同,它不会在地球上积累。这个沙漏中部的漏口很小,人类无法调节它,因而低熵太阳能尽管总量巨大但利用量有限。换句话说,有大量的太阳能,但在一定时间内只能利用很小一部分。地球上的化石能源存量有限,但在存量消耗殆尽前,流量都很丰富。这种不对称非常关键,随着工业化的进行,我们越来越依赖于有限的低熵资源。尽管短期内非常便利,但长期是不经济的。

> 热力学第二定律指孤立系统只能向熵增加的方向发展。虽然物质和能量数量上守恒(第一定律),质量却不守恒。熵就是质量的测量,它是测量利用程度、结构随机性或物质和能量的可用性的基本物理手段。假定宇宙是一个孤立系统,依据热力学第二定律,宇宙自然的趋势是走向"混乱"而不是"有序"。用日常用语来说,事物总是趋于混乱而离散,不会自动整齐归类。

循环流动图使人错以为经济系统能够直接再利用。有些教科书肯定了这种错误观点。如 Heilbroner 和 Thurow[1] 在一本经济学教科书中写道,"产出是循环流动,能自动更新和自动供给"。这其实是把经济系统当成了永动机。为了理解这一点,这里要研究的第一个问题是,"在经济过程的循环流动中,经济系统的产出怎样直接作为投入返回到经济系统中"。这相当于问:"在交换价值的循环流动中,花掉的美元怎样变成挣得的美元,在生产过程中如何再次形成购买力"。解释产出怎样作为直接投入返回经济系统,这需要学生们去了解永动机的秘密!当然,我们并不相信永动机,这里只是想让学生们理解补给的重要性——经济过程是如何再生产和维持的。毫无疑问,这是个需要强调的重要问题,理解它关键是需要认识到补给必须来自经济系统的外部。传统经济学家经常忽视这一点,从而误把部分当成整体。如果经济是整体,那它就没有外部,它就是一个孤立系统。

这是一个基本的错误,大多数标准教科书都犯有这样的错误,这里引用 Heilbroner 和 Thurow 的教科书是因为他们表述得非常清楚——很容易让人发现错误。其他的教科书也给学生留下了同样的错误印象,但没有明确表述这些含义,我们无法深入思考下去。这样的错误不仅限于传统经济学,卡尔·马克思简单和扩大的再生产模式也是孤立的循环流动模式。马克思认为劳动是所有价值的源泉,他甚至比传统经济学家更急于否定自然在

---

[1] R. Heilbroner and L. Thurow, *The Economic Problem*, New York: Prentice—Hall, 1981. pp. 127, 135.

经济运行和价值创造过程中的重要作用。马克思否认自然的稀缺性，认为所有的贫穷都是不公平的社会关系和阶级剥削的产物，而不是“自然界的吝啬”造成的。托马斯·马尔萨斯认为，超过自然承载力的过量人口也是贫穷的一个原因，社会革命不可能消除贫穷。马克思意识到马尔萨斯对自己的观点造成了威胁，因而对其加以蔑视和斥责。新马克思主义者与新马尔萨斯主义者之间的政治争论一直持续到了今天❶。

吞吐量的重要性

下面从吞吐量的理论重要性转向考察现代经济中吞吐量的大小和组成。下面一段话摘自一本有关经济依赖于环境的书：

> 研究人员计算得到，为了满足一个普通的美国中产家庭一年平均的需求，工业需要搬运、开采、提取、清除、燃烧、废弃、汲取和处置大约 400 万磅的物质。在 1990 年，一个普通美国人的经济和个人活动每天需要移动约 123 磅的干物质——一年就相当于 10 亿辆单轴拖车装载量的 1/4。这 123 磅的干物质包括 47 磅燃料、46 磅建筑材料、15 磅农产品、6 磅森林产品、6 磅工业矿物、3 磅金属(其中 90%是铁和钢)。扣除 6 磅的可循环物质，美国人日常生活人均每天向空气中排放 130 磅气体，生产出 45 磅人工制品，产生 13 磅高浓度废物，以杀虫剂、化肥及轮胎残片等形式向环境中弃置 3.5 磅非气体废弃物。此外，个人每天生活需要消费约 2 000 磅水，这些水使用之后大多被彻底污染，不能直接排入海洋和河流；由于开采石油、天然气、煤和矿石，人均每天产生 370 磅的废石、残渣和有毒废水……总之，美国人每人每年总共废弃或造成废弃的物质约 100 万磅❷。

这些是需要考虑的吞吐量——在传统的模型中却没有考虑。最终这些物质都要成为废弃物，在目前的技术条件和消费标准下，支撑现有人口必然会产生这样的废弃物。如果有更好的技术，更好的问题优先顺序，就可以在不降低生活质量的情况下减少吞吐量。减少多少、依靠什么政策来减少，这是生态经济学研究的重要课题。

1997 年，美国的世界资源研究所(WRI, U. S.)、德国伍珀塔尔研究所(the Wuppertal Institute)、荷兰人居空间规划与环境部和日本国立环境研究所组成了一个联合研究组，他们计算了这 4 个工业化国家 1975～1993 年的吞吐量❸。研究结果表明，在 1975～1993 年间，4 个国家各自的物质总需求没有多大变化。大概是每人每年 45～85 t，其中美国最高，日本最低，德国和荷兰居中。期间，美国的吞吐量略有下降，而其他 3 个国家都略有上升。美国吞吐量减少主要是因为更有效地控制了土壤侵蚀，而不是具有更高的工业效率。研究期内，各国总的资源需求量基本不变，这是因为各国单位 GDP 的资源需求量在减少，但 GDP 的总量在增加，二者的乘积大致不变。这说明我们变得更高效了，但不是更节俭了。如同生产的汽车尽管耗油量降低了 1 倍，但行驶路程是原先的 2 倍，结果是耗油量没有变化。

---

❶ 见 H. Daly, A Marxian－Malthusian View of Poverty and Exploitation, *Population Studies*, May 1971.
❷ P. Hawken, A. Lovins, and H. Lovins, *Natural Capitalism*, Boston: Little Brown, 1999. pp. 51～52.
❸ *Resource Flow: The Material Basis of Industrial Economics*, Washington D.C: WRI, 1997.

想一想！

你认为哪个目标应排在第一位，效率还是节约？我们后面还将讨论这个问题，或许现在你已经能够回答了。

虽然知道吞吐量的大小、构成和随时间的变化十分重要，但也要有能力判断这些流量的环境成本与生态系统吸收和再生的承载力相比，这些成本到底有多大？这些流量给我们造成哪些机会成本？对其他物种有什么影响？世界自然基金会(WWF)给出了部分答案❶：

> 在过去的30年中，地球自然生态系统的质量下降了33%（“生命行星指数”），同期为人类对地球的生态压力增加了50%（“世界生态足迹”），已经超过了生物圈的再生速率。

从“经济作为子系统”的角度(图2.1)来看，这意味着自然资本提供生命支持服务的能力(浅灰色部分)下降了约33%，而对人造资本(亮灰色部分)提供的生命支持服务(由浅灰色部分提供)的需求增长了约50%，而这只是在过去的30年内发生的。这是一把双刃剑：对承载力的需求(生态足迹)日益增加，而承载力的供给(生命行星指数)日益减少。这把双刃剑由同一只手操控——增长。生态足迹是指在世界平均消费水平下，满足普通个人生存需求所需要的生产性土地和海洋面积。研究表明，1997年地球总人口的生态足迹至少超过地球生物再生能力的30%。这个赤字由过度消耗自然资本(“借用”甚至“掠夺”未来的自然资本)来弥补。什么是测度承载力需求和供给的最佳方法？对此不同学者可能有不同的认识，但不可持续的趋势这一定性结论已经在学者中达成共识。

本章知识点

- 整体与部分
- 开放、封闭和孤立系统
- 最佳规模
- “满”的世界与“空”的世界
- 边际效益递减
- 边际成本递增
- 范式和分析前的愿景
- 循环流动
- 线性吞吐量
- 萨伊定律
- 漏出与注入
- 热力学定律
- 错置具体感的谬误
- 熵
- 吞吐量的测度

❶ World Wildlife Fund, UNEP. *Living Planet Report 2000*. Gland, Switzerland: WWF International, 2000, p. 1.

第三章 目标、手段与政策

目标与手段——实用的二元论

生态经济学与标准经济学间存在分歧的地方很多，但达成共识的地方更多。经济学的基本定义（研究在竞争性的目标之间如何配置稀缺性资源的方法）就是生态经济学和标准经济学的一个重要的共同特征。对哪些资源是稀缺的、哪些不是稀缺的、配置稀缺资源的合理机制（手段）是什么，以及如何按重要性将竞争性目标排序等问题，生态经济学和标准经济学意见不一，但都认为经济学的主旨是有效地利用手段来实现目标。实现目标要利用的手段中必然包含政策，反过来，政策也包含目标和手段的知识。尽管有时经济学家和生态经济学家理解的纯抽象状态不同，但经济学，尤其是生态经济学，不可避免地要涉及到政策问题。

既然经济学是研究在竞争性的目标间如何配置稀缺资源的手段，那么我们必须深入地思考目标和手段的性质。制定政策需要掌握可能性与效果、手段与目标这两类知识。可能性反映世界的运行情况，这方面的知识除了能让我们避免在不可能的事情上浪费时间和金钱外，还能够为我们提供现实替代选择之间的损益比较信息。效果反映了我们的期望——对目标的排序、区分世界状态好坏的标准。如果不能区分世界状态的好坏，就不可能了解世界的运行情况。追求再好的不可能发生的状态没有任何意义。没有这两方面的知识，政策讨论就没有意义。

将这与经济政策联系起来需要考虑两个问题。第一，在可能的范围内，处理的手段是什么？根本手段由什么组成？“根本手段”意味着可能性或可用性具有一种共同的特征，对这种共同的特征我们只能耗尽，不能创造，从而只能完全依赖自然环境得到它。第二，最终目标或者最高追求是什么？利用哪些手段来达到这个目标？这些问题都很大，我们并不能完全回答，特别是后一个问题。有很多问题尽管我们不能提供完整的答案，但提出这些问题本身就很重要。

手段

根本手段（所有可用性的共同特征）由低熵的物质－能量组成❶。在物理上，低熵的物质－能量其可用性较大，是人类只会耗尽但不能创造的基本必需品，人类经济系统只能完全依赖自然供给这种必需品。熵是物质和能量质的差异，根据熵的大小可以将有用资源从等量的无用废物中区分出来。从本质上讲，物质和能量不能耗尽（热力学第一定律），为 实现目标而转换物质和能量时，消耗的是物质和能量的品质（热力学第二定律）。在集

❶ 这里物质－能量分开指物质和能量，但根据爱因斯坦著名的质能方程（$E=mc^2$），它们是可以互相转换的。

中的源和散布的汇间，高温热源和低温热源间存在不平衡势差，也就是梯度或新陈代谢流动，这是技术转变的推动力❶。因此，熵增加过程逐渐倒空了有限的“源”和填满了有限的“汇”，物质和能量做有用功的能力也逐渐降低。如果源和汇之间不存在熵的梯度，环境将不可能服务于我们的目标，甚至不能维持我们的生命。技术知识可以帮助我们更有效地利用低熵的物质和能量，但不能消除或者逆转新陈代谢流动的方向。

当然，物质能够从汇再循环到源，但要利用更多的能量（和更多的物质工具）才能实现该循环。因为实现能量的逆循环，消耗的能量要多于循环的能量，所以不管价格如何，能量的逆循环永远都是不经济的。循环过程也需要收集、集中和运输的物质工具。用于收集、集中和运输的机器也因**熵耗散**过程而磨损——在从低熵的、可用的资源到高熵的废物这个单向流动中逐渐磨损并向环境中扩散。任何再循环过程都必须有足够的效率以弥补循环过程中的物质损失。太阳驱动的自然生物地球化学循环进行物质再循环的效率很高，有人认为达到了100%，但这仅仅是强调了人类对自然服务的依赖。在人类经济系统中没有太阳这样的供给源，人类也没有能力使物质的再循环效率接近100%，有限的汇总有一天会被填满。

信息：最终的资源？有一种强烈否定我们依赖自然实现目标的倾向。George Gilder就是直率的否定者之一❷：

> 让热力学的世界经济观——人类对“自然资源”的提取和利用将它们变成了熵和废物——一去不复返吧！……关键在于知识是反熵的（anti－entropic）：利用知识就是在积累和增加知识……征服微观世界，精神可以越过熵的陷阱并推翻物质的基础。

《经济学家》杂志称：George Gilder是“美国最著名的技术预言者”，他的推荐可以使一个公司的股票价格第二天就上涨50%❸。如果Gilder真有那么大的影响，那只能说明股票价格经常是基于错误的信息及非理性的期望。回想一下诺贝尔化学奖获得者Frederick Soddy的箴言：“没有磷就没有思想”❹，以及Loren Eisley的箴言：“人类的智慧……是靠叶子的动力点燃的”，就会更怀疑Gilder诺斯替教❺般的预言。Kenneth Boulding（生态经济学的开拓者之一）指出，知识在经济中发挥作用之前，必须在物理结构上以非物质排列的形式打下烙印。低熵的物质－能量有较高的品质，接受和保留人类知识印记的能力也强。例如，为了接受知识印记，一个每天生产5 000个晶片的计算机微电子厂，除了原材料和能源利用外，每年产生约500万升有机和水溶性废弃物（高熵物质）❻。关于保留知识印记，最近的研究表明，美国信息技术产业（IT）目前消耗美国电力的13%，而且该

---

❶ 要深入探究这个主题，参见：N. Georgescu－Roegen. *The Entropy Law and the Economic Process*. Cambridge, MA: Harvard University Press, 1971.

❷ G. Gilder. *Microcosm: The Quantum Revolution in Economics and Technology*. New York: Simon & Schuster, 1989, p. 378. 后来Julian Simon表达了相似的观点，见：*The Ultimate Resource*. Princeton, NJ: Princeton University Press, 1981. 最近，Peter Huber继续了这种传统。见：*Hard Green: Saving the Environment from the Environmentalists*. New York: Basic Books, 2000.

❸ 3月25日，2000，p. 73.

❹ 磷是叶绿素的基本组成元素，是光合作用必需的，也是生命必需的，因而也是思想必需的。

❺ 诺斯替教是基督教的早期异教，它宣传只有这样的人才能得到拯救，那些利用深奥的精神知识能超越物质的人，以及那些认为救世主是非物质的人。因此，它轻视物质世界并把知识作为脱离物质世界的工具。

❻ J. M. Desimone. Practical Approaches to Green Solvents. *Science*, 297 (5582), 2002.

比例还在快速增加❶。

此外，还有一种误解认为知识按照复利积累增长，认识到这一点与知识同样重要。银行账户中产生的复利不会因为本金贬值而被抵消。然而，正如我们在科学革命和范式转变的讨论中所看到的，新知识常使旧知识变得过时。现在燃素❷和以太❸理论还能算作知识吗？当知识过时时，包含这种知识的人造物品也会过时。IT 产业仍然是最好的例证。专家估计，今后 5 年内美国将填埋 3 亿台个人计算机，其中每台计算机都含有 7～10 磅的有毒金属❹。每 3 台计算机进入市场，同时就有 2 台计算机报废。这符合熵定律。对此物理学家不会感到惊讶，因为在他们眼里任何东西都不会违反熵定律。

E. J. Mishan 曾指出，技术知识经常在我们面前按英尺展开选择增加了的地毯，同时在我们身后又按码将地毯卷起来❺。的确，知识也在不断发展和提高，但它不会像银行复利那样呈指数增长。此外，新知识并不总是意味着新的增长可能性，带来的也可能是严重危害，暴露出新的限制。石棉具有耐火性质的新知识增加了石棉的使用，随后石棉具有致癌作用的新知识又减少了对它的利用。新知识对两方面都起作用。最后，也是最明显的，知识必须一代一代地主动传授和学习——不像股票投资那样可以被动地继承。如果社会对向下一代的知识转让投资很少，有些知识就会丢失，知识的分配会更加集中，从而加剧收入分配的不平等，导致后代整体素质下降。

后代一定比前辈知道得多，这完全是误解。新出生的人什么都不知道，正如我们总没有足够的产量远离饥饿，为远离愚昧进行的代际间知识转让，我们也总不能成功。虽然今天很多人知道过去没人知道的很多事情，但是当代的大部分人远比过去的很多人更无知。民主社会中的政策水平不能超过人们的平均理解能力。在民主社会，知识的分配与财富的分配一样重要。

废物是资源吗？ 经济学家和许多人都认为，废物是一种我们还不知道怎样使用的资源，自然提供的只是坚固的基本积木（最基本的原材料），余下的要么是人类生产的，要么是人类可以生产的。对经济学家而言，重要的是人的劳动和资本提供的增加值——增加的价值完全被当成被动的原材料，甚至都不配**自然资源**的称谓，Gilder 给这个术语上加引号正说明了这一点。这种观点认为，自然过程不能在基本积木上附加价值——即使能够附加价值，人造资本也可以替代这类自然服务。

然而，残酷的事实依然是，燃烧一块煤我们只能得到一定的能量，一块煤不能燃烧两次。煤燃烧后散发到自然汇中的灰烬和热量成为有污染的废物，除非我们知道怎么去利用这些废物，否则它们都不再是具有同样利用潜力的物质一能量。在人类时间尺度上，流向海洋的被侵蚀的表层土和臭氧层中的氯氟烃都是污染性废弃物，而并不仅仅是“放错地

---

❶ M. P. Mills, Kyoto and the Internet: The Energy Implications of the Digital Economy. Testimony of Mark P. Mills, Science Advisor, The Greening Earth Society, Senior Fellow, The Competitive Enterprise Institute, President, Mills—McCarthy & Associates, before the Subcommittee on National Economic Growth, Natural Resources, and Regulatory Affairs. U. S. House of Representatives, 2000.

❷ 燃素是一种假设的物质，以前认为是所有可燃物质中的易挥发组分，在燃烧时以火焰的形式释放出来。

❸ 以太是一种到处都存在的、无限弹性的、无质量的介质，曾认为是充满外层太空，就像空气充满低空一样。其他假想的存在回避了“远距离作用”的难点，该难点后来被万有引力的概念所解决。

❹ “Electronic Product Recovery and Recycling Baseline Report: Recycling of Selected Electronic Products in the United States”. National Safety Council, May 1999.

❺ E. J. Mishan. *The Costs of Economic Growth*. New York: Praeger, 1967.

方的资源”。没有人否认知识的重要性[1]，但否认物质世界的重要性，只强调知识是最终资源的说法，只能算是诺斯替教的现代版本，尽管现在技术还不是精神层面的，所有这些都好像是宗教信仰的驱使，如否认人类是物质世界的一部分，我们已经或马上就会超越物质创造的世界，进入深奥知识的无限领域。因此，即使在手段的讨论中，我们也不能局限于纯粹的生物物理领域，需要考虑其他宗教哲学，包括初期基督教的邪教——诺斯替教的复兴。

目标

前面已经说到，有一个作为根本手段的东西，即低熵的物质－能量。是否存在最终目标呢？如果存在它又是什么？按照亚里士多德的说法，有很好的理由相信存在最终目标，但很难说清楚它是什么。事实上我们将证明，对最终目标是否存在尽管我们的判断很武断，但对它的外表特征是什么，我们必须保持谦逊的姿态与宽容模糊的观点和不同的感觉。

在“多元文化论”时代，反对最终目标的第一个理由就是它太单一。难道我们就不能有很多“最终目标”吗？显然我们有很多目标，但目标之间明显有冲突，因此必须在这些目标中间进行选择。我们给目标排序，给出它们的优先性，在这个过程中只能有一件事情排在首位。排在首位的事情就是实践中要逼近的最终目标。与首位的接近程度决定谁是第二位，依次类推。伦理标准体现在各种各样的目标或价值观的排序问题中。排在第一位的是最终目标（或最终目标操作上的逼近），这样的排序标准为理解世界现实状态的好坏提供了客观的价值标准，而不是主观上的判断。

对各种目标进行伦理排序并不一定是抽象地推理演绎。通常解决具体的问题和从政策选择的困境中走出来又要求必须做出决策。具体的决策规则对排列那些理论上排序模糊的目标有帮助，但有时候排序的结果与以后改善的对最终目标的理解并不一致。

新古典主义经济学家将价值简化为个人的喜好或偏好，尽管讨论这些没有什么意义，但如此包容显然会有一些不好的结果。我们的观点是，对客观价值——根据最终目标的概念对目标进行客观的层次分类，必须有一种教条式的信念，这尽管有点朦胧但还是可以理解。听起来好像过于绝对，不能包容多元文化论，但仔细反思可发现这正是宽容的基础。如果A和B在价值层次上不一致，而且都认为客观价值不存在，那么让其中一个去努力说服另一个只能是徒劳，因为只是A和B各自主观价值的碰撞。B会努力坚持自己的偏好并尽力得到A的认同，反过来A也会这么做。由于假设不存在客观价值，他们无法一起通过探讨找到一个关于客观价值的共享愿景，因而只能求诸武力、欺骗或暗箱操作来解决分歧。由于每个人都比别人更了解自己的主观偏好，因此不需要“价值说明”。如果价值来源于个人的主观偏好，那么不会有人真正关心他人的偏好，除非别人的偏好是满足自己的目标的手段。在此基础上任何关于宽容的讨论都是虚伪的，只是一种操作的策

[1] 对知识的局限性的有趣论述，见：P. R. Ehrlich et al., Knowledge and the Environment, *Ecological Economics* 30：267～284(1999)和 M. H. Huesemann, Can Pollution Problems Be Effectively Solved By Environmental Science and Technology? An Analysis of Critical Limitations, *Ecological Economics* 37：271～287(2001).

略，没有真正的说服力[1]。

当然，我们也要警惕教条式的信仰，他们如正统基督教的信仰[2]那样过于明确地定义了最终目标。因为质疑已揭露的事实都被当成异端，因而也不可能通过真正推理来形成共同的认识。

政策的先决条件

生态经济学不只是一个以自我为中心的学者玩的逻辑游戏，它主要致力于政策的实用性研究。考虑到对政策所承担的义务，生态经济学家必须知道要使政策有意义需要什么前提条件？我们认为有两个。

第一，有多种可供选择的方案。如果所有事情都是确定的，没有可供选择的方案，那么讨论政策就没有意义。没有选择也就没有责任，当然不需要考虑政策问题。

第二，有选择的价值标准。即使有可供选择的方案，如果没有可供选择的价值标准，政策讨论也没有意义。除非可以分辨出世界状态的好坏，否则努力实现某一状态而不是其他状态将毫无意义。没有价值标准也不会有责任，当然也不需要考虑政策问题。

总之，重大的政策必须以下面两点为前提：①非决定论——世界不是完全确定的，有一些自由的成分为我们提供了可供选择的方案；②非虚无主义——存在指导选择的价值标准，尽管有点模糊但还是可以理解它。

事实上很多参加讨论和制定政策的人都抵制这些前提条件，要么抵制一个，要么两个都抵制，A. N. Whitehead 称之为“潜在的矛盾”。这种矛盾否认了现代世界观的基本原则，会导致我们思想衰弱，行动迟缓。如果认为目标是增加我们的繁殖效率——遗传基因骗我们的一种幻觉[3]，或认为不同的世界状态之间差不多，那么就很难认真对待真实问题。生态经济学必须认真对待真实问题。正如 Whitehead 指出：“激励科学家的是证明他们随意就组成了有趣的研究主题”[4]。

决定论和相对论

前面一节的论述符合常识，很容易理解。讲这些明显的东西有什么意义呢？问题在于很多知识分子拒绝承认非决定论或非虚无论，或者两者都不承认，而他们却想从事政策对话。在特定的例子中有哪些替代方案，在具体的案例中价值标准包含什么意思，对此生态经济学家和这些人也有部分共识，因为这是合理的政策对话的一部分。关键是决定论者和虚无论者没有从事政策对话的逻辑基础，但他们在从事政策对话，决定论者否认实际存在替代方案，虚无论者或相对论者否认存在超过个人主观喜好状态的价值标准。我们

---

[1] 更多细节见 C. S. Lewis，*The Abolition of Man*，New York：Macmillan，1947.

[2] 许多经济学家好像把“效率”和(或)增长作为最终目标并几乎作为他们的信仰。见 Robert Nelson，*Economics as Religion*，University Park：Pennsylvania State University Press，2002.

[3] 如在 E. O. Wilson 的 *Consilience*（New York：Knopf，1998）和 R. Dawkins 的 *The Blind Watchmaker*（New York：Norton，1996）中所坚持的那样。

[4] A. Whitehead，*The Function of Reason*，Princeton，NJ：Princeton University Press，1929，p. 12.

诚恳并谦恭地希望这些人想一想，并深刻反思他们没有说出来的选择——至少是那些与政策有关的❶。

也许有人非常赞成我们观点的逻辑——政策应该排除决定论和虚无论，但认为很少有真正的决定论者和虚无论者，因此我们实际上是在踢一扇开着的门，或者抨击一个假想的对手。我们也希望如此。Paul R. Ehrlich 是一位著名的生物学家，对生态经济学的贡献很大，他在最近写的一本书中这样论述了自己的写作意图❷："我们要用进化论的思想来纠正当前引起广泛讨论的，关于人类行为的极端遗传决定论——人类受微小的、能够自我复制的基因控制"。换句话说，Ehrlich 认为顽固决定论者的影响非常有害，大体上慢慢地纠正就需要 500 页的篇幅。

Wendell Berry 认为很有必要采用更有力的、更具体的纠正方法，她非常关注 Edward O. Wilson 有影响的作品，特别是 Wilson 最近写的书《一致性》(Consilience)。这里值得大段引用 Berry 写的话❸：

> 像 Wilson 先生那样原则性很强的理论唯物主义者必然是决定论者。他认为我们以及我们的工作和行为都是由基因决定的，基因是由生物学规律决定的，生物学规律又是由自然规律决定的。他知道这与自由意志的观念完全矛盾，作为科学家，他不愿意放弃自己的观点；作为自然资源保护主义者，他不能放弃。他就这样奇怪地、矛盾地处理着这尴尬的局面。
>
> 首先，他说我们拥有并需要有"自由意志的幻想"，进一步他说这是"生物学上的适应"。他的这些话我反复读过几遍，希望我误解了它们，但恐怕我确实是理解了。他一直认为幻想有进化的优势。我们的祖先之所以能生存下来是因为他们愚蠢到了相信幻想，这个命题有点不负责任，但也看不出什么问题。如果唯物主义可以用来证实幻想的正确性，那我们究竟是什么？Wilson 先生仍坚持自己的观点，但在其他的场合他又谈到，"自欺"是我们人类"适应的利刃"。在讨论保护的需要时，Wilson 先生维护了 18 世纪欧洲启蒙运动的信仰，断言我们能够"明智地选择"。在幻想的自由意志基础上做出明智的选择，这是难以想象的，Wilson 先生的明智选择就是不去想它。

在与 Wilson 先生的个人谈话中，知道他把如何使有目的的政策和科学决定论一致当成了"所有问题的根本"。人们相互谦恭地在宴会上友好交谈比起枯燥的学术出版物来说，更容易表达和理解面对的困难。实际生活中没有人能靠决定论或虚无论的信条生活。从这个意义上来说，没有人认真地对待这些信条，甚至都不会提倡。因此，我们往往对这些教条对政策的影响打折扣。然而，许多思想开放的公民开始怀疑那些向公众宣讲这些观点的学者可能知道一些自己不知道的事情。也许我确实是一个由自己的基因控制的机器人；也许目的只是附带的幻觉，如果对主观个人偏好、阶级基础、性别基础或种族基础的利益过分自信，实际上好坏也许没有什么意义。事实上决定论和虚无论的观点都来自于

❶ 在自然科学上，这些人是坚定的新达尔文主义者和生物社会主义者；在人类学上，是解析主义者；在神学上，是相信命运的忠实的加尔文信徒；在社会科学上，一些演化心理学家和所谓的"价值自由"的经济学家，他们把价值简化为个人主观偏好，他们当中的任何人之间没有什么区别。

❷ P. R. Ehrlich, *Human Natures: Genes, Cultures, and the Human Prospect*, Washington, DC: Island Press, 2000

❸ W. Berry, *Life Is a Miracle: An Essay Against Modern Superstition*. Washington, DC: Counterpoint Press, 2000

个人的实践，这些潜伏在集体智慧背后的思想也能使政策失效。

绪论中曾简单地提到了一些生态学家在处理政策和人类事务的杂乱世界时面临的困难。就这些困难来说，生态学家与一些生物学家一样是决定论者，因此他们制定的任何政策都是无用的。这样的生态学家必然比极端自由市场的经济学家更加放任自由。因而生态经济学不是简单地在经济学忽略的地方引入了生态学思想，这里也确实如此，但需要注意生态学中也有一些经济学不需要的东西。

像传统经济学从 19 世纪机械物理学中得到启示一样，也许我们可以从现代物理学中得到一些启示。量子不确定性和混沌理论已经推翻了确定性的"科学"基础。近代很多伟大的物理学家已经很好地理解了科学唯物主义范式下的物理机理，他们越来越怀疑唯物主义是否有能力揭示最终真理。例如，爱因斯坦指出："科学知识的刨根问底并没有直接打开通往最终真理的大门。"他接着问："人类渴望实现的目标是什么？最终目标本身以及实现它的期望一定来自于物质世界外部"❶。薛定谔认为："关于我周围真实世界的科学描述非常不完善。尽管它提供了很多真实信息，将我们所有的经历整理得井然有序，但根本不涉及对我们来说真正重要的精神世界——我们不属于科学构建的物质世界"❷。

政策研究者，包括经济学家都假设世界提供多种选择，有些选择确实比其他的好。当然，生态经济学家也应该这样。这里需要提醒的是，生态经济学家在认真对待生物学和生态学的时候，千万不要陷入决定论或虚无论形而上学的陷阱，这个陷阱已经迷惑了很多生物学和生态学的研究者。

确实，并不是所有可能的选择都是实际的选择，实际上很多事情是不可能实现的。但物理规律和历史经验允许的选择不可能只有一个。通过我们的选择、价值和目标吸引自然世界向一个方向发展，目标是其中一个独立的原因。

专栏 3.1　哲学历史上的决定论

唯物论、决定论和机械论是关于世界本原三个紧密相关的形而上学的学说。如果学过哲学史，将会发现这三种学说可以追溯到两千年前伊壁鸠鲁、德谟克利特和卢克莱修，今天这些学说仍广为流传。有两位自大的经济学家认为他们可以解决这个古代的谜团，因为经济学不可避免地要进行选择，他们天真的答案是我们可以回避这个问题。如果选择是一种幻觉，那么经济学又是什么呢？

人类是客观实在的一部分，客观实在性是物质的唯一特性，整个物质世界都处于不断的运动变化之中，由此可推出人类也是如此。由于物质运动是由机械规律决定的，同理可推出人类行为最终由机械规律决定。这种**决定论**排除了自由意志，意味着目的不是独立的原因，物质的机械运动才是真正原因。目的、意念、价值和选择或多或少是梦想或主观幻觉，它是结果而不是原因。

虚无论者拒绝所有的道德价值，这是唯物主义者和决定论者宇宙哲学的的伦理推论。事物还是原来的样子，人的意志和目的没有能力改变它们。对事物为什么不是其他样子我们没有责任。对伊壁鸠鲁来说，这是莫大的安慰——这比担心上帝发怒和报应、承担责任、内疚以及惩罚要好得多。放松，不要担心，轻松尽情地享受生活吧！没有什么可以真正伤害到你，当你死去的时候，一

❶ A. Einstein, *Ideas and Opinions*. New York: Crown, 1954. 转引自 T. Maxwell"Intergral Spirituality, Deep Science, and Ecological Awareness."*Zygon: Journal of Religion and Science* 38(2): 257～276(2003).

❷ E. Schrodinger, *My View of the World*, Cambridge: Cambridge University Press, 1964. 转引自 Maxwell，同上。

切都结束了，你不会再遭罪了。尽管它与基督教、犹太教和伊斯兰教及其他不把物质作为客观存在的哲学体系有过长时间的冲突，但在现代世俗世界里这个观点仍然非常流行。他们认为善恶和物质一样客观存在，人类至少有在它们之间选择的能力。忽视我们直接的善恶感和自由，这被认为是反经验主义的，与更深层次的科学精神相违背。

我们的目的并不是劝说你接受或者放弃伊壁鸠鲁主义、基督教或者其他立场。也许对这个问题你没有立场，但逻辑上确实有它的需要，没有学说能避免此点。早期的唯物主义者就认识到，排除自由、新事物和选择的学说存在矛盾。伊壁鸠鲁曾经试图通过引入"偏差"的概念——原子会因一些不清楚的原因偏离确定的运动轨迹，以一种特别的方式来恢复少量自由，这是新事物的来源，也带来了一定程度的自由。对于存在了两千五百年的问题，任何简单的答案都值得怀疑，面对自己无法解决的逻辑矛盾时也要谦逊。

目标—手段谱

目标—手段谱的两端是根本手段和最终目标，中间是决定的经济价值。在日常生活中，相互作用的是处于谱中间范围的目标和手段，目标的源头（精神世界）和手段的源头（电子领域）之间不会发生相互作用。在讨论市场功能和相对价格时，将讨论谱中间范围的相互作用（第八章）。但是现在考虑图 3.1 所描述的整个目标—手段谱是很有用的。谱中间部分的经济选择不是虚构的。它们并不完全由下面的物质原因决定，在缺乏上面的终极原因或存在预定的终极原因时，他们也不会无目的地实施。后面将谈到，价格和相对价值是由供需决定的。供给反映了相对可能性和实际的根本方法的选择性条件，而需求反映了相对期望的无约束条件，它的根源是基于对最终目标的某些理解形成的好坏观念和道德选择。

从目标—手段谱最广泛的意义来说，有效和明智地利用根本手段为最终目标服务是人类根本的经济问题。这样表述存在的问题综合性太强。因此，在实践中要分成一系列子问题，每个子问题用不同的学科处理，这已在目标—手段谱的右侧标明。

谱的顶端是最终目标，属于宗教和哲学研究的范畴。指的是本质的善，并不是从与其他影响因素或更高的善之间的工具性关系衍生出来的。它是最高的善，其他的善是实现它的手段，是它衍生的。不用说这个善还没有很好地定义，前面提到，否认它的存在会产生一些难以接受的结果。但是，对最终目标愿景的模糊有人类自身条件的一些限制，对此我们要互相宽容。把不是最终目标的东西当成最终目标，只能是神学上的偶像崇拜。

谱的底部是根本手段，对世界上有用的原材料——低熵物质—能量，我们只能用完而不能制造或补充，它的净生产量不可能是任何人类活动的结果。最终目标比根本方法更难定义。不幸的是，目前我们把经济增长作为近似的最终目标。有人批评说现在对经济增长的追求已经变成了增长崇拜，可以说是崇拜了一个假神，这是因为它不是真正的最终目标。但是没有崇拜，形成一个核心的社会组织原则也不容易。

需要重申一点，资源的稀缺迫使我们选择去满足一些中间目标，同时放弃另外的中间目标。因此，必须对中间目标进行排序，排序意味着确定优先性，优先性意味着有目标处在第一位。在操作过程中，处于第一位的目标就是最终目标操作上的估计。它提供了中

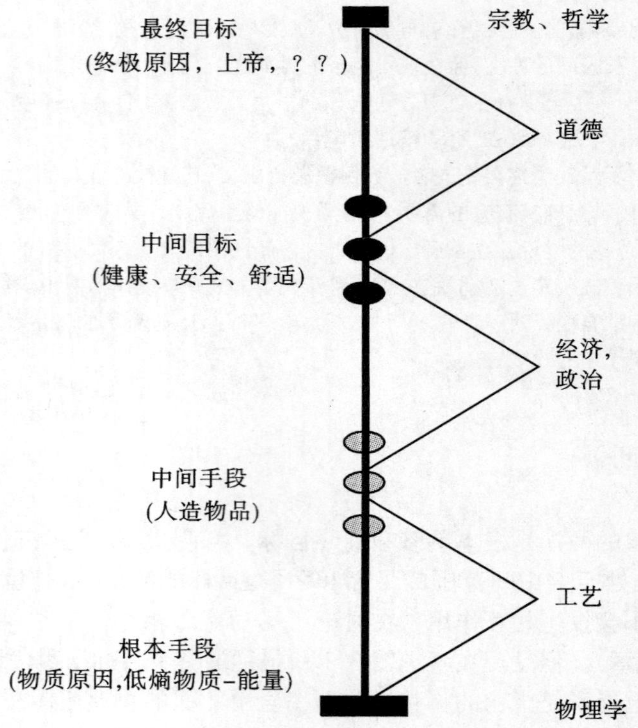

图 3.1　目标－手段谱

间目标排序的标准。排在第二位的目标是最接近第一位的目标或可为实现第一位的目标提供最好的服务的目标，其余情况依此类推。如何根据最终目标的愿景对中间目标进行排序，这是伦理问题。经济学家通常把伦理问题的答案视为已知，并在已定中间目标次序的情况下开始分析，或者假设每个人的排序同样好，这样无法从个人主观偏好中区分出伦理。

谱的底部，物理学研究根本手段，而技术研究把根本手段转化为专门满足每一个中间目标的人造物品。经济学家习惯假设技术问题已经解决，也就是说，技术是确定的。因此，谱中剩下的中间部分是分配给定的中间手段去实现给定等级的中间目标。这是一个有意义的、重要的经济问题，或是政治经济问题，它与伦理和技术问题截然不同。

政治经济问题的中间部分的类型非常重要。从整个谱的角度来看，在某种意义上经济学既可能太唯物主义，也可能又不够唯物主义。在伦理和宗教问题的抽象中它太“唯物主义”，在技术和生物物理问题的抽象中它又不够唯物主义。经济价值有自然和道德两种根源，一种也不能忽视。然而，很多思想家信奉一元论哲学，只强调生物物理价值或只强调精神价值。生态经济学采用了一种实用的二元论。二元论不像一元论那么简单，它需要解决物质和精神怎样柘互作用的问题。这确实是一个很大而且难以理解的问题。但从实证的角度来看，二元论比任何一元论都更依赖于实践经验，它承认并正视那些难以解释的事实，正是为了解决这个让人难以理解的问题❶。

❶　面对难题需要诚实。尽管我们相信人类社会永远都会有不能解决的问题，这不仅仅是“没有发现的未来知识”，但我们仍然尊重科学和哲学上对解决难题的探求，包括我们作为实践指导哲学的二元论本身带有的难题。

集成生态学和经济学的三种策略

以前集成经济学和生态学是基于下面的三种策略:①经济帝国主义;②生态简化法;③稳态子系统。每种策略在开始时都把经济系统当成生态系统的子系统。区别在于每种策略处理经济系统与余下生态系统边界的手段不同(见图3.2)。

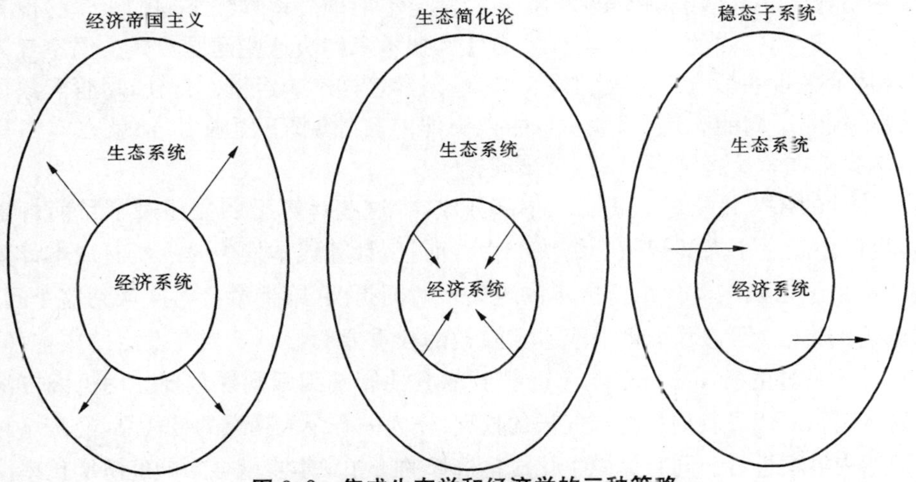

图3.2 集成生态学和经济学的三种策略

经济帝国主义

经济帝国主义指一直扩展经济子系统的边界,直到包括整个生态系统。目标是一个系统,即作为整体的宏观经济系统。实现这个目标需要在价格中内生考虑所有的外部成本和收益。价格是个人在市场上用货币(或其他商品)交换东西的比率(如美元/加仑)。环境有些方面通常没有在市场上交易,但只要赋予了"影子价格"也可以处理,"影子价格"指某种功能或物品在完全竞争的市场下交易时,经济学家对其价格的最好估计。理论上可以根据帮助或阻碍个人满足其需要的能力对生态系统中的任何事物进行比较。无疑,经济帝国主义追求的唯一目标是更高的消费水平,实现这个目标唯一的中间手段是市场商品的增长。经济帝国主义基本上是新古典主义方法。

虽然个人的主观偏好变化无常、没有什么依据甚至是不明智的,经济帝国主义仍将其视为所有价值的来源。总的来说,同君王的权力一样,主观欲望是无限的,要满足这些欲望,人类活动的规模肯定要不断扩展。"所有成本都已内生化"的扩张在这里都被当成是合理的。但是,大部分增长成本的出现都很突然,如果不能预知这些成本,也就不能把它们内生化。有些外部成本(比如"温室效应"),即使都已经知道,内生化也只是局部的、缓慢的。如果经济学家对环境支撑生命的演化适宜性毫无察觉,按经济帝国主义的方式制造的每一个分子、每一串DNA,很可能破坏演化的适宜性,按照现值最大化的金钱规则也只能勉强维持演化的适宜性。

此外,经济帝国主义抛弃了自由市场经济学家的主要优点——厌恶中央计划者的傲慢自大。给生态系统中所有事物都标上价格，需要的信息和计算能力远远超过 Gosplan[1] 在苏联所做的一切。下面看一看把全球变暖的相关成本全部量化并内生化需要哪样的计算。现在我们解释不清楚 CO_2 是怎样流动的，这是全球变暖中的最根本问题。海洋和陆地生态系统吸收了多少碳？碳又怎么样影响这些生态系统？全球变暖是引起正反馈循环，如北极苔原解冻释放甲烷以及海洋加速蒸发增加大气中的水汽（两者都是有效的温室气体），还是通过增加森林碳吸收的负反馈循环？温度变化如何影响下个世纪全球气候模式？（这种估计到底有多准确？要知道，我们甚至不能准确地预测下周的天气。）没有全球变暖影响时又会是怎样的变化？会开发出什么技术来解决这些问题？减少温室气体的排放速度对技术进步的影响有多大？最后，这些因素怎样影响经济？记住，尽管气象预报员不能准确地预测下周的天气，但她至少能把头伸向窗外说“下雨啦”。而就在本书写作之时，经济学家正在争论经济是否马上会衰退。

这里估计的还只是全球变暖的一小部分成本，这些计算已明显超过了目前科学的解决能力，也可能超过了人类智慧的解决能力。而且，计算成本发生时的所有成本计算的只是直接成本。怎样确定后代承担成本的现值？时间折旧（第十章会再次谈到这个问题）是目前很流行的方法，但它赋予将来成本和收益的权重要明显小于当前发生的成本和收益，而且在计算中选择的折扣率可能与上面提到的其他影响因素同样重要。用折旧方法来处理全球变暖暗示后代没有拥有稳定气候的权利，作为一个令人满意的替代品，经济增长将在整个折旧期内继续进行。同时为内生化成本选择的折扣率本身就会影响经济增长率。

全球变暖的例子引出了经济帝国主义其他严重的问题——假设在目标中最有效分配手段的机制是市场。事实上，市场不能分配不属于市场的物品，对那些不会枯竭的物品，市场的分配也不是高效的，而这些正是生态系统服务的性质。即使能够对温室气体排放合理收费来内生其成本，这些费用最终应该补偿给谁呢？似乎唯一公平的手段是补偿给承担成本的人。如果我们买东西却不给承担生产成本的人支付报酬，那这算是市场交易吗？然而，全球变暖会影响无数代生活在地球上的人。这意味着不仅要计算总成本，还要计算每个人的成本。然而，奇怪的是一些新古典经济学家认为承担外部性成本的人不应该接受补偿[2]，在这种情况下，怎么能说结果与市场的解决方案类似呢？本书的主要目的是要明确地解释，为什么很多物品和服务不能靠市场提供解决方案，这与成本能不能内生化是两个不同的问题。

让我们扮演墨守成规的经济学家，并假设不考虑上面这些问题。毫无疑问，当经济增长到一定规模，原来因丰富而免费的物品会变得稀缺，这时给这些物品赋予一个反映稀缺性的正价格比仍赋予零价格当然要好一些。但这里仍存在优先性的问题：有了价格时的新规模和免费时的旧规模，假设这两种情况下价格都是正确的，哪一种规模更好？但这是一个最佳规模的控制问题，市场价格无法给出答案。

---

[1] Gosplan 是“国家计划委员会”的俄语缩写，该委员会为苏联制定从个体企业到国家的所有层次上的五年和年度发展计划。

[2] E. T. Verhoef. “Externalities.” In J. C. M. van den Bergh, ed., *Handbook of Environmental and Resource Economics*. Northhampton, MA: Edward Elgar, 1999.

生态简化论

生态简化论承认人类受自然规律支配，这是一个正确的认识。但生态简化论由此出发却得出了一个错误的推论：可以简单地用自然规律完全解释人类活动。它试图用解释生态系统的自然规律去解释经济子系统中发生的一切。它抹掉了经济子系统的边界，渐渐将经济子系统缩小到了没有。按照这种愿景，在极端情况下，可以用没有目的或意志的机械系统来解释能源流、物化的能源成本以及市场上的相对价格。这种愿景对研究一些自然系统非常有用，但如果用来研究人类经济系统，那是一开始就坚持讨论一些无关紧要的政策的重要政策含义。我们再次遇到了前面讨论过的决定论和虚无论的全部问题。

经济帝国主义和生态简化法都是一元论愿景，尽管是对立的一元论。正是这种追求用单一物质或原则来解释所有价值(一元论的方式)导致经济帝国主义和生态简化论过于简化。在不忽略事实的情况下，确实要努力简化解释。一方面尊重偶然性和必要性的基本经验事实，另一方面尊重自我意识的目的和意志，这应该能把我们引向一种实用的二元论或目标一手段谱的两端。世界应该由物质和精神这两种基本元素组成，这相比只依赖于一种基本元素的世界能提供更多的内在的可能性。组成世界的两种基本元素是怎样相互作用的，对这个难以解决的问题，经济帝国主义和生态简化论都试图回避。但在谱中间经济学家过多采用一元论的“解决方案”。对经济学家来说，舍弃一元论的精简思想要比舍弃杂乱和难以解释的事实要好。

稳态子系统

余下的策略是**稳态子系统**，这也是生态经济学家采用的策略。稳态子系统没有像经济帝国主义那样将经济子系统扩张到与整体系统一致，也没有像生态简化论那样渐渐将经济子系统缩小到没有。相反，它肯定了边界的必要性和处于合适位置的重要性。这种策略认为，人类子系统的规模是由边界决定，并且有一个最佳规模，生态系统维持和补充经济子系统的吞吐量必须是生态可持续的。一旦把边界放到合适的位置，就需要进一步把经济子系统分成不同的区域，有些区域市场是最有效的资源配置方式，有些区域市场却是不适当的资源配置方式。这些区域由不同物品和服务的内在特征决定，对此本书有详细的论述。

专栏 3.2 稳态经济

稳态经济的思想来源于古典经济学，主要是由 John Stuart Mill(1857)发展起来的，他把稳态经济定义为“固定的状态”。主要的思想是人口和资本存量不再增长，这两个恒定的物理存量确定了经济子系统的规模，出生率等于死亡率，生产率等于折旧率，从而人的存量(人口)和人造物品存量(物质资本)将不再变化。但这并不是静态的，而是处于动态的平衡状态。很多古典经济学家担心出现这样的固定状态将意味着发展的终止，但 Mill 并不这样认为[a]：

资本和人口处于稳定状态意味着人类无法进步，这根本不可能。所有类型的精神文化、道德进步和社会进步都与以前有同样多的改进机会。如果思想不再沉溺于如何发迹，就会发现生活的艺术还有很大的改进空间和改进的可能性。”

Mill认为，一旦我们不再专注于使经济变大，就会转向如何变好。他同时也认为增长可能会变得不经济：

由于唯一的目的是让地球支撑更多的人，而不是更好、更幸福的生活，财富和人口的无限增长已经导致地球损失了大部分居住的适宜性，而这最终会毁灭地球上的财富和人口。为了子孙后代，我真诚地希望在现实迫使他们转向稳定状态之前，他们能满足于生活在稳定状态中。

在物理学上，物理学家把人和物的总体都叫做“耗散结构”，其自然发展的最终结果是崩溃、死亡和腐烂。人会死亡，物品会用坏。要保持人口耗散结构处于定常状态，需要出生率等于死亡率，生产率等于折旧率，换句话说，输入等于输出并等于吞吐量，这是已经熟悉了的概念。出生率等于死亡率可能是在低水平，也可能是在高水平上相等，两种情形都可以保持人口数量不变。我们需要哪种情形？如果希望个人的预期寿命较长，那么必须让出生率与死亡率在低水平上相等。当人口年出生率和年死亡率都是40‰时，人口的平均寿命是25岁。如果人们希望活到67岁而不是25岁，那么年出生率和年死亡率要降低到15‰。你能解释这是为什么吗？你能把同样的逻辑应用到物品存量的生存时间或耐久性上吗？

总结：稳态经济的主要思想是把人口和财富维持在一个固定水平，在此水平上，人们能享受长期而美好的生活。维持这种存量状况的吞吐量是低的而不是高的，并总是处于生态系统的再生能力和吸收能力范围之内。因此，系统是可持续的——它能长时间继续。稳态经济的发展途径不再是变大，而是变好。这个概念本是古典经济学的一部分，但不幸的是，它差不多被新古典经济学抛弃了。更确切地说，术语“固定的”和“稳定状态”已经被重新定义，不仅是指固定的人口和资本存量，同时也指均衡增长—人口和资本量的增长比率不变。

---

[a] *J. S. Mill*. Principles of Political Economy. Book IV, Chapter VI (1848). *Online*: *http://www.econlib.org/library/Mill/mlPbl.html*.

本章知识点

- 实用二元论与一元论
- 政策的前提条件
- 根本手段
- 最终目标
- 信息和知识
- 决定论和虚无论
- 目标—手段谱
- 经济帝国主义
- 生态简化论
- 稳态子系统

第一部分总结

在第一部分，我们将经济学定义为在可选择的期望目标之间配置稀缺资源的科学。生态经济学与主流经济学分析前的愿景有明显区别，生态经济学把经济系统看做支撑它、包含它的全球生态系统的子系统。经济增长本身不是目的，无限的经济增长不可能实现，最终增长加在支持系统上的成本要大于增长取得的收益。经济系统首先改变环境，然后通过协同演化过程适应环境变化。相对于人造物品和服务而言，经济增长加剧了生态物品和服务的稀缺性，经济系统必须适应这个事实。经济发展的道路不是预先决定的，它的好坏受政策影响。

在生态经济中有一个最终目标，尽管很难理解且不被普遍认同；根本手段是低熵的物质一能量，市场尽管很有用，但绝不是为实现目标分配手段的充分机制。这里没有定义最终目标，作为本书以后讨论的基础，我们给出了生态经济次最终目标的定义：维持生态生命支持系统远离崩溃状态（这要求终止经济的物质增长），健康的、满意的人们自由地一起研究和澄清仍然模糊的最终目标——这需要很长的时间。

第二部分

包含性和支持性的生态系统：一个整体

第四章　资源的性质和自然的资源

经济系统是全球生态系统的子系统，确定经济增长侵占支持它的生态系统的机会成本何时超过增长的收益是生态经济学的主要目标之一。要实现这个目标，需要清楚地了解全球生态系统是如何支持经济系统以及经济增长是如何影响生态系统的。除了确定从何时开始经济增长变得不经济，生态经济学家还必须提供必要的政策保证经济处于其"最佳规模"范围内。目前市场是确定经济最优性的主要工具，但市场只对具有特定属性的物品和服务有效，对不能被排他性占用的物品，市场无能为力。提出有效的政策必须清楚地了解所配置的物品和服务的特征。本章引入了几个对理解稀缺资源有用的概念，包括存量一流量资源与资本一服务资源的区别、竞争性和排他性，同时还进一步分析了热力学定律。

第五章和第六章将把这些概念应用于经济依赖的生物和非生物稀缺资源。第九章和第十章解释为什么这些概念对政策分析那么重要。

有限的星球

除了极少量来自太空的物质外，地球上只有有限的水、土地及大气，而且土壤、矿产资源和化石能源也是有限的。虽然自然过程能形成土壤和化石能源，但增加量很有限，而且从人类的角度来看，形成速度也极其缓慢。幸运的是，我们拥有稳定的太阳能注入，而且毫无疑问太阳能存在的时间要比人类社会更长❶，但是太阳能到达地球的速率是固定的和有限的。当然太阳能也只有收集起来才能利用，目前收集太阳能的工作都是由进行光合作用的生物体完成的，而这些生物体的数量也是有限的。换句话说，这表明我们生存在一个有限的星球上。对于如此明显的事实，我们为什么还多费口舌呢？

连续的经济增长是许多经济学家和决策者明确的目标。许多经济学家甚至认为经济增长不仅与清洁的环境一致，而且是实现清洁的环境这一目标的前提条件。清洁的环境是一种奢侈品，事实就是如此，那些为生存而奋斗的人们是无暇顾及污染问题的。在第三世界中，生存优先于环境是不言自明的，贫穷迫使人们实际上工作和生活在垃圾堆中，在那里寻找食物吃、找衣服穿并找可重新利用的废弃的商品和物质。无论污染多严重，在工厂里上班总比生活在垃圾堆中好。只有富裕的国家才能提供清洁的水和空气这类奢侈品，这可以解释这样的事实，20 世纪 70 年代以来美国的水质和空气质量得到了改善（后面还会讨论这个自相矛盾的说法），许多地区森林覆盖面积增加。通常认为，经济增长是清洁我们的星球和保护现有生态系统的最佳途径。

---

❶　哺乳动物物种平均的生命跨度仅为 100 万年，而太阳能持续数十亿年。参阅：R. Foley, Pattern and Process in Hominid Evolution．见：J. Bintliff, ed. *Structure and Contingency*. Leicester, England: Leicester University Press. 1999.

想一想!

在过去的20年中,富裕国家的环境改善了吗?富裕国家对全球环境的影响减少了吗?你购买的大部分物品来自哪里?你认为它们的生产对环境有负面影响吗?

与此相反,物理学规律告诉我们,巧妇难为无米之炊。经济生产需要原材料的投入,有限的投入限制了经济的规模。不管新的资源能替代多少已经枯竭的资源,经济系统都不可能无限增长。例如,人口不可能持续增长。简单的计算表明,即使以1%的速度增长,只要经过3 000年,人口的质量将超过整个地球的质量❶。同样,无法想象在未来1 000年内还能以过去50年同样的速度增加我们占有和消费的人造物品质量。目前人口增长速度已经放缓,联合国最新的报告预计2200年全球人口将稳定在110亿❷,许多生态学家认为地球生态系统甚至不能支撑55亿的人口❸。有人提出,可以用更少的材料生产更多的产品,那么就不会增加人造物品的质量。确实,用过去制造1个铝罐所用的材料现在可以制造12个铝罐,但现在铝的使用量比过去任何时候都多,我们只有将铝辗得更薄。甚至还有人认为,经济价值衡量的不是物质的数量,因此经济价值的生产也就不存在明显的物质限制。

确实,经济价值不是物质的数量。经济生产是为了创造福利、提高生活质量与效用,以及其他称之为精神满意度通量的东西。这与我们生活在一个有限的星球上有什么关系呢?就经济生产来说,这确实有关系。按通常的理解,经济生产是将生态系统提供的原材料转化成对人类有价值的东西。转化需要能量,而且不可避免地会产生废弃物。即便是服务部门也需要物质投入来维持服务者的生活。在地球上,能量的供给有限,原材料的供给有限,环境对废弃物的吸收能力也有限,我们对生态系统并不了解,但知道生态系统提供人类生存必需的物品和服务的能力有限。事实表明就这些资源方面我们已经达到了极限,后面将详细论述。随着生产继续增长,经济子系统最终一定会超过全球生态系统的承载力。

所有这些并不意味着经济价值不能继续无限增长。确实如此,如果把经济价值定义为人类精神上的满意度通量,并且可以通过非物质方法来实现,那么经济价值就可以无限增长。生态经济学并不是要停止经济发展,而是要停止物质增长,而主流经济学家定义的经济进展将两者混为一谈。问题在于目前的市场经济体制不能很好地为人们提供非物质的满意度。一个经过修正的古典经济学论断认为,将增长重新定义为精神满意度的增加(我们称为经济发展),则经济增长就有可能无限,即使接受这一点,传统经济学范式指导我们实现该目标还是不够充分,后面将探讨这个问题。生态经济学家的观点是物质流量的持续增长是不可能的。一旦理解了这一点,问题就变成了怎样判定经济生产何时变得

---

❶ 也许会有人说,这种计算没有实际意义,没有人认为人口可以无限地增长。然而,马里兰大学教授 Julian Simon 曾经声称,在现有技术条件下,人类人口在未来700万年将以相同的速率持续增长(J. Simon. *The Ultimate Resource*. 2nd ed. Princeton. NJ: Princeton University Press,1996)。现有人口按照1%的稳定速率增长700万年,到时人口会比估计的宇宙中的原子还多。Bjorn Lomborg 在最近出版的一本有影响的书中大量而热情地引用了 Simon 的观点,见 *The Skeptical Environmentalists*, Cambridge: Cambridge University Press, 2001.

❷ United Nation Population Division. Department of Economic and Social Affairs 1998. World Population Projections to 2150: Executive Summary. Online: http://www.undp.org/popin/wdtreds/execsum.htm.

❸ 例如,G. Daily, A. Ehrlich, and P. Ehrlich. Optimum Human Population Size. *Population and Environment*, 15(6)(1994). 认为55亿人口明显超出了地球的承载力,最佳的人口数量应为15亿~20亿。

不经济，尤其是在经济生产已经不经济的时候。然而在讨论最后一个问题之前，需要仔细思考一下上面的声明——在封闭系统中无限增长是不可能的。热力学是与这个问题，同时也与经济问题联系最紧密的科学分支。

想一想！

在给你带来满意度的所有活动和物品中，哪些消耗资源最少和废物产出最少？哪些消耗资源最多和废物产出最多？它们中哪些是市场经济的产物？

热力学定律

热力学简史

18 世纪末，伴随工业革命和机器时代的到来，科学家们幻想制造一种永动机——一种依靠自己做功时产生的热量驱动的机器。1824 年法国科学家 Sadi Carnot 在计算给定的热量最多可以做多少功时，发现热机（例如，蒸汽机）是通过从高温水箱吸收热量，并把热量从高温水箱传递给低温水箱而做功的。通常情况下要做功，两个水箱间必须存在温差，在其他条件相同时，温差越大，做的功越多。然而，即便存在温差，也不能将热量或其他形式的能量以 100%的效率直接转化为功。经验表明，热量可自动地从高温物体传递给低温物体，反之则不成立。虽然可以把热量从低温物体传送到高温物体，但实现这一过程所需的功要大于高温物体升温所需的潜在能量❶。令工业家们沮丧的是，物理学定律不允许存在永动机。

在接下来的几十年里，又发现了一些重要的规律。Robert Mayer 和 Herman Helmholtz 指出，能量不可能创造也不可能消灭；James Joule 通过实验证明能量和功等价。Rudolf Clausius 意识到这里有两个相互关联的原理在起作用，即后来的热力学第一定律和第二定律。热力学第一定律指出能量不能创造和消灭，热力学第二定律指出能量总是向质量降低的方向转变。因为做功需要温差，而质量降低则意味着无法获得用来做功的能量。用 Georgescu－Roegen 的话讲："所有形式的能量都逐渐转变为热量，而最终热量如此不可逆的失去以至于人类都无法利用"❷。Clausius 根据"转化"这个希腊单词为热力学第二定律创造了"熵"这一术语，认识到熵指单向的不可逆变化，宇宙无序性的不断增加。热力学第一定律与数量有关，第二定律则与质量相关。

字典中熵的定义是热力学系统中的不可利用能量。"不可利用"指不能用来做功。不可利用的能量称为束缚能，能做功的能量称为自由能。例如，汽油携带有某种自由能，它在内燃机中燃烧做功。功也可以转化为各种形式的自由能（例如，它可以将汽车驱动到山顶，在山顶它具有势能可以滑行下去），或转化为热量散失到周围环境中。汽油中的

❶ L. P. Wheeler, *Josiah Willard Gibbs: The History of a Great Mind*, New Haven, CT: Archon Books, 1999.
❷ N. Georgescu－Roegen. *Energy and Economic Myths: Institutional and Analytic Economic Essays*. New-York: Pergamon Press, p. 8.

能量转变为热量后并没有消失,而是转变成不能做功的束缚能。Georgescu－Roegen 曾经举了一个很好的例子:海洋中蕴含着大量的能量,但无法用这些能量来开轮船❶。海洋中的能量是束缚能,因为没有低温水箱可以使海洋的能量发生转换,Carnot 指出这种温差对做功是必需的。

想一想!

你会投资开发一种依靠自身废气驱动的新型汽车吗?

物质是否像能量一样服从热力学定律? 爱因斯坦的著名方程 $E=mc^2$ 建立了物质与能量间的等价关系,因此热力学第一定律既适用于物质也适用于能量。Georgescu－Roegen 认为,熵定律同样也适用于物质,并且建议将此作为热力学第四定律❷。尽管物理学家对"第四定律"的提法还存在争论,但从向无序状态演化的自然趋势来看,物质也服从熵定律的观点没有问题。把一块糖放入一杯水中,它会慢慢溶解变得更无序。有序不会自动重建。将液体与气体混合,或将可溶物置于溶质中,这种现象都非常明显。对于环境中不能溶解的物质,这种现象不明显。然而,在足够长的时间里,摩擦、侵蚀和化学分解等可以使最坚硬的金属物质分解扩散,导致无序性增加。

热力学定律的发展主要是基于实验观察,而不是理论推导,目前仍然没有完全理解熵背后的机理❸,认识到这一点非常重要。当热力学定律刚提出的时候,机械物理学在科学界占统治地位。在机械系统中,作用力都存在等量的反作用力,因此可逆是机械系统的固有性质。有人试图将熵的内在不可逆性与机械物理学的内在可逆性统一起来,从而在理论上解释熵。这导致了统计力学的出现,用上面提到的糖块溶解的例子可以很好地解释。放在架子上的糖块,其分子不能自由扩散,它们只有一种状态空间。当糖放入水中溶解时,糖分子就可以自由运动,容器中的糖分子立即就有无数可能的排列方式。每种排列方式出现的概率相同,其中只有一种是原来的糖块,但出现的概率几乎是零。按照这种热力学的统计解释(或统计力学),溶解在水中的糖可自动再结晶成糖块,一壶冷水可自己沸腾! 这显然不可能。但如果时间足够长,不可能的事件也有可能发生,而且明天发生的概率与 10 亿年后发生的概率(很小)是相同的。我们从未见过一壶冷水自己沸腾,或熵自发减少这类更不明显的事例,这些仍然是统计力学面临的一个实际难题。

统计力学与广泛接受的熵解释相差甚远,虽然统计力学允许可逆,这与机械物理学相一致,但统计力学完全依赖于随机运动,这点与机械物理学不相容。认为统计力学统一了熵理论和机械物理学的人,也应该相信:要是宇宙中的每一个原子碰巧向当前运动的反方向运动,那么热量就会从低温物体传向高温物体,宇宙就会自动产生有序❹。即使关于熵的统计解释正确,物理和化学侵蚀引发的物质扩散本身也可能不是熵,因为物质的物理和

❶ N. Georgescu－Roegen. 同前, p. 6.
❷ 热力学第三定律指任何纯的、完美的晶体元素或化合物在绝对零度(0 K)时熵为零。这与经济不相关。
❸ R. Beard, and G. Lozada. *Economics, Entropy and the Environment: The Extraordinary Economics of Nicholas Georgescu－Roegen*. Cheltenham, England: Edward Elgar, 2000.
❹ N. Georgescu－Roegen. *The Entropy Law and the Economic Process*. Cambridge, MA: Harvard University Press, 1971.

化学侵蚀与热量的扩散有本质的差异。但是，不管如何解释，最终结果与实践的推论相同：物质和能量都不可逆地向无序状态转变，系统某处低熵状态的维持是以其他地方的熵增为代价的—而且其他地方的熵增要大于该处可能发生的熵减。

熵和生命

如果物质与能量都向更无序的状态运动，那么如何解释生命现象呢？难道生命不是从早期地球的混沌状态中自发出现的有序？难道地球上的生命演化不是出现更复杂、更有序的生命形式？难道生态系统不是通过自身有机体间的相互作用向更复杂、更有序的状态演化？这些事实与熵并不矛盾。理解其中的原因需要回顾第二章描述的孤立系统、封闭系统与开放系统之间的区别。孤立系统是没有物质和能量流入与流出的系统，宇宙就是一个孤立系统。地球是一个物质封闭系统，与外界没有物质交换，但能量可以通过辐射流入流出。地球一直沐浴在太阳辐射的低熵中，因而能形成更复杂、更有序的生命形式。地球上的任何生物都是开放系统，能够吸收并排放物质和能量❶。一个生物体或生态系统只有从环境中吸收更多的低熵，并且将高熵返还给环境，才能维持自己的低熵状态。欧文·薛定谔把生命描述为一个处于稳态的非均衡热力学系统，这个系统依靠环境的低熵—用高熵的产出交换低熵的投入—来维持远离热力学平衡状态（死亡）❷。熵的交换过程导致熵的净增加，因此地球上的生命需要太阳输入的稳定低熵流来维持生存。

熵与经济

熵定律对经济学有什么意义呢？早期新古典经济学家的目标是将经济学确立为自然科学，用 William Stanley Jevons 的话说："很显然，如果经济学是一门自然科学的话，那它必定是一门关于数学的科学。"❸其基本依据是：经济学关注的是商品、服务和货币的数量，因此需要进行定量的（即数学的）分析。定量的分析方法使经济学家在基本公理基础上建立了一套逻辑严密的理论，然后这些理论被用来解决现实世界的各种问题。用 Leon Walras 的话说："从实际概念中，（物理一数学的）科学抽象出理想概念，接着他们根据定义的理想概念演绎出定理和证明的整个框架，然后根据经验应用他们的结论，而不是去证明他们的结论。"❹在新古典经济学发展的初期，机械物理学是采用这种方法发展最完善、应用最成功的学科，从而被新古典经济学当做模式效仿❺。

机械物理学认为所有的过程都是可逆的。例如，用力击打一个台球，台球会到达一个新位置，但新位置上一个相等的反向击打会使台球回到其初始位置。相反，热力学第二定律使人们接受存在不可逆过程也是一条基本的物理学定律。熵定律表明，在任何孤立系统中，能量和物质将向着热力学平衡状态运动，最终它们将均匀地分布在整个封闭系统

---

❶ H. E. Daly and J. Cobb, *For the Common Good: Redirecting the Economy Towards Community, the Environment, and a Sustainable Future*. Boston: Beacon Press, 1989, p. 253. 通常称这样的开放系统为"耗散结构"。耗散结构的非平衡态热力学是诺贝尔物理学奖获得者 Ilya Prigogine 和他的同事发展的一个热力学领域。见他的著作：*The End of Certainty*, New York: Free Press. 1996.

❷ E. Schrodinger. *What Is Life*? Cambridge, England: Cambridge University Press, 1944.

❸ W. S. Jevons. 转引自 R. Heilbronner. *Teaching from the Worldly Philosophy*, New York: Norton, p. 210.

❹ L. Walras. 转引自 Heilbronner. 同上，p. 225.

❺ 也许是新古典经济学最著名的奠基人——Alfred Marshall 认为，复杂的生物科学未来可能为经济提供更好的模型，但他却主要依靠物理学方法。转引自 Heilbronner，同上。

内。这意味着不存在温差就不能做功。质和有序性比数量更为重要,而且只有单向的净质量变化。整个宇宙是一个孤立系统,所以必然会走向所有能量均匀分布的"热寂"状态。

在19世纪早期,这种观点是革命性的,对哲学和自然科学都产生了深远影响。如果机械物理学的定律具有普遍性,那么支配宇宙和台球桌的原理是一样的。按照这种观点,不仅不存在不可逆变化,而且如果可以确定宇宙中每个原子的位置和速度,就可以准确知道过去和预测未来。尽管这意味着没有自由意志,没有选择,政策也没有意义,但19世纪的西方科学家普遍持有这种世界观,直到今天这种观点仍然具有相当大的影响力。在机械物理学领域,第二章中讨论的经济循环流动是有意义的,因为能够回到同一起点。在熵支配的世界里,这是不可能的。

事实上,如果我们接受热力学定律❶,那么经济系统的本质就与熵有关。热力学第一定律指出,巧妇难为无米之炊,因此人类所有的生产最终都必须以自然提供的资源为基础。这些资源通过生产过程转化为人类可以利用的产品,在而转化过程中需要功,而只有低熵或自由能可以做功。第一定律还表明,经济产生的废弃物不会轻易消失,它是生产过程必要的组成部分。熵定律还指出,无论什么资源最终都会分解、腐朽、崩溃或者分散成某种无用的东西,以废弃物的形式返回提供这些资源的支撑系统。因此,经济是一个将低熵原材料和能量转变为高熵废弃物和不可利用能量的有序系统,在这个过程中给人类提供满意度的"精神通量"。最重要的是,经济系统的有序性,它生产和提供满意度的能力,只能通过稳定的低熵物质－能量流才能维持,而这部分高质量的、有用的物质－能量仅仅是地球总物质－能量很小的一部分。

想一想!

许多人提出将生产的有毒废弃物装进火箭发射到太空。以你的热力学知识,你认为这是一种处理污染问题的可行方法吗?为什么?

尽管我们强调熵对于经济过程的重要性,但并未鼓吹与古典经济学家"劳动价值论"类似的"熵价值论"。因为价值不仅有熵的物理根源,而且也有满足欲望的精神根源。提出"熵价值论"会让我们只关注供给而忽略需求。即使在供给方面,熵也不能反映一些经济上重要的物质性质(硬度、强度、延展性、导电性等)的差别。同时需要注意的是,任何忽视熵的价值理论都有严重的缺陷。

存量－流量资源和资本－服务资源

现在我们将注意力转到不同类型的稀缺资源的重要区别上:存量－流量资源与资本－服务资源,传统经济学家常常忽视这些区别。传统经济学使用的"生产要素"一词,指的是为创造产出生产过程所必需的投入。例如,做比萨饼时需要利用的厨具、带有烤箱的厨房和原料就是生产要素。仔细想一下可以发现厨具、厨房与原料有某些本质的区别。厨具

❶ 不管我们是否接受,物理学定律(如重力)实际上都在起作用。

和厨房用来做了比萨饼后，除了一点磨损外基本上不会有什么变化。然而原料不一样，使用的原料首先变成比萨饼，然后又很快变成了废弃物。比萨饼中没有包含厨具和厨房，但包含了原料。几千年前，亚里士多德就讨论了这个重要的区别，将原因（要素）划分为"物质原因"（被转变的要素）和"效率原因"（即引起转变但自身在转变过程中并不发生转变的要素）。在比萨饼的例子中，原料是物质原因，厨具和厨房是效率原因。

这些生产要素还有其他的区别。如果有做 1 000 个比萨饼的原料，要用完这些原料，我们可以选择一夜之间做出 1 000 个比萨饼，也可以每晚做 1 个，做 1 000 个夜晚（假定这些原料被冷藏不会变质，而且有足够的厨具和厨房）。这说明可以以任何速率利用现有原料，时间不是一个要素。原料的生产率可以简单地用比萨饼的数量来衡量。另外，生产比萨饼的原料需要时间，这些原料生产出来的时候可以马上利用也可以贮存起来以后使用。相反，虽然厨具和厨房在其使用期内能够生产成千上万个比萨饼，但一个晚上，即使原料不受限制也只能生产出几个比萨饼。厨具和厨房的生产效率用每小时生产的比萨饼个数计算，这种生产效率不能贮存。如果将厨具闲置 6 个夜晚，不可能在第 7 个晚上用它生产出本要一周才能生产出的比萨饼数量。

Georgescu－Roegen 用"存量"和"资本"来区别这些根本上属于不同类型的资源。**存量－流量资源**在物质上转化为生产的产品。存量可以提供物质流量，实际上流量的大小是任意的，即可以以任何速率使用存量资源。时间对该生产方程没有影响，因此可采用生产的产品和服务数量来测量存量－流量资源的产量，而且流量可以储存以供将来利用。最后需要注意的是，存量－流量资源是被用尽的而不是磨损掉的。相反，**资本－服务资源*** 在生产过程中要磨损，但不能转变为（不会包含在）生产产品的一部分。资本以固定速率提供服务，通常采用单位时间的物质产出量来测量服务。资本的服务不能储存以供将来使用，资本－服务资源是磨损掉的，而不是用尽的❶。

专栏 4.1　存量－流量资源和资本－服务资源

在学术文献中，对存量、流量、资本、服务有许多不同的定义。为清楚地说明，这里给出了明确的定义。以后引用的是存量－流量和资本－服务资源。

存量－流量资源：

· 在物质上转变为生产的产品（物质原因）；

· 可以以任何速率使用（取决于转变所需的资本－服务资源的可获得性），生产效率用产品数量衡量；

· 可以储存；

· 会用尽，而不是磨损。

资本－服务资源：

· 不能转变为生产的产品（效率原因）；

· 只能以一定的速率使用，生产效率用单位时间的产出衡量；

· 不能储存；

· 会磨损，而不是用尽。

---

*　资本－服务是从英语单词 fund-service 翻译过来，指一种特殊类型的资本，fund 指存量－流量资源的具体配置。译者与作者通信讨论后，还是没有发现更恰当的词汇，读者阅读时请注意这里的资本与平常定义的资本（提供福利流的存量）之间的差别，尤其是资本－服务连用时的资本是指本文中定义的资本。如果这种特殊的资本单独出现，文中用黑体表示。

❶　Georgescu－Roegen. *The Entropy Law*. 同前。

在分析人类生产时，存量—流量和资本—服务的概念十分重要，在分析自然提供的物品和服务时，这些概念更为重要。需要注意的是，通常“物质原因”是存量—流量的特性，而“效率原因”是资本—服务的特性。

想一想！

考虑一个特定生态系统——最好能够去参观一下，并做记录，列出该生态系统提供的(或在其中发现的)3种存量—流量资源，3种资本—服务资源（注意：你需要准确了解每种资源的用途，如饮用水是存量—流量资源，而游泳用水则是资本—服务资源）。列举每一种存量—流量资源与资本—服务资源的特性(参照专栏4.1)。

排他性与竞争性

排他性与竞争性也是经济分析中非常重要的概念，竞争性实际上与存量—流量、资本—服务资源的区别有关。虽然最早是传统经济学家引入了这些概念，但他们对这些概念并没有给予应有的重视。所以在这里以及第十章对这些概念进行了详细说明。

“**排他性**”是个法律上的概念，是指所有者有权阻止他人动用其资产。**排他性资源**是指资源的所有权只允许所有者使用，同时拒绝其他人使用的资源。例如，在现代社会中，如果某人拥有一辆自行车，他可以不让别人使用。如果没有维护所有权的社会制度，所有物品都不具有排他性。但是有些物品和服务的性质决定了它们不可能具有排他性。可以设想公共街道上的一盏路灯为某人所有，当路灯亮时，所有者没有办法阻止街上的行人利用灯光。一个人无法独自占有气候的稳定性、大气调节和紫外线辐射防护作用，这是因为没有可行的制度或技术能够允许一个人使用而限制其他人的使用。如果没有制度或技术使物品或服务具有排他性，这种物品和服务就是**非排他性资源**。

竞争性是某些资源的内在特征，即一个人对资源的消费和使用会减少其他人可使用的资源数量。**竞争性资源**是指这样一种资源：某人对它的使用会排斥其他人的使用。比萨饼(存量—流量资源)显然就是竞争性的，因为一个人吃了一块比萨饼，其他人不可能吃到同一块比萨饼。自行车(提供交通服务的资本—服务资源)也同样具有竞争性，一个人使用时，其他人就不能使用。虽然用完之后其他人还可以用，但由于前面人的使用磨损了自行车，自行车和以前是不一样的。**非竞争性资源**是这样一种资源：一个人对它的使用不会影响其他人对它的使用。比如，一个人在夜晚骑车利用了街灯的灯光，这不会减少其他路人利用的灯光强度。同样，臭氧层保护可以防止一个人得皮肤癌，其他人也受着同样的臭氧层保护。臭氧层可能会枯竭(例如，氯氟烃的排放)，但并不是对它的利用造成的枯竭。竞争性是某些物品和服务的物理属性，不受人类制度的影响。

应注意，所有存量—流量资源都具有竞争性，所有非竞争性物品都是资本—服务资源。但有些资本—服务物品具有竞争性。例如，自行车是一种提供运输服务的**资本**，它具有竞争性；臭氧层是一种提供防护紫外线辐射服务的**资本**，它不具有竞争性。

在后面几章关于配置机制的论述中，你将发现竞争性和排他性的概念非常重要。

想一想!

根据你前面所列的资源清单，回答下列问题：

这些资源是竞争性的还是非竞争性的？哪些是具有非竞争性的存量一流量资源？哪些是自然界提供的具有竞争性的资本一服务资源？

这些资源是排他性的还是非排他性的？（注意，排他性可能因所讨论的特定价值不同而不同）。如果是非排他性的，是否有一种制度或技术可以使其具有排他性？你认为应该将其变成排他性的吗？为什么？

这些资源是市场物品还是非市场物品？

哪些存量一流量资源不能变成排他性资源？哪些由自然提供的资本一服务资源不能变成排他性资源？

支持性系统提供的物品和服务

为了更具体地讨论熵、存量一流量、资本一服务、排他性和竞争性，真正理解它们对经济理论和政策的含义，对经济有用的具体稀缺资源——由自然提供的物品和服务，必须清楚是怎样应用这些概念的。接下来的两章将详细探讨这个问题，这里只是简单介绍了这些稀缺资源。

为此，这里列出了8种由自然提供的物品和服务，为方便将其划分为非生物和生物资源两大类。显然这对地球资源在数量和复杂性上做了极大的简化。但这种分类可以说明，为什么描述的这些物品和服务的特性对经济政策非常重要。

(1)化石燃料。化石能源是一种不可更新的低熵能源，也是非常重要的建筑材料。

(2)矿物。地球上有固定存量的基本元素集合体，在集合体中基本元素有不同的组合形式和纯度，通常我们称这些集合体为矿物。这些矿物是所有经济活动和生命所依赖的原材料。矿物纯度较高的岩石称为矿石。矿物高度富集的矿石就是不可更新的低熵物质。矿物资源与化石能源一起称为**不可更新资源**。这里列出的前5种物品和服务是非生物资源（见第五章）。

(3)水。地球上水的总量是一定的，其中淡水只占极小的一部分。地球上的所有生命都依赖于水，人类依赖于淡水。

(4)土地。土地是一种支持生命的物理结构，它可以捕获太阳辐射和雨水。作为一种物理结构、动植物生产附着的表面或者地方，土地具有与其土壤生产力无关的经济特征，这与作为养分和矿物质来源的土地不同。认识到这种差别，我们把具有一定物理结构和区位的土地称为李嘉图土地[1]。李嘉图土地中土壤的数量和质量可以根据矿物进行分类，后面将对此进行讨论。

(5)太阳能。支持系统提供的太阳能是整个系统依赖的低熵的最终来源。

[1] 转引自 Heilbronner. 同上，p. 232.

(6)可更新资源。生命体能够利用太阳能将水和基本元素转化为更有用的物质(从人类的角度来看),这些物质可以用做经济活动的原材料。只有能进行光合作用的有机体才能直接利用太阳能,实际上所有其他生物,包括人类都依赖于这些初级生产者。这些生物资源传统上被称为**可更新资源**,但只有当提取速率低于再生速率时,它们才是可更新的。物种可能会因过度利用而灭绝,因此生物资源也是会枯竭的,只是方式与矿物资源不同而已。

(7)生态系统服务。生命物种间的相互作用形成了复杂的生态系统,这些生态系统产生**生态系统功能**。对人类有用的生态系统功能就是**生态系统服务**。许多生态系统服务是人类生存所必需的。

(8)废物吸收。生态系统能吸收废弃物,并将其变成对人类无害的物质,很多情况下,这些废弃物可以转化为可利用的原材料,从而成为可更新资源。这是一种特殊类型的生态系统服务,其经济特征使得有必要对其单独分类。后面列出的3类物品和服务是生物资源(见第六章)。

提供这些物品和服务的结构和系统称为**自然资本**。接下来的几章将从熵、资本一服务、存量一流量、排他性和竞争性的角度分析这些资源。

本章知识点

- 热力学定律
  - ——物质一能量守恒
  - ——熵增加定律
- 存量一流量资源
- 资本一服务资源
- 排他性与非排他性资源
- 竞争性与非竞争性资源
- 八种类型的资源划分

第五章　非生物资源

本章深入地分析了第四章中介绍的5种**非生物资源**:化石燃料、矿物、水、土地和太阳能。为了更好地理解它们在生态—经济系统中的作用,本章的目的是解释热力学定律、存量—流量与资本—服务资源之间的差异、排他性和竞争性概念与这些资源的关系。同时评估了非生物资源的可替代性程度和不确定程度。将这些资源归类为非生物资源是因为它们与生物资源之间存在很大的差异,而不是因为它们之间有什么相似之处,下面将会谈到不同的非生物资源之间也存在本质的差别。生物资源与非生物资源之间最重要的差别是:生物资源既是存量—流量资源,也是资本—服务资源,它们是自我更新的,其更新能力受人类活动的影响。非生物资源是不可更新资源(化石燃料),或是其他实际上不容易破坏的资源(所有其他资源)。

非生物资源间的差异比它们之间的相似性更值得强调。这里首先做一个简单的概述。化石能源和矿物通常都被归为不可更新资源,但从热力学定律的角度可以发现它们之间的差别:化石燃料的能量不可以循环利用,而矿物资源可以(至少部分可以)循环利用。水是最难划分类型的资源,因为它有太多的存在形式和利用方式。化石蓄水层(没有补给的)在某些方面与矿物资源相同——一经使用就无法恢复,尽管不能破坏,但当被化学物质、营养物质或盐分污染后就会没有实用价值。相反,河水、湖泊和溪水同生物资源有相似性:它们通过太阳能驱动的水循环自我更新,而且能同时体现存量—流量和资本—服务资源的特性。尽管人类可以(正在)对生物资源造成难以恢复的破坏,但人类活动无法影响总水量。同样人类活动(不包括人类活动引起的气候变化导致的海平面上升)不会对作为物理底土层和位置的土地(李嘉图土地)造成明显影响,人类活动也不能改变太阳能流量——尽管可以影响进出大气的太阳能。接下来逐个详细讨论这些资源。

化石燃料

最容易分析的资源是经济特别依赖的**化石燃料**或碳氢化合物。1995年,全球经济的能量投入中原油占38%的份额,接下来是煤炭,占25%,天然气占22%。总的来说,经济活动中85%的能量都是来源于化石燃料[1]。在地质期限内和人类尺度上,化石燃料的存量是固定的。但由于各种原因,很难精确估计化石燃料的存量。

出于实际目的,这里只考虑可利用的化石燃料。可利用是什么意思呢?不同沉积层中碳氢化合物的品位、埋藏深度和开采难易程度都不一样,因此开采的成本也不同。在经济学上,可利用指总开采成本小于销售利润。但是,化石燃料的价格波动很大,随时间的推移,按这种方式定义的可利用化石燃料变化也很大。也可以用熵的术语来定义:在开采

---

[1] J. Edwards, *AAPG Bulletin* 81(8), 1997年8月, 美国石油地质学家协会。

过程中,如果可以获得净能源,那么碳氢化合物就是可利用的。也就是说,开采一桶原油消耗的能源比一桶原油少。这种测量方法必须包括所有的能源成本,包括开采、机械、运输等。虽然技术进步可以减少这些成本,但化石燃料的开采成本都有一个不能减少的最低成本限制。将 1 kg 重的物体抬高 1 m 需要消耗 9.8 J 能量,这是任何技术都无法改变的基本事实。

首先利用的是最容易开采的碳氢化合物,随着时间推移,开采碳氢化合物所需投入的能量会越来越多。换句话讲,*能源投资回报率*——化石燃料开采总量与将这些开采的化石燃料输送给社会所直接和间接需要投入的经济能源之比——随时间而不断降低[1]。从熵理论的角度看,1970～1990 年,美国石油和天然气开采的成本增加了 40%[2],在 20 世纪 50 年代,开采过程中投入一桶原油的能量可以开采出 50 桶以上的原油。1999 年,能源投资回报率变为 1/5,当时一些专家预测,2005 年这个比率将变为 1。届时无论原油的价格多高,对美国而言寻找新的原油已没有意义[3]。无论是根据经济学还是熵定义的可利用,对于可利用储量的估计都会经常变化。主要原因是能源的新发现与不同的组织和国家采用不同的方法计算"探明量",此外还与经常变化的经济或政治原因的有关[4]。石油地质学家可以赋予不同的估计存量合理的概率。

专栏 5.1　石油储量的估计

全世界平均每年要消耗近 2.5×10^{10} 桶原油(Gbo)。然而很多年的年末,报告的原油储量要比年初多,这说明实际储量的估计范围很大。一般认为只要新发现的原油比消耗的原油多,储量就会增加,但事实并非如此。例如,1997 年全球使用了 23 Gbo,新发现 7 Gbo,但估计的储量却增长了 11 Gbo,对此如何解释呢?

地质学家估计某地方的原油储量时,会给出估计量的概率。比如,20 世纪 90 年代后期,地质学家估计,挪威 Oseberg 油田原油储量为 7 Gbo 的可能性是 90%(概率为 90%,即 P90),2 500 Gbo 的可能性为 10%(P10)。不同的企业或国家通常使用 P10～P90 之间的数据,而且经常有意模糊数据。报告的储量大,可以提高股票的价格,增加信誉度,对于 OPEC 国家来说,还可以增加他们的配额。如果油田已开采,地质学家就根据已有信息更好地估计其储量。基于这些信息及其他因素(如从 P90 的估计变为 P50 的估计),国家经常会修改油田的估计储量,通常是向上浮动。20 世纪 80 年代后期,在没有大的新发现和技术突破的情况下,6 个 OPEC 国家将自己的原油储量估计量向上调整了 287 Gbo,这一数字比美国已发现的石油总量还要多 40%。

全球石油储量一般是加总各国 P50 的数据得到,但这并非易事。此外,现有储量的调整不是新发现,不应该计入全球的估计[a]。

---

[a] C. J. Campbell, J. H. Laherrere. The end of Cheap Oil, *Scientific American* (March 1998).

---

❶ C. Cleveland, R. Costanza, C. Hall, and R. Kaufmann, Energy and the US Economy: A Biophysical Perspective, *Science*, 225:297(1984).

❷ C. Cleveland and D. Stern, "Natural Resource Scarcity Indicators: An Ecological Economic Synthesis." In C. Cleveland, D. Stern, and R. Costanza, eds., *The Economics of Nature and the Nature of Economics*. Cheltenam, England: Edward Elgar, 2001.

❸ J. Hanson, Limits to Growth, *Energy* (Spring, 1999). Online: http://www.dieoff.com/page175.htm 指出不当的经济发展可能使得原油的开发比例大于 1∶1。1970 年代为了减少对于进口原油依赖,美国政府为国内原油提供优惠价,使得可以用更为便宜的进口原油来开采本国原油,即使使用多一桶的原油开采一桶本土原油时生产者仍然获利。

❹ C. J. Campbell, J. H. Laherrère. The End of Cheap Oil, *Scientific American* (March 1998).

想一想！

经济学家认为价格反映稀缺性。你认为原油价格能反映原油的剩余量吗？为什么？

不管化石燃料的存量是多少，它们都是可以以流量的形式开采的存量，而且开采的速率很大程度上受人类努力程度的影响。如果有足够的设施，理论上可以在一年内开采完所有熵意义上可利用的化石燃料，也可以让这些化石燃料用 1 000 代人。可利用的化石燃料可以使用多长时间，取决于开采的速度和实际存量的大小。所有的化石燃料不可能都开采出来，因为有些地区开采需要投入的能源太大，或开采成本太高。从这个角度来看，化石燃料是不可更新的，但不会枯竭。

通常首先开采的是最容易开采而且质量最高的化石燃料，这时获得的净能量也最高❶。这些存量基本上提供的是一种最低熵的资源。因此，随着对化石燃料的进一步开采，化石燃料的存量不仅数量会减少，而且质量也会下降。例如，最初开采的原油埋藏于地表浅层，不需要用泵抽取就可以自动地喷出。随着原油的大量开采，其存量逐渐减少，获取能源需要消耗的能量就越来越多，直到达到熵的耗尽点（前面提到美国已经很接近这一点）。

当然，资源耗尽只是化石燃料利用的一个方面。能源使用后并不会消失，而是以废弃物的形式返回生态系统。酸雨、全球变暖、一氧化碳、热污染和漏油等问题都不可避免地与化石燃料的利用有关。小规模的废弃物排放在自然界的处理能力范围内，当前的排放规模自然界已很难处理，因而这些废弃物成了严重的威胁。确实，加速积累的废弃物和它们给地球生态系统带来的负面影响，可能比能源枯竭本身对人类福利的威胁更大。在资源枯竭前，汇很可能已经被废弃物填满。

这里必须再次强调，生态系统（主要指生态系统支撑的初级生产者）本身能够获取太阳能，人类直接利用了很多它们获取的能量。如果使用化石燃料产生的废弃物减弱了生态系统获取太阳能的能力，那么开采化石燃料的能源成本要比上面讨论的直接开采的能源成本要大。然而计算这些成本非常困难，所以通常都忽略了（图 5.1）。

想一想！

很多人担心美国过于依靠从几个政治上不稳定的国家和地区（如中东、尼日利亚、委内瑞拉、哥伦比亚等）进口原油。对此，有人提出了一些解决办法：增加国内石油开采量，提高能源利用效率以及开发可更新能量。请问这些方法各自的优缺点是什么？

下面是一个基本方程：

原油中的净可利用能＝期初熵意义上的可利用总量－开采的能源成本
－因获取太阳能能力降低造成的太阳能损失

要得到原油中的净可利用能，需要减去已经消耗的原油，还需要考虑利用过程对生态

❶ 因为最大的和最容易发现的存量也是最先被发现的。

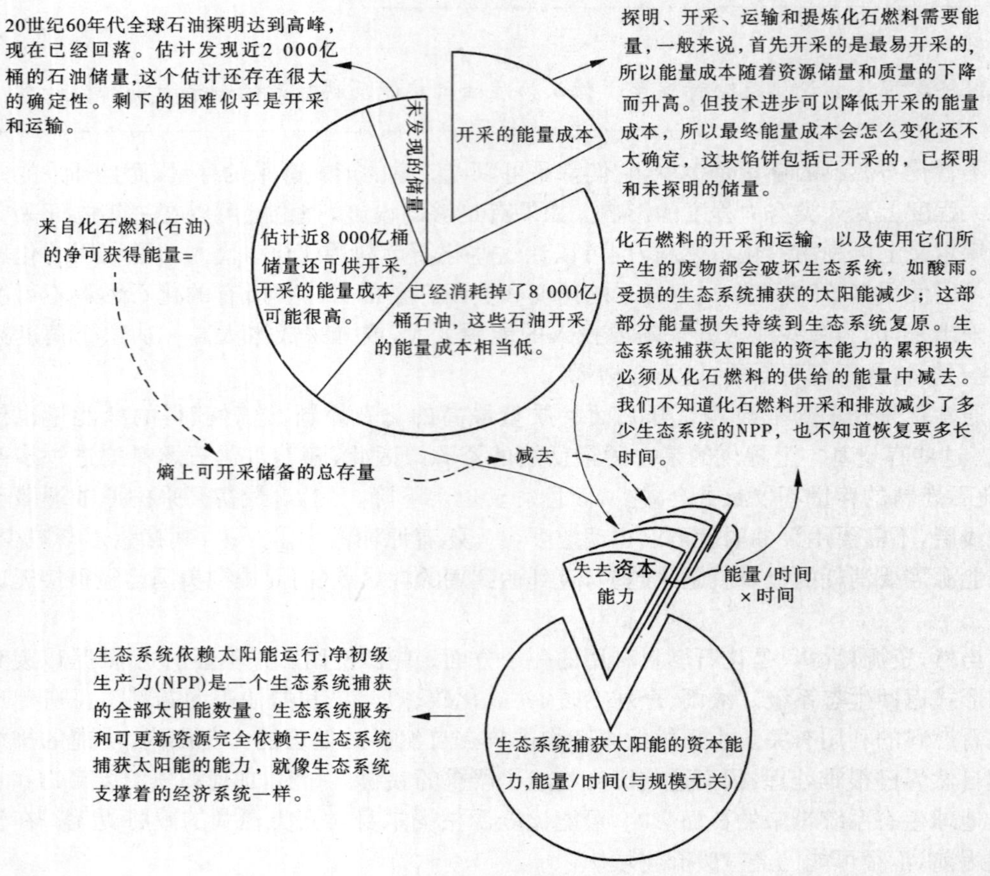

图 5.1　化石燃料净可利用能

系统获取太阳能能力(一种资本一服务资源)的影响。可以用能流/时间来衡量这种能力的损失，时间范围指从损害发生时到生态系统服务恢复期间❶。

从上面的讨论中可以得出什么结论呢？首先，化石燃料一经使用就不再存在——它们是竞争性物品。表面上这似乎没有什么意义，但事实上它有重要的经济政策含义，第十一章对此进行了论述。第二，化石燃料存量有限，但它是存量)流量资源，可以以任何速率进行开采，只是受限于现有设备，资源位置的信息以及开采的能源成本。人类控制着化石燃料利用的闸门，但过去这个闸门一直开着，而且开口越开越大，如此化石燃料最终必将用尽。这与第四章中讨论的太阳能流完全相反。

第三，当前人类与经济系统过于依赖化石燃料。化石燃料不仅满足了我们85%的能量需求，其中很大一部分被用于食物的生产，同时也为经济生产提供了丰富的原材料，比如随处可见的塑料，更重要的如肥料、除草剂、杀虫剂，这些产品保证60亿人的食物生产。如果没有化石燃料，还没有什么技术能维持60亿人的生存。

尽管可以用可更新能源替代化石燃料，但在化石燃料利用产生的(废弃物的)负面影响

---

❶ 已消耗的石油、可能储量以及要开发量的估计引自 Campbell and Laherrère，同前。

迫使我们停止使用化石燃料之前，或耗尽化石燃料之前，这种替代存在很大的不确定性。

想一想！

美国和加拿大有大量的页岩油和沥青砂，这些都是化石燃料，但质量很低，相对常规的化石燃料，它们的开采和加工需要消耗更多的能量，同时也会产生更多的废物。这些资源是否可以解决美国的能源问题？你可以在因特网上进行相关检索，看能否找到一些关于能源投资回报率和废物排放量方面的信息？

矿物资源

虽然在经济学教科书中将矿物资源和化石燃料都归为不可更新资源，但矿物与化石燃料有非常重要的区别。同燃料一样，可以用存量与流量来分析非能源矿物。依据热力学第一定律可知总存量是有限的，这限制了矿物对经济物质增长的贡献。技术可以提高从矿石中提取矿物的效率，但提取效率存在一个熵意义上的限制。有用的矿物沉积层有不同的纯度，像燃料一样，纯度可以用来测量低熵。高纯度矿物就是有序的低熵物质❶。越容易提取矿物成分的矿物越有价值。发展经济总是最先利用这些最有价值的矿石，然后是纯度越来越低的矿石，而开发成本也随之增加。

和石油一样，具体矿物的存量并不确定，地质学家也给不同的估计量赋上了概率。即使采用最有效的技术，从矿石中提取矿物也需要消耗能量，并且矿物纯度越低需要的能量越多。现在，采矿所消耗的能量大约占全球能量消耗总量的 10%❷。然而与化石燃料(不能使用两次)不同的是，物质可以循环再利用(虽然仍需消耗能量)。因此，必须关注地下不可更新存量和地上的存量，当地下矿藏枯竭时，堆积在地上的矿物会增多。同样这里也不能忽视熵定律，矿物资源在使用过程中会因物理和化学侵蚀而耗散，因此 100%的循环是不可能的。

对不可能实现 100%的循环利用和它的含义存在很多争议。Georgescu－Roegen 认为，太阳能可以替代化石燃料，但没有什么可以替代矿物。因此，矿物枯竭的后果要比化石燃料枯竭的后果更严重，这意味着不可能实现稳态经济❸(见专栏 3.2)。与之相反，Ayres 认为，即使地壳中所有元素都均匀分布(相当于前面所说的“热寂”状态)，如果有一台太阳能驱动的高效提取机器，只要能保证提取的矿物在满足机器对原材料的需要外还有一定的剩余，就可以利用这台机器从地壳中提取所需的矿物元素❹。这种情景暗含着这样一种假设：从地壳中提取所有资源对开发地点造成的破坏，随后以废弃物的形式返回生态系统，都不会对地球系统获取太阳能和支持生命的能力造成不可恢复的损害。

---

❶ 即便我们不接受矿物熵的主张，但是矿物含量高的矿石的加工过程需要的低熵能量比较少。

❷ P. Sampat, From Rio to Johannesburg: Mining Less in a Sustainable World. World Summit Policy Brief ＃9 http://www.worldwatch.org/worldsummit/briefs/20020806.html. (World Watch)

❸ N. Georgescu－Roegen. *The Entropy Law and the Economics Process*, Cambridge. MA: Harvard University Press 1971

❹ R. U. Ayres, The Second Law, the Fourth Law, Recycling and Limits to Growth, *Ecological Economics*. 29: 473～484(1999).

另一种情况是，我们可以掌握利用大气中的 CO_2 合成聚合物的技术，利用这项技术可以提供当前利用的很多矿物的替代物。如果这种聚合物可生物降解，并只以 CO_2 的形式返回大气中，那就可以认为是 100%的循环（尽管我们并不希望这样，至少在将空气中的 CO_2 稳定在工业革命前的水平前不希望这样）。当然，目前还无法实际证实上述想法。由于矿物资源的储量相当大，循环利用也有很大的潜力。因此，通过合理使用，尽可能地减少废物排放量以及适当地使用替代品，我们可以在很长一段时间内支撑稳态经济。

图 5.2 中两条曲线分别表示经济使用的人造物品中所包含的低熵矿物积累量（实线）和地下存量累计枯竭量（虚线）。开始时，矿物开采速度非常低，但随经济的增长和掌握的矿床位置信息越来越丰富，开采速度会逐渐增加。最终，存量变得越来越少，当开采成本高于收益时会导致开采停止。出现这种情况的点在图 5.2 中标示为“地下耗尽点”，这时累计的枯竭停止增加。如果不考虑熵定律的影响，并且物质能 100%的循环利用，那么图中这两条曲线应该是重合的。而实际情况是，地上的存量每年都以废弃物的形式耗散。地上增加的矿物存量等于每年矿物净开采量减去熵的耗散，即地上的存量等于当前使用的矿物加上循环利用的那部分。

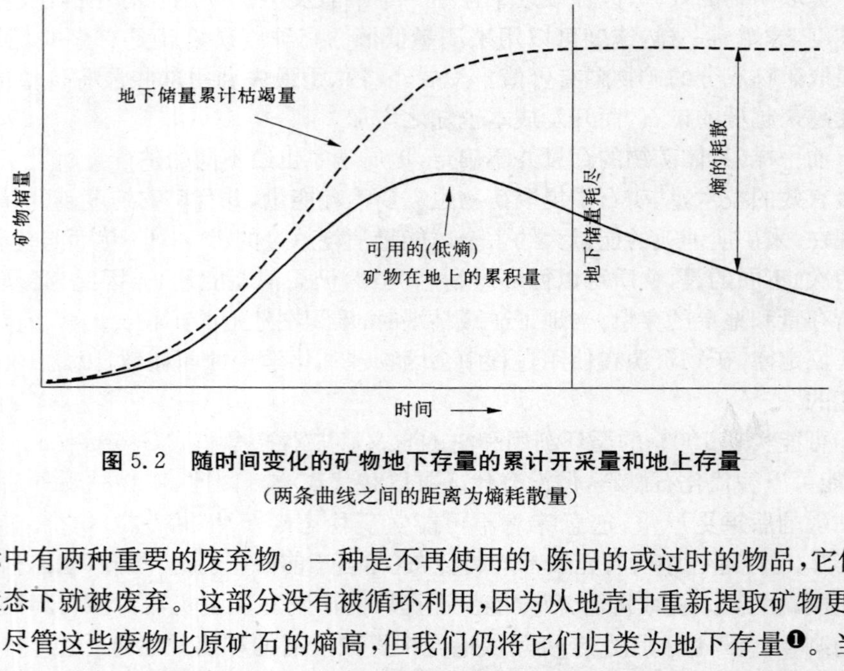

图 5.2　随时间变化的矿物地下存量的累计开采量和地上存量

（两条曲线之间的距离为熵耗散量）

实际中有两种重要的废弃物。一种是不再使用的、陈旧的或过时的物品，它们在相对有序的状态下就被废弃。这部分没有被循环利用，因为从地壳中重新提取矿物更方便、成本更低。尽管这些废物比原矿石的熵高，但我们仍将它们归类为地下存量❶。当所有高品位矿石被开采完后，利用这些熵最低的废物的成本就会低于开采其他矿石的成本。例如，可以应用新技术对旧银矿附近的矿渣进行回收利用，但再次产生的矿渣就很难再次回收利用了。

另一种废弃物是由物质的机械或化学侵蚀作用（熵变）产生的。硬币在使用过程中会磨

❶ 这些物质中有一些可能处于高有序状态，要比以矿石形式存在时具有更低的熵。Georgescu－Roegen 将“垃圾”（如橡胶，虽无用但可回收）和“纯废物”（消耗的不回收的橡胶）加以区别。然而，就实际情况而言，大矿藏总的来讲仍然具有低熵，否则就应该在矿石之前对废物进行处理。

损掉——这里掉一小块，那里掉一小块。另外，金属会生锈。因此，总的地下矿物存量不会枯竭(热力学第一定律)。它们只是变成了熵更低的物质，类似于束缚能，对人类不再有用(热力学第二定律)。

一定程度上可以采用如废弃物品的形式来控制废物的产生，但实际上没有什么措施可以超出熵的作用。在提取加工过程中消耗的物质多于所得的物质时，就会受到熵的限制。如前面所讨论的，有人认为不会发生这样的情况，而有人认为这种情况很快就会出现，因而稳态经济只是白日梦。对此，生态经济学家采用折中的方式。

随着越来越多的矿物被开采到地面并投入生产，熵作用的范围更广了。随着地下矿物被开采得越来越多，发现新矿床及开采利用变得越来越难。而且，在地下矿存量枯竭之前，地上存量的耗散就会超过净开采量，从而地上的存量开始下降。即使开采达到熵极限后，经济中仍然可能存在大量可循环利用的物质。当然，随时间的推移，它们也会一小块一小块地被侵蚀掉。图 5.2 中两条曲线间的垂直距离表示的是累计耗散量，最终经济中的所有物质都将完全耗散掉。这个过程很慢，因而我们有足够的时间通过技术革新循环利用资源来实现稳态经济。如此即使人类灭绝也会是演化的结果，而不是因为资源枯竭。但是，就像原油那样，废物对我们的危害要远大于资源枯竭本身。这个问题留到第六章的废物吸收能力部分讨论。

> 如果当代人对某种资源的使用不减少后代对该资源的使用，那么这种资源就具有代际非竞争性。

从上面的讨论中可以得出什么结论呢？首先，在给定的时间点上，矿物资源是竞争性物品。我的汽车中使用了钢铁，这些钢铁就不能为你所用。但是，通过循环利用，大部分资源还是可以在将来为其他人所使用。因此，可以认为*矿物资源在代内是竞争性物品，而在代际间部分是非竞争性物品*，这要考虑有多少损耗，以及有多少可循环利用。而化石能源在代内和代际间都是竞争性物品。第二，低熵矿石的存量是有限的，但可以按我们选择的速度开采。与化石燃料相比，我们不但控制着提取矿物的闸门，还控制着往生态系统输送废物的排水沟。资源开采的闸门每年都在扩大，却没人想着关闭排水沟，如果关闭排水沟(尽管总是会有渗漏)，打开闸门对后代的影响就会减少。第三，没有这些矿物就不可能维持现有人口的生存以及经济生产水平。尽管几乎不可能为所有的矿物都找到替代品，迄今为止，当特定的矿物稀缺时，为其寻找替代品相当容易，未来的一段时间内也可能会是这样。

水

地球是个水的星球，尽管水的存量有限，但地球地表 70％被水覆盖。然而，淡水很少，不到总水量的 3％，其中不足 0.33％是容易利用的湖水(0.009％)、河水(0.000 1％)及可开采的地下水(0.31％)。另外有 0.01％的大气水、0.31％的深层地下水，还有超过 2％的水以极地冰盖和冰川的形式存在❶。人体大部分是由水组成的，除饮用之外，农业、

❶ P. Gleick, *The World's Water: The Biennial Report on Freshwater Resource*, Washington, DC: Island Press, 2002.

工业、水电、运输、娱乐、废物处理及维持地球生态系统都需要水。不同用途的水有不同的特征，因此概括水的性质非常困难。

用做饮用、灌溉、工业和废物处理的水显然是一种存量－流量资源，而且还是很特殊的一种。与化石燃料和矿物相比，很多水资源可以通过水循环进行更新。就实际情况而言，许多地下水是更新速度很慢的“化石”水。目前，许多其他的蓄水层正在被开发，也就是地下水开采的速度超过了更新速率。世界上许多河流，包括北美洲科罗拉多河和 Rio Grande 河，曾经流入中亚咸海的 Amu－Dar'ja 河和 Syr－Dar'ja 河，中国北方的黄河、淮河和海河（有时），由于水的过度利用（主要是农业灌溉），已经很难流入海洋中。

乍一看，流动的水是资本－服务资源。一定的时间任何河流中的水都以一定的速度流动着，测量水流速度的单位是水量/时间（单位时间内的水量）。这是资本－服务资源的特征。然而，大坝可将流水储存起来供以后使用，这又是存量－流量资源的特征。同时水可以通过饮用、灌溉、工业及废物处理而“用尽”，但决不会“磨损”掉。

考虑流水的最好方法是将其与水循环分开。水本身是一种存量－流量资源，可以通过水循环（依靠太阳能驱动）迅速更新。水电不是由水产生的，而是靠水循环传递给水的能量－储存在水中的太阳能。通常，太阳能是一种**资本**性资源，当其储存在水中时，就具有存量－流量资源和资本－服务资源的双重特征。流水的机械能通过水力发电机转化为电能，这时水是资本－服务资源。另一方面，通过筑坝将水流的机械能转化为势能储存起来，这时水是存量－流量资源。

当水用于运输、娱乐或支撑地球其他生态系统时，它是资本－服务资源。大气中的水分作为水循环中的一部分，也是十分重要的资本－服务资源。

和生物资源一样，水同时是存量－流量资源和资本－服务资源。但与生物资源不同，尽管我们可以减少可用水的存量，而且确实已经减少了，但人类影响不了地球上水资源的总量。尽管可以恢复水的可用性，但在水最重要的用途上，目前还找不到替代物。

从水的双重属性（存量－流量和资本－服务资源）可以看出，由于利用方式不同，水可以是竞争性的，也可以是非竞争性的；作为存量－流量资源时是竞争性的，作为资本－服务资源时是非竞争性的。水通过水循环可以被再次利用，所以它在代际间是非竞争性的。尽管降水没有排他性❶，但水的排他性变化很大，这与现有制度的关系很大。

李嘉图土地

李嘉图土地指的是物理上的底土层和位置，与土地其他的生产特性无关。作为一种**资本**，李嘉图土地提供了底土层的服务：支撑人类和基础设施、获取太阳能和降雨（李嘉图土地不包括土壤及土壤中的营养物质）。1 hm^2 土地在 100 年内可以生产 1 000 t 小麦，但在短时间内，1 hm^2 土地不可能生产出 1 000 t 小麦，而且土地作为底土层的能力也不能累积。

土地提供的服务具有排他性，在给定的时间点上也具有竞争性。例如，如果用做农

❶ 向云层发射硝酸银可以在特定的地方形成降雨，但这样降雨的比例很小。

场，土地就为作物提供了底土层的服务。如果一个农场主使用这块土地，其他人在同一时间内就无法再使用这块土地。经济学家经常把“可枯竭”作为“竞争”的同义词，但对于土地这并不适用❶，因为使用李嘉图土地并不是枯竭土地。代内它是竞争的，而代际间是非竞争的，而且完全不会枯竭。

想一想！

为什么要区分作为底土层的李嘉图土地与包含土壤及其矿物成分的常规土地？在李嘉图土地中，是什么创造了价值？是什么使某块土地比其他地方与其相似的土地更有价值？在肥沃的表层土中，是什么创造了价值？

太阳能

最后讨论的物品和服务的非生物生产者是太阳。太阳每年辐射到地球的能量大约有 1.9×10^{13} t 石油当量（toe），这比所有可利用的化石燃料的能量总和还要多，而且这还会持续数十亿年❷。既然如此，还对地球化石燃料的消费瞎操心什么？

太阳能的流量确实很大，但它像薄雾一样以固定的速率倾泻在地球上，因此很难获取和汇集，而且大部分到达地球的太阳光都被反射回太空❸。经过极长时期的演化，现在生命体现在可以获取维持自身和创造的复杂生态系统所需的能量，全球生态系统的“序”差不多已经处于一种热力学非平衡状态。更恰当的术语是“复合稳定”，指全球生态系统是在一个稳定状态附近波动，而不是稳定在某一状态而没有任何变化❹。实际上地球是靠叶绿素捕获太阳能。如果捕获阳光的生理过程不发生一些演化，未来地球就不可能获得比现在更多的低熵。通过使用化石燃料，美国消耗的能量超过这个国家所有植物光合作用吸收能量的 40％。人类直接利用了植物获取的一半以上的太阳能❺。

而当化石燃料耗尽时，需要有一种新的低熵源把经济维持在当前的热力学非平衡状态。无疑，太阳向地球辐射的能量足够满足我们的需要，但如何获取这些能量呢？每年全球消费能源 9.0×10^{9} toe。生物能、水电、风能、光能以及波浪/海洋热能是获取太阳能的潜在途径。生物能一直被吹捧为化石燃料的替代物，然而事实上，将美国全部的净初级生产力（NPP）转化为液体燃料仍无法满足美国现在对液体燃料的需求。目前，水电提供的电量占全球总电量的 19％，即便水电全部开发也不会超过 50％。风力发电量目前还很少（大约 17 500 MW，2000 年），但风力发电是一个非常有潜力的方法，按现在的发展速度，

❶ 这种意义的“可枯竭”是指利用资源就枯竭了该资源。因此，臭氧层是不可枯竭的，因为如果一个人用它来预防皮肤癌，并不妨碍其他人使用它。当然，化学物质可以枯竭臭氧层，但这并不是因为使用臭氧层造成的。

❷ 如果没有特别标注，能量的估计都是来自于世界能源委员会，*19th Edition Survey of Energy Resources*，London：World Energy Council，2001. Online：http://www.worldenergy.org/wec-geis/pulications/reports/ser/overview.asp.

❸ N. Georgescu-Roegen，*Energy and Economic Myths：Institutional and Analytic Economic Essays*，New York：Pergamon Press，1976.

❹ E. Laszlo. *Vision 2020*，New York：Gordon and Breach，1994.

❺ D. Pimentel and M. Pimentel，*Land，Energy and Water：The Constraints Governing Ideal U.S. Population Size*，Negative Population Growth，Forum Series，1995. Online：http://www.npg.org/forum_series/land_energy&water.htm.

风力发电量每3年就可以翻一番。

目前光电和波浪/海洋热能利用技术发挥的作用还很小。考虑所有的这些技术，很多情况下(尤其是光电)修建捕获太阳能的基础设施所需的能源投资都非常大，能源投资回报率非常低。同时，人类活动减少了地表植被覆盖面积，降低了植物吸收太阳能的能力。地球每年捕获的太阳能可能在减少，这进而会降低地球所能维持的生态系统的复杂性。前面的图5.1已经说明了使用化石燃料产生的废弃物减少了地球捕获的太阳能。

到达地球表面的太阳能远比人类使用的能量多。从实际的角度来看，太阳能是一种以固定的速度到达地球表面，而且不能储存❶的资本一服务资源。由于人类无法直接分配太阳能，因此太阳能具有非竞争性和非排他性就显得不那么重要了。

小结

表5.1总结了以上5种非生物资源的政策相关特征。对生态经济分析来说，为什么需要这么详细地介绍这些资源？从本章中你又能学到什么呢？就规模来讲，区分存量一流量资源和储备一服务资源非常重要。我们已经控制了化石燃料、矿物资源和水的利用速度。经济的增长需要从有限资源存量中获得更大的流量支持。在使用过程中，由于化石蓄水层和化石燃料会不可逆地枯竭，而矿物资源会不可逆地耗散，因此随着时间的推移，有限的资源会制约经济增长。对于增长的限制只是在资源快用完的时候才会显现，而资源一旦枯竭将永不存在。相反，**资本**资源以固定的速度提供服务，对此我们没有任何控制手段(尽管可以用人类破坏与否来区分生物资源和非生物资源)。因此，资本一服务资源可以限制具体时间点上的经济规模，但长期而言它不会限制生产总量。

表5.1 非生物资源的政策相关特性

非生物资源	资源类型	排他性*	竞争性	代际竞争性	可替代性
化石能源（不可循环）	存量一流量	有	有	有	枯竭时可替代性高，时间是一个非常重要的影响因素，但最终可能可替代
矿物（部分可循环）	存量一流量	有	有	部分有	枯竭时可替代性高，最终不可替代
水（太阳能驱动的循环）	依情况定	依情况定	依情况定	存量有代际竞争性，**资本**以及循环部分没有	很多重要的用途不可替代
李嘉图土地（不可破坏）	资本一服务	有	有	没有	不可替代
太阳能（不可破坏）	资本一服务	没有	对实际的目的没有	没有	不可替代

注：* 确切是指能否具有排他性。

❶ 太阳能可以被储存在化石燃料、电池中，或以氢的形式储存，但这些能量不能再用于光合作用，这是太阳能最重要的功能。

水同时具有存量一流量资源与资本一服务资源的特征。水作为存量一流量资源是完全可以循环再利用的;流水与太阳能驱动的水循环提供的资本一服务联系紧密,流水更像一种资本一服务资源,在具体时间点上会限制经济的产出。

可替代性也与规模相关。如果找到了某种资源的替代品,就可以减轻该种资源对经济规模的限制。但发现替代品需要靠技术,而技术开发也需要时间。另外,我们无法预知真正的技术创新,能预测的只是那些已经知道基本特征的技术,但这样的技术并不是真正的技术创新。

竞争性主要与代内和代际的分配有关。除了一些特定形式与用途的水和太阳能外,所有的非生物资源都具有竞争性。有人利用了这些竞争性资源意味着其他人不能再用,因此必须关注资源的代内分配问题。人们可以利用非竞争性的资源——太阳能和水的资本一服务功能,这些利用不会减少其他人的使用,这对所有人都是平等的,因此应该鼓励人们使用这些资源的资本一服务功能。如果物品在代际间是非竞争性的,也不必担心代内的过度使用。在阐明分配问题时,必须牢记资源是自然界提供的,不是人类提供的。

排他性主要与配置有关。市场并不能配置非排他性物品,非排他性物品的配置需要其他的配置机制。然而,对太阳光和降雨而言,人类的分配制度无能为力。

本章知识点

- 本章再次涉及的第四章中的知识点
- 李嘉图土地
- 能量的投资回报
- 可利用资源
- P10 和 P90 储量估计
- 化石能源净可利用能
- 地上和地下矿物储量
- 熵耗散
- 代内和代际竞争
- 废弃物和纯废物
- 水和太阳能的独特性质

第六章 生物资源

生物资源包括经济生产和人类生存依赖的原材料，为人类生存提供生活环境的生态服务以及使我们免予为自己的废物所窒息的吸收能力。随着不可更新资源的消耗殆尽，人类社会将越来越转向依赖于能自我更新的生物资源。因此，理解生物资源的性质非常重要。

从非生物资源转向生物资源，伴随着大量的未知事物和不确定性，我们必须处理越来越大的复杂性。复杂性一方面来源于我们赋予生命系统的内在价值。非生物资源大多是实现目标的方法，其中最重要的目是维持生命和生物资源。生物资源不仅直接提高人类的福利，同时本身也被许多人认为就是目标，尤其是针对有知觉的生物时。生物资源的复杂性表现在两个方面。第一，个体、种群或是物种繁衍的过程和机制极其复杂，对此我们了解很少。第二，个体、种群、物种与其他个体、种群、物种及非生物资源的相互作用构成了生态系统。生态系统极其复杂并且是动态变化的，随时间以不可预见的方式发生着变化。这两种复杂性的差别需要进一步研究。

生态系统的结构和功能

对应于上面提到的两类复杂性，生态学家从结构和功能两方面审视生态系统。这样的区分与经济分析关系紧密。传统的自然资源经济学基本上是生态系统结构经济学，环境经济学是某些生态功能的经济学。事实上，结构和功能是相互依赖的，我们需要一个能有效整合二者的经济学。如果要将生态系统的结构和功能纳入经济分析中，那么首先需要弄清楚二者的区别及相互作用关系。

生态系统结构指构成生态系统的动植物个体和群落，它们的年龄结构和空间分布，以及第五章讨论过的非生物资源❶。大多数生态系统都有数千个结构性要素，每种结构要素的复杂性程度也不一样。科学研究发现，如果将很多独立的要素置于一个复杂系统中，它们会自发形成有序。可自发形成新现象，这是系统整体的特征。无论对系统单个成分的理解有多深，仅了解系统的单个成分无法预计这种整体特征。复杂系统的行为具有高度的非线性，这意味着不能简单地用系统对小干扰的响应去推测系统对大干扰的响应。例如，从一个生态系统中去除 40％的生物同去除 20％的生物产生的影响可能有质的区别，也就是说，前者造成的影响并不简单地是后者的 2 倍。

在生态系统中，结构要素相互作用创建的整体要大于各部分之和。**生态系统功能**❷指生态系统中出现的这些新现象，包括能量转换、营养循环、调节大气成分、调节气候和水

---

❶ 在生态系统结构单元中包含化石燃料、矿物，这似乎有些奇怪，但是我们不要忘记，人类是全球生态系统的一部分，而这些物质影响着我们生存的能力。

❷ 生态系统中某特定单元是其结构的一部分还是功能的一部分，取决于从什么角度去考察。细胞器官是细胞实现细胞功能的结构性单元。细胞是个体实现个体功能的结构单元。同样，个体是群落的构成部分，而群落是局地生态系统的构成部分，局地生态系统是景观结构的一部分，而景观又是全球生态系统的一部分。

循环等。这些都是新出现情况的系统属性，即使我们拥有生态系统各组成成分的丰富知识，也很难用它们来解释生态情况系统功能❶。生态系统结构分析中存在很大的变化性、未知的状态和不确定性，这些情况在生态系统功能分析中更为突出。生态系统结构怎样通过复杂的相互作用产生生态系统功能？对此我们的认识非常有限，因而预测和管理人类活动对生态系统功能的影响非常困难。因此，生态系统功能相关的决策存在很大的不确定性。在经济分析中选择怎样处理不确定性最终成为一个规范（伦理）决策，这是复杂性的另一个来源。对生物资源进行分析时，一个重要的问题是不确定性的程度到底有多大。

具体的例子有助于澄清这些概念。为了说明结构和功能之间的联系及复杂性的含义，我们设想一个热带雨林——生物多样性最丰富的陆地生态系统，它由个体植物构成（生态系统结构的一部分）。单株植物对气候、养分循环、栖息地供给的影响很小，单株植物甚至无法进行繁殖。然而，将大量的植物聚集在一起，像亚马孙河流域和刚果河流域一样，生态系统功能就显现出来了。

专栏 6.1 风险、不确定性和无知

当我们不能肯定一些事情的时候，事情就具有不确定性。不确定性有不同的类型。掷骰子时，尽管预先不知道将出现什么结果，但知道可能出现哪些结果及各自的概率，这种不确定性称为风险。知道可能出现哪些结果，但不知道出现的概率，这种不确定性称为完全不确定性。如果连可能出现结果的变化范围都不知道，这样的不确定性称为无知或绝对不确定性。

在经济学中，Frank Knight 指出，风险是一种可计算的成本，或保险成本，而完全不确定性不能计算。按照他的观点，利润是指收入与可计算的经风险调整的成本之差，是忍受完全不确定性的回报。无论如何，Knight 是在论述企业需要承担失败的成本，但也可以收获成功带来的收益。但在涉及生态系统开发的经济决策中，企业通常只获得收益，而成本由社会承担[a]。

量子物理和混沌理论的研究表明，不确定性和无知并非简单地是因为知识缺乏，它们是某些系统不能消除的、固有的特征。例如，混沌理论说明，即使在一个确定的（非随机的）系统中，初始条件的微小差异也会导致结果的巨大差异。这就是著名的“蝴蝶效应”——日本的蝴蝶扇动一下翅膀会引起北美的暴风雨。

高度复杂系统的变化是以无知为特征的，尤其是在较长的时间跨度范围内。我们不能预测有机体、生态系统及技术的演化。例如，尽管可以预言计算机的运行速度会越来越快，成本也会越来越低，但无法预言未来 50 年内是否会有什么重大技术突破。领航的专家对技术的预测也会犯错误，比尔·盖茨曾经预言没有人需要大于 540 MB 的计算机内存。

估计自然资源的存量或栽培物种的繁殖率，这些实质上都是风险问题。估算野生物种的繁殖率是个不确定性问题，尽管我们不能准确预测影响繁殖率的多个因素，但可以给出繁殖率的变化范围。估计生态阈值——超过这个阈值范围，生态系统将会达到其他的稳定状态，这是一个完全不确定性的问题，因为我们对生态系统的认识有限，并且无法预测影响它的外部条件。而预测生态系统超过生态阈值将演变成何种状态，以及人类如何适应，这是关于进化和技术进步的绝对无知的问题。

[a] *F. H. Knight*, Risk, Uncertainty, and Profit, *Boston: Houghton Mifflin, 1921; Library of Economics and Liberty. Feb. 21, 2002. http://www.econlib.org/library/Knight/knRUP1.html.*

❶ E. Odum, *Ecology: A Bridge Between Science and Society*, 3rd, Sunderland, MA: Sinauer, 1997.

森林的树冠层吸收或散射了大约98%的阳光，这极大地降低了树冠下的日间温度。树冠层阻止了空气与外面的交换，增加了树冠层下的夜间温度，维持了树冠层下高且恒定的湿度。树木吸收热带风暴的能量，使土壤处于通风状态，方便了土壤吸收水分、减缓了水流。这些都防止了系统中土壤和养分的流失。森林为土壤动物创造了一个微气候和生存环境，而这些土壤动物又能促进系统内的养分循环和吸收。

在区域尺度上，森林结构保持的水分被植物吸收并通过蒸腾作用返回到大气中。这增加了林区的空气湿度。较大的空气湿度则增大了暴风雨的发生频率。对亚马孙森林的估算表明，有50%的降雨是由于森林自身调节作用产生的，这确保了当地水生物种的繁盛。如果没有土壤吸水能力的增加，以及它所促进的蒸腾作用，降水就只能流入河水中，从系统中永远流失。

在更大的尺度上，森林吸收了到达其冠层90%的太阳能。其中的大部分又通过蒸腾作用释放，并通过大气环流传输到温带，这有助于稳定全球气候(碳汇也有这种功能)。

没有稳定的气候和养分循环，森林中的物种和种群就无法存活。森林结构的破坏会使森林的功能发生退化，森林功能退化到一定程度，森林会自动地衰退，这形成了一个具有不可逆和灾难性的负面后果的正反馈循环。计算机模拟表明，亚马孙森林的过度砍伐引起的❶区域气候变化会阻碍热带雨林的再生❷。另外一些研究表明，亚马孙森林毁林50%会导致整个地区一年中大部分时间没有降雨，这样森林会自动衰退❸，或至少更容易发生大规模的火灾，如同1997年发生在亚马孙、印度尼西亚和墨西哥的大火一样。

概括地说，生态系统结构相互作用产生了生态系统功能，各结构单元依靠这些功能属性维持自身的生存。由于生态系统整体的复杂性，我们不清楚生态系统中的结构要素消失对生态系统功能的影响。同样，也不清楚因人类活动或非人为因素引起的生态系统功能变化对生态系统结构的影响。

想一想！

回顾第四章中你列出的局地生态系统中的存量—流量和资本—服务资源。这些资源中哪些是生态系统结构要素？哪些是生态系统功能要素？这两个类别间有什么联系吗？

概括地说，传统经济学和自然资源经济学主要探讨生态系统结构，而传统的环境经济学主要讨论生态系统功能的某些要素，主要强调废物吸收能力和其他功能的货币价值评估。事实上(许多传统经济学家完全意识到了这一点)，生态系统的结构和功能是相互依赖的，单从结构和功能中的一个角度得出的分析结论并不适用于生态系统这个整体。带着这个结论，下面开始讨论生物资源的具体分类。

有三类生物资源值得关注。第一类是**可更新资源**，为经济活动提供原材料的生态系

❶ J. Farley, "Optimal" Deforestation in the Brazilian Amazon: Theory and Policy. Ph. D. dissertation. Cornell University, 1999.

❷ R. Monastersky, Amazon Forest Unlikely to Rise from Ashes. *Science News* 11:164(1990).

❸ I. Walker et al. "Climate and Ecological Conditions as Key Factors for Ecodevelopment Strategies." In M. Clusener—Godt and I. Sachs, eds. *Brazilian Perspectives on Sustainable Development of the Amazon Region*, Paris: UNESCO and Parthenon Publishing Group, 1995.

统结构要素。第二类是**生态系统服务**，指生态系统结构单元间相互作用产生的新现象，是对人类有价值的生态系统功能。第三类是**废物吸收能力**，它与其他的生态系统服务有明显的区别，需要单独处理。

可更新资源

为简单起见，可以把生物资源当做物质性的存量一流量资源，也就是把它当做生态系统结构的要素。同不可更新资源一样，生物资源也可以按人类期望的速度进行开采，不同的是生物资源是可以再生的。图 6.1 在存量一流量空间中描绘了可更新自然资源：横轴表示存量或存在的资源数量，纵轴表示流量，这里流量可以是指任何给定存量的再生（或生物量增加）率，或是开采（收获）率。45°角的虚线是理论上的最大开采率（也就是说，可以把资源一次开采完，存量＝流量）。实际开采率一定小于至多等于这条线上的点。图中有一条曲线表示不同资源存量的增长率，也就是可持续产量由线。可持续产量是指每年的净再生量——生物资源的每一个种群都有一个平均增长率，按这个增长率增加的产量就代表可持续收获量，每年从种群中提取可持续的收获量不会影响基底种群。

必须注意，可持续产量曲线的位置存在很大的不确定性。我们不知道给定种群准确的增长率，也无法确定某一物种准确的数量。通常，动物比植物更难确定数量，因为植物固定在那儿很方便调查人员调查，而动物是不断移动的。尽管通过细致研究和仔细调查，可以给估算的可更新资源存量赋予合理的概率（风险），但估算不同性质的种群增长率存在很大的不确定，尤其是当种群增长率取决于大量“外部”因素时，如降雨、捕食者和被捕食者物种的丰裕程度、疾病等。此外，栖息地的破坏和退化、污染、气候变化以及其他的人类影响都对可持续产量曲线有影响，随时间急剧地改变着曲线的位置。因此，某一种群具体年份的实际增长率与平均值之间可能会有很大的差异。

大部分人至少朦胧地意识到，自然中的动植物存量不可能永远增加。种群的数量会达到生存环境的饱和点：平均死亡率与平均增长率相等。种群“稳定”在一个平衡点附近，也就是通常所讲的**承载力**。（我们使用“稳定”一词，但这并不十分严格，因为种群的短期波动取决于气候条件、捕食者一被捕食者循环等，而长期的变化取决于更广泛的因素。依据凯恩斯的解释，从长远看，所有物种都将灭绝。）达到承载力的水平，食物和栖息地刚好满足现有种群的需要，生物量的增长率为零（图 6.1 的 K 点）。显然，当存量耗尽时，其增长率也是零（图 6.1 的原点）。这两点之间的情况非常值得仔细考察。

可更新自然资源的增长或可持续产量曲线表明了一定时期内任何资源存量的增长量（见图 6.1）。纵轴衡量的是增长量或收获量，也就是横轴描述的存量的流入或流出量，在理论上收获量可以等于总存量。可持续产量曲线上的任何收获量，如 S 点，正好等于存量的增长，因此对存量没有净影响。高于可持续产量曲线的收获量会使资源逐渐枯竭，低于可持续产量曲线的收获会引起存量的增加，如图中箭头所示。例如，点 R 处的收获量将使存量减至点S''，而点S''处的收获量可使存量增至点R''。点CD代表临界退偿水平，存量低于这个水平，即使没有收获，种群也会退化。**临界退偿水平**相当于能生存的**最小种群大小**，K代表承载力。在现有环境条件下，假设开采和自然死亡为稳定的补给和增长

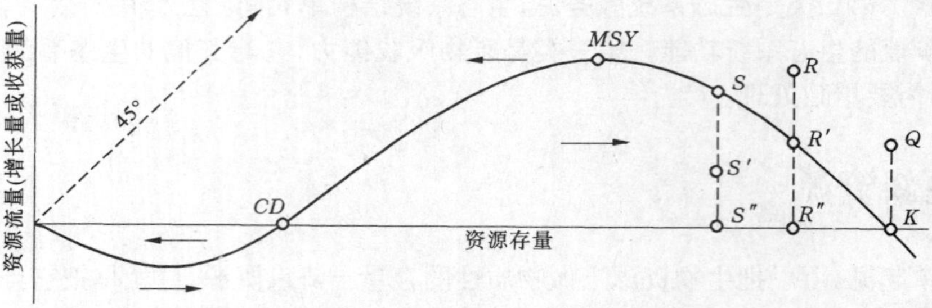

图 6.1　增长或可持续产量曲线

所平衡，最大可持续产量是在不枯竭资源存量的情况可以开采的最大资源数量。图 6.1 表明**最大可持续产量**(*MSY*)点的增长率非常大，大约为 30%。这可能只适用于小规模并且繁殖较快的物种，很多经济上很重要的物种的增长率只有 1%甚至更低。

想一想！

在人类来到北美洲之前，北美野牛种群处于图 6.1 什么位置？一万年以后，野牛的捕获量在图中什么位置？在引入马后野牛的捕获量又在哪儿？有了来福枪以后呢？当欧洲人划定边境以后呢？将大草原用于农业生产对北美野牛的可持续产量曲线有什么影响？

例如，从一个存量达到承载力水平的鱼群中捕捞一些鱼会有什么结果呢？图 6.1 中用 Q 点的捕捞量来表示这样的捕捞情况。因为 K 点处的净生产率为零，捕捞量 Q 使鱼类存量减少 $Q-K$，鱼的存量变为 R''。鱼的存量小，竞争食物、庇护所和繁殖场所的鱼就少，剩下的鱼平均拥有的资源增加，从而提高了增长率和繁殖率。对产卵地竞争的减少导致大量的卵产在适宜的地方，因此增加了鱼的补充❶。另外，大多数物种在成长期(生物量百分比)生长较快，老年期生长较慢。如果捕获较大的、较老的鱼，剩下的鱼群就有更大的补充比例和潜在更快的净增长。

专栏 6.2　临界退偿、最大可持续产量和不确定性

利用最大可持续产量的概念来帮助理解生态经济中的思想，决不是要求将这一概念用做资源管理的工具。实际上，由于如厄尔尼诺(El Niño)、南方涛动(Southern Oscillation，ENSO)这样的气候变化，捕食和被捕食物种的变化，污染物水平变化及其他大量的生态变化和循环，*MSY* 的年际变化很大。在极其稳定的条件下，自然的变化可以让人察觉不到经济开发的影响，但人类影响的规模正迅速地改变着全球生态系统。依赖复制与控制的科学不能处理高度复杂的和迅速变化的生态系统中物种的问题。我们还不能用科学的方法准确地估算出完全满足资源管理需要的 MSY[a]。

❶ 注意到在点 R 处捕捞使鱼的存量减少数量为 $R-R'$(通过纵轴上测量)。而在点 S 处捕捞使下一时期存量增加 $S-S'$。因此，通过纵轴测量的 $R-R'$ 和 $S-S'$ 等于从横轴测量的 $S''-R''$。

临界退偿点位于何处，给定的物种或种群是否一定存在临界退偿点，这些都很不确定。当种群非常小时，它们更容易受随机事件的影响，它们之间更容易出现近亲繁殖的现象。北美信鸽曾经是世界上数量最多的鸟类，但大约 10 年内几十亿只的北美信鸽就灭绝了。如此迅速的灭绝原因与北美信鸽能生存的最小种群非常大有关，它的能生存的最小种群非常大，可能原因是北美信鸽的集体巢居生活习性。另一种极端情况是，1974 年毛里求斯鹰只有 6 只，尽管因为一些具体的保护措施，现在鹰的数量增加到了 600 多只，没有这些保护措施，毛里求斯鹰现在可能已经灭绝了。由于种群数量小，毛里求斯鹰间存在的近亲繁殖使它们很容易患病和受其他随机事件的影响。当前，对于蓝鲸和北大西洋鳕鱼的部分种群是否低于临界退偿点存在争论。显然，无法重复进行科学确定临界退偿点的实验，因为实验中用来确定临界退偿点的物种可能已经灭绝了。

另一方面，尽管确定 *MSY* 的位置具有不确定性，但这并不意味着我们没有超过 *MSY* 曲线。决策者也不能因此推卸确定可接受的开采量的责任。通常的规则是，不确定性越高，特别是在不可逆（物种灭绝）的情况下，开采量就需要更具有保护性（也就是更低）。

[a] D. Ludwig, R. Hillborn, C. Walters. *Uncertainty, Resource Exploitation, and Conservation: Lessons from History*. *Science* 260:17,36(1993).

可以一直有 R'（等于存量的年增长量）的收获量。任何低于可持续产量曲线的捕捞量都小于存量的年增长量，因而会增加存量中的积累，种群也会增加。超过可持续产量曲线的捕捞会进一步减少存量。可持续产量曲线上下的箭头表示这些区域内的捕捞引起存量变化的方向。例如，捕捞量 R 将种群存量减少至 S''。在 S''处，人均资源拥有量比 R''点大，从 R'到 S 鱼群的净增长和可持续收获量均增加。

在一定的区间内存在这样的情况，尽管种群存量低但可持续产量比较高，明显的是，情况并不会一直这样。最终，繁殖种群不足以支持高产出。产卵数量不足导致补充不足，尽管种群个体所占有的资源过剩，但可持续产量仍然会减少。这说明图 6.1 中存在最大的可持续产量（*MSY*）点。需要注意的是，*MSY* 的年际变化很大，可能无法准确估计给定年份的 *MSY*。作为一种教学方法，*MSY* 非常有用，但不能实际用来作为一种计算方法推导年度配额[1]。如果捕获量持续高于年产出量，鱼群将减少。最终，鱼因太少而无法进行繁殖，并且其他生态机制（很多是我们所不了解的）将崩溃。这就意味着在大于零的某个种群存量点是能生存的最小种群点，在该点上增长率为零，低于该点，鱼群规模会自动减少，因为死亡率超过了出生率。

注意可持续产量曲线在临界退偿点下出现负数。这意味着为了维持种群需要一个负的收获，也就是说，每年需要向系统中投入一定的补充才能维护现在的存量。在 45°线下的任何地方都有收获的可能性，但可能会加快种群的灭绝。不幸的是，我们无法确切的说出这个临界补偿点在哪里，而只能对出现最大可持续产量的地方做出粗略的估算（有很多争议）。

这里介绍的基本概念同样可应用于植物物种或是植物群落。例如，砍伐原始森林中的一些树木会产生什么后果呢？对于保留下来的树木，它们可以更好地获得光、水、营养

[1] D. Ludwig, R. Hilborn, and C. Walters. Uncertianty, Resource Exploitation, and Conservation: Lessons from History, *Science* 260：17,36(1993).

物质，生长速度加快，而新植株的生长有了更多的空间。这个过程最初加快了森林的生长率，增加了可持续产量。但很快，植物种子与空地的距离越来越远，森林恢复开始放缓。土壤中的营养物质随着森林的采伐而流失。同种树木因为相距太远而无法进行异花授粉，导致了种子不育或近亲繁殖的问题。可持续产量开始下降。正如我们前面描述的，生态系统结构的变化会对生态系统功能造成显著影响，有可能减小森林的再生能力。与动物种群一样，森林也有最大可持续产量，还可能会出现临界退偿点。

在第十二章生物资源分配的微观经济学分析中，我们还要进一步探讨这个问题。

专栏 6.3　食火鸡和生态系统的临界退偿

在澳大利亚东北部的雨林中，大约有 100 种大种子的果树几乎完全只依靠一种鸟类传播种子。这种鸟就是食火鸡，它是一种生活在森林中，与鸵鸟相似的大型平胸类鸟。它是区域内唯一能吞食和携带大种子的鸟，在它的粪便中甚至可以找到重达 2 kg 的种子。证据表明，一些种子只有通过食火鸡的消化才能发芽。

食火鸡，特别是高原森林中的食火鸡，需要一块很大的栖息地。但由于是以斑块状样式出清森林，因而几乎不存在维持食火鸡生存的面积。没有食火鸡，该地区许多树的种子无法传播，甚至不能发芽，最终这些树种可能会灭绝。其他依赖于这些树种的植物和动物也将会灭绝，这引发了依次依赖物种灭绝的连锁反应。最后的结果是森林的组成将发生巨大变化，形成不同的生态系统。然而，整个过程需要很长的时间。可能几个世纪后才能观察到这样的变化，届时再采取行动肯定为时已晚[a]。

这样的临界退偿机制的例子只是所讨论问题中可能发生的部分情况。需要重申的是，我们并不知道最大可持续产量和临界退偿点的具体位置。在客观世界里，无知、不确定性和多变性永远都是我们的伴侣。

[a] J. Bentrupperbaumer, Conservation of a rainforest giant, Wingspan 8(Dec.)：1～2(1992)，包括个人的进一步评述。

生态系统服务

在生态系统功能和结构的讨论中，解释了为什么森林的存在需要依赖自己产生的功能，同时间接阐明了生态系统功能为人类提供了很多促进福利的东西。我们把对人类有价值的生态系统功能称为生态系统服务。例如，森林覆盖的流域有利于维持农业所需的稳定气候，防止旱灾和洪灾，净化水及提供休闲娱乐。对流域居民来说，这些都是无法衡量价值的服务。当然，生态系统还提供其他的服务。不幸的是，我们不清楚生态系统结构怎样产生生态系统服务，而且也经常没有意识到这些生态服务。例如，20 世纪 70 年代以前，大部分人没有认识到臭氧层保护地球环境的作用❶。如果考虑生态系统的高度连锁

❶ 对于生态功能以及人类对其影响的极端不确定性的更多的证据，在 1973 年，著名的盖亚假说提出者，物理学家 James Lovelock，令人遗憾地声明，氟碳化合物对环境没有明显的影响。M. E. Kowalok, Common Threads: Research Lessons from Acid Rain, Ozon Depletion and Global Warming. *Environment* 35(6)：12～20，35～38(1993)。

性，可以确定地说，从某种意义上看，人类受益于几乎所有的生态系统功能。

以前只是把森林当成储存树木以提供木料的地方，现在需要将森林看成服务的创造者，这与储存树木差别很大。可以以任何速度开采储存的树木，也就是说，人类掌控森林木材产出的流量，可以现在就砍伐树木进行使用，也可以留到以后利用。生态系统服务与此有本质的差别，我们不能以选择的速率来使用稳定的气候——例如，不能利用过去或将来的稳定的气候来弥补现在造成的全球变暖。同样也不能储存稳定的气候供以后使用，稳定的气候也不会成为自己提供的产品的一部分。用木材生产椅子，木材就包含在椅子中；在稳定的气候条件下可以生产出谷物，但谷物中嵌入不了稳定的气候。而且稳定的气候不会被小麦的生产所改变(在新近砍伐的森林地上种植谷物会影响气候的稳定性，但这是砍伐森林的影响而不是种植谷物的影响)。

完整的生态系统是能提供生态服务的**资本**，但它们的结构成分则是提供原材料的存量。回顾前面的内容：存量—流量资源可以用尽，资本—服务资源会磨损。如果生态系统还能提供有价值的服务，就还没有磨损掉。事实上如果生态系统不能不断地吸收太阳能更新自己，自己就会不断地被“磨损”。生态系统能再生的资本—服务功能与人造资本—服务功能有本质的区别。工厂中折旧的机器并不能自动生产出新机器来替代自己。

森林提供的生态系统服务的例子可以帮助澄清这些概念。Costanza 等描述了生态系统提供的 17 种产品和服务❶。在一定程度上，森林提供了所有的产品或服务。其中，食物与原材料具有重要的存量—流量功能。表 6.1 中描述了其他的资本—服务功能。

表 6.1　生态系统服务举例

生态系统服务	以森林为例
气体调节	树木可以固定大气中的 CO_2，生长的树能释放 O_2；森林可以除去大气中的 SO_2
气候调节	调节温室气体；土壤水分的蒸腾蒸发及随后通过风向其他地区传送储存的热能；蒸发蒸腾，形成云和局地降雨；树荫及隔离作用可防止出现极端的湿度和温度
干扰调节	抵御暴风雨，控制洪水(见水调节一栏)，防止干旱，以及其他主要由植被结构控制的栖息地对环境变化的响应
水调节	植物根系使土壤处于通气状态中，使土壤在下雨时吸水，在干旱时释放水分，这减小了干旱和洪水的风险与严重程度
水供给	蒸发蒸腾可以增加局地的降雨量；森林可以减少侵蚀、稳固河堤、防止淤塞河道中的泉眼，增加河道中的水流量

❶　R. Costanza 等. The Value of the World Ecosystem Service and Natural Capital. *Nature*，387：256，Table 2 (1997).

续表 6.1

生态系统服务	以森林为例
废物吸收能力	森林可以吸收大量的有机废物，过滤径流中的污染物；有些植物可以吸收重金属
侵蚀控制和沉积物保持	树可以固定土壤，森林树冠层可以减小强烈的暴风雨对土壤的影响，减少风蚀
土壤形成	树根碾压岩石；植物腐烂增加了有机质
营养物质循环	热带森林在营养物质流入河流、流出系统前能迅速地吸收腐烂物质
授粉	森林为野生和栽培植物授粉所需的昆虫提供了栖息地
生物控制	森林为林中害虫的捕食者提供了栖息地
保护区或栖息地	森林为外来和本地物种提供栖息地，为生存在其中的很多物种提供繁殖的条件
基因资源	森林是一些生物物质和产品的唯一来源，如药物、植物病原体和作物害虫的抗性基因、观赏物种
娱乐	生态旅游、长途徒步旅行、骑车等
文化	森林生态系统的美学、艺术、教育、精神或科学价值

想一想！

表 6.1 中所列的生态系统服务中，哪些具有竞争性，哪些具有排他性？哪些不可能具有排他性？

这里再一次强调，生态系统**资本**的量和质与生态系统提供的服务之间的精确关系是高度不确定的，具有非线性、阀值、新出现的特征。通常，生态系统**资本**越大、生态系统越健康，产生的服务也越多。当复杂生态系统的**资本**枯竭或退化时，我们无法准确预测会发生什么后果。服务是以人类为中心的一个概念，人类的出现和使用都会对服务产生显著的影响，而不仅仅是滥用才会对它产生影响。例如，城市内严重退化的森林要比远离人类的原始森林提供更多的调节水、娱乐、文化等方面的服务（用给人类提供的福利来测量）；靠近果园和依靠昆虫授粉的作物的森林可以提供更有价值的授粉服务。

对生态系统服务有效配置，更重要的是空间变化。前面已经提过，大面积的热带雨林能调节局地、区域及全球的气候。森林控制洪水和水净化功能只能使生活在河岸或冲积平原周围的生物种群受益，为候鸟提供的栖息地也只是使迁徙路上的生物种群受益。

生态系统服务还具有其他一些特征，使它们在经济上特别重要。更为重要的是，这些服务大部分没有替代品，包括为人类提供适宜居住环境的服务。我们几乎不知道这些服务是如何产生的，也没有意识到所有的服务。一个名为 Edward Bass 的亿万富翁耗资 2 亿美元在亚利桑那州开展了一个“生物圈 2 计划”，目的是为维持 8 个人生存所需的生态系统服务开发替代品。这个计划以失败告终，可以想象，为几十亿人创造生态服务的替代品，结果将如何！此外，很多生态系统服务是非竞争的——有人从森林控制洪水、为授粉者提供的栖息地或大气调节中受益，这并不会减少其他人获得同样的服务。很多(尽管不是全部)生态系统服务本来就是非排他性的。

自然资本存量与资本之间的关系

回顾一下，生态系统结构要素指生物和非生物资源存量(矿物、水、树及其他的植物和动物)，它们组合在一起就产生生态系统功能和服务。以不可持续的方式利用生物资源也会相应枯竭生物资源提供的相关**资本**和服务。因此，从森林中采伐树木不仅改变了森林提供更多树木的能力，同时也改变了森林提供生态系统服务的能力，其中很多生态系统服务对人类的生存十分重要。海洋捕鱼也有同样的影响，只是我们几乎不了解健康的海洋生态系统提供的生态系统服务。

自然资本的存量－流量与资本－服务资源之间的关系阐释了生态经济中最重要的一个概念：我们不可能凭空造物；所有的经济生产都需要自然资本存量提供的自然资源流量，这种流量由生态系统的组成部分产生，并且生物资源存量也是提供生态系统服务的**资本**。因此，开采流量太大不仅影响未来的存量和其提供流量的能力，还会影响到存量对**资本**的贡献以及**资本**所提供的服务。即便是开采非生物资源的存量(如金属或化石能源)，也是以损失生态系统为代价的。换句话说，生产需要生态系统结构的投入。生态系统结构产生生态系统功能，接着提供生态系统服务。所有经济生产活动对生态系统服务都有一定的影响，这种影响是经济过程固有的，因而难以避免。

废物吸收能力

上面只是故事的一半。热力学定律不仅说明了经济系统利用的原材料不会消失，而是以高熵废物的形式返回生态系统。还说明了在生产有用(有序)产品的同时也生产了更多的无序或废物。许多的废物可以被环境所吸收。事实上，所有的生物最终都要依赖生态系统提供的废物吸收和循环的服务。然而，作为资本－服务资源，吸收废物的速度是一定的，但存量－流量资源转换为废物则是以人类选择的速率进行。废物吸收能力是一种汇，我们控制龙头流量的大小，但无法控制减少的总量。减少生态系统结构同样会影响生态系统处理废物的能力。如果排放的废物量超过了生态系统的吸收能力，废物积累会加快。随着时间的推移，废物累积将影响到生态系统功能，尽管我们无法预见哪一种生态系统服务将受影响，以及何时开始受影响。

举一个具体的例子可以帮助说明这些观点。开始向未受污染的湖泊排放废物，如未处理的污水和农业废水，这些废物可以慢慢稀释，因此危害较小。随废物排放的增多，因细菌和有毒化学品的污染，高的废物荷载可能会引起湖水使用者的健康问题，如果不预先处理，湖水都不能饮用。湖水中增加的营养物质促进了细菌和藻类的生长，增加了湖泊处理废物的能力，但是减少了其他生态服务。水中有毒物质在鱼的体内富集，鱼变得不可食用。对污染物较敏感的物种将消失。更多的废物排入湖泊后，湖水即使经过处理也不能饮用，而只能用做工业用水。过量的营养物质最终导致了富营养化，藻类和细菌在夜间消耗大量氧气❶,同时鱼类、两栖类死后的分解也会消耗许多氧气,这会导致大多数无脊椎动物死亡,依靠湖水提供食物的鸟类和陆生动物也会受到威胁。随排入湖泊的废物流进一步增大,当藻类生物也难以存活时,说明废物量已经超过了湖泊的吸收能力。这时候废物开始积累,这会进一步减少藻类植物,此时即使废物排放量不再增加,废物积累速度也会加快,最终导致湖泊生态系统崩溃。

在废物流量超过吸收能力之前,减少废物流量可以使系统重新恢复,超过之后可能就难以恢复。这同样适用于其他生态系统。如果分析的生态系统提供了关键的生命支持功能,无论是区域性的还是全球性的,超过生态系统废物吸收能力的成本是无穷大,至少从生态系统支撑的这些人的角度来看是这样。

总的来讲,生态系统吸收处理生物资源产生废物的能力很强大,但吸收矿物资源产生的化学物质的能力却很有限。这是因为,生态系统在生物废物面前进化了数十亿年之久,相对而言,卤化苯之类的有机合成物和钚(目前危害最大、存在时间最长的两种污染物)则是生态系统进化中新产生的物质,因而生态系统的适应能力有限。

与许多生态系统服务不同,废物吸收能力具有竞争性。如果有人向河流中排放了废物,这将减少河流吸收处理其他人排放的废物的能力。很容易建立一个机构使废物吸收具有排他性,目前有很多这样的机构。

关键的一点是,热力学定律告诉我们,经济活动的投入产出都是自然资源,因而必须关注自然资源的出处和去处。

表 6.2 概括了三种生物资源的重要特征。在第十二章和第六部分将对这些特征以及它们与政策的关系进行详细讨论。

表 6.2　生物资源的经济特征

生物资源	存量一流量资源或资本一服务资源	排他性	竞争性	代际间竞争	替代性
可更新资源	存量一流量	是	是	依其使用速度	枯竭时可替代性高,最终不可替代
生态服务	资本一服务	不是	对大多数来说,不是	不是	消失时可替代性低,不可替代
废物吸收	资本一服务	是	是	依其使用速度	饱和时可替代性适中,不可替代

本章的观点值得重复一次。首先,同所有的动物一样,人类的生存通过两种方式依赖植物吸收太阳能的能力:直接地作为能量源;间接通过全球生态系统产生的生命支持功能。第二,任何经济活动都需要有自然资源的投入。但是资源利用的速度要快于更新速度,减少生态系统中一些结构性要素,也会减少生态系统功能。第三,任何经济活动都会

---

❶ 生长的植物是氧气的净生产者,吸收 CO_2,但它们同样需要吸收氧气以维持自身的生存。在白天,光合作用生成的氧气要多于自身消耗的氧气,但其在夜间只消耗氧气而不生产。氧气平均水平高低决定鱼类及其他物种的生存能力。

产生废物。废物对人类的福利有直接影响，并会进一步减少生态系统功能。开采矿物资源对于生态系统功能的直接影响并不大，但从长远来看，矿物的提炼和使用过程中产生的废物流会严重破坏生态系统并影响人类的福利。经济的扩张枯竭了不可更新资源，用废物流取代了健康的生态系统和它们提供的福利，并使余下的生态系统发生退化。

生物资源同时是存量和**资本**资源，这比较独特，它们的自我更新能力是资本一服务。这意味着经济规模是由特定年份资本一服务资源的数量确定的，可更新资源的更新能力就是这些资本一服务中的一种。由于生物资源没有替代物，因而它们对经济规模的影响很大。没有生物资源，人类无法生存。

本章知识点

- 生态系统结构
- 生态系统功能
- 存量一流量资源和资本一服务资源
- 风险、不确定性、无知
- 承载力
- 最小可生存种群
- 临界退偿
- 最大可持续产出
- 废物吸收能力

第七章　从"空"的世界到"满"的世界

承认熵对经济过程具有难以否定的重要性和因此得出的"可持续经济增长"本身是个矛盾的术语❶，在面对有限的生态和自然资源时，如何解释经济学家、决策者和大众沉迷于经济的持续增长呢？很显然，人类相信经济增长是没有极限的，或是认为这个极限还很遥远。热力学定律肯定增长存在极限。现在必须简要地说明极限离我们有多近。

的确，包括现代经济理论发展时期在内的人类历史的大部分时间里，人口数量以及利用的资源都比较少。由于距物质和能量限制经济增长还很遥远，因而忽视这些限制，集中建立一个有效分配稀缺的劳动、资本和消费商品的体系就显得非常明智。但是，随着市场经济和新古典经济理论的发展，人口和人均资源使用量都呈指数增长。市场经济的成功减少了市场商品的相对稀缺性，增加了支持系统提供的非市场商品和服务的稀缺性。接下来是一个简要的评估：世界现在有多"满"？我们距离资源枯竭还有多远？

专栏 7.1　我们距离"满"的世界有多远？

系统保持固定的增长速度就会发生指数增长，如 1900～2000 年间，全球经济的人均物质产出以年均 2.3%的速度增长。根据经验法则，可以用 72 除以增长率来计算翻倍时间。计算表明，人均产出在 20 世纪翻了三番，增长了 9 倍多。同时期内，人口从 16 亿增长到 61 亿，增长近 4 倍。20 世纪物质产出总量增长了 36 倍多[a]。物质产出还能再翻几番呢？

我们的处境和下面的例子很相似。如果某天中午在一个有盖培养皿中放入一个细菌，这种细菌的数量每小时会增加 1 倍，两天后的中午你将发现，培养皿中已经充满了细菌(由于细菌耗尽了培养皿中的食物，培养皿中充满了废物，最终种群将崩溃)，什么时候培养皿中有一半是细菌？答案是最后一天的上午 11 时，而最后一天上午 9 时时，还有 7/8 可供生长利用的资源。对人类来说，问题是我们离那个"中午"还有多长的时间？

当然，人类与细菌有很大的不同，地球与有盖培养皿也不一样。人类可以控制自身的繁殖速度，在一定程度上也可以控制资源的使用量。地球上的很多生态系统都可以提供可再生资源和处理废物。为了适应资源的稀缺，人类需要发展新技术、新制度和新的思考方式，而这要花时间——也许很长。重要的是，越是接近"中午"，开发和采用必要的措施来显示我们与细菌完全不同的时间就越少。(见图 7.1)

---

[a] 作者根据专著(*J. B. Delong, Macroeconomic, Burr Ridge, IL: McGraw－Hill Higher Education, 2002*)第 5 章中的数据计算得到。

---

❶ 重申一下，只要不是靠不断增加的自然资源消耗提供这种满意的"精神通量"，我们并不认为这种精神通量的可持续增长(可以称之为发展，而不是增长)是一个矛盾的修饰语，然而，用 GDP 衡量的经济增长不可能在不增加吞吐量的情况下现。尽管资源强度越来越小，但吞吐量还是越来越大。尽管可能不是这样，自由市场经济好像无法在不增加投入量的情况下提高人类福利。

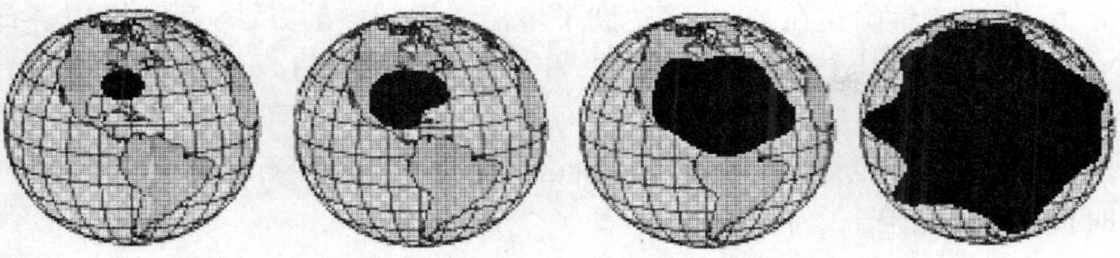

图 7.1　我们离"满"的地球有多远

想一想！

世界对于一些东西而言总是"满"的，而对于其他东西而言又总是"空"的。在"满的世界"中，相对"满"的是什么，相对"空"的又是什么？怎样将有些东西的"满"与其他东西的"空"联系起来？

化石燃料

由于化石燃料推动着世界经济的运转，也是支撑我们的资源中被研究最多的资源，因此首先评价它的限制。初看资源的枯竭离我们似乎还很遥远。经济学家认为价格是稀缺性的度量器，然而 1869 年至今原油的平均价格为每桶 18.63 美元（以 1996 年美元计），这与目前原油的价格差不多❶。正如前面所提到的，可以以任何我们期望的速率开采利用化石燃料，是流量的稀缺性决定价格，而不是存量的稀缺性（第十一章会重新探讨这一点）。存量大的地区，主要是开采能力而不是地下储量决定着开采速度。最乐观的估计表明，如果保持目前的开采速率，大约 40 年后石油将被耗尽。而能源信息管理局估计，在接下来的 20 年内，全球对石油的需求将增加 50%❷。如前所述，化石燃料开采的净能源回报将急剧减少。新发现的化石燃料也是如此，1962 年新发现的石油达到最高点 400 亿桶❸，到 20 世纪 90 年代降到每年平均 60 亿桶。目前每年的消耗量维持在 26 亿桶，是每年新发现石油量的 2 到 4 倍❹。全球石油消耗的增长率从 1973 年后开始下降，但 1970 年后人类消耗的石油是 1970 年前消耗总量的 2 倍多❺。所有这些最终意味着什么？

M. King Hubbert 是壳牌公司的石油地质专家，他提出了一个不可更新资源开采的理论，用 Hubbert **曲线**清晰地进行了描述。图 7.2 是利用实际数据描述的新探明石油的 Hubbert曲线，图7.3是利用估计值描述的未来石油产量的 Hubbert曲线。1954年，Hubbert 运用其理论预言美国的石油产量将在 1967～1971 年间达到峰值，这个预言受到了普遍怀

❶ WTRG Economics，2000. Online：http://www.wtrg.com/prices.htm.

❷ Energy Information Administration，2002. Online：http://www.eia.doe.gov/oiaf/aeo/aeotab_21.htm. 50% 的增长指的是从 2001～2020 年。

❸ J. J. MacKenzie，Oil as Finite Resource：When Is Global Production Likely to Peak? World Resource Institute，2000. Online：http://www.wri.org/wri/climate/jm_oil_000.html.

❹ 一个新油田区被发现时，很难确定其到底有多大的储量。也有一些资源报告把旧油田储量估计的增加当做新发现的石油，也有一些报告不这样估计；因此估计结果会有差异。MacKenzie（出处同上）认为在 1996 年，该比率为 2:1，而 L. F. Ivanhoe 认为 90 年代为 6:1。Hubbert Center Newsletter ＃ 2002/2，M. King Hubbert Center for Petroleum Supply Studies，Petrcleum Engineeriing Department，Colorado Schocl of Mines，Golden，CO，2002.

❺ 在图 7.3 曲线下面包含的面积指总的石油产品，大部分都被消费。可以看出从 1973 年到现在曲线下面积大约是 1869～1973 年曲线下面积的 2.5 倍。

疑。实际上,石油产量确实在1970年达到了峰值。用同样的方法,专家们预言石油产量将在2003～2020年的某个时间达到峰值。相对于发现的峰值,石油产量的峰值有一些滞后。自1962年达到峰值后,全球新发现的石油量一直处于下降状态。因需求持续增长,而产量达到峰值后将不断减少,这样石油价格将会暴涨。虽然石油不会马上枯竭,但廉价石油的时代已经结束❶。

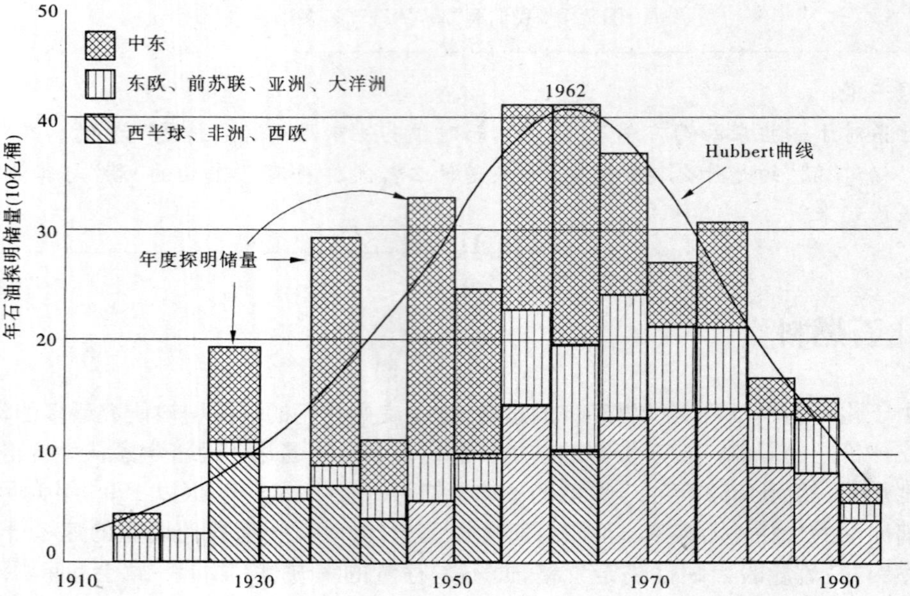

图 7.2 石油新探明储量 Hubbert 曲线

柱形表示1912～1992年,每5年全球石油新探明储量的平均值。图中的曲线称为Hubbert曲线,表示1915～1992年全球石油新探明储量的加权平均值。(资料来源:改编自 L. F. Ivanhoe, KingHubbert, updated. Hubbert Center Newsletter ＃ 97/1. Online: http://hubbert.mines.edu/news/v97n1/mkh — new2.html.)

假定太阳能可以作为替代品,石油被耗尽会有影响吗?开发太阳能作为化石燃料的替代品,这需要相当长的时间。对解释稀缺性和信息效果的石油价格作深入的分析,表明石油价格将会突然并且迅速地升高❷。太阳能如同薄雾一样笼罩着地球,获取大量的太阳能需要大面积的土地。采用当前的技术,在不破坏农业、森林及环境的条件下,美国所能利用的太阳能只能满足现在能源需求的20%～50%。我们不能简单地靠使用低功率的灯泡来解决这个问题。当前,美国粮食生产和交通消费的碳氢化合物能量大约是其提供的碳水化合物能量的3倍❸。将一头用谷物饲养的食用牛变成我们餐桌上的食物,这

❶ J. Campbell, J. H. Laherrère. The End of the Cheap Oil, *Scientific American*, March, 1998.
❷ D. B. Reynolds, The Mineral Economy: How Prices and Costs Can Falsely Signal Decreasing Scarcity. *Ecological Economics*: 31(1): 155～166(1999).
❸ D. Pimentel and M. Pimentel, Land, Energy and Water: The Constraints Governing Ideal U. S. Population Size, 1995. Online: http://www.npg.org/forum_series/land_energy&water.htm. Negative Population Growth, Inc. Forum Series. Georgescu－Roegen 正确地指出用碳氢化合物生产碳水化合物的想法是荒谬的,当这个观点第一次提出时,首先是他正确地预测我们会向其他的方向发展。N. Georgescu－Roege. *The Entropy Law and the Economic Process*. Cambridge MA: Harvard Press: 1971. 然而,短时间里将石油直接转化为食物要比西方农业更为有效。

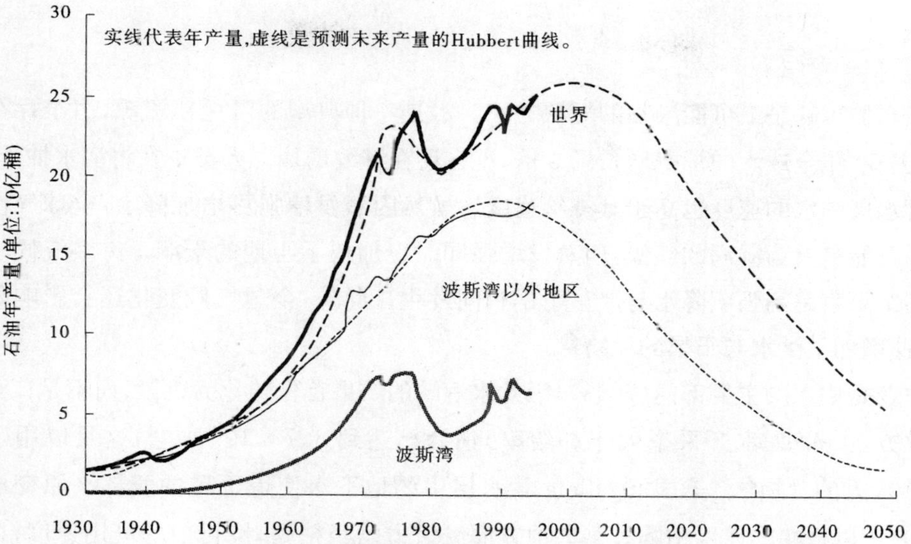

图 7.3　石油产量的 Hubbert 曲线

全球石油产量,包括常规的和非常规的(实黑线),在 1973～1979 年下降后又开始恢复。但是,根据作者的模型(部分基于多条 Hubbert 曲线(虚线))预测,不到 10 年将出现了永久的下降期。波斯湾以外地区的石油产量高峰也会马上出现。(资料来源:改编自 C. J. Campbell and J. H. Laherrère, The End of Cheap Oil. *Scientific American*, March 1998.)

一过程需要消耗 284 加仑石油❶。回到以前靠畜力来耕种农场,也需要另外的土地来为这些动物提供饲料。在现有技术下,化石燃料越少意味着粮食越少。

矿物资源

同样,矿物资源也越来越稀缺。前面提过,品位最高、最易开采的矿石最先被利用,然后是质量差的。美国最初利用的是明尼苏达州含铁量为 60%的 Mesabi 赤铁矿,该铁矿已经被耗尽,现在使用的是含铁量大约只有 25%的铁燧岩❷。其他矿石的情况与此相似。至少金属还可以回收再利用,而且其他物品可以替代它。如果把表层土壤也作为一种矿物资源,情况可能更糟一些。美国表土流失的速度大约是其形成速度的 100 倍❸,专家估计,全世界有 40%的农业用地严重退化,这个数字在某些地方高达 75%❹。通常针对土壤肥力下降使用最广泛的替代品是基于石油的化肥。

❶ M. Pollan, Power Steer, *New York Times Magazine*, March 31, 2002.
❷ J. Hanson, Engetic Limits to Growth. Online: http://www.dieoff.com/page175.htm. 同时可见于 *Energy Magazine*, Spnig, 1999.
❸ D. Pinmentel and M. Pimentel, Land, Energy and Water: The Constraints Governing Ideal U. S. Population Size, 1995. Online: http://www.npg.org/forum_series/land_energy&water.html.
❹ World Resource Institute. *People and Ecosystems: the Fraying Web of Life*. Washington, DC: WRI, 2000.

水

淡水的短缺是最可能濒临的短缺之一。水是一种典型的可更新资源，由于存在水循环，过去50年全球水的消费增长了3倍，现在还在继续增加。人类正在将河水抽干，开采地下蓄水层中水的速度也高于其补给速度。虽然因蒸发增强可增加降水，全球气候变化的结果可能是更为湿润的气候，但蒸发增强同时也加快了土地的干涸。许多气候学家认为最终结果将是高强度降水与严重干旱相间发生。此外，全球气候变化还会影响降水的位置，这增加了洪水与干旱的风险❶。

农业是用水的主要部门(70%)，因此水短缺的结果首先转化为饥饿，而不是口渴。在中国北方，水赤字(水开采率大于补给率)估计已达到 3.7×10^{10} 加仑，这足以用来生产 1.1×10^{8} 人的食物❷。美国 Ogallala 蓄水层中的地下水使得干旱的西部平原变成了粮仓，但它正以极快的速度枯竭。某些地方灌溉潜力已经枯竭，按目前的利用速度，接下来的20年里会有上万亩土地得不到灌溉。❸

使用河水灌溉已经使咸海地区发生了世界上最严重的环境灾难。在每个大陆，重要的蓄水层的水位每年都下降2～8 m❹。目前大约有12亿人口无法获得适合饮用的水❺，全球只有不到三分之一的人享有充足的水供给❻，有研究表明，到2025年，全世界将会有近50%的人口生活在缺水地区❼。世界银行警告说，地下蓄水层水位连续的降低将导致灾难性的后果❽。《财富》杂志指出，水资源的短缺将使水变成21世纪的石油，"这种珍贵商品将决定国家的财富"❾。

对未来水供给的预测具有很大的不确定性。首先，缺少足够的数据❿。第二，消费方式和技术会显著改变水的需求。第三，前面提过，气候变化对水循环有很大的影响，如增加蒸发率和改变降水模式⓫。

---

❶ C. J. Vörösmarty, P. Green, J. Salisbury and R. B. Lammer. Global Water Resources: Vulnerability from Climate Change and Population Growth, *Science* 289:284～288(2000.7.14).

❷ L. Brown, Water Deficits Growing in Many Countries: Water Shortages May Cause Food Shortages. Earth Policy Institute, Eco—Economy Updates, August 6, 2002.

❸ M. Glanz, ed., 1989: Forecasting by Analogy: Societal Responses to Regional Climatic Change. Summary Report, Emvionmental and Societal Impacts Group NCAR, 1989. Summary based on a study by D. A. Wilhite, Center for Agricultural meterodgy and Climatology, University of Nebraska, Lincoln. Online: http://www.meteor.iastate.edu/gccourse/issues/society/ogallala/ogallala.html; 同时可见于 http://www.usaternews.com/archives/arcsupply/7staco14.html.

❹ L. Brown, WaterDeficits Growing in Many Countries: Earth Policy Institute, Eco—Economicy Updates, August 6, 2002. Onlinei http://www.earth—policy.org/Updates/Update15.html.

❺ U. N. Department for Policy Coordination and Sustainable Development, Critical Trends: Global Change and Sustainable Development. New York: United Nations, 1997.

❻ Vörösmarty et al., 同前。

❼ L. Burke, Y. Kura, K. Kassem, C. Revenga, M. Spalding, and D. Mcallister. Pilot Analysis of Global Ecosystems: Coastal Ecosystems. Washington, D. C.: WRI, 2000.

❽ Brown, 同前. Online: http://www.earth—policy.org/Updates/Update15.html.

❾ N. Currier, *The Future of Water under Discussion at "21st Century Talks"*. United Nations Chronicle, Online edition VohmeXL, Number 1, 2003. Online: http://www.un.org/pubs/chronicle/2003/webArticles/013003_future_of_water.html.

❿ *Science* 297(5583):926～927(2002.8.9).

⓫ Vörösmarty et al., 同前。

可更新资源

涉及可更新资源存量时，就可以更明显地发现，我们确实生活在一个“满”的世界里。实际上，对于每一种重要的可更新资源的存量，限制开采速度的是资源的稀缺，而不是开采设备。不是由于缺少捕鱼船只，而是由于缺少鱼类资源造成了过去几年渔业捕获量停滞不前。联合国粮农组织(FAO)估计，全球15个主要产鱼区中的11个以及世界主要鱼种的69%都呈下降趋势，急需加强管理。例如，1968～1992年鳕鱼的捕获量下降了69%。1970～1993年西大西洋的金枪鱼减少了80%以上❶。同样，不是因为缺少锯，而是缺少树木限制了木材的产量。随着有商业价值的物种逐渐枯竭，我们转而去利用那些以前认为没有用的物种。结果，近几十年来，无论是鱼类还是木材，有商业价值的物种急剧增加。

很多经济学家认为，由于物种之间可以相互替代，因而潜在的收获量是无限的。然而，如果一种鱼类的灭绝是捕捞的船只太多，那么任何新发现的鱼群也会有足够的渔船捕捞完。实际上我们已经捕捞完了繁殖速度很快的鱼类(如鳕鱼)，从而现在开始捕捞别的鱼种，如桔刺鲷，这种鱼大约需要30年时间才能达到性成熟。即使有充足的数据可以计算出可持续产量，但在此之前，这些鱼类很可能已经灭绝了❷。

尽管也有足够的理由考虑经济系统中输入的原材料枯竭问题，但这与生态系统服务的枯竭和破坏相比显得有点微不足道。对生态系统结构单元的收割，特别是开发其中的可更新资源直接破坏了生态系统服务，而废物排放很少直接破坏生态系统服务。在贫穷的国家，森林面积正以每年$1.4\times10^5 km^2$的速度减少❸，如果世界贸易组织的林产品自由贸易行动按计划进行，那么毁林率将进一步增加❹。Ramsar湿地协议是保护湿地和其他资源的政府间框架条约，但是根据该条约应受保护的湿地中仍有84%受到严重的威胁❺。尽管我们对于海洋生态系统的了解要少于陆地生态系统，但认为健康的鱼群在海洋生态系统中没有发挥关键的作用，不理解它们提供生态系统服务的机制，这也是难以想象的。例如，我们知道牡蛎可以提供清洁港口的服务，也观察到在Chesapeake港这种服务正显著地减少。事实上，所有其他的生态系统都会因为其组成要素的破坏而面临同样的威胁。

废物吸收能力

至少从马尔萨斯时代开始，人类就开始担心资源的枯竭，但关注废物的过量累积问题

---

❶ FAO of the U.N. Focus: Fisheries and Food Security, 2000. Online: http://www.fao.org/focus/e/fisheries/challeng.htm.

❷ 例如，一项研究表明在捕捞不到10年的时间内桔刺鲷总生物储量减少了60%～70%。P.M. Smith, R.I.C. Francis, M. McVeigh. Loss of Genetic Diversity Due to Fishing Pressure. *Fisheries Research* 10: 309～316, 1991. 转引自M. Lee, and C. Safina, The Effects of Overfishing on Marine Biodiversity. A SeaWeb Background Article originally published in *Current: The Journal of Marine. Biology*, 1995. Online: http://web.tricountynet.net/～cgclark/marinebiodiversity.htm.

❸ World Resource Institute, People and Ecosystems: The Fraying Web of Life. Washington, D.C.: WRI, 2000.

❹ P. Golman, J. Scott et al. Our Forests at Risk: The World Trade Organization's Threat to Forest Protection. Earthjustice Legal Defense Fund, 1999.

❺ M. Moser, C. Prentice, S. Frazier. A Global Overview of Wetland Loss and Degradation Conference Proceedings, vol. 10. Online: http://www.ramsar.org/about_westland_loss.htm.

却是最近的事情。任何经济活动都会产生废物。由于人类严重地影响了当地和全球生态系统的废物吸收能力,因此我们需要遭受两方面的磨难。首先,有毒物质的积累会对人类造成直接负面影响;第二,有害物质破坏了生态系统,使我们依赖的生态系统服务功能出现退化。越来越多的证据表明,我们正在彻底破坏地球对几类废物的吸收能力。

目前最广为人知的废物分类是 CO_2 的排放。尽管生态系统对 CO_2 有着很强的吸收能力,但有确凿证据表明大气中的 CO_2 正在迅速增加,而且科学界一致认为这将导致全球气候变化。国际社会对这一问题严重性的认同促进了国际间的讨论。然而,就在本书写作之时,世界最大的温室气体排放国却拒绝履行 CO_2 减排的国际协议。即使美国履行京都议定书,该协议的减排计划也不能把 CO_2 的排放量减少到环境吸收能力的范围内❶。如果人类的行为没有大的改变,全球变暖将对全球生态系统产生巨大影响。现实情况确实是这样,由于很多生态系统是处于人类海洋中的孤岛,岛上的物种因无法适应条件的变化而离开孤岛。

使用矿产资源产生的废物的危害一点也不比全球变暖的危害小。重金属对人类有剧毒。因为这些金属是基本元素,本身没有废物吸收能力;一旦进入环境或蓄水层,就将永久地存在。这些元素可以被自然界稀释或使之远离生命系统;人类将它们开采出来,提纯使用,并以危险的高浓度排入环境。许多金属元素可以在生物体内积累,一吸收就无法排出,所以捕食者保留了被捕食者体内所有的金属元素。许多鱼的体内都含有高浓度的水银和其他金属元素,人类食用这些鱼类可能会造成生育缺陷或其他更严重的后果,更不要说对其他物种的影响。

核废物也是元素,但它比其他重金属毒性更大。核废物可以分解,但不能在人类时间尺度内完成。钚是已知的毒性最大的物质之一,其半衰期为 24 300 年。要对人类无害至少要经过 10 倍半衰期的时间——差不多是人类文明存在时间的 50 倍。

卤化烃是另一类危害特别大的人造矿物废物。氟氯烃的危害已经众所周知,现在它已经被禁用。然而,其他破坏臭氧的卤化烃仍然在生产。臭氧层仍在继续变薄,估计要到 2050 年才开始逐渐恢复❷。臭氧的破坏不仅威胁着人类的健康,同样也危害地球上的动物与植物。南极臭氧空洞对南部海洋浮游植物生长构成了严重的威胁。浮游植物除了在海洋食物链底层具有重要的作用外,在吸收 CO_2 方面也有重要的作用,它的减少可能是全球变暖的一个原因❸。

其他的卤化烃被归类为永久性有机污染物(POPs)。目前国际社会正在呼吁停止使用那些危害最大的 POPs。现在地球上任何一个生态系统中都有这些化学物质。在这些污染物的负面影响中,有一些类似于激素,能影响许多生物的繁殖能力。正如它们的名字所表示的,即使被禁用,POPs 在未来许多年中都将存在于环境中。同时,工厂里不断地制造出新的化学品,每年超过 1 000 种,其中很多化学品的结构与最有毒的化学物质的结

❶ R. Watson et al., (2001) Climate Change 2001: Synthesis Report. Summary for Policy Makers. Intergovernmental Panel on Climate Change. Online: http://www.ipcc.ch/.

❷ U.S. Environmental Protection Agency, Questions and Answers on Ozone Depletion. Online: http://www.epa.gov/docs/ ozone/science/q_a.html.

❸ R. C. Smith, B. B. Prezelin, K. S. Baker, R. R. Bidigare, N. P. Boucher, T. Coey. D. Karentz, S. Maclntyre, H. A. Matlick, D. Menzies, M. Ondrusek, Z. Wan, and K. J. Waters. Ozone Depletion: Ultraviolet Radiation and Phytoplankton Biology in Antarctic Waters, *Science* 255: 952～959(1992).

构非常相似，而意识到这些化学物质的负面影响通常需要数年甚至数十年。在实验室里可以对于某一种化学物质的危害进行仔细研究。而在实验室外，生态系统和人类同时受数千种化学物质的影响❶。

在某些地区，污染已经非常严重并危及到了人类健康、生态系统功能和大尺度气候模式。例如，最近的一项研究表明，南亚上空一个 3 000 m 厚的污染层使到达地球表面的太阳能减少了 15%，然而也阻止了通过污染层能量的热散失。污染物云层除了引起无数物种的过早死亡外，可能还会增加某些地区的季风性洪灾，同时使其他地区的降雨量减少 40%❷。

总而言之，地球变“满”的速度似乎比全球资源枯竭的速度还要快。实际上这是很容易理解的，地球可供任何人自由使用，也就是地球是竞争的和非排他的。相反资源经常是竞争性和排他性的，受产权约束，不是私人就是公共拥有和管理。

通过粗略评价人类经济依赖的资源，可以发现我们正处于一个“满”的世界，经济规模不断扩大会导致无法接受的成本。尽管人们过去担心的是资源枯竭，即“源”的问题，但事实上，限制经济增长最关键的是环境的废物吸收能力，也就是“汇”的问题。

本章知识点

- 指数增长
- 翻番时间
- 世界“满”的测度
- 源与汇的限制
- Hubbert 曲线

❶ A. P. McGinn, Why Poison Ourselves? A Precautionary Approach to Synthetic Chemicals. World Watch Paper 153. Washington, D. C.: World Watch, 2000.

❷ P. Bagia, Browm Haze Looms Over South Asia. Science 13(2002).

第二部分总结

第二部分从物理学和生态学两方面分析了所有经济活动都必需的稀缺性资源。经济系统与其他系统一样，服从热力学定律。即物质不能凭空创造，也不能被消灭，经济生产必须消耗自然资源并产生废物。在这个有限的星球上，经济增长(包括人口增长)最终将停止。问题的关键在于，这种情况发生的时间是在不久的将来，还是在遥远的未来。前面的结论指出，人类确实正在接近"满"的世界，这也验证了生态经济学家对经济规模的担忧。最终稀缺的是低熵的物质一能量，不同形式的低熵有着本质不同的特性。在本书第三部分将看到这些特性如何影响分配过程。

第三部分将从关注整体转为关注部分，从自然地球生态系统转到人类控制的子系统，从物理学和生物学概念转到社会科学概念，特别是经济学。但是即使关注供求、价格、国家收入、投资率和贸易，也不能忘记这些经济活动都发生在一个越来越"满"的世界上，整个系统是在热力学和光合作用的支配之下，而不是在价格和 GDP 的控制之下。

第三部分

微观经济学

第八章　基本市场方程

众多独立的公司和家庭做出的分散决策，在市场中是如何通过供需决定的价格进行交流、协调、并最终达成一致的？微观经济学的目的就是理解这些问题。没有中央计划，市场也可以形成自发的秩序，这好像不可思议，下面的类比将澄清这个问题。没人设计语言，但语言是井然有序的。尽管语言能力是我们的部分遗传基因特征，但实际的语言是通过使用自发形成的一种有序结构。因此可以对一种语言的逻辑结构和语法进行分析，但这仅是描述而不是设计一种语言。即使是世界语这种设计出来的语言，也大量借用了西班牙语——一种在自然状态下自发演化形成的语言，而且说世界语的人也很少。与语言一样，市场也是一种交流系统，尽管它能够交流的东西非常有限。市场虽然是在自发和无计划状态下发展起来的，但它也有可供分析的"语法"和逻辑。市场起的作用不仅是交流——还有配置。

市场的"语法"规则是什么？市场在交流什么？怎样的市场配置是有效的？为什么？结果是公平的或可持续的吗？这些都是微观经济学的问题。本章在不损细节的情况下，不借助于微积分或比方程和比例更复杂的数学方法，来逐步阐明基本的答案、重要的思想和结论。要做到这点，需要 5 个定义和 3 个原则。基于这些定义和原则，我们将推导出"基本市场方程"，然后具体地解释其意义。在了解这些概念和原则如何形成价格理论的主要结论之前，需要耐心地看完前面几页的内容。有了主要的结论和大体的框架后，将阐明基本的供给和需求是如何从这个框架中推导出来的，及单个市场上控制供给和需求的最基本的"语法规则"。接着为了解供给和需求的深层原理讨论了生产函数（供给基础）和效用函数（需求基础）。最后阐明了生产函数和效用函数的生态经济含义。

方程的组分

从需要的 5 个概念的定义开始：

1. $MUxn$：商品 x 给消费者 n 带来的边际效用。边际效用指在保持其他商品消费量不变的情况下，每增加单位某种商品的消费所得到的额外满足程度。如果 x 是比萨饼，你是消费者，$MUxn$ 就是你再消费一个比萨饼得到的效用。

2. Px：商品 x 的市场价格（x, y 表示商品）。一份比萨饼的市场价格是多少，2.50 美元？

3. Pa：要素 a 的市场价格（a, b 表示要素）。制作比萨饼需要投入哪些生产要素？炊具和炉灶是资本（资本一服务），厨师是劳动力（资本一服务），面粉、番茄和奶酪是原料——通过耕作由自然资本产生的存量一流量资源。厨师用烤箱将原料转化为比萨饼。

4. $MPPax$：要素 a 用于生产商品 x 时的边际实物产量。边际实物产量是在其他要素投入不变时，增加投入单位某种要素引起的产出增量。比如增加一个厨师每晚能多生产

20 个比萨饼，那么该厨师 8 小时劳动的边际实物产量就是 20 个比萨饼。

5. 竞争性市场。**竞争性市场**是指这样的市场：同质商品有大量小规模的买者和卖者。“大量”意味着“足够多以至于没有单个买者或卖者能影响市场价格”，换句话说，任何人都是价格的接受者，而不是价格的制定者。每个人都根据价格调整自己的计划，没有人有能力调整价格来适应自己的计划。这里，价格被视为参数（给定的条件）而不是变量（个人可以改变的事情），有时称这种情况为价格的参数功能❶。

以下是三个原则：

边际效用递减规律。随着某人持续不断地消费某种商品，他从消费商品中得到的额外满足程度会不断地降低，也就是说，总的满足程度以递减的速率增加。空腹吃的第 1 个比萨饼能有非常大的边际效用，相比之下第 5 个比萨饼的边际效用就非常小。一般情况下这个规律正确吗？可以用反证法来论证，即先做出相反的假设，并证明这种假设会产生谬误。假设边际效用递增或不变——第 5 个比萨饼的效用等于或大于第 1 个比萨饼的效用，会得出什么结论呢？消费者首先会购买单位美元边际效用最高的商品。在边际效用不变或递增的情况下，购买的第 2 个单位商品带来的满足程度与第 1 个单位商品相同或更大，其他情况可依次类推。在边际效用不变或递增规律的作用下，消费者仅在 1 种商品上就会花费所有的收入。这显然是荒谬的，从而间接地证明了边际效用递减规律的合理性。

边际实物产量递减规律。保持其他生产要素的投入不变，随生产者向生产过程连续增加投入某种可变要素，则单位可变要素投入的额外产出会逐渐下降，也就是说，总产量以递减的速率增加。这有时候称为报酬递减规律。同样可以用反证法证明这个规律的合理性。假设边际实物产量递增。在 10 英亩小麦地上，如果每增加单位劳动力的边际产量都大于先前单位劳动力的边际产量，那么在这块土地上就会不断地增加劳动力，结果是这块土地上雇佣了所有的农业劳动力。一个花盆里就可以生产出全世界所需的小麦。这个结论显然是荒谬的，从而间接地证明了边际实物产量递减规律的合理性❷。

等边际最大化原则。早期被称为“何时停止”规则❸。消费者何时会停止在各商品间再分配自己的收入？答案是当他找到一种最大化自己的总满意程度或总效用的配置方式时。当花在各种商品上的 1 美元产生的边际效用相等时就达到这种最优状态。相反，同样假设——如果花费的 1 美元在商品 a 上产生的边际效用比商品 b 上的大，那么将消费商品 b 的 1 美元用来消费商品 a 就可以增加消费者的总效用。在边际效用相等时，对支出重新分配不能增加总效用。此外，边际效用递减规律保证支出的再分配总是逼近最优

---

❶ 见 O. Lange. On the Economic Theory of Socialism. *Review of Economic Studies*. 该文对市场价格和参数作用做了极好的阐述。

❷ 不要将边际产出递减规律同规模经济或规模不经济相混淆。所有生产要素的投入增加 1%，而产出的增加大于 1%时，规模经济发生。这与边际实物产量递减规律并不矛盾。在规模经济下，我们不可能在一个花盆里生产全世界所需的小麦，但可以在一个很大的农场里生产。现实中，经济超过一定的限制范围就可能产生规模不经济。在恰好超过生产的限制时增加单位生产要素 a，其边际产量可能比开始的单位 a 的边际产量要高。例如，四个木匠修建一座房屋的速度要远大于 1 个木匠修建速度的 4 倍，因为一个人无法砌起一面高墙或搭起一个支架；但是若用 16 个木匠，其速度却不可能超过 4 个木匠的 4 倍。

❸ 在经济学中的这一基本规律有个很严重的局限性。这个规律说明，通向山顶的路，每一步都应该是向上的。而当你不能再向上，你的每一步都使你向下时，说明你就已经到达山顶，也就是最高点了。你是否这样认为呢？如果在半山腰上存在一个山谷的话，你就可能误将局部最优当作全局最优。边际效用递减规律和边际报酬递减规律是保证了半山腰不存在山谷的时的思考，这个重要的告诫也要时刻铭记。

方案——购买更多的 a 会降低 a 的边际效用，b 的购买量减少会增加 b 的边际效用，从而使它们的边际效用趋于相等❶。

在一个只有鞋子和比萨饼的简单经济中，怎样花你的钱呢？如果在比萨饼上花 1 美元比在鞋子上能带来更大的满足，你就会购买比萨饼，反之亦然。满足程度最大化要求花在比萨饼上与鞋子上的最后 1 美元能带来同样的满足。

上面的原理同样适用于生产者，他们可以通过选择使各要素边际产量相等的要素组合来最大化产出。如果各要素的 MPP 不相等，那么可以通过较少的投入来获得与当前相同的产出，这样可降低总成本，获取高利润。

从比萨店的角度思考，店主可以用 1 600 美元/月的工资雇用另外一个厨师，这个厨师每天可以生产 20 个比萨饼，每个月就能多带来 1 700 美元的净收入。如果店主每月花 1 600 美元租用更好的厨房，每天只能多生产 18 个比萨饼。只要新雇用的厨师生产的比萨饼能带来净利润，并且这个利润要比将相同数额的钱投资于厨房所得到的利润更大，店主就会不断地雇佣厨师，这样最终的利润要大于把相同数额的钱用于租用厨房得到的利润。但随厨师的增多，烤炉的数量会不足，而且厨师彼此相互影响，这会导致他们的边际产量下降。相反，厨师较多的情况下，厨房的边际产量会增加。如果投资于厨房的 1 美元带来的产出大于将其用于雇用另一个厨师带来的产出（并且额外生产的比萨饼的销售额可以补偿设备改进的成本），店主就会对厨房投资。当比萨店的利润最大时，投资于厨师与投资于厨房的最后 1 美元的利润相等❷。

现在假设一个鞋店搬来与比萨店比邻而居。该店的生意蒸蒸日上，店主估计新增一个工人每月能带来 1 800 美元的额外收入。由于这是一个小镇，所有的工人都被比萨店雇用了。但是同样多雇用一个工人，鞋店老板得到的利润高于比萨店的老板，所以鞋店老板能够支付更高的工资。于是比萨店的一个厨师开始转到鞋店工作（假设技能可以转换）。随着鞋店老板从比萨店雇走更多的厨师，鞋店的员工增多，人均生产量下降。比萨店的情况则相反，员工减少，人均生产量增加。从而比萨店的老板就能提高工资留住员工。只要鞋店新增一个工人所带来的利润比比萨店多，鞋店老板就会从比萨店雇走工人，但这种状况不可能永远持续下去，因为鞋店工人增多会引起生产力下降，而比萨店工人减少会引起生产力提高。最终，比萨店厨师与鞋店工人边际产量的货币利润会相等，这时候不会有人再提高工资来雇用更多的劳动力。因此，鞋店和比萨店劳动力的边际实物产量（用美元衡量）将会相等。这同样适用于所有产业中的所有生产要素。

下面展示基本市场方程，接着说明为什么它会保持相等，然后解释它的含义。基本市场方程如下：

$$MUxn/MUyn = Px/Py = MPPay/MPPax$$

❶ “何时停止”规则假定人们只关心自己的效用最大化，而不将资源配置到使别人幸福这一目的上去。它还假设人们所做的选择总是效用最大化的。主流经济学的理论认为理性的利己引导所有的配置决策，并且将这样做的人称为“经济人”。实证的研究和观察表明，现实中人们并不总是如经济学家们所定义的一样是“理性的”，他们有时候是无私的（帮助别人而不图回报）、报复性的（伤害别人，即使也伤害到自己），或者表现其他“非理性的”方式。虽然个人通过伤害或者帮助别人可能使自己的效用最大化，但把等边际最大化原则运用到这些行为中却不会使社会的产出最优。

❷ 当然，雇用厨师和改进厨房还有着本质的不同。厨师可以被雇用，也可以被解雇，可以工作较长的时间，也可以工作较短的时间，并且一般来讲，雇用厨师比建设厨房有更大的灵活性。改进厨房是一种比较固定的投资，很难以较少的资金进行。如果店主能对厨房和厨师以很小的单位进行投资，以上的分析讨论会更有意义。

首先,注意处在中间位置的相对价格。相对价格左边是相对期望状况,反映的是目标一手段谱(图 3.1)上面的部分或目标部分;相对价格右边是相对可能性状况,反映的是目标一手段谱下面的部分或方法部分。价格的中间作用就是使目标和手段平衡,即一种有效地为目标服务的分配手段。

为什么基本市场方程成立呢?方程左边的等式是成立的,它实际上是消费者的等边际效用分配原则的另一种表述。一般可以表示为:

$$MUxn/Px = MUyn/Py$$

消费者 n 花在比萨饼上和鞋子上的 1 美元的边际效用相等。想一想,然后回顾一下等边际最大化原则,就会发现如果第 1 个比率大于第 2 个比率,消费者 n 就可以通过多买比萨饼,少买鞋子来增加总效用。

与此类似,右边等式也成立,因为它表示的是生产者的等边际最大化原则——每种生产要素的价格等于其边际产品的价值。对所有使用生产要素 a 生产 x 的企业而言,下式成立:

$$Pa = Px(MPPax)$$

劳动力价格等于比萨饼的价格乘以新增单位劳动力生产的比萨饼数量(其他要素保持不变)。

想一想!

在现实生活中,在不增加比萨饼原料的情况下,更多的劳动力能够生产出更多的比萨饼吗?后面将讨论这个问题。

如果劳动力的边际成本大于他生产的比萨饼的价值,那么雇用较少的劳动力将使比萨店的老板获得更高的利润。

同样,对于所有使用要素 a(如劳动力)生产商品 y(如鞋子)的企业,下式成立:

$$Pa = Py(MPPay)$$

对于所有企业来说,Pa 都是相同的,通过等量变换可推出:

$$Px(MPPax) = Py(MPPay)$$

也就是比萨店一个厨师额外生产的比萨饼的价值等于鞋店的一个工人额外生产的鞋子的价值。

重新整理各项,得到基本市场方程右边的等式:

$$Px/Py = MPPay/MPPax$$

市场方程的含义是什么

> 基本市场方程为：
>
> $MUxn/MUyn=Px/Py=MPPay/MPax$。
>
> MU 是商品 x 或 y 对于消费者 n 的边际效用。MPP 是要素 a 生产商品 x 或 y 的边际实物产量。

首先注意，商品 x 和 y 代表任意组商品，a 是企业使用的任意生产要素，n 是任意个人。对所有商品以及生产要素、企业和消费者，基本市场方程都成立。可以展开方程左边的边际效用比率，经济中每个人(不仅是 n)一个比率。对每个人来说，从商品 x 和 y 中获得的边际效用比都等于商品 x 和 y 的价格比。这意味着所有人消费的 x 和 y 都相等吗？当然不是！人们有着不同的偏好，达到等边际效用点，不同的消费者必须消费不同数量的商品 x 和 y。如果每个消费者的边际效用比与商品价格比不相等，那么可以认为消费者没有实现效用最大化。

同样，可以展开右边的边际实物产量比，任何企业生产商品 x 和 y 时使用的生产要素(a、b、c 等)每种要素都有一个比率。这种边际产量比相等是否意味着所有的企业生产商品 x 和 y 时使用了同样数量的要素 a 或 b？不会，因为不同的企业有不同的生产过程。但是，如果 MPP 比不等于价格比，那么企业就没有实现利润最大化。

对其他的任意组商品(x 和 z、y 和 z 等)，可以写出类似的基本市场方程。因此，基本市场方程对所有的相对价格都成立。

这里需要强调 Px/Py 的重要作用，它使边际效用比和边际产量比相等，与同一个量相等的两个量必然互相相等，价格如同跷跷板的支点，平衡了相对可能性与相对期望，也就是平衡了手段和目标(图 8.1)。消费者愿意用一种商品来替代另一种商品的比率(心理上的替代率)等于他们通过市场交易能够替代的比率(市场替代率)，也等于生产者能够通过重新配置资源(技术替代率或技术转化率)生产某种商品而不是其他商品(将一种商品"转化"为另一种商品)的比率。

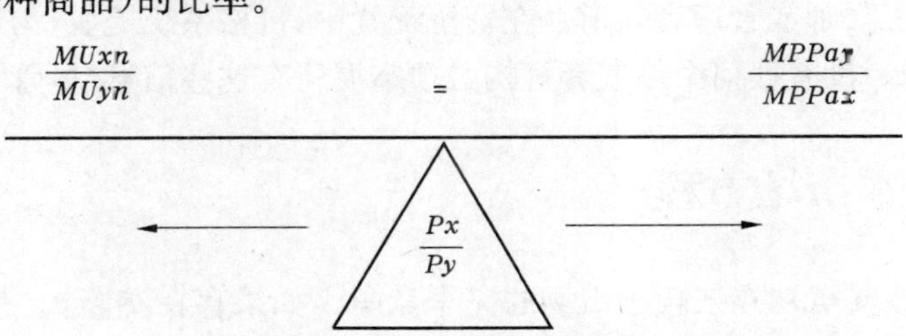

图 8.1　相对价格的参数或支点功能

作为跷跷板支点的相对价格使得边际效用比和边际产量比保持平衡或相等。但这种比率相等意味着什么？为了更好地理解，暂不考虑中间的价格比，仅考虑边际效用比和边际产量比间的等式：

$$MUxn/MUyn = MPPay/MPPax$$

调整可得：

$$MUxn \cdot MPPax = MUyn \cdot MPPay$$

这表明，对于消费者 n 来说，要素 a 用于生产商品 x 与 y 产生的边际效用相等[1]，具体而言，1 个厨师在 1 小时内生产的比萨饼与 1 个工人在 1 小时内生产的鞋子(假设工资相同)带给消费者 n 的边际效用相等。因为 n 是任意的消费者，x 和 y 是任意的商品，a 是任意的生产要素，这表明没有哪个消费者愿意在任何两种商品间重新配置任何要素。换句话说，**基本市场方程**定义了一种资源的最优配置，在其中没有人会在替代使用间重新配置要素，因为这样只会降低他的总满意程度；企业也不会在不同的使用间重新配置要素，因为这样会降低利润。

也许这如同一只大兔子戴着一顶小帽子！后面还会讨论这个问题，但现在先分析它的结果。竞争市场中的价格使资源得到有效配置，因为根据自己的判断，没有人能通过重新配置资源生产不同组合的商品来改善自己的状况。当然，个体 m 给个体 n 转移收入或财产可以改善个体 n 的状况。如果有更多的资源禀赋，那么所有人的状况都可以得到改善。但这里假定财富和收入的分配是给定的，资源禀赋也是给定的。资源的最优配置指经济学家所称的“帕累托最优”：在不使其他人的状况变得更糟的情况下，每个人的状况都得到了改善。

> 当没有其他的分配方式能在不恶化其他人状况的情况下，至少改善一个人的状况时，就达到了帕累托最优。也称为帕累托有效配置(参见第一章)，帕累托有效，或简称为有效。

这些条件使兔子收缩至与帽子相匹配的尺寸，然而缺乏中枢的协调，针对相对期望来平衡调整相对可能性，有效地针对目标来调整手段只是一个美好的骗局。因为通过重新配置资源将一种商品转化为另一种商品的技术可能性受个人判定该转化的心理期望所制衡。

关键在于这种结果是通过无计划的、分散的过程实现的。用 F. A. Hayek 的话来说，价格系统解决的问题是：“利用了任何人都没有的所有知识”[2]，心理替代率表示消费者愿意替代商品的比率，这只有消费者自己知道；而表示生产者替代或转化商品比率的技术替代率也只有生产工程师或管理者知道。在资源配置中，价格系统提取、沟通和使用这些片段的、零散的知识。没有任何个体或者机构必须掌握所有这些信息，尽管它们都被使用。

垄断与基本市场方程

价格的参数或支点功能依赖于市场的完全竞争。如果存在垄断，它就不能正常发挥作用。假设商品 x 的生产者是垄断者，而商品 y 仍在完全竞争的市场下生产。根据等边际最大化原则，垄断者和完全竞争的企业都将一直生产，直到**边际成本**(增加生产单位产品的额外开支)等于**边际收益**(增加出售单位产品的额外收入)[3]。对竞争性企业来说，其

---

[1] 对各标识符号做一回顾：$MUxn$ 是每单位商品 x 的边际效用，或 U/x；$MPPax$ 是每单位要素 a 所生产的商品 x，或者写为 x/a；产出的单位是 $U/x \times x/a = U/a$。它是每单位生产要素 a 被用做生产商品 x 时所带来的效用(消费者 n 所得到的效用)。换句话说，要素 a 被用来生产 x 和被用来生产 y 所得到的效用是相同的。

[2] F. Hayek. The Use of Knowledge in Society. *The American Economic Review*. 35(4)，520(1945).

[3] 以比萨店为例，只要雇用工人的边际成本(他们的工资，再加上他们所使用的额外原料的成本)小于雇用的工人所带来的边际收益(他们所生产的比萨饼的价格)。

边际收益等于产品的价格(价格是恒定的,增加出售单位产品 x 的额外收入为 Px)。但垄断者是唯一的商品供应者,它的产量影响价格。垄断者供应更多的商品就会使价格下跌。垄断者的边际收益并不等于商品的价格与其生产增量的乘积,而是等于新的较低的市场价格与额外售出的商品数量的乘积,减去价格的降低量与先前售出商品数量的乘积。对于垄断者来说,边际收益低于价格,即 $MRx<Px$,如果在基本市场方程的右边用 MRx 替代 Px,可以得到下式:

$$MUxn/MUyn = Px/Py > MRx/Py = MPPay/MPPax$$

因此

$$MUxn/MUyn > MPPay/MPPax$$

进而

$$MUxn \cdot MPPax > MUyn \cdot MPPay$$

这意味着要素 a 用于生产商品 x 比用于生产商品 y 产生的边际效用大。消费者 n 当然希望商品 y 中的部分要素 a 往 x 中配置,但对于垄断者而言,这无利可图。垄断者发现,将供应量控制在消费者期望的数量下带来的利润更多,而且可以避免降价前出售的那部分商品的收益损失过多。跷跷板的支点分离了,目标和手段之间的平衡被打破,无形的手失去了作用。

新古典经济学展示的竞争性市场可以实现资源的最优配置,这个非常有影响力的重要结论为他们赢得了满堂喝彩。生态经济学家没有站起来欢呼,只是因为传统经济学家有时忘记了结论背后的假设和限制条件。我们后面将要分析的几个限制性假设包括:独立于收入和财富分配的分析;所有物品都是市场商品(即竞争性的和排他性的);生产要素可以相互替代;外部成本和收益可以忽略;信息完备[1];市场都是竞争性的。

非价格调整

基本市场方程还有两个结果需要考虑:第一,关于价格以及非价格的调整,基本市场方程有什么含义;第二,基本市场方程是如何与供给和需求这个最基本的市场语法联系起来的。

在跷跷板示意图中(图 8.1),期望的状况(边际效用比)仅能通过替代,或通过消费者重新分配支出(不是从根本上改变偏好)而改变;与此类似,可能性的状况(MPP 比)只能通过替代要素(而不是从根本上变革技术)而改变。作为变化的支点,价格协调替代和重新分配,以使方程的两端达到平衡。但真正定义最优化的是等式的第一项和最后一项,价格仅扮演了一个调整和协调的角色。

如果相对价格是固定的,还能够实现平衡吗?如果跷跷板的支点位置固定,又如何实现平衡呢?直接调整两端的重量。通过广告改变人们的偏好,可以直接改变相对期望状况;通过技术革新,可以直接改变相对可能性状况。目前在广告和技术研发上花费了大量的金钱,这些努力可以看做是**非价格调整**。不管平衡是通过价格还是非价格机制调整实

[1] 信息完备要求买方和卖方都能够以可忽略的成本获得一种产品的信息,谈判中的双方,没有哪一方比另一方掌握更多的信息(也就是说,信息是可以用廉价的成本获取的和对称的)。

现的，方程两端的平衡都定义了一种帕累托最优。

存在许多的帕累托最优，每种收入的分配、每种技术集、每种欲望集或偏好集都对应一种不同的帕累托最优。但是，如果通过广告创造了欲望和改变了偏好，而且广告是产品的一项生产成本，那么生产就会是一种永远不能完结的工作。如果随同开发满足需要的产品又制造出了新的需要，那么就满足原有的需要来说我们并没有做什么。生产者取代消费者成为上帝，生产的道德，以及服务于这种生产的资源的帕累托优化配置，都会遭到破坏。

事实上，即使在价格调整的情况下，价格的参数功能也发挥着作用——每个人都接受给定的价格，并且调整自己的计划以适应价格，而不是为了自身的利益调整价格。即使个人视价格为给定的，市场价格也会因市场供给和需求状况的变化而改变。如果没有哪个人能够改变价格，为何现实世界中的价格一直在变化呢？如果价格是不断变化的，那么一定有些人，在某些地方是价格的制定者，而不是一个纯粹的价格接受者。经济理论家用两种方式解释了这个难题。一是假定有一个“拍卖者”为各种产品标价并改变其价格，拍卖市场确实是这样，但大多数市场并不是拍卖市场；二是市场不可能是100%完全竞争的，也不完全遵守价格的参数功能，或市场不是完全不能调整价格。如果价格不断变化，必然有人会有一定的市场影响力。无论是作为“拍卖者”的薪金，还是价格领导者的暂时垄断利润，一些真实资源就会用于价格调整。但要记住的一点是，除价格调整之外，还存在着非价格的市场调整，基本市场方程有助于分析这三种类型的调整：价格调整、心理调整以及技术调整。虽然它们是不同的调整方式，但都能实现帕累托最优。帕累托最优有许多，虽然市场能实现某些帕累托最优，但这并不足够。有些帕累托最优是天堂，有些却是地狱。对福利来说，重要的除了资源的高效配置——还有分配和规模问题。

供给与需求

供给和需求是如何与基本市场方程联系起来的？这一点非常重要，因为供给和需求是市场分析中最有用的工具。这里从需求开始。将基本市场方程的左边改写为下式：

$$MUxn/Px = MUyn/Py$$

假设商品 y 为货币，则 $MUyn$ 指货币的边际效用 $MUmn$，Py 指货币的价格（单位价格）Pm，即1美元的价格就是另外1美元。于是得到：

$$MUxn/Px = MUmn/Pm$$

或者

$$MUxn/Px = MUmn$$

或者

$$Px = MUxn/MUmn$$

这是消费者处于其需求曲线上的条件。要处于需求曲线上，消费者需要用货币替代商品 x 直至效用最大化——即1美元的边际效用等于价值1美元的商品 x 的效用。

根据关系式 $Px=MUxn/MUmn$ 以及边际效用递减规律，可以看出消费者对商品 x 的需求量与 x 的价格成反向运动。

如果消费者总是根据关系式 $Px=MUxn/MUmn$ 来最大化效用，并且边际效用递减规律成立，则 Px 与 x 的需求量(Qx)成反向变动(图 8.2)。假设方程左端 Px 降低，要重新实现平衡，方程右端也必须减小。消费者通过购买更多的商品 x 可以使方程右端减少。由于边际效用递减规律，更多的商品 x 意味着方程右端的分子 $MUxn$ 变小，这减少了方程右端的比值。同时消费者购买更多的商品 x 会减少自己持有的货币量，从而增加货币的边际效用，即方程右端的分母增大，这也使右端的比值减小。

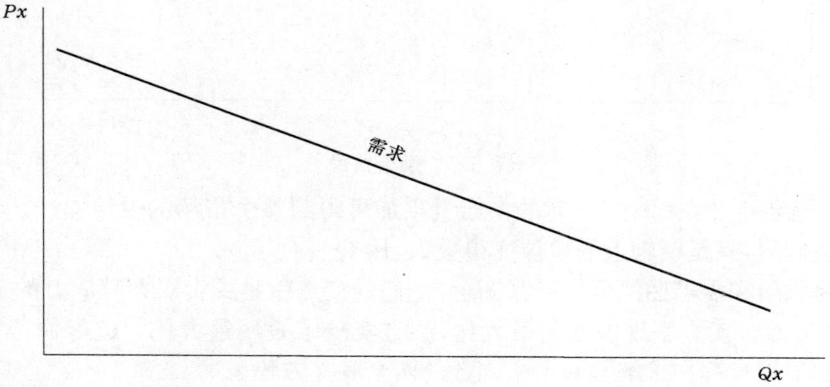

图 8.2　需求曲线

从单个消费者的需求曲线推导整个市场的需求曲线，只需要累加单个消费者的需求曲线，也就是说，在每种价格下，都累加每个消费者的需求量(q)。因此，市场的需求曲线与单个消费者一样，都是向下倾斜的。改变了的只是横轴的单位，用 Q 替代了 q。

现在转向供给，供给曲线上所有的点，都是在相应的价格水平下，生产者利润最大化时的供给量。这时，其中是生产 x 的边际成本❶。根据定义，是额外生产单位 x 的成本。额外生产单位 x 需要额外使用一些要素 a、b 或其他的要素。使用更多的要素 a 来生产商品 x 的边际成本——即用获取额外单位要素 a 的支出(Pa)除以额外单位要素 a 额外生产的商品 x，就可得到生产单位商品 x 的额外成本，或商品 x 的边际成本。要素 b 的情况可以类似计算。生产单位商品 x 最廉价的方式(使用更多的要素 a 或 b)就是在 x 的边际成本处生产。

想一想！

或许你能猜到，根据每种要素计算的 x 的边际成本会趋于相等，你能解释原因吗？

利润最大化的生产者要处于其供给曲线上，必须满足以下条件：

现在仅考虑 $Px=Pa/MPPax$，从中可知 Px 与供给量 Qx 之间是同向运动的(图 8.3)。假设 Px 增加，要保持等式平衡，$Pa/MPPax$ 必然要增加。要使 $Pa/MPPax$ 增加，生产者需要生产更多的商品 x。根据边际实物产量递减规律，$MPPax$ 会降低，因为

❶　记住，这里假设生产 x 的边际成本是不断增加的。只要边际成本小于该产品的价格，生产者就会继续投资生产。当生产的边际成本等于价格时，生产者就会停止生产。

它是等式右端比率的分母，从而该比率上升使之与增加了的 Px 再次相等。

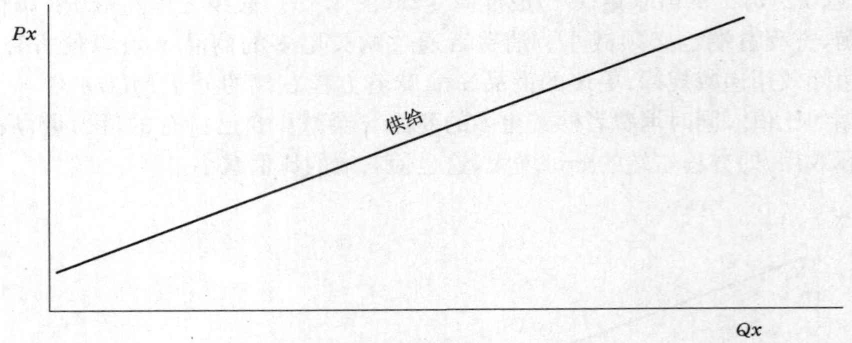

图 8.3 供给曲线

同样，将各企业在每个 Px 时的供给量累加可得到整个市场的供给曲线。该曲线仍然保持向上倾斜，只是横轴上的单位变得更大，用 Q 替代了 q。

如果将供给和需求曲线合在一张图上，他们的交点就是买卖双方都满意的 Px 和 Qx 组合(如图 8.4)。卖方实现了利润最大化，买方实现了效用最大化。这好像是市场采用反复试错的逼近过程在求解含两个未知数的两个联立方程。

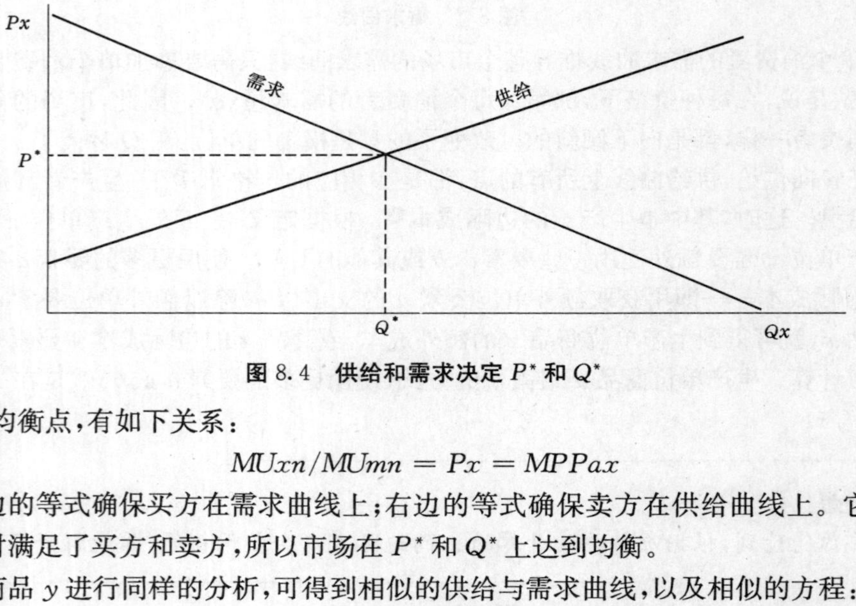

图 8.4 供给和需求决定 P^* 和 Q^*

在均衡点，有如下关系：

$$MUxn/MUmn = Px = MPPax$$

左边的等式确保买方在需求曲线上；右边的等式确保卖方在供给曲线上。它们的交叉点同时满足了买方和卖方，所以市场在 P^* 和 Q^* 上达到均衡。

对商品 y 进行同样的分析，可得到相似的供给与需求曲线，以及相似的方程：

$$MUyn/MUmn = Py = Pa/MPPay$$

将商品 x 和商品 y 的市场方程中的对应项相除，可约掉货币的边际效用以及要素 a 的价格项，从而再次得到了前面推导过的基本市场方程：

$$MUxn/MUyn = Px/Py = MPPay/MPPax$$

最后值得一提的是，基本市场方程表述的商品 x 和 y 的边际效用比与将要素 a 用于生产商品 x 和 y 的边际实物产量比是反比例关系。为什么是反比例关系呢？从经济学来看，它意味着什么？为什么不是正比例关系呢？实际上，这里展示的是商品 x 和 y 的边际效用比与边际成本比之间的正比例关系。价格实际上衡量的是边际效用比和边际成本比。但需要认识到商品 x 的真实边际成本，即单位商品 x 的机会成本，它实际上是获得额外的商品 x 所必须损失的商品 y 的数量。因此，$MPPay$ 就是将要素 a 用以生产商品 x 而不是商品 y 时，所放弃的商品 y 的数量。y 的损失量($MPPay$)就是商品 x 的边际机会成本(根据定义，最优替代方案的损失量(在本例中只有一种替代方案)就是机会成本)。因此，价格和边际机会成本间的正比例关系，同时也是价格和边际实物产量间的反比例关系。商品 x 的真实边际成本正是为了得到商品 x 而损失商品 y 的数量。

总结：本章推导了基本市场方程；说明了它为何成立，以及它如何导致资源的帕累托优化配置(在不使其他人的状况恶化的情况下(不重新分配收入或财富)，每个人都达到了能达到的最佳结果)；并介绍了如何从方程中推导出供给和需求。由于商品 x 和 y 表示任意两种商品，a 和 b 表示任意两种要素，n 表示任意消费者，因此对任何两种商品、任何两种要素以及任何消费者，这里的结论都成立。换句话说，这里避开了一般均衡模型的复杂性，但很好地洞悉了一般均衡的含义。

在分析消费者应对其购物篮中的商品进行多大程度的替代，以及生产者应对其生产过程中的要素进行多大程度的替代时，这里反复运用了等边际最大化原则。这一过程是以下列的假设为前提的：消费者认为商品可以相互替代；在企业的生产过程中，要素也可以相互替代。这有时称为**替代原理**。商品(或要素)之间并不总能替代，有时是互补的，这意味着增加其中一种使得另一种需要(有用)的更多，而不是更少。在以后的章节中，替代和互补关系将会扮演重要的角色。

本章知识点

- 基本市场方程
- 竞争性市场
- 边际效用递减规律
- 边际产量递减规律
- 等边际最大化原则
- 供给和需求
- 帕累托优化配置
- 价格的支点功能
- 垄断和分配不当
- 边际成本和边际收益
- 非价格调整

第九章　供给和需求

供给和需求是最重要的市场语法规则，值得在这里多费笔墨——了解供给和需求是怎样作为分析工具的，以及支撑供给和需求的生产和消费理论。供给和需求如此重要，以致一些爱开玩笑的人说，如果让鹦鹉不断地大声重复“供给和需求”，鹦鹉也能成为经济学家——不必担心语法规则。然而，在本章中你将看到，供给和需求涉及的许多内容远非一只天才的鹦鹉所能掌握的。幸运的是，对人类来说这并不难。

曲线的移动与沿曲线的移动

许多原因可以影响一种商品的需求量，经济学家将这些原因分为两类：商品的价格变化以及其他因素。价格变化对需求量的影响可用沿需求曲线的移动表示；而其他原因对需求量的影响可用需求曲线的移动表示。其他原因有哪些呢？最重要的是消费者的收入、偏好以及相关商品的价格。

如果消费者的收入增加，在各种可能的价格下，他对所有商品(包括商品 x)的购买都会增加。如果收入增加，消费者对商品 x 的需求曲线就会向右移动；反之，消费者的需求曲线将会向左移动。

商品可以是替代(火腿和熏肉)关系或互补(熏肉和鸡蛋)关系。如果熏肉的价格上涨，人们就会购买更多的火腿来替代熏肉，火腿的需求曲线就会向上移动；鸡蛋的价格上涨会减少鸡蛋的购买量，并减少鸡蛋和熏肉的消费量，从而火腿和熏肉的需求曲线都会向下移动。

偏好或信息的变化也会影响需求曲线的移动。如果人们担心胆固醇过高，无论价格如何，鸡蛋的购买量都会减少(需求曲线向下移动)。

总而言之：需求曲线表示的是 P 与 Q 之间的关系。给定 P 与 Q 的关系式，P 的变化会导致 Q 沿需求曲线变化，反之亦然。但 P 和 Q 之间的关系也会发生变化，表现为需求曲线的移动。需求曲线可能会改变形状和位置，但总是一条向下倾斜的曲线。

沿供给曲线的移动和供给曲线的移动有相似的规律。例如，更有效技术的发明、新矿藏的发现，都会使得供给曲线向右移动，从而在各种价格水平下的供给量都增加。

图 9.1 表示了供给与需求曲线的移动对均衡价格和产出的影响。对牛肉市场而言，对大肠杆菌感染的牛肉大规模撤市或关闭一些非法加工场会使牛肉的供给曲线从 S_1 移动至 S_2。价格将伴随着沿需求曲线 D_1 从 P_1 上升至 P_2，从而供给量从 Q_1 下降到 Q_2。撤市引起了对肉类加工业内部生产状况的调查，一系列的报告表明：拥挤的条件、迅速的加工以及不严格的监督等问题都会导致细菌感染频繁发生。这些结果又使牛肉的需求量从曲线移动 D_1 至 D_2。对此，供给者愿意供给的牛肉量将沿供给曲线 S_2 从 Q_2 降低到 Q_3，价格伴随着从 P_2 下降到 P_3。

暖和的冬天会使天然气的需求曲线向下移动，而电价的提高又会使天然气的需求曲

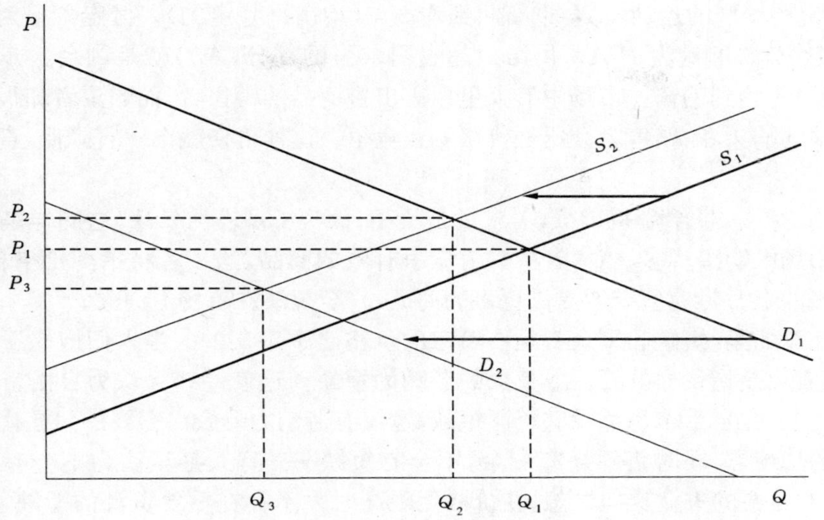

图 9.1　需求和供给曲线的移动

线向上移动,供给和需求分析不仅是要找出供给曲线和需求曲线的交叉点,还要了解曲线的具体位置。

均衡的 P 和 Q,短缺与剩余

供给与需求曲线的交叉点非常重要,因为它定义了买方和卖方都满意的均衡,而且如基本市场方程所示,资源在该均衡点实现了最优配置。

图 9.2 中,$P^* Q^*$ 是买方和卖方都满意的均衡价格(分别最大化了效用和利润)。称之为"均衡",是因为一旦达到这样的状况,所有人都得到了满足,不再存在变化的趋势。

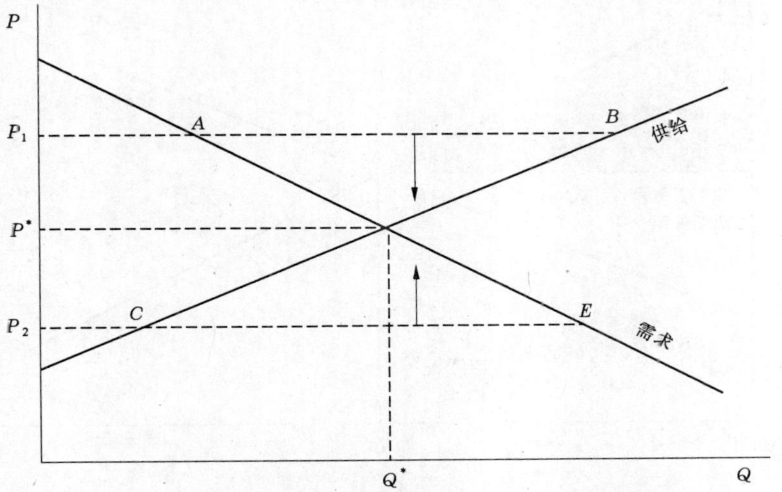

图 9.2　短缺、剩余和均衡

任何偏离均衡的运动,都会重新回到均衡点(均衡是稳定的)。假定价格为 P_1,这时供给量为 P_1B,需求量为 P_1A。供给量超过需求量的部分(AB)就是剩余。如果存在剩余,市场就没有达到均衡。市场中有大量急需出售商品的销售者,而购买者却很少。为吸引数量有限的购买者,销售者会压低价格相互竞争。这样价格就会一直降低,直至剩余消失。

在价格 P_2 下,供给量是 P_2C,需求量是 P_2E,距离 CE 表示短缺,这同样是一种非均衡状态。市场中购买者多,销售者少。为竞争有限的商品,购买者将抬高价格相互竞争。而商品价格的上升将使生产者提供更多的商品,直至短缺在市场上消失。

需要注意的是,短缺和剩余都是在给定的价格之下定义的。当人们抱怨石油或劳动力短缺时,实际是指便宜的石油或便宜的劳动力短缺。这使一些人认为自由市场可以解决所有的问题,在自由市场上没有资源短缺,也没有劳动力剩余。需要的只是让价格自由地找到它的均衡点,届时将不会有剩余,不会有短缺——有人甚至认为不会有资源的稀缺,不会有非自愿的失业！但试想,在价格无限高时才不存在重要资源的短缺,或在报酬低于生存线时才不存在劳动力剩余,这很难让人接受。市场确实是一种非常好的制度,但并不具备不可思议的魔力。

图 9.3 中,均衡价格是 OC,均衡状态下的供给与需求量是 CE。消费者购买单位商品 x(不仅是最后或边际单位)支付的价格是 OC。对第 1 个单位商品 x,消费者愿意支付的价格是 OA,第 2 个单位他愿意支付的价格稍低一点,第 3 个单位的商品也是如此,以次类推。在 CE 时的最后1单位商品 x,他仅愿意支付的价格为 OC。消费 OH 的商品 x,消费者愿意支付的最大数量是 $AEHO$,实际支付仅为 $OCEH$。二者的差额(三角形 ACE 所表示的区域)就是消费者剩余。它产生于边际效用递减规律。从所有低于均衡数量的商品中,消费者都获得了较高的边际效用,但支付的价格等于购买最后 1 单位商品时

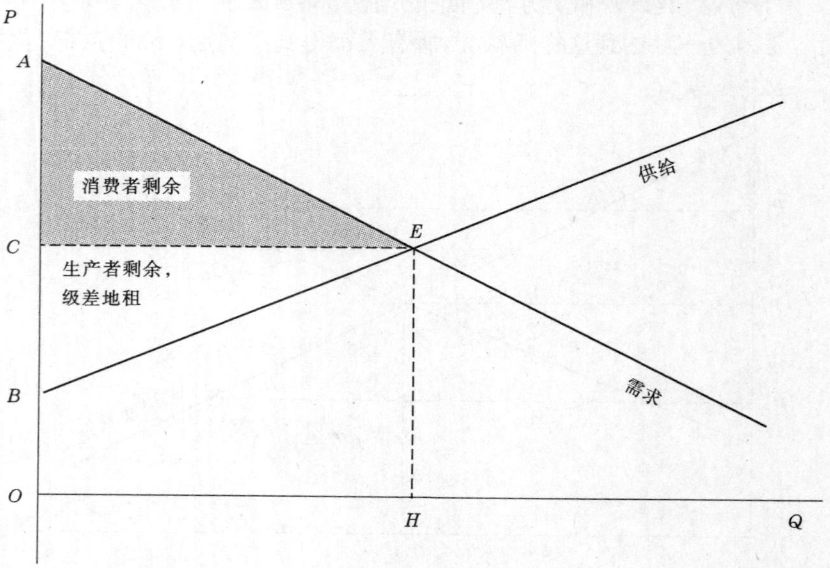

图 9.3　消费者剩余,级差租金

最低的边际效用。

必需品的消费者剩余非常大。例如，某人以等于水的边际效用（比如，用水清洗汽车）的价格买水，但他享受了之前用水带来的较高的边际效用，使他不至于渴死、不至于口渴，不至于无水洗浴等。许多环境物品和服务是必需品，具有巨大的甚至无限的消费者剩余。

生产者也获得有时候称为租金或级差地租的生产者剩余。实际中，生产者以生产最后单位产品的边际成本（OC）的价格出售 *CE* 段的所有商品。但对第 1 个单位产品，价格只要等于 *OB* 他就愿意出售，下 1 个单位产品他能接受的价格只比 *OB* 稍高一点，依次类推。多亏边际实物产量递减规律（边际成本递增规律），生产者才能将所有较低边际成本的产品以最高的（等于最后 1 单位产品的）边际成本价格出售。例如，煤炭的价格是能卖出的最贵的煤炭的边际成本，这是条件最差、储量最贫乏、最不容易开采的煤矿产煤的边际成本。但那些从容易开采的富矿中产的煤，也会以同样的高价（与条件最差的煤矿相同）出售，因而条件优越的煤矿赢得了剩余或租金。它是高于生产的**正常利润**的那部分。**正常利润**反映在供给曲线的成本上。正常利润定义为企业家投入到企业中的时间与金钱的机会成本——即从最佳替代选择中，企业家投入的时间和金钱所能获取的收益。在农业中，地租尤为重要。

> **地租（也称为级差地租，用在自然资源上又称为稀缺租金）与生产者剩余具有相同的含义，定义为超出和必须的最低供给价格的支付。**

经济学中将地租定义为超出必须的最低供给价格的支付。这个术语一般与土地有关，因为从生产土地的成本角度来说，使用土地的任何支付都超过了土地的最低供给价格。土地的生产成本是零，但这并不意味土地不稀缺，不需要对土地的使用征收任何费用。就如税务员所坦言的，这只意味着这类租金是不劳而获的收入。一个世纪前 Henry George 说过，从公平和经济效率的角度来看，对不劳而获的收入征税比对辛苦挣得的收入征税更为合理。生态经济学家继承并发扬了 Henry George 的思想，倡导生态税改革，即将税基从增加值转到附加价值的地方，即吞吐量上。倡导“对‘有害的事情’征税，不对‘有益的事情’征税”。“有害的事情”就是资源枯竭和环境污染（吞吐量）；而“有益的事情”就是劳动和资本的增加值。后面将更多地讨论这个问题。

需求和供给的弹性

需求量的变化对价格变化的敏感性如何？较大的价格变化是否仅引起很小的需求量变化？或很小的价格变化却引起很大的需求量变化？很明显，结果可能是这两种情况，也可能位于二者之间。**弹性**是一种度量需求量变化对价格变化的响应程度的指标。

需求价格弹性指需求量的变化率与价格的变化率之比。数学表达式如下：

$$ED = (\Delta q/q) \div (\Delta p/p)$$

供给价格弹性的定义与需求价格弹性的定义类似。

图 9.4 给出了需求价格弹性的两种极端情况，这有助于理解弹性的概念。左图中，价格微小的变动会引起需求量无限的变化。这种需求曲线反映的是纯粹的竞争者，纯粹的

价格接受者(他的生产对整个市场的供给来说微不足道,以至于对价格没有明显的影响)的情形。右图中,即使价格变动很大也不会引起需求量的变化,这类似于基本生活必需品(水、食物、基本的生态资本一服务等)供给短缺时的需求情况。在现实中,大多需求曲线既不是水平的也不是垂直的,而是介于两者之间斜率为负的曲线,需求曲线上不同位置的弹性不同。如果1%的价格变动导致需求量的变化超过1%,就称为需求富有弹性。如果1%的价格变动使需求量发生1%的变化,弹性就是1,也称为单位弹性。

一个关于弹性重要性的经典例子是农产品的需求。无论粮食价格多高,人们都要吃饭,无论价格多低,吃饱之后都不会多吃。通常,对食物的需求是缺乏弹性的(图9.5)。这意味着需求量极小的变化会导致价格(总利润)发生急剧的变化,因而农民的风险很大,这也是政府经常补贴农业的一个原因。

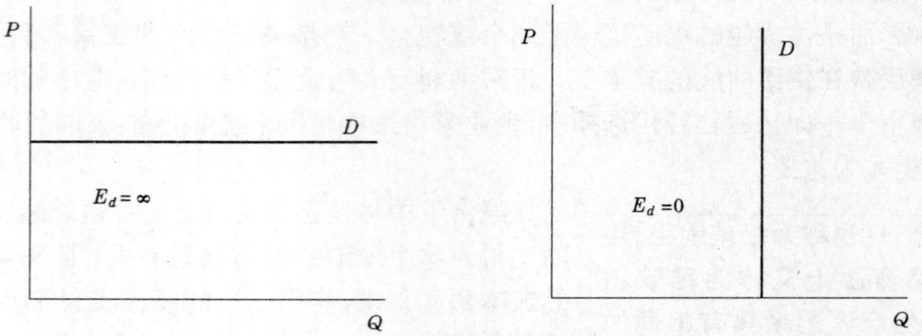

图 9.4　需求的价格弹性

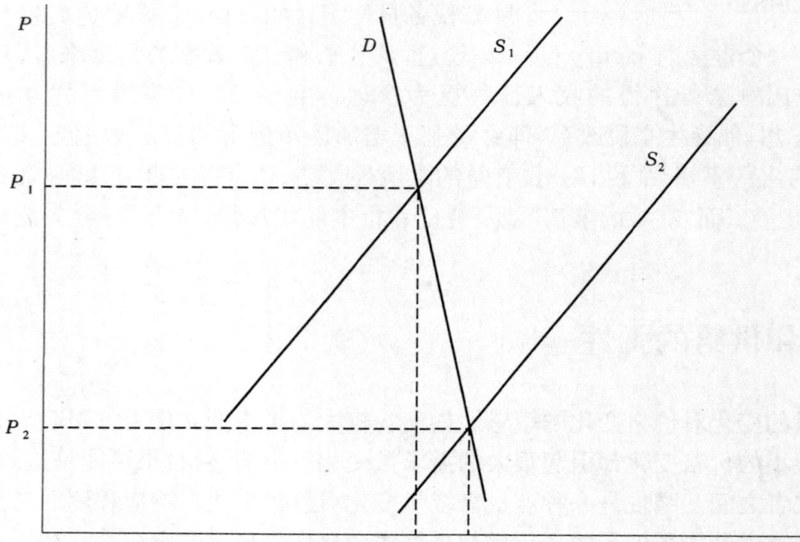

图 9.5　对农产品的需求缺乏弹性:供给量微小的变动会导致价格很大的变化

图9.5以粮食为例,说明了供给的变化对需求缺乏弹性的商品的均衡价格和需求量的影响。当产量为Q_1时价格为P_1,这时农民的总收入就是矩形面积$P_1(Q_1)$。来年的风

调雨顺使农业大丰收，于是粮食供给曲线上升到 S_2，但是需求量变化很小。尽管产量从 Q_1 增加到了 Q_2，但相比 $P_1(Q_1)$，农民的总收入 $P_2(Q_2)$ 却下降了很多。其原因是：在需求缺乏弹性的情况下，供给量很小的增加会引起价格暴跌（富有弹性的情况完全相反）。当需求缺乏弹性时，价格和总收入的变化方向相反；当需求富有弹性时，价格和总收入的变化方向相同❶。

想一想！

如果世界银行贷款给众多的发展中国家，让他们种植并出口粮食，结果会是怎样？

那么是什么因素决定需求是富有弹性的还是缺乏弹性的呢？主要是该商品是否是人类福利的必需品以及替代品的数量。如果很容易买到火腿，那熏肉的需求可能就会富有弹性。通常食物没有好的替代品，所以农产品的需求通常缺乏弹性。

分析所涉及的时间越长（X 轴上的 Q 是一个流量 Q/t），消费者就有更多的时间对其习惯做出调整，需求的弹性就会变大。时间的长短对供给弹性同样也有很大的影响❷。短时间内，如一天，一旦渔船携带一天的捕捞量返航，鱼的供给就是完全无弹性的。一周的供给会有一定的弹性，因为如果鱼的价格较高，渔民可以延长捕捞时间，或雇用更多船员来增加供给量。而时间超过一年，因为可以建造新的渔船，鱼的供给弹性会更大。但一旦达到渔业资源的极限，鱼的供给就会变成完全无弹性。大多微观经济学课本经常都忽视最后这一点，但在生态经济学中它却是至关重要的。

生产函数

生产函数是表示生产要素的投入如何转变为产出的关系式。基本上是一种生产商品或服务，或是将劳动力、资本和资源转化为商品或服务的技术处方。

$$Q = F(a, b, c\cdots)$$

如上式，总产出量 Q 就是投入（生产要素）a、b、c 的函数。以前讨过要素 a 的边际实物产量。根据上面的生产函数，指在要素 b、c 以及其他要素保持不变的情况下，在生产过程中额外增加单位要素 a 引起的产量 Q 的增量。如图 9.6 所示，生产函数服从边际产量递减规律。在图中，要素 a 的边际实物产量指要素 a 的变化引起的产量 Q 的变化（$\Delta Q/\Delta a$），即曲线的斜率。在图 9.6 中标出的两种情况中，Δa 都是相同的，但随着 a 的增大，对应的 ΔQ 变小。图中曲线的斜率会随着 a 的增加而减少，并最终变为零。对于要素 b 和 c，也可用相似的曲线描述。通过学习基本市场方程，我们已经了解了边际实物产量递减规律的重要性以及正确的论证。对 ΔQ 与 Δa 之间的关系也可以这样描述：就是看使 Q 的增量相同，额外需要投入 a 的量的变化。如此表述的话，ΔQ 与 Δa 之间的关系就成了边际成本递增规律。

❶ 它会对 GNP 产生影响（将在第十三章作重点介绍），如果农业生产下降，GNP 就会上升，如果水变得非常缺乏，GNP 就会急速上升。

❷ 当然，在现实生活中，人们很难对食物、水以及其他的生活必需品的需求做出调整。

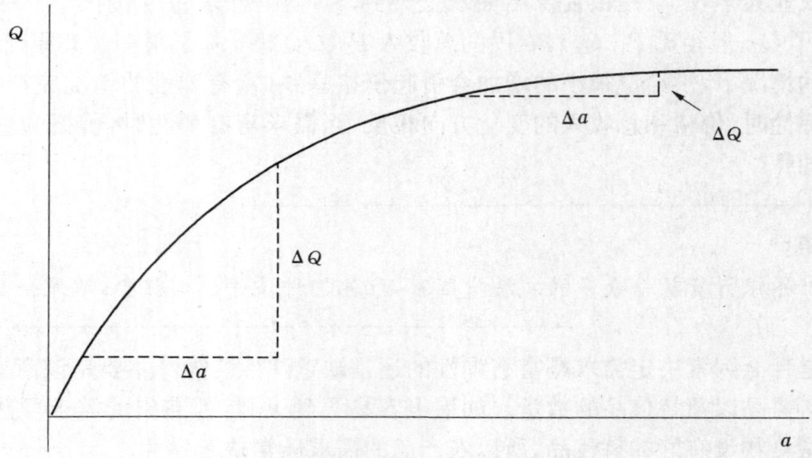

图 9.6　边际物理产出递减规律

隐藏在这条曲线背后的假设是，要素 a 可以替代要素 b、c 等——其他要素保持不变，但这是一种不完全替代。随 Q 的增加，用单位要素 a 能替代的其他要素越来越少。要素 a 与其他保持恒定的要素之间的替代性越小，$MPPa$ 就越接近零；如果 a 与其他保持恒定的要素是完全互补品，那么一开始 $MPPa$ 就为零❶。生产函数同时展现了生产要素间的**替代性**和**互补性**，但传统经济学更关注替代性，而生态经济更强调互补性。这是为什么呢？

这也许是因为生态经济学家对生产函数有不同的理解，对生产过程中不同的要素赋予了不同性质的角色。比如，新古典经济学家视所有的投入等同——劳动、资本和资源，但生态经济学家坚持认为各生产要素性质不同。劳动和资本是转换的媒介，是将资源流转化为产出流的**资本**，它们自身并不以物质的形式进入到产品中去。劳动和资本是转化的媒介（效率原因），而资源是转化的内容（物质原因）。新古典经济学的生产函数忽视了效率原因和物质原因的差异，将它们视为等同。生态经济学家强调这种差别。很明显，通常各**物质原因**（资源）之间、各**效率原因**（劳动、资本）之间是可以相互替代的，但效率原因和物质原因之间，即转化媒介和被转化的物质之间，主要是一种互补关系。生态经济学家强调这种互补关系，然而新古典经济学家却完全忽视了这种关系。

生态经济学生产函数中嵌入了**资本**－流量的区别：

$$Q = F(N, K, L; r)$$

K 和 L 表示资本和劳动**资本**，r 表示自然资源流量。**资本**与流量之间基本上是一种互补关系。替代在同类型资源之间发生，不同类型资源之间通常不能替代。N 表示的是自然资本，它既可以以提供资源流量的存量形式存在（提供木材的森林），也可以以**资本**（如提供流域保护和野生动物栖息等服务的森林）的形式存在。由于 r 已经捕获了提供资 源流量的存量功能，所以这里 N 只代表提供促进 r 转化为 Q 的间接服务（**资本**功能），与 K 和 L 提供直接服务一样。例如，灌溉农业中利用的森林植被涵养水源、重新补充蓄

❶　生产要素的替代与互补的关系同样也适用于消费者所使用的商品。

水层的功能与灌溉管道和喷灌装置**资本**给农业提供的**资本**一服务一样。

在许多新古典经济学教科书中，生产函数的形式如下：

$$Q = F(K, L)$$

显然这里完全忽略了自然资源！产出流被视为两种不能用尽的**资本**(或存量)的函数。

那些不会用尽的资源存量(或**资本**)自身能否产生产出流？经济学家的第一反应就是肯定可以。比如银行里的存款自身可以产生利息(本金不会减少，利息流可以一直产生)。事实的确如此，但这只是金融上的规矩，而不是实物生产过程的。牛以可持续产出的方式繁殖牛仔情况又怎样呢，难道这不是实物存量产生实物流量吗？不，这是一个存量(牲畜)将投入的流量(草、谷物)**转化**为产出流(新的牛群，废弃物)的过程。草和谷物等资源的流入转化为新的牛仔(并取代自然死亡，或"衰老"的牲畜)以及废弃物。对"生产"的正确描述是：在资本和劳动存量(**资本**)发挥转化媒介功能的作用下，将资源的投入流转化为产出流的过程。这不仅对农业中活着的转换者(动植物)适用，而且对在工厂中每个生产阶段都能观察到转换的工业生产来说，其适用性更明显。

为什么新古典经济学会把如此基本的原理排除在外呢？为什么它开始就选择了忽视自然资源，将其排除在理论分析之外呢？这大概是"拜金主义"作怪的缘故，银行里的货币——财富的表示符号和度量方法——就是真实的财富❶。

生产函数就如同一本食谱，食谱中介绍的烹饪方法总是从配料开始，只有厨师的劳动和厨房设备绝不能做出美味的食物。现实的食谱先给出食物的配料，然后才是如何将这些配料转化为产品的说明。厨师和厨房绝不会以物质的形式转化为餐桌上的食物！它们是转化者，而不是被转化的物质。

基于后面这种思考，一些新古典经济学家将 r 纳入到他们的生产函数中，但采用的形式并不能解决问题。大多数生产函数都是采用乘积的形式——也就是各要素之间的函数关系是一种乘法关系(如 Cobb－Douglass 生产函数❷)。这毕竟比把"生产要素"简单相乘就得到"产品"要自然得多。不幸地是，在现实的生产过程中没有符合这种乘法关系的。这只是一种转换形式。这种生产函数的数学形式意味着，从一开始就考虑了替代性，包括 r 与 K，r 和 L 之间的替代性(**资本**与流量之间的替代)。乘法形式的生产函数隐含这样的事实：即使一种生产要素无限小，只要其他要素足够多，也可以维持总产出不变。这里唯一的限制就是任何要素不能为零，但却可以接近零。按照这种逻辑，一个正在烤制 5 磅重的蛋糕的厨师，无需额外投入原料就可以使蛋糕增加到 1 000 磅，需要的只是更多的搅拌、更大的烤炉和烤制更长的时间。这完全忽视了热力学第一定律(物质和能量守恒)。

新古典经济学的研究模式中忽略了自然资源在生产中的必要作用，从而否认了自然资源在经济生活中所起的任何作用。新古典经济学家认为，价值仅指增加值——通过资本和劳动附加上去的价值。但这些价值附加在什么之上呢？新古典经济学的观点是，价

---

❶　文章的这部分将资源纳入到生产要素中进行讨论，在后面，会将生产函数写为仅有 K 和 L 两个变量的形式，而不再考虑资源。J. M. Perloffs, *Microeconomics*, 2nd ed., *Reading*, MA: Addison Wesley, 2000.

❷　Cobb－Douglass 生产函数(它最简单的形式：$Q=K^{\alpha}L^{\beta}$)表明产出等于资本(带有指数)与劳动(带有指数)的乘积，指数之和($\alpha+\beta$)为 1。它对我们的重要性仅仅是表明资本和劳动是相乘的，因而如果将 R(资源)作为第三个要素加入时，也会以相同的方式相乘。

值附加在自身没有价值的惰性原料上。生态经济学认为自然提供了价值附加的对象。正如第四章中所讨论的，自然绝不是惰性的原料，它是稀缺的低熵物质和能量。

此外，既然资源流与人造**资本**是互补的，那么当资源流比人造资本更稀缺时，它就会成为生产的限制性要素。目前现实世界中的情况确实就是这样，自然资源已经成为一种稀缺性资源。经济学逻辑告诉我们，短期内要使限制性要素的产出最大化；而长期要投资增加限制性要素的数量。经济学的逻辑并没有发生改变，发生变化的是稀缺的模式。随着经济从"空"的世界转向"满"的世界，由自然资本存量和**资本**产生的自然资源的流量和服务变成了限制性要素。捕鱼不再是受到渔船这种人造资本的限制，而是受限于海洋中鱼的存量（自然资本）以及为鱼提供生存环境的自然资本。人类需要有效地利用这些限制性要素，并对其进行投资。经济学的逻辑并没有发生改变，但限制性要素却发生了变化。

新古典经济学基本的生产理论，即使考虑自然资源，也无法从流量中区分**资本**或认识到它们之间的互补性。这使我们很难认识到这种变化。

效用函数

效用函数将效用或欲望满足程度与个人消费的商品流（商品和服务）联系起来：

$$U = F(x, y, z, \cdots)$$

简言之，我们的幸福取决于我们的消费（不是自由、创造力和社会关系等）。目前对效用函数的主要了解就是边际效用递减规律——保持其他消费品的消费量不变，增加消费某种消费品带来的额外满足程度不断减少——即总效用以递减的速率增加。

想一想！

你还能记得这个规律为什么是正确的吗？

图 9.7 简单地表示，在一段给定的时间内，随着 x 的消费量的增加，边际效用下降，尽管总效用增加（但越来越慢）。热天里的第 1 支冰激凌使人非常开心，但第 3 支就不会了。如果 x 与其他保持恒定的商品具有互补性，x 的边际效用会以更快的速度下降，或者从开始就为零。例如，没有 1 杯水的第三支冰激凌就不会使人很舒服，对大多数人来说仅有一只鞋子的边际效用为零。

新古典经济学的生产函数中仅包含了商品或服务变量。更完整地描述消费者得到的满足程度需要包括从自然资本中直接享受到的服务——即功能良好的大气系统提供的呼吸空气，功能良好的水循环提供的饮用水等。这里仍将自然资本表示为 N，用前面将转换**资本**（L 和 K）纳入到生产函数中相似的方式，将 N 纳入到效用函数中。从 N 中得到的直接服务尽管包括漂亮的景观带给我们的愉悦，但不仅仅是这些。还有提供的适合人类生存的环境，这些支持了人类的生命，从而支持了人类的消费和从消费品中得到满足。经过了数百万年的进化，人类才适应现在的环境。但是适应是相互的，如果我们适应环境，那么环境也适应我们，人类和环境两者中的任何一个发生变化都可能破坏这种适应

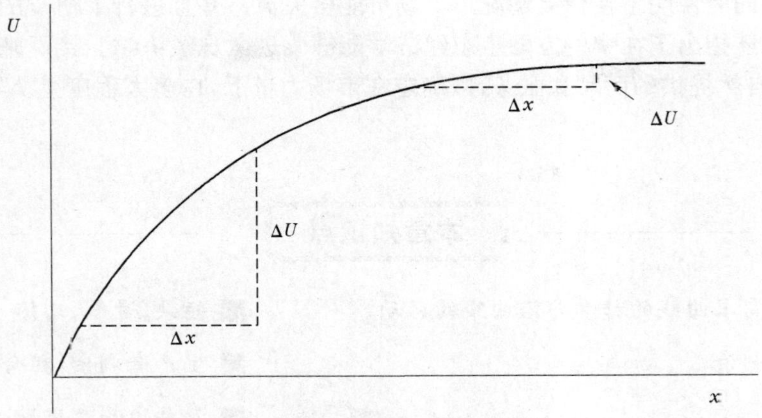

图 9.7　边际效用递减规律

关系[1]。环境的适应性表明 N 和人类,包括从人类延伸的人工制品[2],存在一定的互补性。

效用函数可重写为:

$$U = F(N; x, y, z, \cdots)$$

如果 x 是一双旅行靴,那么它的效用依赖于值得旅行的场所(N)。如果 y 是一个潜水面罩,它的效用依赖于暗礁和清澈的水(N)——更不用说前面提到的诸如呼吸的空气、饮用水以及潜水能过滤太阳光中的紫外线而使我们免患肿瘤。N 提供了一种补充性的服务,如果没有它,大部分消费品的效用都会大打折扣。

在 x 的消费量减少的情况下,消费者可以通过消费更多的 y 和 z 来保持相同的效用,因为它们在一定程度上是可替代的。但 N 与 x、y 和 z 之间是互补关系,增加消费 x、y 和 z 不可能补偿 N 的减少。事实上,随 N 的减少它们的效用也会降低。例如,如果没有满意的旅游地点,你可能不会很喜欢你的新旅行靴。

如果 N 不断下降,即使生产再多的 x、y 和 z,我们的福利也不会改善,而只会降低。通常假设 N 是过剩的,而 x、y 和 z 是稀缺的,但这只是"空"的世界的情况,而现在已经处在"满"的世界中。使用 N 产生的 r 正超出可持续的限制范围。因此,失去的不仅是存量意义上的 N,同时也会失去储备意义上 N 的服务。而这些服务与大多数消费品之间是一种互补关系,减少 N 意味着 x、y 和 z 效用的减少。

可能会有人说,对于富人来说,一般商品的边际效用较低,而 N 相对更重要一些,但是对穷人来说,商品的边际效用仍然要高过 N 的边际效用。某些情形下可能如此,世界银行这样的机构认为现实就是这样。但实际上不是这样,如果穷人呼吸有毒空气,忍受紫外线的灼烧,那么即使能买上食物对他们来说,其边际效用也会非常小。

微观经济学是一门大学科,本章的内容本身就可以扩展成一本书。这里没有试图涵盖所有的问题,而只是解释了市场的基本的语法规则,为什么市场是有效的;市场有效需

---

[1] 环境中适应破坏的变化可能是人类诱发的(如全球变暖),也有可能是自然界本身的变化引起的(如火山爆发或是地震)。H. J. Henderson, *The Fitness of the Environment*, Gloucester, MA: Smith, 1913.

[2] 汽车和自行车是我们腿的延伸,衣服是我们皮肤的延伸,电话是我们耳朵的延伸,电脑是我们大脑的延伸。

要什么条件(同时说明了在什么情况下市场可能会失灵);并且进行了初步的供给和需求分析。此外,还指出了在哪些方面生态经济学能够改进微观经济学。接下来将更直接地关注 N——自然提供的商品和服务,以确定在市场力量下,在多大程度上 N 能满足有效配置的准则。

本章知识点

- ■ 供给和需求曲线的移动与沿曲线的移动
- ■ 短缺,过剩,均衡
- ■ 消费者剩余
- ■ 生产者剩余,租金
- ■ 弹性
- ■ 互补性和替代性
- ■ 生产函数
- ■ 效用函数
- ■ 边际效用递减
- ■ 边际实物产量递减
- ■ 转化生产
- ■ 环境的适应
- ■ 自然资本在效用和生产函数中的作用

第十章 市场失灵

前面的章节已经介绍了市场如何通过价格机制利用人的自私，在各种可选择的目标间有效配置资源（手段）。但由于存在市场失灵，市场只能有效地分配少数几种商品。垄断是由于结构问题（缺乏竞争）而产生的一类市场失灵，关于垄断如何破坏市场有效配置资源的能力前面的章节已有介绍。另外，特定类型资源的内在特征，或缺少清晰界定产权的制度也可造成市场失灵。本章说明了一种资源要成为市场物品应该具有哪些特征，分析了当资源不具备这些特征时会出现什么情况，同时阐述了自然资本提供的物品和服务不会同时具备所有这些特征。

简明起见，本章将第八章描述的达到帕累托最优的各种条件概括为一个一般的等式："边际成本等于边际效益"，即 $MC=MB$。此外，还常用帕累托有效或有效指代帕累托最优。

市场物品的特征

排他性

第四章首先定义和讨论了**排他性**，考虑到这个概念的重要性，这里对其进行简要的回顾。那些能够具有排他性所有权的物品就是排他性物品，即个人或社团不仅可以使用该物品或服务，而且能阻止他人使用。实际上，排他性和产权具有相同的含义。如果一种物品或服务不具有排他性，它就不能在市场力量的作用下有效地分配或生产。原因非常明显，市场生产和分配的唯一目的就是获取利润，如果一种物品不具有排他性，那么无需得到生产者的同意，其他人都可以使用该物品。如果不论付不付费，人们都可以使用一种物品，那付费的可能性当然就很小。如果人们不愿为某种物品付费，那么生产这种物品就没有利润。在市场经济中，没有人会投资生产这种物品，至少不会在该物品的边际社会效益等于生产的边际成本时生产。

许多非排他性物品（如海洋中的鱼）是自然，而不是人类生产的。在这种情况下，"投资"只是让小鱼长成大鱼，或为保证将来的生产维持鱼群较大的存量。投资的"成本"就是机会成本——现在捕获这些鱼得到的收益。一个渔民将捕获的小鱼放回大海生长，但很可能是其他的渔民捕获了长大的鱼。在市场经济下，很少有人愿意投资别人获得收益的事情。

排他性是制度的产物。如果没有所有权制度的保护，没有哪种物品能真正具有排他性，除非拥有者具备强壮的体格保护自己的物品不受侵犯。因此，需要政府或非正式社会机构为没有能力保护自己财产的人签订一些社会协议，使他们的物品具有排他性。由此可见，排他性本身并不是资源的一种属性，而是控制资源获取的制度。对有形物品，如衣服、汽车以及房子等，比较容易建立制度使其具有排他性的产权，但对诸如信息等无形物品则需要复杂的制度。现代社会中，靠专利法保护知识产权非常普遍，但这类产权的执行仍然非常困难。比如说，你是否翻录过受版权保护的唱片或安装过盗版软件呢？

然而，许多物品和服务（如生态系统提供的资本一服务）本身所具有的物理特征，使得通过设计制度来使它们具有排他性几乎不可能。第六章曾提到，根本不可能设立可行的制度，使臭氧层、气候调节、水调节、授粉（通过自然授粉者）和其他许多生态系统服务的收益具有排他性的所有权。通常可以给生态系统**资本**（如森林）建立排他性的产权，但同时不可能给**资本**提供的服务（如区域的气候调节）建立产权。如果与森林一样，**资本**同时是能提供流量（比如木材）的存量，那么市场只能对资源的存量一流量收益进行配置。当物品或者服务不具有排他性的产权时，这种物品或服务就是非排他性的。

竞争性

要让市场有效地生产和分配，物品或服务必须具有的第 2 个特征就是**竞争性**。第四章中已经定义了竞争性的商品或服务，指某人使用的同时不能被其他人使用的物品或服务。竞争性可以是涉及数量的、质量的或空间的。如食物、衣服、汽车以及房子等都是竞争性物品。

非竞争性物品或服务指某人的使用对物品或服务不会有明显的质和量的影响，也不会影响其他人使用的物品或服务。人类生产的非竞争性物品有路灯、信息和宽敞的道路（尽管利用的人多会加速道路的损坏）等。自然生产的非竞争物品有气候的稳定、臭氧层、美丽的风景以及艳阳天等。

值得注意的是，所有的存量一流量资源在数量上都是竞争性的。某人吃了食物（存量），别人可吃的食物就减少了。与此不同的是，资本一服务资源可能是竞争性的，也可能是非竞争性的。当一种资本一服务资源具有竞争性时，在时间点上它具有空间上的竞争性；在时间段上它具有数量上的竞争性。如果某人穿了某件衣服，驾驶了某辆汽车，使用了某台制造汽车的机器，居住了某间房子（都是资本一服务），那么这些物品不可能同时被其他人使用。其他人随后使用时，它们已经更旧了。正如第四章中指出的，所有非竞争性资源都是资本一服务资源。

第九章讨论过，市场效率要求生产或使用商品或服务的边际社会成本恰好等于其边际收益。然而更多人使用非竞争性物品不会对社会造成额外的成本。通常市场是以一定的价格出售来配置非竞争性物品的。如果必须为使用商品付费，那么人们只会在商品的边际效益等于价格之前使用。对非竞争性物品而言，出售价格当然大于零，但额外使用的边际成本是零[1]。因此，市场不能有效地配置非竞争性物品，反之，只有竞争性物品才能被市场有效地配置。

非竞争性但可拥塞的资源

实际上有两种类型的非竞争性物品或服务。一种不受使用人数的影响，如臭氧层提

---

[1] 这并不是意味着免费提供非竞争性物品是有效的，后面还会讲到这一点。

供的紫外线保护服务。另一种如果使用的人太多，就会严重降低物品或服务的质量。比如，在空旷的道路上，如果只有一个人驾车行驶，这不会降低其他人使用这条道路的能力。但是，如果许多人同时在这条道路上行驶，就会造成交通堵塞，道路的流通能力急剧下降。这种物品就是具有非竞争性但可拥塞的物品，简称为可拥塞。注意**拥塞**是一个规模问题——随着规模的增加，世界变得更"满"，拥塞使非竞争性物品具有了一些竞争性物品的特征。

排他性、竞争性以及拥塞的相互作用

当物品或服务具有非竞争性、非排他性，或者两者兼备时，情况会怎样呢？答案很简单，就是靠市场力量无法提供和有效地配置这些物品和服务。然而，如果要得到能有效配置和生产非竞争和(或)非排他物品的政策和制度，需要的答案必须更明确一些。必须根据特定物品或服务的排他性、竞争性及拥塞的具体组合情况制定有效的政策。表10.1中列出了这些特性的可能组合情况，接下来对其作了详细的描述。

表10.1 排他性、竞争性以及拥塞性的市场相关性

	排他性	非排他性
竞争性	市场商品；食品、衣服、汽车、房子、污染管制下的废物吸收能力	开放式制度("公共地悲剧")，如海洋渔业、无保护森林的砍伐、空气污染、污染未受管制时的废物吸收能力
非竞争性	潜在的市场商品，但如果成为市场商品，人们的实际消费量小于应该消费的数量(边际收益仍大于边际成本)；如信息、有线电视和技术	纯公共产品，比如灯塔、路灯、国防和大多数生态系统服务
非竞争性但可拥塞	市场商品，如果价格随使用而波动会得到最有效地配置；如收费公路和滑雪景点	非市场商品，但是使用高峰期收费会提高效率；如非收费公路、公共海滩和国家公园

转引自 A. Randall,"The problem of Market Failure."in R. Dorfman and N. Dorfman, eds. Economics of the environment, 3rd ed. New York: Norton, 1993, pp. 144～161.

开放式制度

首先考察的是开放式资源——具有非排他性和竞争性的物品和服务。通常，对这类物品的使用会导致Garret Hardin所称的"公用地悲剧"❶。Hardin的经典例子讨论的是英格兰曾经非常普遍的公共牧场，这个例子讲述的是一个村庄有一片草地，社区中的任何人都可以在这片草地上放牧，社区共有100户家庭，在不过度放牧的情况下，这片草地可

❶ G. Hardin, The Tragedy of the Commons, *Science* 162: 1243～1248(1968).

以无限支撑 100 头牛。用第六章的术语表示就是，如果将牛视为这片草地的收获者，那么 100 头牛将会收获这片草地的最大可持续产量(见图 6.1)。如果有人再增加一头牛(没有制度阻止，这种情况极有可能发生)，结果是不仅草地的草要由更多的牛分享，而且草场的产出也会下降，从而每头牛都会比原来瘦一点。拥有两头牛的人将获得两头牛的收益，而所有牛都变瘦的成本却是由社区中的所有人分摊的，显然他有利可图。如果人人都这样思考，那么所有家庭都会增加牛的数量，直到草地生产力下降，再也不能提供以前具有的生物量。每个人看来理智的自私行为使公共地发生了退化。在这种情况下，理智的自私并没有创造出一只无形的手给大多数人带来最大的利益，反而创造出了一只无形的脚，在背后狠踢了公共利益一脚。

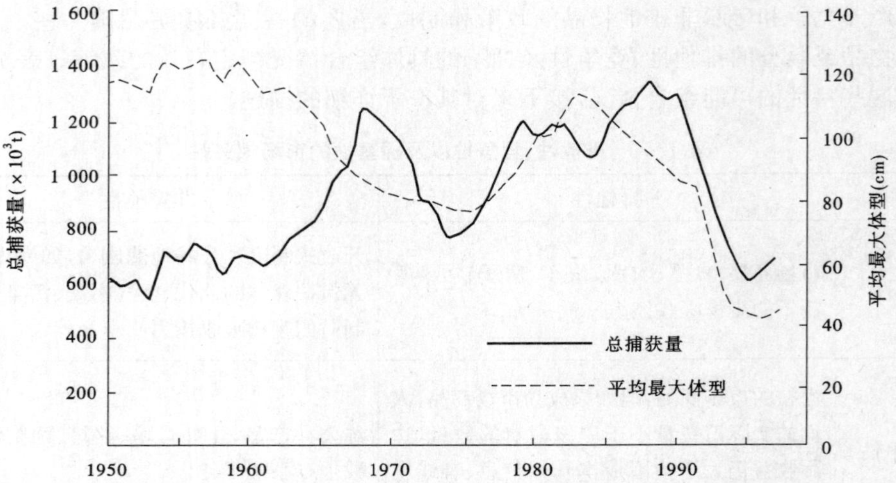

图 10-1　大西洋西北部加拿大海域，不同年份鱼的总捕获量和所捕获鱼的平均最大尺寸

(注意：从 20 世纪 90 年代早期开始鱼有变小的趋势)

(资料来源：FAO Statistics. Online：http://www. fishbase. org/manual/fishbasefao _ statisticsoooo2679. htm.)

极为重要的是，这里需要注意“公共地悲剧”存在用词不当的问题。公共财产是由整个社区，而不是个人控制着产权的财产。非本区社员是不能使用该资源的。通常社区都制定了制度阻止社区内的人过度开采利用资源，因而不存在“公共地悲剧”的问题。因此，更好的表述就是“开放式制度的悲剧”，或简称为“开放式问题”。

许多物品都表现出了开放式问题的特征。Hardin 最初的那篇经典文献描述了人口增长问题。在劳动力驱动的农业经济中，通常大家庭意味着更多的资产。但是，如果每个人都有一个大家庭，土地就必须在所有的孩子间分配，最终土地将变得稀缺而无法承载总人口。人们从土壤中获取营养物质的速度超过系统恢复的速度，可持续产量就会下降。海洋渔业是另一种受这种悲剧困扰的资源，大西洋鳕鱼就是一个典型的例子。

专栏 10.1　大西洋鳕鱼:开放式制度的悲剧

以前大西洋鳕鱼的可持续产量非常高,捕获成本非常低,但长期的过度捕捞使产量急剧减少[a]。现在可持续产量几乎为零[b],稀少的鳕鱼使捕捞成本变得非常昂贵。对鳕鱼以及其他许多商业物种来说,选择性捕捞的压力减小了它们成熟的年龄和尺寸。成熟的小雌鱼产的卵也更少更小,这也降低了鱼类种群重新恢复的能力[c]。如果所有渔民一起将总捕获量限制在可持续产量范围内,他们的整体状况会得到明显的改善。但在任何给定的年份,只要有利可图,任何条件好的渔民也会继续捕捞更多的鱼。缺少制度使捕获量可持续,如果一个渔民减少自己的捕获量,结果只能是别的渔民捕捞走他的减少量。

对可更新资源而言,减少某年的捕获量是对未来生产的被动投资。投资的成本就是现在没有捕捞的机会成本。正如在讨论排他性时所指出的,市场缺乏对非排他性物品或服务投资的激励因素。在大西洋鳕鱼的例子中,每个渔民理性的利己主义实际上彻底摧毁了鳕鱼的存量。世界上大部分鱼类的情况与此类似[d]。经济学家认为总会发现替代品来取代灭绝的物种。在世界范围内,渔民已经降低了捕捞鱼类的营养级(即低级的捕食者),尽管有这样的替代,许多地区的捕捞量仍急剧下降。

[a] L. Burke, Y. Kura, K. Kassem, C. Revenga, M. Spalding, and D. Mcallister, *Pilot Analysis of Global Ecosystems: Coastal Ecosystems. Washington D,C.;WRL*,2000.

[b] 事实上,北大西洋中的鳕鱼数量很有可能已经低于能生存的最小种群大小(临界退偿点),即使不增加捕捞量,也会逐渐减少。

[c] F. Saborido－Rey and S. Junquera, Spawning Biomass Variation in Atlantic Cod (Gadus morhua) in Flemish Cap in Relation to Changes in Growth and Maturation, *Journal of Northwest Atlantic Fishery Science* 25:83～90(1991).

[d] 如前所述,联合国估计全世界 15 个主要的渔场中有 11 个,主要商业鱼类中的 69%都在减少。总捕鱼量没有随之下降的唯一原因是:捕捞食物链中较低级别的鱼类替代了捕捞较高级别的鱼类 (Burke et al.,同前.)。

许多经济学家正确地指出,存在开放式问题主要是因为缺少可实施的产权(即排他性)。如果将前面例子中英国的那块公共地划分为 100 块生产力相等、具有排他性的私人草地,理性的个人就会在每小块土地上放养一头牛,因而可以避免悲剧发生。不幸的是,对许多与我们息息相关的资源,给予独立产权比制定规则更难。而且在稍后描述的其他案例中,产权也不会带来有效的结果❶。

现在仅关注在开放式资源中建立产权的困难。海洋渔业的分析提供了一个很好的切入点。大多数海域是国际水域,控制它的管理制度几乎没有或很少。有些条约限制了捕捞量,同时禁止运用某些捕捞技术以及限制捕捞某些鱼类。但国家可以选择是否签署这些条约,但即使是那些签署了条约的国家,也很少有保证执行的手段。如许多国家同意停止或减少捕捞许多鲸类,但挪威、日本以及冰岛等国并不总是遵守这些规定,但又缺乏手

❶ 然而,许多经济学家草率地认为确立产权就能解决大多数(如果不是全部)环境问题。

段强制它们遵守[1]。

现在各国都有200海里的专属区,在专属区内可以禁止他国渔船捕捞海产,而且必要时可以用武力保证这种排他性。专属区至少保证了在这些水域内对渔业进行管制的可能性,第二十章将讨论其有效的机理。然而鱼通常无视边界的存在,一旦鱼游出专属区范围,就人人都可以捕捞。此外,许多鱼类洄游于不同国家的专属区之间,如洄游于美国和加拿大海岸间的大马哈鱼。美国和加拿大两国之间的关系是世界上最好的,但就捕捞量份额问题两国仍然存在着激烈的争论。同时需要注意的是,大马哈鱼的数量仍在急剧减少。

如果对鱼类这样的资源都不能明晰产权,又如何解决人口过多这类更难的"公共地悲剧"问题呢[2]?

排他性和非竞争性物品

第二类是具有排他性,但非竞争性和不会发生拥塞的物品。信息就是这类物品最好的例子。很久以前,相对来说大多数信息都具有非排他性和非竞争性。在亚当·斯密时代,企业非常谨慎地保守自己的商业秘密,这些秘密一旦泄露,就无法阻止其他人使用。就像亚当·斯密[3]指出的,"商业秘密相当于垄断,垄断者通过使市场供货不足,靠不充分的供给使商品的价格高出正常的价格……垄断价格是所有价格中最高的"(p. 164)。"此外,垄断是有效管理的最大敌人……"(p. 251)(在第十八章讨论全球化时,会更详细地讨论专利——对信息的垄断)。近来,商业秘密受到专利保护[4],专利这种制度使它们合法地具有排他性,因而能在市场上进行交易。设立专利的理由如下:如果没有排他性的产权,人们就不能从发明新事物中获利,发明者就会没有发明的动机,技术进步的步伐也会减缓,这对社会是致命的。一旦专利到期,专利中的知识就会成为一种纯粹的公共物品。

一个人对信息的使用不仅不会对其他人的使用产生负面影响,反而会改善信息的质量——用一位计算机程序员的话来说,"草是越啃越长"[5],知识的进步从来都是一个集体的过程。数世纪以来,学术界都免费分享各自的思想,并在其上添砖加瓦。互联网及相关的一些软件主要就是知识免费共享的结果。在许多方面,知识和信息的自由流通创造的是"公共地效率",而不是悲剧。

另外,专利可能延缓新知识的开发和应用。在新知识的生产函数中,现存知识是最重要的投入要素。在专利有效期内,人为抬高现存知识的价格使新知识的生产成本更高。一些公司甚至为一些科学方法或数学算法注册了专利,因此使用这些方法进行科学研究

---

[1] 规则实际上只是暂停了对某些鲸类进行商业捕捞,但仍允许捕捞鲸类用于科学研究。目前日本捕捞濒危的鲸类先做"科学研究",然后出售鲸类屠宰后的躯体。CNN. com, Japan Whaling Fleet Returns Home Amid U. S Dispute, *Nature* (2000). Online: http://www. cnn. com/2000/NATURE/09/02/whaling. japan. reut/posted September 21,2000.

[2] Kenneth Boulding 针对人口过多的问题,实际上提出了用可交易许可证的形式平均赋予每个妇女生育2.1个孩子(代替人口出生率)的"产权"的解决方案。不用说许多人都反对这种方法,你有更好的建议吗? 参考 Kenneth Boulding, *The Meaning of the Twentieth Century*, New York: Harper&Row, 1964.

[3] A. Smith, *The Wealth of Nations*: *Books* I—III (with an introduction by Andrew Skinner), Harmondsworth, Middlesex, England: Penguin Books, 1970.

[4] 仍然存在传统形式的商业秘密。专利仅在固定的时段内给信息提供了排他性的所有权。由于不想专利保护期过后信息成为公共知识,所以一些公司并不愿意给一些生产过程或配方申请专利,而是对潜在的竞争者隐瞒。参见 J. E. Stiglitz, "Knowledge as a Global Public Good" in I. Kaul, I. Grunberg, and M. A. Stern, eds. *Global Public Goods*: *International Cooperation in the 21th Century*, New York: Oxford University Press. 1999.

[5] 引自 D. Bollier, *Silent Theft*: *The Private Plunder of Our Common Wealth*, *London*: *Routledge*, 2002.

变得更加昂贵。许多人投身科学研究的目的是为了推动知识的进步而不是追求利益，任何附加的成本都可能减少他们推动知识进步的能力。比如，一种抗病毒的水稻不能推广的原因是，有 34 个专利持有人声称拥有这项知识包含的发明专利❶。

知识产权的成本已经成为一个非常重要的问题。比如，美国宪法授权国会在“有限时期内”颁发版权和专利“是为了促进科学和有益艺术的发展”。起初的版权法案批准的版权有效期限是 14 年，如果期满后作者还在世的话，允许再延长 14 年。后来迫于企业游说团的压力，国会逐渐增加了版权的年限。现在公司的版权有效期为 95 年，个人的版权有效期为人死后再加 70 年。最高法院讨论了最近延长的版权期限，结论就是它实际上阻碍了科学的进步❷。

其他的原因也可使专利的效率低下。以 AIDS 治疗为例，目前的鸡尾酒疗法能极大地降低人类血液中的 HIV 水平，这可以减小传播的危险。控制传染和死亡性疾病所带来的效益是非排他性的。当前制药公司持有这些药品的专利，对第三世界国家来说这些药品过于昂贵❸，显然专利削弱了第三世界国家控制 AIDS 的能力，增加了所有人感染的风险。当然，从靠这些药品获利的企业的角度来看，完全消灭这种疾病显然无利可图。赞同设置专利的论点是：如果没有利润，企业就没有发明新药的动机。具有讽刺意义的是，专利权受自由市场的保护，然而专利却制造了一种垄断——自由市场的对立面。

专栏 10.2　Linux 操作系统和开放源代码：信息公用品的效率

Ferdinando Villa 博士，生态信息学的先锋人物，他正在 Linux 操作系统上编写开放源代码

❶ 引自 D. Bollier, *Silent Theft: The Private Plunder of Our Common Wealth*, London: Routledge, 2002.

❷ L. Greenhouse, Justices to Review Copyright Extension, *New York Times*, February 20, 2002.

❸ 2001 年的春天，一些制药公司同意撤诉，允许南非政府在不支付全部专利费的情况下生产和销售这些药品。然而现存的许多药品专利仍然能说明这里解释的基本原则。

专利使许多信息隐藏起来,设计这些专利就是为了使信息具有排他性。开放源代码的软件与之相反,它受许可证保护,设计这些许可证制度是让它具有非排他性。虽然许多开放源代码的许可证允许人们出售开放源代码的软件,但免费发布软件同样是合法的。更重要的是,许可证要求配送源代码,即配送人类可理解的语言编写的计算机程序,而不是只有计算机专业人员才能理解的二进制代码。这使其他程序员能够发现并消除软件的漏洞以及修改程序,并在保证其成果仍开放的情况下,将程序结合到自己的工作中去。这种方法背后的原理是,当大量程序员可自由改进部分软件的源代码时,该软件将会以令人惊讶的速度完善。确实草是越啃越长。

虽然一些经济学家认为发明需要利润的驱动,但实际并不是这样。以 Linux 操作系统为例。Linux 是由 Linux Touvald 开发的一种开放源代码的计算机操作系统。世界各地的计算机专家免费地为这种操作系统做了许多改善工作,因而它变成一种稳定性高、功能强大、适应性强的操作系统。IBM 对开发 Linux 的代码做出了贡献,IBM 和 HP 的高端大型服务器上都使用 Linux 操作系统。目前 Linux 操作系统的应用仍在迅速增加。苹果也已将其 Mac OS—X 操作系统转向开放源代码。开放源代码的 Apache 在世界一半以上的 Web 服务器上运行,目前世界上还有无数开放源代码的软件包[b]。这证明激励创新并不总是需要利润或专利。

---

[a] *The Great Giveaway*. New Scientist (2002). *Online*: *http://dsl.org/copyleft/dsl.txt*; D. Bollier, Silent Theft: The Private Plunder of Our Common Wealth, London: Routledge, 2002.

[b] Open Source Initiative Website (http://www.opensource.org/).

尽管专利的存在有其合理性,但反对的论点也非常有说服力。如果信息是免费的,那么在使用的边际收益等于边际成本(等于零)之前会一直使用。这是有效配置的先决条件。另外,如果商品具有非排他性,那么市场就没有对它投资的动机。专利法认识到这个问题,人为地使信息具有排他性,至少在专利有效期内如此。然而,Linux(参见专栏 10.2)以及其他例子说明了专利并不是激励发明所必需的,所以那些认为专利能促进技术进步的观点仅是一种武断的判断。对这个问题的广泛认识导致了“去版权”运动,“只需所有拷贝和系列产品都保持相同的许可,允许不加限制地传播和修改❶。”

信息和知识这样的物品还有一些难以解决的问题。本章的后半部分会对此进行讨论,在第十七章中的贸易与发展中,还会再次讨论这些问题,即与贸易相关的知识产权问题。

具有排他性、拥塞性的物品,情况又如何呢?前已述及,拥塞性物品在利用程度低时是非竞争性物品,但在利用程度高时就是竞争性物品。道路与交通堵塞曾作为案例分析,娱乐资源如沙滩、泳池、公园、野外旅行的小路等的情况都大同小异(对这些集体活动场所而言,拥挤实际上可能增加价值)。对具有排他性、拥塞性的物品,利用程度高时正的价格具有有效配置资源的作用;但利用程度低时,正的价格将会导致无效率的配置。在特定的

---

❶ M. Stiltz, Copyleft and the Information Renaissance (2002). Online: http://des.org/copyleft/.

环境下，将拥塞性物品在使用高峰时当成市场物品，其余时间当成非市场物品是合理的。

多级价格结构是一种可能的解决方法。**多级价格**就是在不同的时间，或对不同的使用者以不同的价格收费。在这种情况下，当拥塞发生时(如交通高峰期时的桥)，可以对其使用收费；但没有拥塞时仍免费。但是多级价格结构实施成本很大，而且其是否合理也要视具体情况而定。这种策略是否可行依赖于排他性。

纯公共物品

大多数经济学家都会承认，纯公共物品同时具有非竞争性和非排他性，市场不能优化生产或有效分配纯公共物品。加形容词“纯”是因为许多人草率地使用“公共物品”这个术语。第八章解释过，人人都会在商品和服务的边际效用与边际成本相等之前购买商品或服务。只要有人愿意支付高出生产成本的价格，生产者就会增加该商品的供给。对公共物品，不管谁付费任何人都可以使用。对某种市场商品，至少要有一个人愿意支付的价格高于生产成本，生产才有利可图。与此不同的是，如果所有人对额外公共物品愿意支付的价格之和等于或超过生产成本，公共物品就值得生产[1]。请回顾一下图 9.4 的供给和需求关系。从个人需求曲线得到市场或社会总需求曲线，只需要累加给定的价格下个人愿意购买的数量，这是因为讨论的是市场商品，而市场商品具有竞争性，一个人消费后不可能再被别人所消费。然而，公共物品具有非竞争性，一个人消费该物品并不会减少其他人的消费量。在这种情况下，对给定数量的公共物品，加总每个人愿意支付的价格可得到整个社会愿意支付的价格，从而得到社会需求曲线。

对于市场商品，每个人的消费量与其购买量完全相等，所以个人在市场中的支出可以反映个人的消费偏好(当然，用收入做过加权处理)。然而对公共物品，每个人的消费量都等于整个社会的购买量。这就引起了问题。

例如，在某个大城市的中心建一个漂亮的森林公园，购买土地，美化景观，基础设施建设等成本需要 100 万美元。如果加总所有人对这个公园的需求曲线，发现对这样规模的公园，社会整体愿意支付 150 万美元。因此，如果城市中的每个人都拿出 2/3 他认为值得花 费的钱，该公园就能建起来。问题是如何使每个人都拿出这些钱呢？用市场力量(即私人部门)来修建吗？假设该公园由一个公司承建后围起来收费。由于知道人们对其一生中使用该公园平均愿意支付 150 美元，于是公司决定通过销售价格为 150 美元的入场券来收回投资。但是每个人估计的公园价值并不相同，有些人愿意支付的要远多于 150 美元，有些人愿意支付的却很少。如果收费 150 美元，事实上那些愿意支付少于 150 美元的人将视公园的价值为零，不会参观公园，因此公司将无法收回投资。如果公司对使用公园一次收取门票 1 美元，它也会面临同样的问题。每次收费 1 美元，即使那些估计公园价值

[1] P. Samuelson, The Pure Theory of Public Expenditure, *Review of Economics and Statistics* 36: 387～389 (1954).

最高的人，对公园的使用也要比公园免费时使用的次数少。因为使用次数减少，所以其对公园的价值估计也会减少，据此公司也无法回收投资。因此，结果是公司不会修建该公园。如果是免费公园，使用的人会更多，这增加了社会的总福利，同时也没有给社会增加额外的成本，但公司是不会修建该公园的。因此，即使作为私人商品，市场也不可能提供这样的公园，即使可能，公园也得不到有效的利用。

专栏 10.3　搭便车效应

有机构靠自愿募捐筹款拟在我家附近修建一个公园，情形会如何呢？我要捐多少呢？如果我满足标准的新古典经济学的假设，将追求自己的效用最大化。因拟建的公园靠近我的居所，我对它的估值高于大部分人，对我来说，拟建规模的公园与 1 000 美元是无差异的，只要不超过 1 000 美元，我都会支持修建这个公园。然而，如果别人都捐款他们估值的数量，只有我不捐款，那只会减少公园规模的几千分之一。相比以 1 000 美元的成本修建一座拟建规模的公园，我更愿意零成本地享受一个大小只有原计划 99.999%的公园。另外，如果我捐 1 000 美元，而别人的捐款减少，公园的规模也会由于资金不足而减小。因此，这个公园对我来说就不值 1 000 美元。

从这种狭隘的自利观点来看，不管别人怎么选择，我的最佳策略就是什么都不捐，仅依赖别人的贡献。不幸的是，如果每个人都出于自利而做出相似的理性计算的话，这个城市的任何地方都不会修建公园。相比有公园而言，人人的结果都会恶化。这就是人们熟知的**搭便车效应**，它严重阻碍了公共物品的供给。在这种情况下，理性的自私创造了一只无形的脚，在背后踢了公共物品一脚。

下面看另一个市场和公共物品相互冲突的案例，在巴西南部，土地所有者收回了一个小佃农租用的土地，采用几乎不需要劳动力的机械化方式种植大豆。大豆主要作为牛饲料出口欧洲，相比将土地租给佃农生产大米或豌豆供应本地市场，土地所有者能获得更高的利润。这个被解雇的佃农去亚马孙开垦了一块土地。研究人员“推测”这块土地每年提供的生态系统服务的价值大约为 1 660 美元/公顷❶。这些生态系统服务是重要的公共物品。如果佃农砍掉这块土地上的森林，从木材中可一次性获取 100 美元/公顷的利润(当然在市场上这些木材更值钱，但是市场太远，中间人和运费耗光了利润)，而且佃农每年从烧荒农业中估计可获得 33 美元的利润❷。

从社会的角度来看，毫无疑问每年 1 660 美元的价值流远远超出了这个佃农的个人收入。但是，生态系统服务是这个佃农必须与整个世界共享的公共物品，没有现实的方法给这个佃农或其他人的森林生态系统服务提供有意义的产权❸。相反，木材和农产品都是市场物品，这个佃农完全占有这部分收益，因为现在的制度赋予了他产权，他可以这样做。很明显，如果公共物品的受惠者付给这个佃农一定的费用用于保护森林，无论是对社会还是这个佃农，都会改善各自的状况。只要农民所得超过 150 美元/年，他的情况就得

❶ R. Costanza, R. d'Arge, R. de Groot, S. Farber, M. Grasso, B. Hannon, S. Naeem, K. Limburg, J. Paruele, R. V. O'Neill, R. Raskin, P. Sutton, and M. van den Belt, The Value of the World's Ecosystem Services and Natural Capital, *Nature* 387: 253～260(1997). 土地同样生产许多物品，比如木材以及可交易的非木材森林产品，在这些引用的文献中对它们估了值，但是这些价值却没有包括在这个估算中。

❷ A. Almeida and C. Uhl, Developing a Quantitative Framework for Sustainable Resource－Use Planning the Brazilian Amazon, *World Dvelopment* 10 (1995).

❸ 这并不意味着不能开发出一种补偿农民提供生态系统服务的机制；只是说明农民提供的这种服务是为所有人提供的。

到改善；只要每年全球社会的付出小于 1 660 美元/公顷，全球社会的情况也得到了改善。

不幸的是，许多严重的障碍阻止了这种交易的发生。这里提三点，第一，大部分人忽视生态系统服务的价值（后面将有更多的介绍）；第二，搭便车效应意味着许多公共物品的受惠者付费很少或根本不付费；第三，现在缺少合适的机构将资源从生态系统服务的受惠者转移给那些承受不砍伐森林的机会成本的农夫。因此，对农夫而言，在市场经济下砍伐森林是一种理性的选择，但这样做的结果损害了社会。

公共物品和稀缺性

由于全球生态系统创造了生命支持的生态系统服务，所以这类公共物品至关重要。然而，市场经济理论对公共物品的生产和分配却无能为力。

我们反复强调，不可能凭空制造出来一种东西，也不可能让一种东西凭空消失。生产市场商品需要原材料并产生废物。原材料是取自生态系统结构的存量－流量资源，因而会枯竭生态系统的资本一服务资源。返回生态系统的废弃物进一步削减了这些服务。因此，如果经济系统仅提供生产和分配市场商品的激励，它就会系统地损害无价的公共物品的生产，以及地球的生命支持功能。生态经济学的一个根本前提是许多最稀缺、最基本的资源都是公共物品（自然资源资本所提供的服务），然而，经济系统只能处理市场商品有关的问题。

现在回到前面提到的知识和信息问题上。如果信息是一种私人物品，它就不能有效的配置；如果是一种公共物品，靠市场力量提供的数量就不够。如果抛开理论只看技术进步的发展速度，就没有什么可抱怨的，因为技术进步非常迅速。尽管专利的确产生了合法的垄断，这也只是在一定的时间范围内才有效，专利到期后，知识就成了一种公共物品。正是暂时的垄断利润使新发明能更快地投入市场。为什么要质疑这样有效的体系呢？

一个原因就是这种知识的创造给社会强加了机会成本。用于研究的资源（如资金、科学家、实验室）是有限的，如果用在一个项目上，就不可能再用在其他的项目上。如果新的发明主要由追逐利润所驱动，那么就会忽视创造公共物品，开发保护或储存公共物品的技术。比如，制药企业雇佣了大量的科学家，耗资数十亿美元研究治疗折磨富人的非传染性疾病的方法。

另外，控制流行病是一种公共物品，从社会的角度来看，应该为控制流行病配置资源。一个很好的例子就是对肺结核的控制。肺结核是一种传染性很强且很难治愈的疾病。20 世纪 50 年代开发出了有效的治疗方法，但需要对病人进行六个月到一年的隔离观察。由于耗时太长，许多肺结核患者无心医治，这让世界各国政府花费了大量的公共资金寻找感染者并强迫他们服药治疗。随着传染率的下降，在 20 世纪 70 年代，美国大幅削减了肺结核治疗方面的预算；在 20 世纪 80 年代，又进一步削减了公共健康的预算。于是，许多肺结核感染者得不到治疗，或者只能不定期服药。这导致肺结核（包括多种药物抵抗性的变体）在 20 世纪 80 年代又复苏了。仅在纽约，政府就花费了十多亿美元来重新控制这种传染病。

肺结核主要侵袭贫困人口，这使得治疗肺结核的利润很低，这也是制药公司不投资新疗法的原因[1]。(这与下述情形决不是巧合,在1975～1996年间登记的1 240种新药中,只有13种是治疗发展中国家传染病的新药[2])。但是,即使药品公司开发出新疗法,为获取利润收回投资,他们也会申请专利。专利增加了治疗流行病药物的价格,从整个社会的角度来看,让病人承担成本实际上是消极的。也就是说,政府为使用这些药品的人付费是有效的,因为他们的使用对社会其他人有好处。

目前从事研究的许多科学家都受私人机构雇用,私人机构拥有他们的研究成果。私营部门也越来越多地资助大学里的研究,当然主要集中在有市场潜力的研究上。在相同的薪金下,企业的科学家也可能为公共机构工作。科学家在公共机构得到的科研成果对所有的使用者都是免费的,而免费是非竞争性商品有效使用(新古典经济学定义的)的先决条件。这里并不是建议由政府资助所有的研究[3]。但是,除非有一些非市场机构资助公共物品的研究,否则技术进步很可能会忽略非市场物品。

瑞士经济学家 Sismondi 很久以前就强调,并不是所有的新知识对人类都有益。我们需要一个社会的和道德的过滤器筛选出对人类有益的知识。推动以全人类利益为目的,而不是以追求垄断利润为目的的科学研究,提供了一个更好的过滤器——更好地提供艾滋病、肺结核、疟疾的新疗法,而不只是提供脂肪肝的新疗法或开发心脏移植技术。

市场能非常有效地提供市场物品,而几乎不能提供公共物品。随时间的推移,相对于市场物品,公共物品就不可避免地变得非常稀缺,这就引发出了一个**宏观配置**问题,即资源在市场物品和非市场物品间的配置。

公共物品和替代性

以前的章节中已经讨论了替代性的问题,指出了生态经济学家认为无法用效率原因替代物质原因,除非是一个很小的边际量,然而新古典经济学家却认为人造资本能完全替代自然资本。毕竟从马尔萨斯时代以来,人们也没有认为资源的枯竭即将来临,也没有人证明上述观点是错误的。新古典经济学家(以及其他许多人)认为,当一种资源变得稀缺时,其价格就会上涨,能激励替代品的发明和创新。过去有一些文明由于自然资本的耗尽而消失了,但是新古典经济学家却断言,自从资本主义出现后,市场可以避免这样的崩溃再次发生。显然,这无异于宣称追求利润的动机比生存的动机更大。

当然,可以发现很多受利润的驱使给稀缺资源提供了替代品的例子,但不能保证每种重要的资源都有足够的替代品。即使利润激励能极大地促进创造过程,但如果日益稀缺的资源是公共物品时,情况又会怎样呢?这些物品没有价格,因此也就没有价格信号告诉企业我们需要替代品,而且创造这种替代品也不会带来任何利润[4],后面的情况又会怎样呢?传统的市场经济学没有阐明这个问题。

---

[1] L. Geiter, "Ending Neglect: The Elimination of Tuberculosis in the United States," Committee on the Elimination of Tuberculosis in the United States, Division of Health Promotion and Disease Prevention, 2000. Online: http://www.nap.edu/books/0309070287/html/.

[2] Garret, Laurie(2000). *Betrayal of Trust: the Collapse of Public Health*, New York: Hyperion.

[3] 值得注意的是,目前政府动用了纳税人的钱来资助许多基础研究,然而同时也允许私人公司对从这些研究中得到的成果申请专利。这就允许企业靠纳税人自己支付的研究成果,从纳税人身上赚取垄断利润。

[4] 不用说,正如第六章所指出的,相比生态系统内各结构元素复杂的相互作用所提供的生态系统服务,为生态系统结构(流量—存量资源,原材料)寻求替代品要容易得多。

公共物品的空间分配

有些公共物品(特别是生态系统功能提供的公共物品)与政策选择高度相关,这引起了另一个复杂的问题。前面已经指出生态系统能够为不同的人提供不同的公共物品和服务。如完好的红树林调控水循环和防护风暴的功能是一种本地区的公共物品;而红树林作为养鱼场所的功能是一种区域的公共物品;森林碳汇作用促进的全球气候稳定是一种全球性的公共物品。通常由个人决定怎样处理生态系统的存量—**资本**资源,相比公共物品服务,人们更偏爱市场商品,而且公共物品和市场商品通常是互斥的。与个人的情况不同,一定环境下社会应该偏爱提供公共物品,而不是生产会枯竭公共物品的私人物品。然而,当地社区很少会关心整个国家的公共物品供应;主权国家很少会关心全球公共物品供应。因此,不同层面的决策者(个体、当地、国家、国际、代际)在保护或破坏生态系统功能上有不同的动机.为了开发出有效的政策以满足所有层面上不同的需求,必须理解这些不同的动机。不幸的是,政治体系大多基于国、州或更小的政治单位,因此不足以处理全球问题。

由于提供许多重要服务的生态系统服务都是公共物品,而目前的政治和经济体系不足以管理公共物品,引起的问题就非常严重。在全球层面上,生态系统功能包括防止过多的太阳辐射、调节全球气候以及支撑生命网的生物多样性的作用。在地区层面上,生态系统提供的调节微气候(通常是农业生产的关键)、缓冲暴风雨的作用以及维持水质和水量,所有这些对维持社区的生计都非常重要。

外部性

另一种很重要的市场失灵类型就是外部性。当一些组织的活动或交易无意中改善了其他组织的福利,或对其他组织的福利造成了损失,同时又没有补偿发生的时候,就出现了**外部性问题**。如果外部性造成的是福利的损失,就是负外部性;如果是改善了福利,那就是正外部性。**边际外部成本**是指代理人增加一个“单位”活动造成的负外部性的社会成本。

负外部性的一个经典例子是一家燃煤发电厂搬来与一个晾干衣物的洗衣店比邻,电厂的煤灰弄脏了洗衣店的衣物,但洗衣店并没有从电厂得到补偿。空气和水都是外部性的传递者。如果农民允许他的牛向河流中排粪,那么下游所有人都需要承受被污染水的负外部性。如果一个农民在河流两岸植树,并阻止牛接近河流。树荫使河流比较阴暗,这清除了河流中的植物。流得更快的水流冲走了堵塞泉眼的沉积物,增加了水的流量[1]。树荫下的河水比较清凉,降低了一些有害细菌的存活能力,因而提高了水质。那么下游的土地所有者会从这些正外部性中受益。类似地,如果我修建了一个美丽的花园,所有的邻居都能得到享受,而我又没有从他们那里得到任何补偿,这时我创造了一个正的外部性。最后的例子是驾驶汽车时制造的污染,这降低了空气质量并导致了全球变暖。

[1] 注意,造林所产生的结果高度依赖与所造林的系统,以及造林所用到的树种和技术。在一些情况下,造林还可能减少水量。

因为创造正外部性也得不到补偿，创造负外部性也不需要补偿别人，因而从事有外部性活动的代理人在其决策时不会考虑这些成本或收益。存在负外部性时代理人的活动过多了；存在正外部性情况时代理人的活动又太少了。如果对代理人的这些活动适当地补偿或收费，就可以减少外部性。这些活动会进行到边际效益等于边际成本时为止，这不仅对代理人，对社会来说也是如此。

与公共物品一样，经济学家们提出赋予产权可以减少外部性。如果洗衣店有使用清洁空气的权利，由于弄脏了洗衣店的衣物，电厂就必须对此进行补偿❶。一旦进行了赔偿，外部性就会消失。同样也可赋予电厂污染权。在这种情况下，如果洗衣店要让电厂不再排污，就必须给电厂一定的补偿❷。就像罗纳德·科斯在那篇关于外部性的引用率最高的文献中所说的，在一些情况中，赋予电厂污染权，还是赋予洗衣店使用清洁空气的权利并不重要❸，无论哪一种情况协商结果都使最终的污染量相等，这时污染给洗衣店造成的边际成本恰好等于给电厂的边际收益。这说明外部性问题不需要政府的干预——靠市场力量就能完美地解决。这就是著名的**科斯定理**。

> 科斯定理表明，无论产权的初始配置如何，只要它们能在完全竞争的市场中交换，最终都能达到有效配置❹。

图形分析有助于更清晰地认识这个问题。图 10.2 中，横轴表示污染，纵轴表示边际成本和边际效益。电厂从污染中获利，而同时污染增加了洗衣店的成本。存在一些减少污染的方法。如果问题仅是要减少当地的污染，电厂就会安装成本较低的烟囱，烟囱越高，当地的污染就越少，但安装的费用也越高。要进一步减少污染，就必须安装净化器，这比高烟囱的费用更大。要真正减少污染，电厂就需要以高昂的成本改用天然气。而要消除污染，就得关闭电厂❺，成本也就更高。很明显，减少污染的边际成本是不断增加的，即污染的边际净私人收益是减少的。在图上用 *MNPB* 虚线表示，从左上向右下倾斜。

对洗衣店而言，少量污染产生的成本可以忽略不计。但是，不断增加的污染量会明显弄脏洗衣店晾晒在室外的衣服。开始时这可能使顾客减少和利润下降。如果污染更严重，洗衣店就不得不将晾晒衣服的绳子挪到室内，或者安装电动的干燥设备。非常严重的污染甚至会降低洗衣店内的空气质量，从而洗衣店内需要安装空气过滤系统。每种选择所需要的花费都要比前一个高。关键是污染给洗衣店带来的边际成本是不断上升的，这可用直线MEC来描述，即从左下向右上倾斜的边际成本曲线。在现实中，*MNPB*和 *MEC* 都不可能是平滑的直线。技术是“块状的”——人们不可能一次只买一节烟囱，或净化器的一部分。外部性成本常常会有一个阈值，超过这个阈值，成本就会急剧地增加。然

❶ 实际上在动态的环境中，这也不一定能有效地解决问题。比如，如果电厂的补偿支付使洗衣店有利可图，其他的洗衣店也可能会在附近选址，同样也可以从电厂的补偿中获利。如果电厂的补偿吸引了原本应该是电厂损害的事物，它就是无效率的。

❷ 在这种情况下，必须注意安装减染设备产生的正外部性，洗衣店必须对该公共事业进行补偿。

❸ R. Coase，The Problem of Social Cost，*Journal of Law and Economics* 3：1～44 (October 1960).

❹ R. Cotter，“Coase Theorem.” In The New Palgrave：A Dictionary on Economics，New York：Macmillan，1987，pp. 457～459.

❺ 减少污染有能源成本。比如，Cutler Cleveland 的研究表明未加管制的火力发电厂生产 9 单位的能源就需要 1 单位的能源用以修建和维持厂房、支付工人的工资、采煤和运输的费用等。净化器和污染净化装置在生产，安装和维护中需要消耗大量的能源，将公司的能源效率从 9∶1降低到 2.5∶1。转引自 C. Flavin in *Worldwatch*，January/February 2001，response to letter，p. 6.

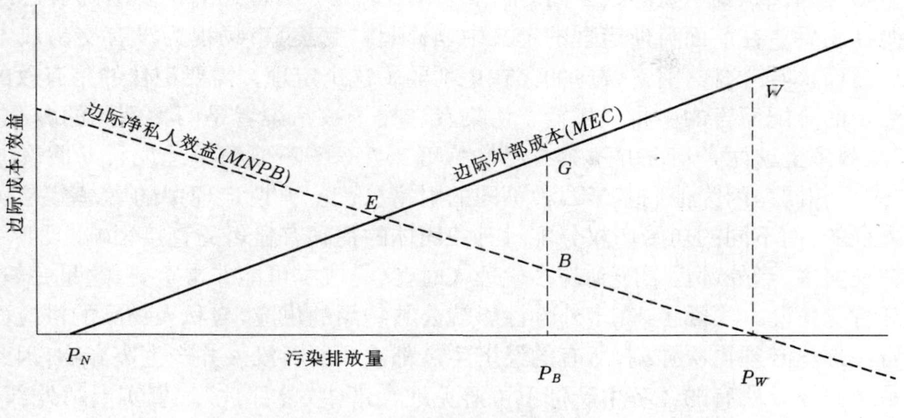

图 10.2　"最优"污染水平

（理论上，"最优"污染水平由边际外部成本（MEC）曲线和边际净私人效益（MNPB）曲线的交点决定）

而，平滑曲线的假设并不影响讨论。

经济的有效性要求 $MNPB=MEC$（基本效率规则 $MB=MC$ 的变种）。假设开始没有法律阻止燃煤电厂排污，电厂会在额外污染的 $MNPB$ 为零前一直生产，直到 P_W 点。然而在 P_W 点的污染水平下，洗衣店因烟尘而承担了很高的成本——面积 EWP_W 测量的是社会净损失。洗衣店可给电厂付费让其减少污染。让电厂从 W 点减少单位污染，只要洗衣店的支付小于 P_WW，那么洗衣店的收益就会增加。而此时只要洗衣店有支付，发电厂的收益就会增加。如此污染减少到 P_B，这时仍然还存在互利空间。在 P_B 点上，如果洗衣店的支付费用小于 P_BG，发电厂得到的补偿大于 P_BB，双方都会受益。直至到达点 E 之前，互利交易（洗衣店给电厂付费）的可能性一直存在。在 E 点上，$MNPB=MEC$，即在没有政府干预的情况下，取得了社会有效的结果。如果洗衣店有使用清洁空气的权利，那可从点 P_N 开始分析，结果也是相同的。在这种情况下，电厂会因其污染而不断给洗衣店补偿，直至到达 E 点。

分析中存在的一个非常重要的问题就是假设洗衣店和发电厂都有支付能力（也就是没有财富效应），并且没有交易成本。如果发电厂持有污染权，而洗衣店又没有赚得足够的利润支付给电厂让电厂减少污染的话，洗衣店就必须停业，这就是财富效应的一个典型的例子。**交易成本**简单地说就是达成一项协议的成本，它包括法律费用、收集信息的费用、确定利益团体以及谈判的时间成本等。在洗衣店和发电厂的案例中，交易成本也许不是很高。然而，一个地区燃煤电厂的污染可能影响许多地区的许多人。比如，俄亥俄州的燃煤电厂除了给周围的社区造成污染外，还造成了至少影响纽约和加拿大的烟雾和酸雨，同时又加剧了影响地球上所有人的全球变暖问题。

类似地，一个污染水的农民可能只是许多像他这样影响下游几千居民的农民中的一员。让所有相关代理人都坐到谈判桌上是非常困难甚至是不可能的。即使能够达成协议，搭便车也会成为一个问题。例如，我家附近一条河流的上游被污染，如果我的邻居们同意给上游的农民一定数目的钱让他们减少污染，那么相比之下，我就会接受这种污染的减少状态，而不会花钱让上游的农民再减少污染。

科斯明确认识到了交易成本高时需要政府的干预，尽管他的许多追随者已经将这种告诫抛在脑后。在前面科斯定理的定义中，必须将“完美”市场视为没有交易成本和信息完备。然而，即使这样，财富效应的存在也削弱了这个定理。需要记住的是有效的配置仅是对给定的分配而言的。将产权授予污染者和授予被污染者是两种不同的分配(财富效应)。从效率上这两种情况并不具有严格的可比性——不能简单地说科斯假设的这两种情况“效率相同”，因为他们基于两种不同的财富分配。科斯定理中的“效率”是从社会的角度来说的，而不同的初始产权分配对有关团体的福利有显著的直接影响。

在现实中，当外部性影响到许多代理人时，交易成本可能非常重要，这是一般性规律，而不是特殊情况。实际上，许多外部性影响公共物品的供应，与私人物品的供应面临同样的障碍。这里必须再次强调，所有的经济生产都需要原料投入并产生废弃物，因此会破坏生态系统服务。所有的经济生产都不可避免地会产生“外部性”。事实上，“外部性”这个术语用词不当，因为在资源枯竭、生产和废弃物排放之间有着不可分割的联系，所以“外部性”实际上百分之百是经济过程内部的。如果将森林转换成耕地，会给当地、国家以及全球带来负外部性，而有效解决方法的交易成本将因为太高而无法实施。当外部性影响到后代的时候，必须承认代际间的交易成本是无穷大的，因而市场无法单独地解决这个“外部性”问题。

同时也必须认识到，我们无法获得人类对生态系统影响的完整信息。普遍存在的不确定性和无知是实现市场效率的障碍，就不确定性和无知本身而言，也可以认为是市场失灵。如果不知道可能出现结果的可能性，让 *MC* 和 *MB* 相等会很难；而不知道可能出现的结果时，让 *MC* 和 *MB* 相等根本不可能。

迷失的市场

要让市场发挥适宜的功能，任何想要生产或消费市场物品的人都必须可以参与其中。例如，拍卖《蒙娜丽莎》，如果只允许得克萨斯州 Waco 市的人参与，就不可能售出与在国际市场上拍卖一样的高价。事实上，后代不可能参与今天的市场，从而今天的市场价格也不会反映后代的偏好。因此，只有假设后代对正在配置的资源没有任何权利，市场才能“有效地”配置资源。

如何为后代提供资源的产权？一种方法就是实施可持续准则。例如，应当确定后代对一些资源——如提供生命支持功能的生态系统——的权利是不可剥夺的❶，如同人权和政治权利一样，它们的赋予不是由效率原则决定。按可持续准则，随着不可更新资源的枯竭，就需要将所获利润中的足够比例投资到可更新的替代品上，从而取代枯竭的资源(后面会更详细地介绍这种选择方案)。对于可更新资源，需要确保对它的获取不超过其更新能力。如果可更新资源枯竭到低于最大可持续产量(*MSY*)，就需要留下一些能够补偿将来收获量减少的替代品，或减少使用量(对自然资本的被动投资)，至少将其恢复到 *MSY* 水平。

---

❶ D. Bromley, *Environment and Economy: Property Rights and Public Policy*, Oxford, England: Blackwell, 1991.

在不知道后代回报结构的情况下，怎样处理代际的投资是一个伦理问题。可以肯定的是，大多数的伦理体系至少要求不能为了今天的非基本利益，而让后代冒灾难性的风险。既然对生态系统功能处于无知的状况，那么就必须将活动限制在所有不可逆的生态阀值范围内。按这种可持续性原则可以在代际分配资源，接下来资源的代际内配置市场就会发挥作用。

另外，也可以继续按照新古典经济学的伦理假设行动。如果我们确实是理性的最大化自我利益者，帕累托最优就是一个客观的配置准则，这样一来就会完全忽视后代的权利。Kenneth Boulding 曾问：后代为我们做过什么？将资源分配给后代当然没有增加我们的福利。

实际上传统经济学家并没有完全忽视后代，在他们的分析中，影响后代的所有成本和收益都进行了系统的贴现。第十一章和第十二章中将考虑贴现如何影响自然资源使用的决策。

跨时贴现

传统经济学家真的忽略了后代吗？在标准的经济分析中，需要对比将来和现在的成本和收益，传统的经济学家对影响后代的所有成本和收益进行了系统的贴现。赋予未来的资源比现在的资源更小的权重有很多看似合理的原因，这里仅提供简要的介绍以帮助理解，第十五章将会详细地探究这个问题。在接下来的章节中将讨论**跨时贴现**怎样影响自然资源使用的决策。在估算现值和将来值时，跨时贴现就是系统地赋予将来的成本和收益比现在更小的权重的过程。

为什么资源将来的价值比现在的小呢？今天如果我有 100 美元，我可以将其投资到一些赢利企业中，来年就可获得多于 100 美元的钱。用一个最简单的例子来说，如果我能以 5%的真实利率（即利率比通货膨胀率高 5%）将钱存到银行，那么让我选择今天的 100 美元或来年任何少于 105 美元的事物的话，我总是会选择前者。原因很简单，今天持有的 100 美元我可以选择花掉，或将其存入银行等来年变成 105 美元；当然，来年我仍有权利决定是将其花掉还是让它以 5%的利率变成 110.25 美元，然后是 115.76 美元、121.55 美元，可如此一直递推下去。换个角度来看，将来 100 美元的价值比不上今天的 100 美元，因为包括了有关的机会成本（失去的投资机会），越往后，这些钱的价值就会越低。大部分传统经济学家认为钱是任何事物的替代品，因此将来的任何事物与今天同样的事物相比价值要小。一般说来，如果利率为 r，t 年后的钱 X_t 的现值（PV）可由下式给出：

$$PV = X_t/(1+r)^t$$

如果未来不同时期都有现金流，那么可以计算每年现金流的现值，然后将它们加起来得到总的现值。这可以通过下面更复杂的公式完成。

标准的成本—效益分析（CBA）计算的是随时间变化的成本和效益流的**净现值**。成本和效益所发生的时间越往后，现值折扣就越多。计算的基本公式如下：

$$NPV = \sum_{t=0}^{T}(Benefits_t - costs_t)\left(\frac{1}{1+r}\right)^t$$

上式中贴现率为r，贴现因子为$1/(1+r)$。与前例一样，让$r=5\%$，则贴现因子为

1/1.05，它小于1。t 指时间 $benefits_t - costs_t$，是时间 t 内的净收益。随 t 的增加，由于贴现因子小于1，贴现因子的幂就会越来越小。成本和收益发生的时间越往后，净现值就会越小。符号 $\sum$ 表示的是将时间0到 t 内的所有净收益加总。

想一想

你认为这种计算净现值的方法忽略后代的权利了吗？请解释原因。

小结

本章中最重要的知识点是什么？市场仅在严格的假设范围内平衡供给与需求以及可能性与期望。其中，物品和资源必须同时具有排他性和竞争性（排他性暗示着清晰界定和强制执行的产权）；市场参与者的交易成本为零（这将大多数交易排除在外）；而且，人们必须拥有每种物品的成本和收益方面的完备信息。即使所有的这些条件都得到满足，市场还是没有考虑后代。尽管许多排他性和竞争性的物品都较好地满足了这些准则，使市场成为了一种很好的配置机制。但现实中，这些条件从未满足过。当资源是非排他性和（或）是非竞争性的时候，这些特征的具体组合使这些资源的配置变得非常困难。应当明确地理解各种组合的含义，同时也要记住需要社会制度使资源具有排他性，一些资源本身就具有非排他性，而且竞争性是一种物理性质。

特别是需要认识到不能基于帕累托有效来“优化”生产纯公共物品。公共物品超出了市场配置的范围。生态资本一服务提供了大部分的公共物品，应当考虑一些政策和制度，它们能够作为配置公共物品和生态系统资本一服务的机制。建立一种参与式的民主制度是值得考虑的一种方法，这种制度考虑比自身利益更广泛的人类价值，而不是用购买力来衡量参与民众的价值。

本章知识点

- 排他性
- 拥塞
- 开放式制度
- 外部性
- 交易成本
- 迷失的市场
- 不可剥夺的权利
- 竞争性
- 公共物品
- 非竞争性，排他性资源
- 科斯定理
- 财富效应
- 跨时贴现和净现值

第十一章　市场失灵和非生物资源

知道市场成为有效配置机制的必需条件后，现在可以考察市场如何处理自然提供的物品和服务。如第五章和第六章中所示，自然提供的物品和服务可以分为 8 种类型：

(1)化石燃料(不可更新的存量)。

(2)矿物(部分可循环、不可更新的存量)。

(3)水资源(取决于使用情况，它是不可更新的存量和/或**资本**，或可循环的)。

(4)太阳能(不可破坏的**资本**)。

(5)李嘉图土地(不可破坏的**资本**)。

(6)可更新资源(可更新的存量)。

(7)生态系统服务(可更新的**资本**)。

(8)废物吸收能力(可更新的**资本**)。

如果资源具有排他性，就可用市场进行配置。如果资源具有竞争性，那么对这种资源的使用、生产和消费就不会产生外部性，在当代人之间，市场的配置也是有效的。如果资源的使用不影响下一代人的福利，那么市场的配置在代际间也是公平的。但是，没有一种自然提供的物品和服务能够满足所有这些条件。本章将分析非生物资源，为后面提高这些资源配置效率的政策讨论奠定基础。

化石燃料

化石燃料具有竞争性和排他性，因此能通过市场力量进行配置。如果不考虑资源稀缺(或后代)和市场失灵，化石燃料的最优配置点就是需求曲线和供给曲线的交叉点，如图 11.1所示，其中供给曲线等于**边际开采成本**(*MEX*)❶。

外部成本

然而，这里有很多其他的问题。首先，化石燃料的生产和消费会在当地、区域以及全球层面上产生外部性。大部分外部性会以公共危害品的形式表现出来。按照时空特征，表 11.1 对这些外部性进行了归类。

在不同的空间尺度上，很多这样的外部性有不同的影响，化石燃料的最优开采需要考虑边际外部成本，如图 11.2，其中 *MEC* 表示包括了外部性的开采成本。这些外部性影响广泛，不仅影响几乎每个当代人，也影响后代，通过市场解决这些外部性的交易成本将无穷大。自由市场无法解决这些外部性问题，因此需要超越市场的机构(比如政府管制)参与进来❷。然而，这些机构必须在问题域范围内解决问题，因为政府(通常是最相关的机

❶ *MEX* 包括所有成本，即设备、劳动力成本和投资的机会成本。
❷ 在第十七和十八章中将看到，这并不是说政府管制不能减少外部性。

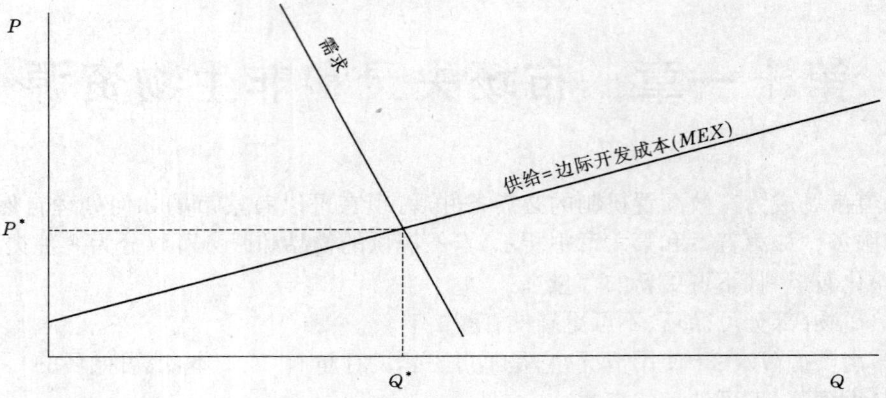

图 11.1 在不存在资源稀缺和市场失灵时,化石燃料的最优开采点(Q^*,P^*)

构)没有处理非责权范围内外部性的激励。目前,处理国际外部性的机构要么不存在,要么就能力不足。

表 11.1 选择的与化石燃料开采和消费相关的外部性的时空特征(小×表示相对较小的影响)

外部性	当地	区域	全球	代际
全球变暖			×	×
酸雨	×	×	×	
石油泄漏	×	×		×
开采带来的损害(见表 11.2)	×			×
战争*	×	×		×
水污染	×	×		×
土壤污染	×			×
空气污染(气体)	×	×	×	×
空气污染(固体颗粒)	×			

*注 已经发生的和正在进行的争夺化石燃料控制权的战争表明,应当将一些战争,至少军费开支看做化石燃料生产的外部性。例如,见 *M. Renner*, *WorldWatch Paper* 162: *The Anatomy of Resource Wars*. *Washington*, *D. C*,: *WorldWatch* (2002).

使用者成本

另外,化石燃料是一种不可更新资源,后代的福利甚至生存都高度依赖于这种资源。即使不考虑到后代,经济学家也认为现在使用一种不可更新资源,会增加其将来的稀缺性(供给减少)。随着供给的减少,价格就会上升。因此,如果资源的所有者今天开采这种资源,他将失去将来价格更高时开采的机会。

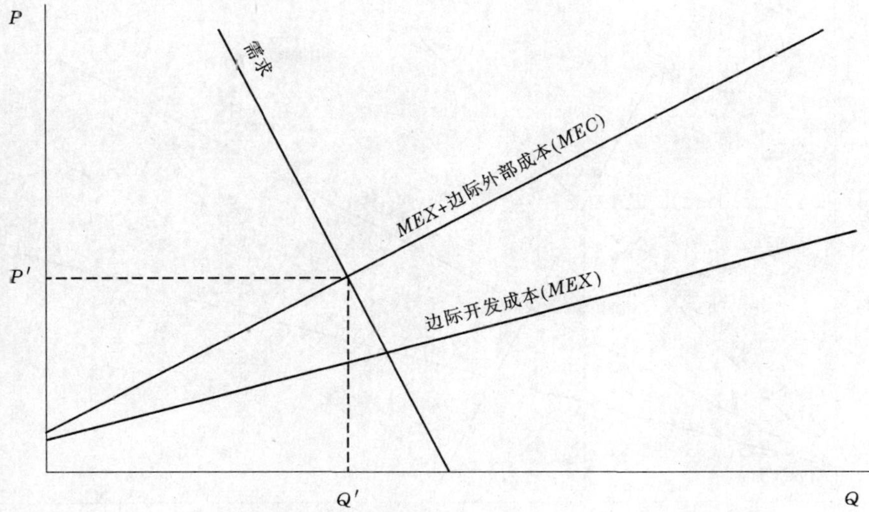

图 11.2　没有稀缺、不存在负外部性(全球边际外部成本)时化石燃料的最优开采(Q',P')

> 使用者成本指未来不能使用资源的机会成本，原因在于现在耗尽了资源,没有将资源保持在自然状态。

边际使用者成本指额外单位资源在自然状态下的价值。在完全竞争的经济体系中,理论上边际使用者成本等于资源的价格减边际开采成本。

今天一种资源开采得越多,当前它的供给也越多,从而当前的价格也越低。同时,更多的开采意味着将来这种资源会更稀缺,从而价格也会更高。因此,在其他因素保持不变的情况下,**边际使用者成本**(*MUC*)——今天而不是将来生产额外单位资源的机会成本——随总产量的增加而增加❶。

> 边际使用者成本是指增加单位自然状态的资源的价值。在完全竞争的条件下,理论上边际使用者成本等于资源价格减去边际开发成本。

边际使用者成本是生产的真实成本,要得到反映所有机会成本的总成本,它必须加到 *MEC* 和 *MEX* 中。由于单个生产者是价格的接受者,因此,如图 11.3,他的生产将位于边际收益(价格)等于边际成本(*MEC*+*MEX*+*MUC*)的点上。当然,由于生产者不需要支付边际外部成本,所以生产者可能会忽略边际外部成本。

使用者成本也可视为资源在自然状态下的价值,即未被开采时的价值。边际使用者成本就是额外单位资源在自然状态下的价值。理论上,在竞争市场上,资源生产者支付给资源所有者换取单位资源开采权的费用恰好等于边际使用者成本。

想一想

在一个竞争的市场中,为什么资源生产者支付给资源所有者换取单位资源开采权的费用恰好等于 *MUC*?

❶　这里需要提醒:一些理论研究表明增加的边际开采成本和(或)存在消耗不掉的替代品(一种支撑技术)可能使边际使用者成本随时间下降。不同假设的数学模型中会导致出现不同的结果。

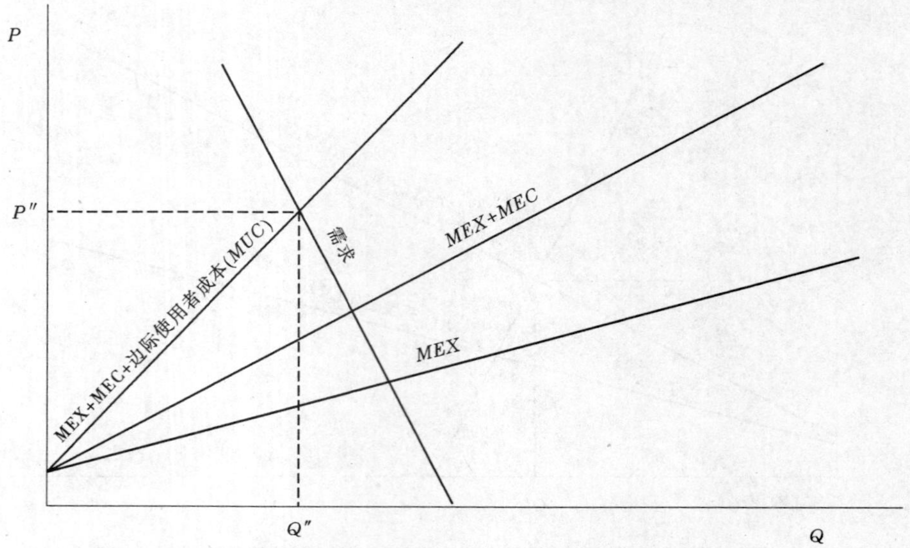

图 11.3　在存在稀缺和负外部性时化石燃料的最优开采点(Q″,P″)

这个费用就是熟知的**特许开采权利金**,也就是说,边际使用者成本等于资源价格减去边际开采成本。因为提供自然状态下的自然资源不需要耗费人类的劳动,所以使用者成本就是不劳而获的利润,也就是众所周知的经济地租。第九章中将**地租**,或稀缺租金定义为不劳而获的利润,或者是高于和超过企业出售产品价格的报酬。

> 特许开采权利金指为获得开采某种资源的权利,向资源所有者支付的费用。在竞争市场中,理论上单位特许开采权利金应该等于使用者的边际成本。

既然边际使用者成本随稀缺性的增加而提高,它以多快的速度增加呢?必须记住,使用者成本是现在开采资源的机会成本;贴现率不是指开采资源并将利润投资于其他最能赢利的生产活动产生的收益,而是保持资源自然状态的机会成本。传统经济学家认为,在其他因素不变的情况下,资源最优开采率是指,资源按该开采率开采,由地下资源稀缺性引起的边际使用者成本的增加率与替代性(地上的)投资的回报率相等❶。这就是著名的**霍特林法则**,由经济学家哈罗得·霍特林首先提出。根据霍特林法则,开采率将随时间而减少,从而导致价格增加。

如果 MEC 和 MEX 为零,在最优开采时,价格的增长率就等于贴现率。这是一个直观的结果——如果价格的增长率小于贴现率,资源的所有者就会加快开采速度并将所得利润投资,这样利润增长的速度要比地下资源的价值的增加速度快,从而资源所有者实现利润最大化;如果化石燃料价格的增长率大于贴现率,将资源留在地下增值将会产生最大的利润。也就是说,如果将资源留在地下的机会成本(贴现率乘以资源当前的价值)大于开采的机会成本(使用者成本),就会开采资源,反之亦然。

理论上,市场机制能自动(通过无形的手)将边际使用者成本融入到市场价格中,并使其等于市场价格减开采成本。现实中,由于企业的联合,缺乏竞争,没有清晰界定的产权,

❶ H. Hotelling, The Economics of Exhaustible Resources, *Journal of Political Economy* 2:137～175(1931).

不完全的信息等原因，自然资源市场通常是不完善的，从而不能揭示真正的使用者成本。另外一种替代的估算方法是估算资源完全枯竭的时间，也就是必须转向使用最易获得的替代品（假设存在一种替代品）的时间。如果存在合适的可更新替代品（如太阳能），或者储量丰富的替代品（如氢核反应）（作为一种支撑技术已为人类所知），资源的价格就不可能超过其替代品的价格。这减少了现在使用资源的机会成本，也降低了使用者成本，导致资源的价格更低，从而开采速度更快。为了确定使用者成本，需要估计单位最佳替代品与枯竭资源的成本差额，通常为一个余额。这个余额的贴现值（从资源完全耗尽时开始）就是边际使用者成本。

总结而言，如果符合下面的情况，使用者成本将会较低：(1)贴现率较高；(2)由于资源的储量很大，或者是年使用率低，所以资源的枯竭期非常遥远；(3)预期能获得可利用的替代品。反之，生产者成本将会较高。这里再一次展示了贴现率（利率）、对替代品的期望以及地下存量不确定性的重要性。

专栏 11.1 可持续收入账户中的边际使用者成本

讨论使用者成本非常有趣，约翰·梅纳德·凯恩斯是20世纪最具影响力的经济学家，他对应用使用者成本来折旧人造**资本**（为得到衡量收入的合适方法）非常有兴趣。他利用铜矿（自然资本）的使用者成本阐明了他的观点[a]。而现在，涉及到使用者成本的教材都会把人造资本的折旧方式应用于自然资本，这种颠倒说明了对自然资本的忽视。

回想一下以前各章的术语，很明显使用者成本是对存量枯竭（自然或人造库存）和**资本**折旧（自然和人造的生产设备）必须的收费。用核算术语表示，库存和机械都是资本，库存是枯竭的，机械是折旧的。二者都需要计算使用者成本。如果收入计算未扣除使用者成本，那么收入就会高估，从而也是不可持续的。大多数国家的核算中都错误地将使用者成本计为收入[b]。凯恩斯，作为现代宏观经济学主要的奠基者，对正确衡量一个国家的收入有浓厚的兴趣。

自然中几乎没有不可更新的自然资源提供资本—服务。第十二章将分析使用者成本对可更新资源提供的存量—流量，以及资本—服务的含义。

---

[a] *J. M. Keynes*, The General Theory of Employment, Interest, and Money. *Orlando, FL: Harcourt Brace* (1991) *p*. 73.

[b] 见 *S. EL Serafy*, The Proper Calculation on Income from Depletable Natrual Resources. In *Y. J. Ahmad*, *S. El Serafy*, and *E. Lutz*, *eds*. Environmental Accounting for Sustainable Development, *A UNEP—World Bank Symposium*, *Washington*, *D.C.*: *World Bank*, 1998; *and S. El Serafy*, *Green Accounting and Economic Policy*, Ecological Economics 21: 217～229.

分析中的缺陷

从生态经济学的角度来看，对化石燃料进行这样的分析是不够的。第一，它仅关注资源对当代人的净现值，而忽略了给后代留下部分资源的伦理责任，也就是说，仅关注效率，而忽视规模和分配；第二，当前既没有生产者也没有消费者为边际外部成本付费；第三，实践的证据与传统理论相矛盾，如图 11.4 所示，在过去的 130 年里，石油价格相当稳定。接下来讨论矿物资源时，还会回到最后这一点上来。

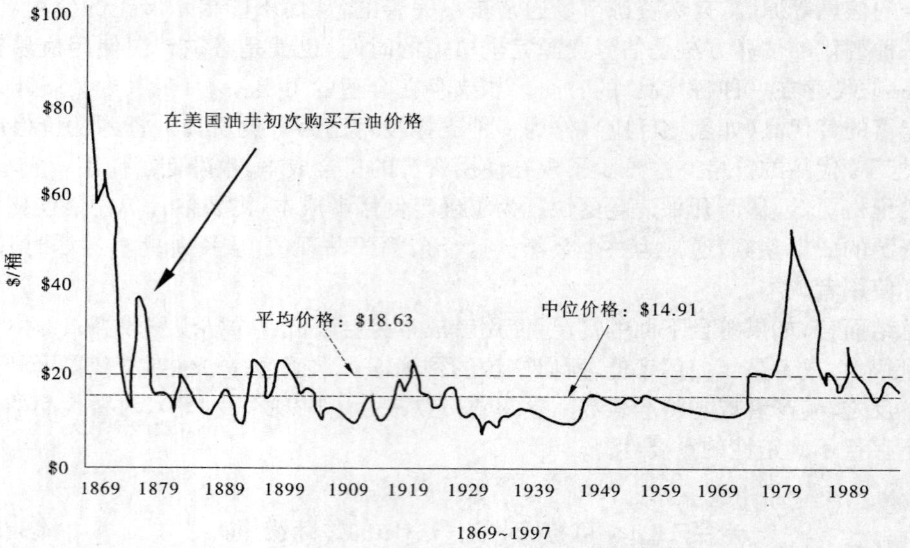

图 11.4　1968～1997 年间的石油价格(以 1996 年的美元计算)

这是扣除运输成本的美国原产地价格。图上短期价格不稳定的特点非常明显(注意 20 世纪 70 年代，OPEC 减少石油生产引起的价格飙升)，但更值得注意的是，在过去 120 年里价格表现出的相对稳定性。

(资料来源：Adapted from WTRG Economics，1998. Online：http://www. wtrg. com/prices. htm.)

矿物资源

矿物资源具有竞争性和排他性，可以通过市场进行配置。与化石燃料一样，它们的生产和消费都会产生严重的外部性。实际上，一些国家(如美国❶)工业排放的有毒物质几乎有一半来自采矿业。相对于化石燃料的负外部性而言，矿物资源的负外部性并不被大家所熟知，表 11.2 对此做了简要的总结。

尽管与化石燃料排放产生的问题相比，矿物资源的外部性有很多都是局地性的，但它们仍有持久和严重的影响。例如，在罗马人 1500 年前开采的矿点仍存在酸性的矿山排水。仅在美国就有 50 多万口废弃的矿井❷，估计清除成本高达 320～720 亿美元❸。取决于对后代的关注，解决这些外部性问题的交易成本将极大甚至为无穷大，而且通过自由市场无法解决这些问题。

值得注意，这里有一个很有意思的反常现象。在代内，市场要能有效配置某种资源，这种资源必须具有竞争性。然而，后代无法参与今天的市场。因此，如果一种商品具有代

❶ P. Sampat, From Rio to Johannesburg: Mining Less in a Sustainable World. World Summit Ploicy Brief ＃9. World Watch Institute News Releases. Online: http://www. worldwatch. org/press/news/2002/08/06.

❷ Center for Streamside Studies. Online: http://depts. washington. edu/cssuw/Publications/FactSheets/ minec. pdf.

❸ 据报道，有些矿物的清除成本要高于从矿物中提取的价值。Environmental Media Services, Mining Companies Profit from Public Lands While Taxpayers Pay for Cleanup, 2002. Online: http://www. ems. org/mining/profits_costs. html.

际的竞争性，即一代人对它的使用会妨碍后代人的使用，那么市场也仍然不能对其进行有效的配置。化石燃料具有代际竞争性，矿物资源在代内也具有竞争性，但在代际，矿物资源在一定程度上可以循环，因此矿物资源的代际竞争性就相对小一些。如果矿产资源能够有效地循环利用，并且生产和消费不产生负外部性，那么市场就能在代内和代际都对其进行有效的配置。循环利用过程越有效，边际使用者成本就越低，理论上随时间增加价格提高的程度也越小。然而数据记录显示：矿物资源的循环利用水平低，其需求量增加很大(仅在美国，从1900年的930亿t增加到1998年的29 000亿t)，真实价格大幅下降❶。

表11.2　开采矿物资源(尤其是从硬岩矿中)产生的外部性

外部性	是什么	有什么影响
酸性的矿山排水	在矿石和围岩中普遍存在金属硫化物。岩石开采、粉碎，暴露于空气和水中都会氧化金属硫化物，会产生酸性有毒的重金属阳离子	氧化的时候需要水，这些水将氧化物冲到附近的地表水和地下含水层中；除了酸化的影响，重金属还能在动物种群和人体中积累
侵蚀与沉积	重型机械、露天矿以及敞开的塌陷矿井破坏了保护土壤的地表植被；水冲走了侵蚀产物和废弃物颗粒，在其他地方沉积	主要影响湿地和其他水生生境；土壤有机体、植被以及恢复能力也受到影响
排放氰化物和其他化学制品	提炼矿物经常使用的氰化物和其他有毒化学制品	氰化物排放到生态系统会严重危害到水、土壤、水生生物、有机体、野生动植物、水禽和人类
排放灰尘	碾碎矿石、传送和装卸碾碎矿石、装箱、爆破、挖掘和依靠动力设备运输、使用拖运的道路、堆积的废石、风吹的残渣、受干扰区都会产生灰尘	灰尘是一种空气污染物，同时也是传递有毒重金属的载体
改变生境	矿物开采对景观有着极大的影响，并使用大量的水	影响生态系统的结构和功能
污染地表和地表水	矿物开采需要大量的水，从矿井里抽水影响了地下水位，并且废弃物污染了水	改变了地表和地表水的流动，影响到湿地和其他依赖于水的生境

来源：*EPA Office of Waste Water Management, Hardrock Mining: Environmental Impacts, Online: http://www.epa.gov/owm/permits/hrmining/env.htm.*

❶ D. E. Sullivan, J. L. Sznopek, and L. A. Wangner, Twentieth Century U. S. Mineral Prices Decline in Constant Dollars. Open File Report 00～389, Washington, DC: U. S. Geological Survey U. S. Department of the Interior, 2000.

价格反映稀缺性吗

事实上，不可更新资源的价格是不断下降的，而理论上预测的价格是不断上升的，怎样解释两者间的异常呢？传统经济学理论认为价格是稀缺性的增函数，开采减少了不可再生资源的地下存量，这是个不争的事实。但存在异常也并不意味着价格不能反映稀缺性，因为稀缺性不仅是由资源余下的物理量定义，还取决于新发现的资源❶和可用的替代品。价格平衡供给和需求，只要新发现导致供给增加，或发明了替代品引起需求下降，稀缺性就会减少，价格也会随之下跌。如光纤极大地减少了电话线对铜的需求，这就是铜价格下跌的原因。

前已述及，1962 年石油的新发现达到高峰，1982 年石油生产超过新发现量，当前石油的消费量是新发现量的 2—6 倍。此外，虽然有更多的石油潜在替代品，但相比 100 年前，现在依赖石油的技术(互补品)远多于替代石油的技术。替代品减少了资源的稀缺性，而互补品增加了资源的稀缺性。然而，石油需求的稳定增长仍然没有明显地影响到它的价格。

这又做何解释？首先必须认识到即使价格反映了地下资源的稀缺性，因为各种明显的原因，这种反映效果也不好。对于地下储藏石油的准确储量，即使在专家间也存在相当多的争论(尽管在可提取储量上的分歧比探明储量少)。探明储量的估算每年变化极大，即使没有新发现，经常也会有很大的增加❷。如果连专家都不知道地下有多少石油，价格又怎能反映呢？

虽然价格不能有效地平衡地下未知储量的供给和需求，但它能够平衡地上可利用的供给和需求。可利用的地上供给量仅由开采率决定，它依赖于已知储量、现有设备和技术、以及资源所有者开采多少的决策。霍特林提出，一个理性的生产者会限制当前的生产规模，以从将来较高的价格中获利。但如果真实价格不上升，资源所有者就没有将资源留在地下的动机，只要资源的边际开采成本小于价格，他就会开采资源。如最简单的静态分析(图 11.1)所描述的那样，生产者基本上忽略了 *MUC*。

虽然生产者忽略了 *MUC*，但仍可期待 *MEC* 是增加的。前已提及，经济分析假定开采不可更新资源首先是从纯度最高、最容易开采的矿藏开始的。随着这些资源枯竭，就会转向开采成本较高的矿藏，从而引起价格上升。然而，这个观点存在两个严重的问题。第一，如同 Norgaard 指出的，开始开采一种新资源时并不知道哪里是最佳的开采点。最初的发现包含许多偶然性。Norgaard 将此比喻为运送清教徒前辈的“五月花号”轮船。如果人们总是首先开采最好的资源，第一批移民就会定居在美国最好的土地上。但在他们到达之前，移民们对北美的土地资源一无所知，他们最终定居在哪里很大程度上是偶然决定的❸。

---

❶ 需要记住的是，新发现并不能增加地下资源量；仅是使我们更容易获取这些资源！从短期市场来看，新发现降低了这种资源的稀缺性，但是从长期的角度来看，他们增加了地下资源的稀缺性。

❷ 1988 年 1 月，为了赢得 OPEC 较高的配额，伊朗、伊拉克和委内瑞拉都报告它们的储量翻了番。从那以后尽管一直在开采，但它们报告的储量却没有多大的变化。C. J. Campbell, Proving the Unprovable, *Petroleum Economist*, May 1995.

❸ R. Norgaard, Economic Indicators of Resource Scarcity: A Critical Essay, *Journal of Environmental Indicators and Management* 19(1): 19～25 (July 1990).

第二，开采一种新资源会减少资源的总存量，但在开采的过程中，我们也逐渐获得了哪里发现资源以及如何开采的信息，这些信息增加了可获取的资源数量。这里有两种效应在起作用，稀缺效应减少了可获取资源的总量，而信息效应却增加了可获取的数量，并降低了开采成本。因此，只要信息效应占主导地位，资源的价格就会下降。但最终会是稀缺效应占主导地位，价格会上涨。与预测一种资源价格逐渐上升不同的是，这个模型提出了存在资源价格下降后突然、迅速地增加的可能性。如果将这种分析结合到石油地质学家的估计中去，就能预测在今后 2～20 年中，石油价格会突然大幅度地上涨❶。

这个结果对可持续性来说非常重要。前已述及，经济学家认为价格的增长可以激发创新，催生资源的替代品。如果资源所有者是乐观主义者，对他们来说，由于有新的发现以及替代品，资源不会变得稀缺，价格也不会上涨(甚至有可能下降)。如此，尽快开采资源并将利润投资就合情合理。如果资源开采很快，地上资源的供给量会很大，从而价格会很低。这会降低探索和开发替代品的积极性。问题是，开发替代品需要技术，而技术进步需要时间，如果资源濒临枯竭没有什么预兆，也就没有时间来开发替代品。在乐观主义者的世界里，悲观主义者更有可能是正确的，反之亦然❷。虽然这不是唯一怀疑可以忽视资源枯竭的论点，但它非常重要。

淡水

淡水与经济相关的特征取决于对它的具体使用，在许多经济和生态过程中都需要使用水资源，有关水的经济学本身就可以写一本书。在本书的其他部分可以发现特殊用水的一些相关特征。具体而言，与化石燃料类似，化石蓄水层中的水是不可更新资源，而且几乎没有外部性；作为生态资本一服务的水，与第十二章中讨论的其他生态系统服务类似。这里将讨论限制在水作为存量一流量资源的特有性质上。具体而言，水是人类生存的必需品；它没有替代品❸；水的分配系统通常展示了经济规模。

传统上，清洁的、可利用水资源的稀缺被视为一个地方性的问题，但是关于水资源的国际纠纷不断增加，表明水稀缺也是一个全球性问题。这些特征对水市场有非常重要的含义。至少从早期文明的第一次大规模灌溉工程开始，传统上水资源都由公共部门供给，然而在许多情况下，水是具有排他性的竞争性资源，因此在技术上应该可以靠市场进行配置。的确，近年来越来越多的城市、州甚至国家，为了实现更高的效率，水开始转由私人部门供给，许多新古典经济学家对此欢呼雀跃❹。然而，水作为不可替代和必需的资源，这意味着对市场配置水而言还需要考虑重要的伦理含义，这也使水成了生态经济学中研究为什么公平分配优先于效率的一个很好案例。

许多地方水非常丰富，常被用于一些不重要的活动，甚至是浪费。通常，较高的水价

---

❶ D. B. Reynolds, The Mineral Economy; How Prices and Costs Can Falsely Signal Decreasing Scarcity, *Ecological Economics* 31(1): 155～166(1999); C. J. Campbell and J. H. Laherrère, The End of Cheap Oil, *Scientific American*, March 1998.

❷ P. Victor, Indicators of Sustainable Development: Some Lessons from Capital Theory, *Ecological Economics* 4: 191～213 (1991).

❸ 当然，通过技术可以提高水资源在一些应用中的使用效率。

❹ 比如，国际货币基金组织和世界银行经常以水的私营化为贷款的必要条件。

能减少这种浪费。然而，因为水最重要的用途没有替代品，而且是人类生存的必需品，当水的供给稀缺时，或价格升高时，水的需求对价格的变化非常缺乏弹性❶。价格1%的增长减少需求量不到1%(图11.5)。水丰富时，常被用于非基本的活动，需求对价格是富有弹性的；随着水变得稀缺，通常仅会用于重要的活动中，需求对价格的变化缺乏弹性；当水资源变得更稀缺时，仅用于最基本的活动上，比如种植粮食和饮水，需求对价格完全无弹性。

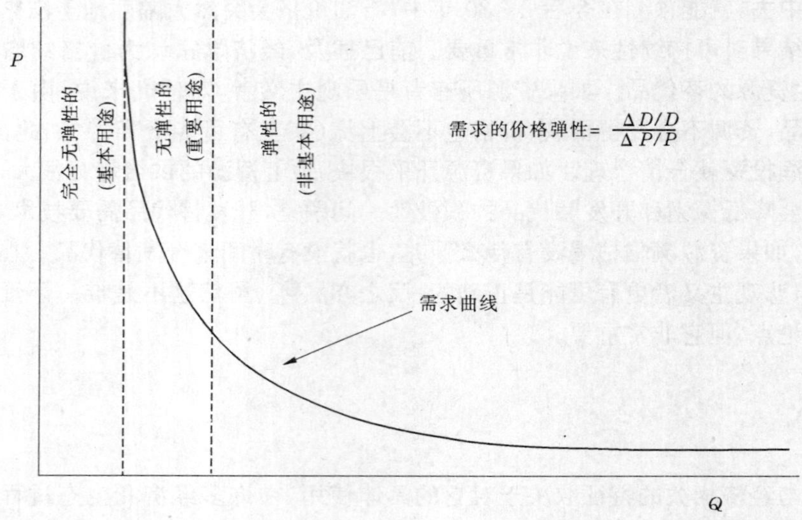

图11.5　不同水量的价格弹性(相对于价格变化的百分比与需求量变化的百分比)

这种情形引起了两个非常重要问题。首先是分配问题。在市场经济中，最“有效的”使用就是能创造最高价值的使用，而价值由支付意愿决定。在一个收入分配非常不平等，水资源的相对稀缺越来越大的世界里，许多人的支付能力有限。水资源“完全”由市场配置很容易导致出现以下情况：富人为草坪浇水比穷人为种植口粮用水支付得更多。虽然经济上绿化草坪更为有效，但伦理上大多数人会认为应当优先考虑穷人的生存问题。

第二个问题是效率问题。市场很少是完善的，而相比其他市场，水资源市场更不完善。供水需要庞大的基础设施，而基础设施的重建成本十分高昂。因此，水只需要一个供给者是有道理的。即使是在水私有化的地方，也不存在竞争性的市场，而是一种自然的垄断。当生产的边际成本下降时，就会发生自然垄断，许多公用事业都是如此。对缺乏弹性的需求，垄断供给者知道价格上涨10%需求量不会减少10%，价格的增加可以带来高利润。此外，任何人都需要水，无论垄断供给者的效率多低，价格多高，都不可能退出水市场。在市场份额不受影响的情况下，企业为了短期利润的最大化可能推迟改善基础设施。只有严格管理才能阻止私人供给者提高价格和降低供水质量。在没有竞争压低价格，也没有管制控制成本的情况下，私人供水部门可能要比公共部门更为低效——也一样不公正。

---

❶　这个问题在经济思想史中非常重要，通常在“钻石－水的悖论”标题下进行的。参考专栏14.1脚注1对从交换价值中区分出使用价值的解释。

李嘉图土地

第四章和第五章中解释过，李嘉图土地指能够接受阳光和降水的物理空间，本身并不具有许多生产性的性质。生产性性质（如土壤肥力）被归为生态系统服务。在代内，李嘉图土地既具有竞争性，也具有排他性，因此能够通过市场进行配置。在代际间，它具有非竞争性，这表明对土地的市场配置，应当同时满足代内有效和代际公平的原则。

然而，在得出这个结论之前，需要了解是什么使李嘉图土地有价值？当然，在市场条件下，世界上最有价值的土地在大城市内，其价格可能超过 100 000 美元/米^2；而最没有价值的土地往往是那些不毛之地。使土地有价值的似乎是与其他人的邻接度。有些人也许认为，无人区的土地价格低是其他原因（如严寒和酷热）造成的，正是这些原因阻止了人们最初的定居。但是，在地球上一些不太适合人类居住的地方，也居住着人类，在人口最稠密的地区土地价格最高，而人口最稀少的地区土地价格最低，即使定居地的其他因素基本相同。

为什么其他人的存在使土地更有价值呢？人类是社会性动物，相互依存是为了满足物质和精神需要。人类聚居在一起使个人可以从事专业化生产，而专业化可以带来经济上的效益。根据经验，在人口不断增长和经济不断增长的情况下，即使土地所有者不对土地进行改进，土地也会增值。随着城市的增长，城市外围的土地会更有价值。如果政府修建了地铁系统或公路，附近土地的价值可能会飞涨。临近新基础设施，如排水系统、输电网络、高速公路、地铁等，也可使土地的价值增加。

其原理就是土地获得的价值来自于其他人决策的正外部性。因此，土地的价值是市场失灵的结果，所以不能简单地认为，市场是土地（包括李嘉图土地）最佳的配置手段。19 世纪的经济学家 Henry George 首先以大众能理解的形式展现了对土地价值的这些认识❶。

土地价值的产生并不仅是学术争论，它还与重要的政策争论直接相关。如在 20 世纪 90 年代早期，一个案例被广泛地讨论。芝加哥郊区的一个老年妇女拥有一块价值约 3 000万美元的土地，但在她的土地上发现了濒危的蝴蝶，保护蝴蝶限制了这块土地的开发，从而使得其价值骤跌。许多人认为这对那个妇女来说是完全不公平的，政府应该给她补偿，让她“得到”她土地的价值。然而，最初是什么使她的土地价值如此之高呢？她拥有这块土地已经几十年了，在此期间芝加哥的发展非常快。政府修建的道路、排水管道和输电网络逐渐地延伸，增加了她原本偏僻的土地的价值。是政府的行为给这片土地创造了价值，而后来也是不同的政府行为，为了满足重要的公众需求，降低了这片土地的私人价值。这个案例提出了一个重要的问题：不是靠个人努力，个人是否应该赋予由社会或自然创造的财富？或这种财富是否应该属于整个社会？

除了市场失灵外，还有其他原因使市场魔力对土地不起作用。土地的数量是固定的，其供给完全无弹性——不会随价格的变化而变化。在供给量一定而需求增加（人口和财

❶ H. George, Significant Paragraphs from Henry George's *Progress and Poverty*, with an introduction by John Dewey. Garden City, NY: Doubleday, Doran, 1928.

富的增长)的情况下,土地价格趋于上升。因此,无论谁获得一块土地,都会发现无需自己任何努力土地价值都会不断上涨。这使土地成为投机性投资追逐的目标。投机购买的土地通常会被闲置,而土地需求需要在生产性土地的需求上增加考虑投机性土地的需求,这种扩大的供需差额进一步增加了土地的价格,降低了人们购买生产性土地的能力。换句话说,在一定的环境下,土地的投机市场减少了生产性的土地。这并不意味着土地所有权和土地市场必然不好——仅说明市场所有理论上的优点不能机械地搬到土地市场中去。

太阳能

为保持完整性,最后分析的非生物资源是太阳能流——持续不断地温暖地球以及驱动地球上生物地球化学循环的太阳能流。显然,人类制度和发明(缺少大镜子和伞)都不能直接改变地球上阳光的配置,也不可能改变其供给。但是,市场力量对太阳能的规模、分配和配置有重要的间接影响。

在规模方面,人类对生态系统的影响破坏了生态系统获取太阳能的能力——例如,与健康的森林相比,受酸雨危害的森林获取的太阳能更少。在分配方面,土地是一个基本下垫面,以多种形式(除了热之外)获取太阳能,因此市场间接地决定了谁可以利用到达地球的太阳能。配置——怎样利用太阳能——部分由谁拥有太阳能到达的土地决定。从这种意义上讲,太阳能既具有竞争性,也具有排他性。同样是关于配置的问题,土地的使用影响太阳能的空间分配——前面提及的亚马逊森林通过蒸腾以热的形式将太阳能传送到温带。然而,从政策方面考虑,可以将这些问题视为其他资源使用的外部性。

本章知识点

- 8种类型的自然物品和服务:化石燃料(不可更新的存量)、矿物(部分可循环的、不可更新的存量)、水资源(不可更新的存量,可循环的)、太阳能(不可破坏的**资本**)、李嘉图土地(不可破坏的**资本**)、可更新资源(可更新的存量)、生态系统服务(可更新的**资本**)、废物吸收能力(可更新的**资本**)
- 存量(枯竭),**资本**(折旧)
- 可更新资源,不可更新资源
- 竞争性,非竞争性,排他性,非排他性
- 开采成本,边际开采成本
- 外部成本,边际外部成本
- 使用者成本,边际使用者成本
- 特许开采权利金
- 霍特林法则
- 价格衡量资源稀缺性存在问题
- Henry George

第十二章　市场失灵和生物资源

除太阳能和淡水外，非生物资源在人类时间尺度上是不可更新的。对人类的价值仅体现在开采和使用中。然而，如果可以降解，那么生物资源就是可更新的，并且它提供的服务与生产的物品同样具有价值。本章将分析是否有自然资源满足市场配置的准则，将注意力集中在生物的存量一流量资源（生态系统结构）和生态的**资本一服务**资源（生态系统功能）上，并对废物吸收能力给予了特别的关注。

可更新资源的存量和流量

可更新资源的存量与流量具有竞争性和潜在的排他性，这依赖于是否有机构控制它的使用权。如果枯竭速度低于更新速度，那么在代际间可更新资源就具有非竞争性。不幸的是，除非明确地考虑后代的利益，否则经济激励因素可能会使许多可更新资源的枯竭速度超过它们的更新速度，这最终会使这些资源完全消失。这里再次指出，作为可更新资源生产的"外部性"，使用它们的存量和流量不可避免地会削弱生态系统的**资本**和服务。这使得对可更新资源的经济分析变得极为复杂。

在前面对可更新资源存量和流量的讨论中，主要了解的是它的物理属性，很少涉及相关的经济内容。图 12.1 重新绘出了第六章中给出的可持续产量曲线❶。乍看经济学家的目标非常简单，就是最大化资源的可持续收获量。要实现这样的目标，就应当尽力把种群的存量维持在具有最大可持续产量（*MSY*）时的大小。然而这忽略了两个重要的问题。首先，存在收获成本，称为 P_EP（作业量* 与其价格的乘积，这里作业量包括收获存量需要的所有资源），单位收获成本会随种群数量的减少而增加。很明显，剩下的鱼越少捕捞起来就越困难。即使是对森林，首先砍伐的也是最容易获取的木材，随森林存量的减少，让木材上市的成本也就越大。

更重要的是第二点，如果像许多经济学家一样认为所有资源都是可替代的，并且货币是任何资源的完全替代品。那么经济目标将不再是最大化资源的可持续收获量，而是最大化从资源中取得的年度收益的货币总量。甚至这个目标也不完全，实际上市场目标是最大化现值——贴现了未来收益的货币总量。

为了简化分析，假定作业量、存量与捕获量（收获量）之间存在线性的关系，即**单位作业捕获量假说****。对任意给定的作业量，更多的存量会引起收获量以线性的方式增加；

❶　为了图示明显，更改了坐标轴的单位。将 Y 轴的单位拉伸，所以 45°线看起来要比实际的陡峭。

* 作业量是由英文单词 effort 翻译而来，这在国标中是翻译成努力量，但译者认为国标中的翻译不好理解，做了更改，请读者注意。

** 译者认为此处是专门针对渔业资源而言的，针对其他生物资源（如木材），称为"单位作业收获量假说"更恰当。因此，本文除了专门针对渔业资源时采用"单位作业捕获量假说"外，其他情况都使用的是"单位作业收获量假说"这一术语。

对任意给定的存量,更大的作业量可得到更多的收获量。然而,除非收获量小于存量的年增加量(也就是低于可持续产量曲线),否则在其他条件不变的情况下,任何一年作业量的增加会减少来年的存量,因而会减少来年同样作业量的收获量❶。

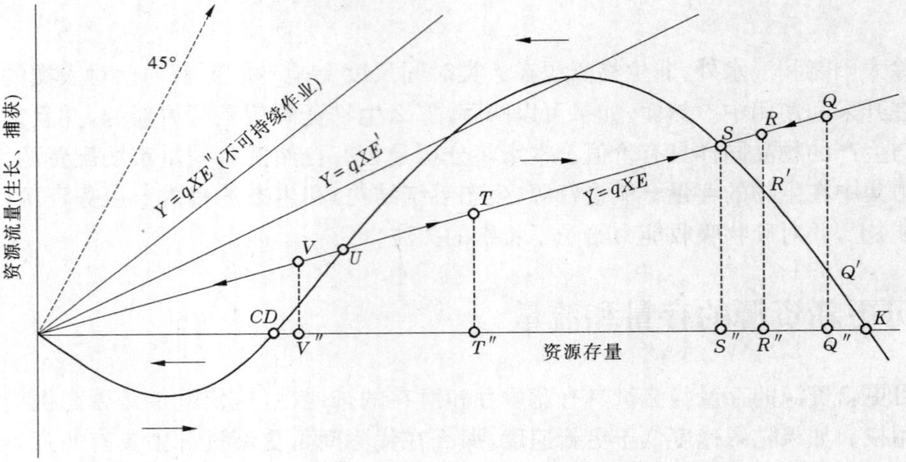

图 12.1 可持续产量曲线和单位作业捕获量曲线

回顾第六章,这条曲线表示的是在任一存量水平下,存量的增长率,它与可持续产量相同。直线 $Y=qXE$ 表示在给定的作业量下,任一存量水平下的收获量,斜率越大表示作业量越大。

假设 $Y=qXE$,其中 Y 是收获量,X 是存量,E 是作业量,q 是常数,可视为"可捕获(收获)系数"❷,稍有数学常识的人都可以看出,这是一个起始于原点,斜率为作业量 E 的直线方程。图 12.1 中画了三条直线,分别为 $Y=qXE$, $Y=qXE'$,$Y=qXE''$,其中 $E''>E'>E$。假设在年度 0,存量是 Q'',作业量是 E,收获量是 QQ'',$Q''Q'$ 是资源该年度的增长量。这时由于收获量超过了可持续产量(超过 $Q'Q$),来年的资源存量将减少至 R''(注意,此图两个坐标轴的单位并不相同,资源流量轴的单位要比资源存量轴的单位小)。在存量为 R'',作业量为 E,收获量为 R 时,存量将减少 RR。只要作业量保持不变,这个过程将一直持续至存量为 S''时为止,届时收获量 S 将位于可持续产量曲线上。

假设一个来自外部的扰动(如厄尔尼诺)使某年鱼群的存量减少到 T''。如果作业量保持不变,该年的收获量将小于存量的增加量或净补充量,存量就会逐渐恢复至 S''。因此,S''是一个稳定均衡点。如果在鱼的种群恢复之前,另一次厄尔尼诺将存量减小到 V''。在 V''点,同样作业量下的收获量要大于存量的增量,如果是这种情况存量将不能恢复。回想第六章中提到的任何低于可持续产量曲线的收获量会增大来年的存量,而高于可持续产量曲线的收获量会减小来年的存量。$Y=qXE$ 曲线上的箭头标明了这个过程动态变化的方向。因此,单位作业收获量曲线与可持续产量曲线的交点 U 是一个不稳定均衡点。

---

❶ 当种群存量较大时,较大的收获量可使来年的可持续产量增加,但来年的可持续产量仍小于今年的收获量(使种群存量减少而提供的可持续产量增加时所需的收获量)。

❷ C. Clark, *Mathematical Bioeconomics*: *The Optimal Management of Renewable Resources*, New York: Wiley, 1990.

年度利润最大化

假设目标是从渔业开发中获取最大的可持续年度利润(π)，这需要计算在可持续产量F曲线上何处利润最大。不幸的是，作业量曲线的图例分析并没有直接显示利润。然而，从年度利润的角度来分析这个问题很有意义，故需要一个与图12.1稍微不同的图(图12.2)。图12.2中，除给纵轴乘了一个假定的常数 P_F——鱼的价格外，横轴和产量曲线均保持不变。因为乘的是常数，这在不改变曲线形状的情况下使产量曲线变成了总收益(TR)曲线。由于利润(π)等于 $TR-TC$(总成本)，所以需要加上一条总成本(TC)曲线。如果将作业量定义为所有的工具、劳动以及其他投入到渔业中资源的总和，那么 TC 就等于作业量乘其价格，因此可从单位作业捕获量曲线中推导出总成本曲线❶，TC 是一条起始于最大种群数量点而向左上升的一条曲线。TC 随捕获鱼量增加而增加是因为鱼存量的枯竭，也是因为收获了较大的可持续产量(至少在达到 MSY 之前是这样)。但即便是收获量超过了 MSY，由于存量减少增加了捕捞的困难，TC 可能仍然会增加❷。

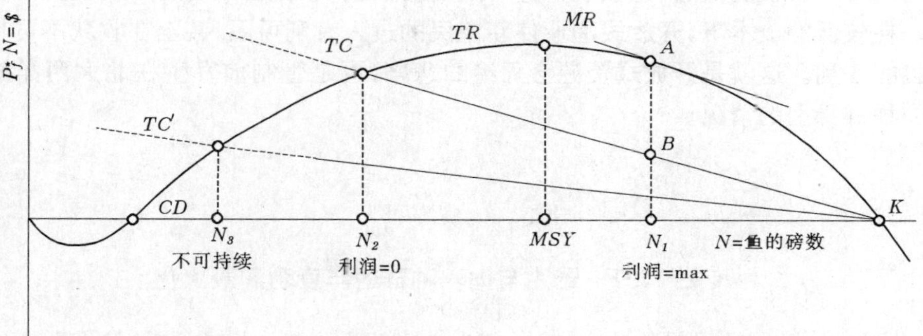

图12.2　更新资源年度利润最大化

仅考虑流量维度，$\pi=TR-TC$，π 的最大值出现在 MR 等于 MC 的 π^* 点，在该点上曲线 TR 的切线斜率(MR)与曲线 TC 的切线斜率(MC)相等。需要记住的是，这里的总利润概念没有考虑存量维度——仅从可持续流量的角度分析利润，而不是从存量不可持续减少的角度。要达到利润最大化时的存量，必须减少一些存量，但现在先忽略这一点。假设减少的存量以及以前的收获量被丢弃。稍后再讨论它们。

---

❶ 从图12.1推导图12.2的技术注解：单位作业收获量曲线(图12.1中的 $Y=qXE$)给出了任何存量水平下，一定的作业量(E)能得到的收获量。TC 曲线给出了可持续收获量的收获成本。理论上来说，有两个存量水平(不存在临界退偿点时只有一个)可以使给定作业量得到的收获量保持在可持续的状态，它们由曲线 $Y=qXE$ 与可持续产量曲线的交点确定。但在充满随机波动以及经常变化的世界里，不稳定的均衡是不可持续的，因而可以忽略。TC 曲线的 Y 坐标为 $E\times E_P$(E_P 指作业量的价格，这里为常数)；X 坐标是当从曲线 $Y=qXE$ 获得的产出可持续时鱼群的存量，也就是由线 $Y=qXE$ 与可持续产量曲线交点处的存量。让 E 从零增加到最大的可持续作业量水平，就可以画出 TC 曲线。总成本在 K 点为零，但会一直增大直至达到最大可持续的作业量水平。在到达 MSY 之前，更多的作业量导致的可持续产量会更高，而在达到 MSY 点后，作业量增加将会使可持续产量越来越小，最终变得不可持续。在 MSY 点，TC 曲线被截短，图12.2中的虚线表示不可持续的作业量。考虑图12.1中可持续产量曲线和定常作业量曲线的形状，图12.2中所得出的总成本曲线可能不是一条直线，但是直线更方便分析，它与其他任何曲线对现实的抽象程度也差不多。

❷ 注意，图12.2与图12.1的形状并不相同。图12.2描绘了一个能承载较高水平的作业量而又不至于灭绝的更具恢复力的种群。

从图 12.2 中可发现在 N_1 点可取得年度利润的最大值(AB)，N_1 点的存量比提供 MSY 的存量大。换句话说，在这个分析中，追求利润最大化的资本家也没有达到 MSY 的收获量，根本不会使鱼群灭绝！如果总成本为零(或者常数)，边际成本将会是零，利润的最大值将会出现在边际收入也为零的点(即 MSY)，这点 TR 的切线是水平的(斜率为零)。因此，即使收获成本为零，资本家的开采量也不会超过 MSY！

想一想

利润最大化并不需要过多地枯竭存量，你知道这个结果隐含的假设吗？

前面假设只有一个资本家(即一个所有者或决策者)开发渔业。假使渔业是开放式的，而不是具有排他性的私人财产，实际上大多数渔业的情形都是这样。在开放式制度下(此时，资源具有非排他性)，只要有利可图❶，就会有新渔民进入。新进入者将会使存量减少到 $\pi=0$ 或者说是 $TR=TC$ 的点 N_2，在 N_2 点，投入渔业中的资源更多，但可持续的收获量要比 N_1 点时少，没有人会获得利润❷。

曲线 TC' 表示更低的收获成本，这可能由技术进步所致，如使用声纳装置对鱼群进行定位。在较低的成本下，开放式渔业使新渔民的进入有利可图，甚至在收获不可持续的情况下也能获利。这就是开放式资源会灭绝的悲剧，也是管制前发生在北大西洋鳕鱼和许多鲸类种群身上的情况。

专栏 12.1　野生与饲养种群的年度利润最大化

在结束讨论最大化年度利润方法之前，这里利用它来区分野生与饲养种群的开发。前面的渔业例子是关于野生种群的，这里用一个鲶鱼池来做饲养种群的例子。在这两个例子中，生物种群的增长函数相似，但成本函数却迥然不同。对野生种群而言，成本主要是捕获成本；然而饲养种群的捕捞成本很小，饲养与管理的成本却很高。

图 12.3 展示了野生模式和饲养模式的可持续产量曲线，假设在给定种群增长曲线上的二者相等，因而简化成了一条曲线。在野生模式下，TC 曲线(没有画出)是起始于右端向左端不断上升(随捕获量的增加而增加，与前面渔业的例子一样)的直线，在饲养模式下，TC 曲线是起始于左端向右端不断上升(种群越大，饲养和管理成本也越大)的直线。本图描述了在相同的可持续产量时开发野生和饲养种群的情形。请注意，追求最大化年度利润的捕捞者不会使野生种群数量低于 MSY，而鱼饲养者也不会使饲养种群达到 MSY 点，你能解释这是为什么吗？

---

❶ 利润，用经济学的术语，就是高于和超过生产成本的回报，很明显这个生产成本包括工资在内。对共享利润的小团体来说，利润意味着获得比他们从事其他行业更高的工资。

❷ 如果总成本非常大，开放式均衡尽管是零利润，但它的产量可能比利润最大化时均衡的产量要高。

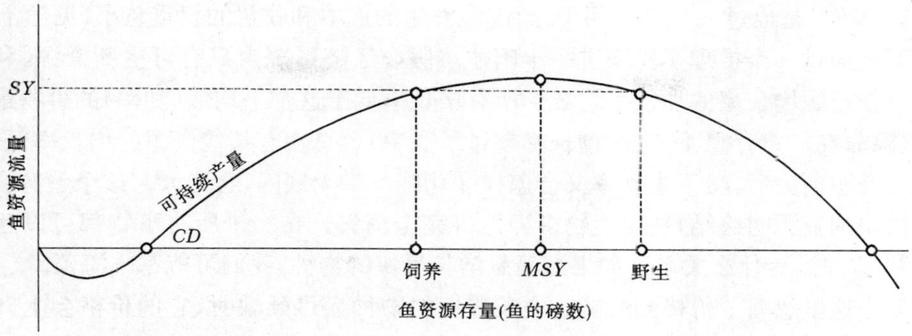

图 12.3　野生与饲养种群的可持续捕获量

野生模式的优势是种群基数较大，包含更多的生物多样性，提供了更多的生态基础服务，并且饲养是免费的。饲养模式的优势是种群基数较小因而占据的生态空间也较小，为其他生命、野生动物或人类留出了更多的空间。当然，饲养种群所需的饲料和饲料的获取也需要占用一些生态空间，并且控制繁殖和基因工程需要饲养模式。人口的增长，以及基因工程技术的迅速发展促进了向饲养基因工程改造过的种群转变(如有名的 200 磅的大马哈鱼)，同时寻求与利率保持一致的较高的生物增长率也支持饲养模式。因为种群基数较小，而提供的年度增加量相同，这明显意味着有较高的增长率。但是较小的鱼群增长更为迅速，而且在饲养、繁殖和疾病控制上更依赖于人类的管理，这必然增加本身就具有不确定性的整个生物系统的不稳定性和脆弱性。你认为联邦储备委员会在制定利率时考虑这些因素了吗？这些风险因素应该被考虑到利率及其衍生的贴现率之中吗？

当利润可以投资时，利润最大化的收获量：净现值

回到成本较高的情景(TC)，如果鱼群只有一个所有者，不能自由捕捞，那么捕获量最终会稳定在 N_1 点吗？答案是不会。因为开始时就忽略了下面这个非常麻烦的问题：作为存量减少的那部分鱼(不是恢复的那部分鱼)怎么样了？它们并没有被丢弃，这个量相对于每年的增量来说较大。这些鱼被卖掉了，它们具有现在就可用的优势——并不需要等待它们重新孵化并长大。但是今天减少的存量越多，明天拥有的鱼就越少，而且捕捞会变得更困难。鱼群就像是传说中会产金蛋的鹅，确实没有哪个明智的资本家愿意杀掉这样的神鹅。

她会杀掉神鹅吗？

如果资本家想最大化金蛋的总量，显然他不会干杀鹅这样的蠢事。但是同时鹅也有作为烧鹅那样的出清价值。假设资本家把鹅杀掉，烹饪后卖掉得到的钱存入银行，如果他每年得到的利息超过了金蛋的价值，那就是与鹅再见，与银行打招呼的时候啦。鹅种群的增长率(卵的繁殖力)与利率——钱的"繁殖力"直接竞争。新古典经济学家认为货币本身没有繁殖功能，但它是许多可繁殖物品的替代品，平均而言，这些物品的繁殖速度要高于鹅的繁殖速度。所以鹅被杀掉了，进行再投资的资本家将缓慢增长的资产转换成了快速增长的资产，因此我们的情况都得到了改善。根据经济学家的看法，这个例子中烹饪鹅是最大化了**净现值**(NPV)——现在到未来所有成本和收益流折算到今天的价值。经济学

家计算 NPV 是通过一个贴现因子，给越晚发生的成本和收益的权重越小(见第十章)。

下面通过一个推理实验来进一步阐述。假设经济系统内只有可更新资源，利率是所有可更新资源增长率的加权平均数。所有增长率低于这个平均数(利率)的事物最终都将灭绝(除非在一定存量下，它的增长率超过了利率)。总会有某些资源的增长率低于利率，当这些资源消失后，接下来利率又会怎样变化呢？毫无疑问，会增大。这个趋势会在仅剩增长最快的资源时终结，届时生物多样性将完全消失。在一个所有事物都可以互换的世界里[1]，这并没有什么关系。如果海藻是增长最快的物种，我们可能都吃海藻。

但是这里忽略了价格的影响。增长较慢的物种变得稀缺时，它的价格会上升来补偿较低的生物增长率，所以这个物种在灭绝之前，价值将会以等于利率的速度增长。但别忘了，价格上升后，现有存量和补充流量的价格也会一起上升。这会激励出清具有更高价值的剩余存量，也会激励减少当前的收获量以增加具有更高价值的补充流量。

蓝鳍金枪鱼是关于这方面讨论的一个很好例子，在 2001 年，一条 444 磅的蓝鳍金枪鱼在日本售价近 175 000 美元，或大约 395 美元/磅。然而有点反常的是日本餐馆通常只需以每磅 110 美元的价格买入蓝鳍金枪鱼[2]。毫无疑问，这是在一个产权不完善的制度下发生的事情[3]，但是给蓝鳍金枪鱼赋予私人产权就能解决这些问题吗？价格越高意味着新金枪鱼的出清价值更高，未来的利润也更高。

是否捕捞一(边际)吨鱼呢？即是让鱼留在水中繁殖(产金蛋)还是捕捞(烧鹅)上来靠利率获利呢？对此如何决策呢？

如用新古典主义的方法来决策，需要知道：今天捕捞这些鱼的所有机会成本是多少？显然，明天不可能捕捞到今天捕捞的鱼。然而，与石油或铁不同的是，我们失去的不仅是捕捞这一吨鱼的机会，而且还有它们繁殖的后代，和它们留在水里增加的生物量。另外，随着经济增长，人们需要更多的鱼，持续增长的人口进一步增加了对鱼的需求。更多的需求意味着更高的价格，如果今天捕捞了这吨鱼，就失去了它未来的额外利润。如果让它们留在水中不断繁殖，种群数量的增大将降低捕捞成本，因此以后比现在捕捞一吨鱼的利润更大。

相反，现在捕捞的好处在于，可将捕捞所得的利润用来投资。也就是说，现在不捕捞的机会成本是指，在现在和下次捕捞期间，未把现在捕捞所得的利润进行投资而失去的收益。随捕捞的鱼的数量增加，鱼群的增长率(每年增加的生物量/总生物量)也增加，所以现在捕捞的边际成本也会增加。

经济学家认为在捕捞额外一吨鱼的边际利润大于边际成本时捕捞，而在它们相等时停止。需要谨慎处理这个决策的原因在于：今天消费更多的存量换来的是明天，乃至无穷

---

[1] 如果单位产品与单位替代品没有差别，就认为它们是可替代的。例如，从同口井中取的两桶水是可以替代的(无法发现它们之间有何不同)。但从不同的井里取出的两桶水可能是不能替代的，因为它们的硬度、口感等性质不同。钱是可替代的，我们无法分辨政府援助国外的钱是来自你的税款还是我的税款。其他一些可转换为钱的商品、服务甚至是生物多样性都具有人工的或抽象的替代性，尽管从实物的角度来看，它们毫无替代的可能性。对钱而言很容易犯错置具体感的谬误(见第二章)。

[2] G. Schaeffer, Tuna Sells for Record $175,000, Associated Press International, January 5, 2001.

[3] 对大西洋蓝鳍金枪鱼的捕捞已经实施了管制，欧洲国家拥有东大西洋的配额，美国、加拿大和日本拥有西大西洋的配额。但有证据表明，发放的配额过多，而且也无法明确区分不同区域的蓝鳍金枪鱼群。因此，给开放式资源赋予产权的管制也许无法实现保护物种的目标。见 T. Bestor, How Sushi Went Global, *Foreign Policy* 121(November/December 2000).

的未来存量和产量的减少。这里必须比较一次性的利润与长期的损失。正如上面提到的,经济学家通过贴现和净现值最大化这一常规的财政惯例来解决这个问题,但结果并不令人满意。所有这些实际又意味着什么呢?

前面的静态分析中,忽略了达到年度利润最大化均衡时所需减少的存量,存量减少所得利润的投资机会将会进一步减少鱼(或其他任何可更新资源)的存量。如此,利润最大化的收获量将在图 12.2 的 N_1 点的左边,而且如果与物种的增长率相比,利率足够高的话,利润最大化的均衡点甚至会出现在 *MSY* 的左边。

以蓝鳍金枪鱼为例,相对销售价格而言,捕捞蓝鳍金枪鱼的成本可以忽略不计。设想当前的捕获量是可持续的且在 *MSY* 附近,而且只有一个追求利润最大化的所有者。从 *MSY* 时的存量到更低的存量,尽管减少的存量可能很大,但可持续产量的减少也许很小。如果出清存量所得利润的利息回报大于每年失去的产量价值,那么利润最大化将会倾向于在比 *MSY* 时的存量更低时(接近于临界退偿点)进行捕捞。

在这个极端但并非虚构的例子中,即使是对存量非常小的资源,捕捞成本($P_E E$)相比收益($P_Y Y$)可以忽略,这种情景有什么含义呢? 木材是一个很好的例子。一片未成熟的红木林❶,其规模以每年 3.5%的速度增长,因而价值也以同样的比例增长❷。而过去 70 年间美国股票市场货币的真实增长率大约是 7%❸。显然从经济上看,现在利用资源然后将所得利润在银行投资更有利。事实上,对任何收获成本相对较低,而增长率又小于替代投资的物种来说,从经济上考虑应当将其收获殆尽。通常,相对于替代投资而言,许多有价值的物种增长非常慢,并且技术进步减少了单位收获成本。对这样的资源而言,是再次与金蛋再见,而与银行打招呼的时候了。

总体而言,单位作业收获量曲线分析的优势在于开始就考虑了存量减少效应,这种方式更符合实际。*TC*－*TR* 图的优势在于,在非开放式条件下,年度利润最大化可能是可持续的和有效的,其局限是财政上的贴现和现值最大化忽视了生物上的含义。

可更新资源的资本和服务

到现在为止,分析可更新资源的最佳收获量时,仅将可更新资源视为原材料的存量和流量。但是,正如第六章所述,可更新资源也提供生态系统服务的**资本**,在讨论如何更好地分配资源的一种功能时,不能忽视另外一种功能。虽然自然资源的存量和流量具有一些市场物品的特征,而由**资本**产生服务却没有。这些服务一般具有非排他性,也没有可行的机构或技术可以使其中的大多数具有排他性。因此,自由市场不可能生产这种服务。同时它们也具有非竞争性和可拥塞性,在市场出售时边际成本和边际利润不会相等。

---

❶ 生物上的成熟是指森林的增长率逐渐减少到零时,即新增长部分仅与腐烂掉的部分相当。

❷ 事实上,这是不现实的高增长率。监测了 70 多年的 1 英亩红木林的数据表明,尽管这块土地的增长率已经出奇得高而公认为是"神奇的土地",在增长最快的 10 年中,立木的年平均增长率为 3.5%,1923～1995 年的年平均增长率小于 1%。这个结果是笔者在以下数据基础上计算得到的:G. Allen, J. Lindquist, J. Melo and J. Stuart, Seventy-Tow Years Growth on a Redwood Sample Plot: The Wonder Plot Revisited (no date); Online: http://www.cnr.berkeley.edu/～jleblanc/WWW/Redwood/rdwd－Seventy－.html.

❸ S. Johnson, Are Seven Percent Returns Realistic? Online: http://www.sscommonsense.org/page04.html. Common Sense on Social Security.

将对生态系统服务的破坏视为总体经济生产的负外部性，这提供了分析最佳收获水平的新视角。回到可更新资源的存量和流量分析上，现在的总私人成本需要考虑所有的外部成本。如果边际外部成本随资本规模的减少而线性地增加，那么总的外部成本将以指数形式增加。事实上，当接近生态阀值（如临界退偿点）时，边际外部成本的增长率可能比线性增长率要高，在收获量或作业量太大以至资源崩溃时，不可避免地就会出现这种情况。图 12.4 与图 12.2 相似，但将 *TC* 曲线换成了总私人成本（*TPC*）曲线，以及在 *TPC* 基础上加上外部成本后的总社会成本（*TSC*）曲线。当接近临界退偿点时，*TSC* 曲线几乎垂直（边际社会成本高到无法接受）。最优收获量发生在边际社会成本等于边际利润时，就是图上标出的 N_4 点。不论何时，由于可更新资源提供了生态系统服务，从生态经济的角度看，最优的收获点总是要比年度利润最大化的均衡点有更高的存量和更低的私人成本。

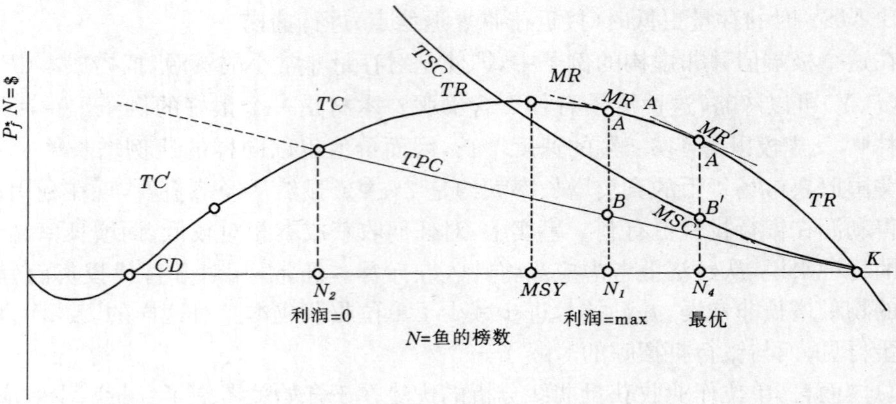

图 12.4　考虑生态系统服务时可更新资源的最佳开采量

当然，最优化需要在微观层次上纳入所有生态系统服务的价格。而人类对这些服务的影响充满不确定性（知道对生态系统资本损伤可能出现的结果，但不知道结果出现的概率）和无知（甚至不知道可能出现结果的范围）。事实上，我们几乎连从哪些生态系统服务中受益都不知道。另外，所有外部性的价值都需要由经济学家、生态学家和其他一些人计算出来，并内生于产生外部性的物品的价格中。当然，生态系统服务的边际价值随生态系统服务供给量的变化而变化，所以外部性的价值也会变化。已经指出，所有的经济活动都产生外部性，计算所有物品全部外部性的价值——经常变化的价值——将会是一种开创性的工作。但完成后仍需要一些机制把它融入到市场价格中。然而，必须认识到的是，市场的魔力在于它的非计划性、分散性和它利用“没有全部给任何人的知识”的能力。

相反要有效内生外部性，需要把个人掌握的知识组织起来集中规划。虽然使所有物品都得到最佳配置是一个不可能的目标，在讨论政策的第Ⅵ部分（第二十～二十三章），将讨论取得令人满意的配置结果的方法。

这里又一次忽略了可以将存量减少所得的利润用来投资，但这次是有意而为之。没有潜在的收益可以替代生命支持系统或所有经济活动的基本原材料。此外，许多投资之所以有利可图正是因为它们没有考虑资源枯竭的机会成本（*MUC*），或是资源开采不可避免地造成的生态系统服务退化和破坏的社会成本。

非市场的生态系统资本一服务完全不能像烧鹅那样转化成货币，并用来投资。目前自然资源越来越稀缺，对大多数的自然资源来说，靠技术进步发现它的新用途要比开发它的替代品快得多，这增加了未来的需求。需求增加和供给减少意味着自然资源在以后会有更高的价值，而不是更少。与当前的利润最大化不同，我们同意 Geoffrey Heal 和其他一些环境经济学家提出的，可更新自然资源的利用应该使当代人的福利最大化，同时又不损害后代从这种资源获得满足的能力。*Heal* 和其他人称这个原则为“绿色黄金律”❶。应用在存量一流量分析上，绿色黄金律与最大化可持续年度利润相一致，而不是与最大化现值相一致。

总的来说，在其他条件相同的情况下，我们所拥有的生态**资本**越多，期望它能提供的生态服务也就越多。如果只考虑**资本**提供的服务，如图 12.1 和图 12.4 的 *X* 轴所测量的，最佳的**资本**数量就是承载力。相反，存量的最佳收获量只是流量的函数(上述两图的 *Y* 轴)。除非认识到**资本**一服务和流量一存量的价值，否则就得不到的最佳的资源开采率。图 12.5 简要地总结了对可更新资源最佳存量和收获量的讨论。

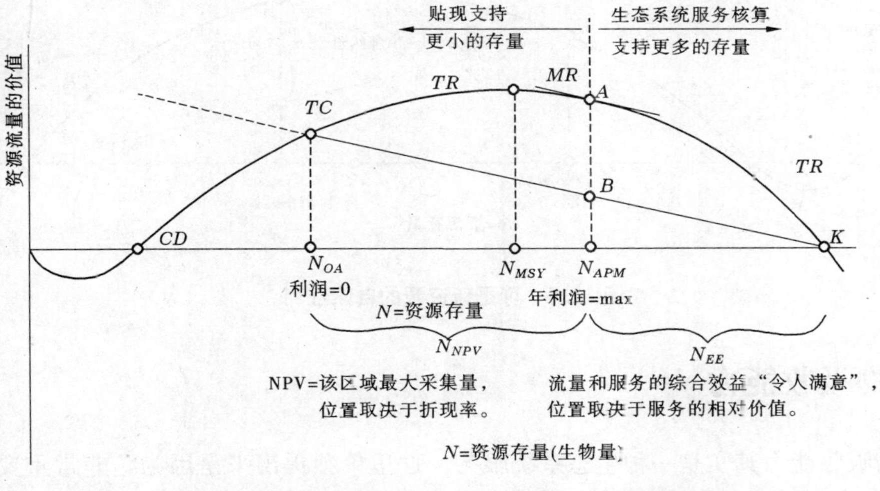

图 12.5　不同目标和管理制度下可更新资源的最佳收获水平

从左到右，N_{OA}是开放式的均衡点，此时利润为 0。如果总成本随时间减少，N_{OA}可能变得不可持续。N_{NPV}是最大化净现值时的存量，贴现率很高时它与开放式均衡点一致，贴现率为 0 时等于 N_{APM}，N_{APM}是最大化年度利润时的存量。N_{EE}是生态经济学家的目标，努力使流量和服务的综合效益令人满意(追求足够的数量而不是最大量)。

可更新资源的自然红利

超过资源上市所需成本的那部分利润是不劳而获的收入。对不可更新资源而言，不劳而获的收入是稀缺租金，对可更新资源而言，也可以靠自然的再生产能力获得不劳而获

❶　G. Heal. *Valuing the Future*: *Economic Theory and Sustainability*, New York: Columbia University Press, 1998. Note that Heal proposes a number of objective functions in addition to the Green Golden Rule.

自然红利指收获可更新资源中不劳而获的收入，由于是自然而不是人类工业生产了可更新资源，所有超过“正常的”利润（包括在 TC 中）的利润都是不劳而获的，自然红利等于 TR 减 TC。

的收入，这里称之为**自然红利**。开采和收获的成本是真实成本，从事这些活动的人挣取的是合法收入，这已作为“正常利润”包含在 TC 曲线中，正常利润是所有者的劳动与资本的机会成本。高于正常利润的那部分（即 AB）是“纯经济利润”。它超过了所有者的机会成本，是从自然的再生产力中不劳而获的红利。在开放式均衡点，总成本刚好等于总收益，利润为零（图 12.6 中 N_{OA} 点）。然而，如果资源只有一个所有者，比如政府部门，那么所有者可能把开采规模限制在利润最大化处，即 N_1 点。这时的纯利润（图 12.6 中的 AB）就是自然红利，它并非是因所有者的特殊能力而取得的，而是来自于自然的再生产能力。自然红利也可以视为地下（或海洋）资源的价值。虽然资源所有者拥有自然红利，但它纯粹是不劳而获的收入，那么自然红利究竟应该归谁好呢？这是一个政治问题，更多地体现在公平分配方面而不是有效配置上。

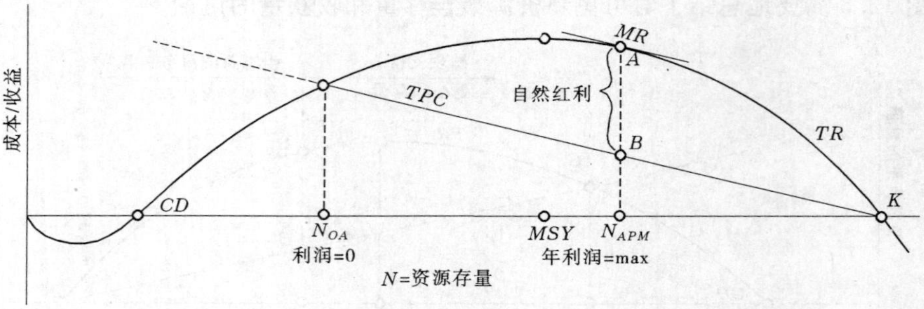

图 12.6　可更新资源的自然红利

废物吸收能力

废物吸收能力其实是一种生态系统服务。这里单独提出来是因为它非常重要，而且具有与其余大多数生态系统服务不同的特征。废物吸收能力指生态系统吸收和处理污染的能力，污染经济学是新古典环境经济学中的主要分支。如前所述，废物吸收能力具有竞争性。如果某人将污水排入湿地，那么这片湿地吸收其他人排放污水的能力就会变小。前面也提到，许多国家试图建立机制来使废物吸收能力具有排他性，包括：直接限制工业排放，强制汽车安装尾气转化装置，可交易的二氧化硫排放许可证制度等。可交易许可证和配额制度使废物吸收能力成为一种私人物品。这些机制将在第二十一章中进一步作讨论。

然而，必须清醒地认识到污染纯粹是一种外部性，是一种**“公共危害品”**——具有非竞争性、非排他性，不是人们期望的东西。因此，就算存在空气污染的市场，也不等于存在一个清洁空气的市场。虽然如此，排污许可证也是达到社会最优污染状态的机制之一（见第二十～二十二章）。

当然，污染本身并没有直接的社会效益。本书中已经反复声明，所有的生产过程都产生污染，所以如果禁止所有的污染，实质上是禁止了生产。这就是经济学家使用“最优污染”这一矛盾修饰语的原因。使用最优一词，经济学家仅指潜在的帕累托有效。污染效益的合理估计是单位污染物生产的边际净私人利润(*MNPB*)。很显然，问题是关于污染外部成本的知识充满了无知和不确定性。因为不知道污染的全部社会成本，平衡成本与利润就非常困难。由于缺乏足够的信息，政策制定者也无法知道污染者的 *MNPB*。

必须认识到废物吸收能力是一个动态的过程，我们必须谨慎地定义它。定义**废物吸收能力**为一个生态系统吸收给定的废物流的能力。如果废物流超过了废物吸收能力，那么废物就会积聚起来。随着废物的积聚，生态系统的废物吸收能力就会变小，从而导致更为迅速的积聚。因此，在动态的分析中，如果流入生态系统的废物超过了生态系统的吸收能力，那么废物就会无限地增加，最终使生态系统的生物过程产生服务崩溃，而此后该生态系统几乎丧失处理废物的能力。

增加的废物流使生态系统超过可以恢复位置的边际外部成本是什么？是这个生态系统永远失去的服务的价值。如果生态系统提供的是至关重要的功能，边际外部成本基本上就是无限大。然而，如果废物排放在生态系统崩溃之前停止，系统还可以缓慢地处理废物并逐渐恢复。美国和加拿大边界上的伊利湖发生的情况就是这样。如果受影响的生态系统范围小，在其周围存在类似的生态系统的话，甚至在崩溃后，只要停止污染，生态系统都能慢慢地恢复。废物将会被吸收、分解并排出系统，新的生物体将重新占领这个系统，恢复过程就会开始。

这些观点可以用图来说明。对图 10.2 进行适当修改后得到的图 12.7 可用来分析外部性。注意，这里按照热力学定律将经济产出和废物产出用同一坐标轴度量。在现实中，它们的关系并不是像图 12.7 所示的那样确定，许多技术可以用来生产不同的物品，有些产生的污染多，有些产生的少，但对给定的技术条件，它们关系是确定的。

这里假设，经济活动的产出并不是基本的——存在容易获得的替代产品或过程，或这种产品本身对人类的生活质量并不是很重要。氯漂白的纸就是一个很好的例子，不漂白的纤维纸就是它很好的替代品，虽然纸本身很重要，但对于人们的生活，它并不是最基本的。造纸厂排放的许多废物都含有有机氯，造纸厂是美国和其他许多国家水体中有机氯的最大排放者。

有机氯不能生物降解，因此环境对这些物质的吸收能力非常小，这由图 12.7 上的点 Q_A，W_A 的垂线表示。有机氯包含了一些剧毒的物质，比如二氧(杂)芑，它们很容易在环境中、动物体(包括人体)内积累。与二氧(杂)芑有关的健康问题包括癌症、神经系统紊乱、儿童和胎儿发育问题。可以毫不夸张地认为，如果某天有机氯的排放超过了生态系统的吸收能力，那么这些区域就不再适合人类生存，对拥挤的地球而言，面对的将是无法接受的高成本。在图上表示就是，当接近环境的废物吸收能力(*QA*，*WA*)时，边际外部成本(*MEC*)曲线接近垂直。当经过一段时间后，如果还不减少造纸厂污染物积累的话，边际成本就会无限大。

另外，图中没有反映涉及废物吸收能力和造纸厂污染物影响的极端不确定与无知。现实中，*MEC* 曲线和描绘废物吸收能力的线都应当是用粗线涂绘，而不是用细线。图中

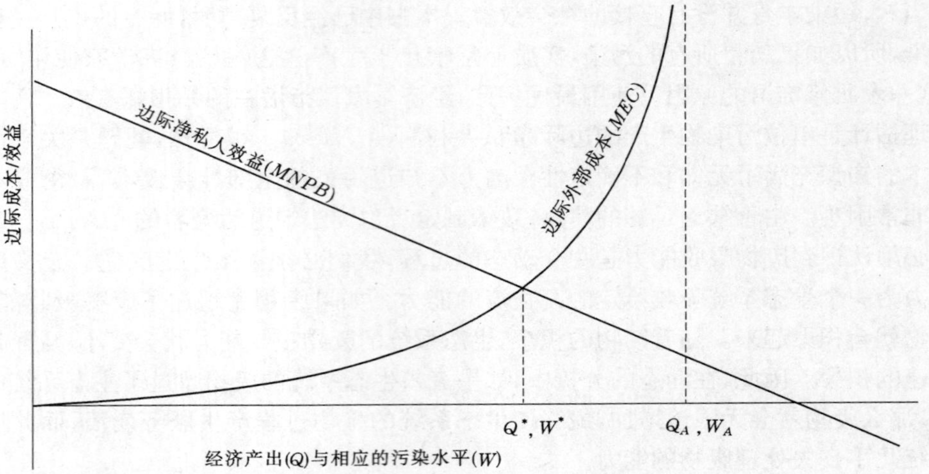

图 12.7　废物吸收能力:污染的边际成本和效益

标出的最优产出/污染水平是 Q^*W^*,但需再次提醒,在现在的知识状态下,最优产出/污染水平应该是一个宽阔的区间,而不是一个精确的点。原因在第十章中已有介绍。

毋庸置疑,需要视污染排放和废物吸收能力为动态的过程。一些经济学家强调,在到达 Q_A,W_A 之前,因为生态系统能够吸收废物,污染物将不会造成破坏性的影响。但即使生态系统能够吸收废物,这里也存在具体的污染成本。在 Q_A,W_A,*MEC* 将会逼近无穷大。

依赖人口状态和经济活动水平(即基于规模),*MNPB* 可能会在达到环境废物吸收能力前后变为零。地球越拥挤——规模越大——在达到废物吸收能力时以及 *MEC* 接近垂直时,*MNPB* 越可能仍然为正。为什么呢? 这是由于商品和服务的边际效用递减特征,对给定数量的商品而言,更多的人表明人均消费更少,因此单位消费的边际效用也就越高。这使 *MNPB* 曲线向上移动。

最后再次强调,即使政策制定者能够衡量污染的总边际成本和收益,并确定许可证的数量,污染市场仍然不会产生自由市场的所有特性。显然,不同的个体对污染的环境有不同的偏好(效用)。市场被广泛地赞誉是因为它允许个体自由地选择生产和消费,以使他获得的边际收益恰好等于边际成本。然而,污染影响公共物品,因此所有的个体必须消费同样的数量。不可能创立一个根据个人对污染的厌恶程度从污染者手中获得不同补偿的复杂体系。但这决不是反对废物吸收能力的市场,而是说不应该将所有买卖商品的市场特性都赋予废物吸收能力的市场。

生物和非生物资源:整个系统

为了实现经济系统的可持续、公平和高效,必须清楚地理解经济系统依赖资源的属性。需要理解这些资源在满足人类和地球上其他一些物种的需要上所起的作用,以及影响它们通过市场和非市场机制在代内和代际配置的特点。当然,对每种资源都进行分析是不可能的，因此引入了竞争性、排他性、外部性、无知和不确定以及存量一流量与资本一服务这些重要的概念，并将这些概念应用在自然资源特定的类别上。为方便起见，建立了一个粗略的分类系统，先将资源分为生物和非生物两类，然后进一步分为八个子类，并且将引入的概念逐一用在每个类别上。

这样做的第一个目的是帮助准确地理解为什么市场在配置资源时会失灵，并且启发我们思考哪种类型的制度和机制可能更有效。首先从相对好理解的非生物资源开始，然后转向自然所提供的存量一流量以及经济所依赖的原材料。这时问题开始复杂起来：不可预测的生态阈值，超过它种群就会崩溃，如气候变化和栖息地退化等外部变量的影响也使分析变得复杂。当转向生态系统服务和废物吸收能力，很明显这些都是整个系统的一些元素，不能将其与系统分开来理解。生态系统**资本**一服务（包括废物吸收能力），是由生态系统存量一流量间复杂的交互作用产生，也是维持这些存量一流量所必需的。不能把这些存量一流量的配置与**资本**一服务完全分隔开。**资本**一服务和存量一流量都受到不可更新的非生物资源利用产生的废物流的严重影响。这意味着什么呢？

第二个目的是得到了一个矛盾的结论：第一个目的是不充分的。虽然它有助于理解每种自然资源的特征，但更为重要的是认识到这些资源之间存在紧密的联系，无法在不考虑它们对其他资源影响的情况下对任何一种的资源进行配置。简化论方法（将低熵的资源分解为相对小的类别）是很重要的，但对于一个复杂的有生命的星球来说，这还远远不够。每种资源单独有效配置不一定会导致资源整体的有效配置。生态经济学关心的是整体系统，而不是单个的物品；生态经济学关注的是复杂的社会，而不是组成社会的个体。将系统拆分以更好地理解单个组成部分是一个有用的分析方法，但它也可能引起严重的误导，除非随后再将这些组成部分合成一个可综合理解的整体。

本章知识点

- 存量一流量与**资本**一服务资源
- 吸收能力
- 稳定和不稳定均衡
- 野生和饲养种群的开采
- 可持续产量，最大化可持续产量
- 单位作业曲线
- 年度利润最大化与净现值最大化
- 自然红利

第三部分总结

第八章和第九章简短地介绍了市场微观经济理论，说明了从无数个体理性的、非协作的行为中如何自发形成秩序。然后描述了这个自发的秩序如何引导生产者有效地分配原材料、劳动和资本而实现利润最大化，如何引导消费者有效地分配自己的资源消费而实现福利最大化。第十章扩展了这种分析，阐述了这个最优结果完全依赖于想要分配的商品和服务的具体特征。第十一章和第十二章分析了经济生产依赖的自然资源，看它们是否满足市场分配的准则。不幸的是，自然提供的商品或服务都不具备靠市场配置的特征。在接下来的章节中，为了实现提高当代人和后代生活质量的目标，基于第三部分的分析提出了更适合配置由自然提供的经济手段（有用性）的政策和制度。但在继续这一任务之前，我们得先学习宏观经济学，即本课本第四部分的内容。

第四部分

宏观经济学

第十三章 宏观经济学概念:GNP 和福利

微观经济学研究市场如何发挥功能。它对确保市场有效运作的市场分析来说非常有用。然而,微观经济学很少讨论政策建议。其实,微观经济学认为最佳的政策就是放任自由市场,对此不加干预。在国家或全球层面上,宏观经济学将经济视为一个整体。与微观经济学不同的是,宏观经济学强调政策干预的重要性,尤其是财政政策(政府支出和税收)与货币政策(货币供给和利率)[1]。通常政策的制定必然包含有目标。宏观经济学的传统目标是靠市场驱动的、稳定的、无限的经济增长,其次是实现充分就业。然而,无限的经济增长是不可能的,许多最为稀缺的资源都是非市场的物品和服务,而且我们现在所面临的许多严重问题都已超越了国家的界限。

在生态经济学中,首先把最佳规模取代增长作为首要目标,其次是公平分配。传统宏观经济学通常将配置问题留给了微观经济层面的了市场力量。生态经济学认为,市场不足以配置许多稀缺资源,必须有政策干预来保证这些非市场物品的充分供给。目标的不同使生态经济学对传统政策的使用也不一样,并提出了一组传统之外的政策干预方案。

第十三至十六章简单介绍了主流宏观经济学的一些概念、观点和政策工具,并讨论了它们在生态经济学的政策目标中的应用。回顾前面介绍的循环流动图可知,宏观经济学主要处理国民生产和收入(实体部门)的流动问题,同时也涉及货币总供给和利率(金融部门)。在讨论了宏观经济学与微观经济的关系之后,本部分首先分析了实体部门的综合度量指标——国民生产总值(GNP),然后分析了货币以及综合金融部门,最后讨论了 GNP 之外的其他福利指标。

第十四章分析了传统经济学中衡量财富的媒介:货币。第十五章主要探讨分配问题。第十六章介绍了一个最基本的宏观经济模型——两部门的一般均衡模型。这个模型(LS-LM模型)展示了实体部门中储户和投资者的行为如何与货币当局(通常是国家中央银行,比如美国的联邦储备银行)和货币持有者的行为相互作用,从而决定利率以及国民收入和就业水平。然后展示了从生态经济学的目标出发怎样衍生不同于主流经济学所支持的政策建议。最后讨论了扩展 IS-LM 模型融合生态约束的可能性。

一种无序的结合

历史上,微观经济学的发展优先于宏观经济学的发展。的确,如果理解了决策单元的行为——企业和家庭——以及竞争市场是如何运作的,将会接受亚当·斯密的"无形的手"——仅寻求自身利益的个体将自动为公众利益服务。微观经济的最大化私人利益在

[1] 宏观经济学有很多流派,其中一些不主张政策干预。例如,新古典宏观经济学 也称为理性期望学说,就声称政策干预是无效的。货币主义学派也声称政策干预达不到预期目标。这两个流派都相当保守,赞同小而弱的政府。然而在实践中,政策制定者正是利用宏观经济政策实现政策目标。

大范围内自动使所有公众的福利最大化。很多人认为现实就是这样，这里不需要特别考虑宏观图像，因为只要微观经济学是正确的，无形的手将保证宏观图像也是正确的。垄断会彻底破坏这个美好的结果(见第八章)，所以市场必须保持竞争性，这是唯一需要集体行动的地方。

第二章中介绍的萨伊定律(供给自己创造需求)保证生产总能够产生足够的收入购买产品。因此，所有产品不可能都供大于求——最坏也只是产品组合不均衡(即配置不当)，有些产品太多，有些产品太少。竞争市场中相对价格的变化很快就会修正这种配置不当。这个定律同样也适用于劳动力市场——存在失业(劳动力过剩)只是意味着真实工资太高，并没有大问题。如果失业持续，只需要降低工资就可以解决问题。

一直到20世纪30年代的大萧条时期，萨伊定律广为流行，即使是现在仍有一些支持者。但是大萧条的经历使凯恩斯为首的经济学家开始思考当时理论上不可能存在的长期失业问题，并对萨伊定律进行了反思。结果在循环流中发现了漏出与注入，以及确保总漏出量和总注入量平衡的问题。在第二章中已经讨论了这个问题。

此外，经济学家们考虑到了**组成谬误**，一种关于“对部分为真，那么对整体也必然为真，反之亦然”的错误命题。例如，在足球场的看台上，一个人站起来看会有更好的视野，但所有人都站起来看却不会使所有人都得到更好的视野。所有人都踮起脚尖与所有人都舒舒服服地坐着看相比，没有人可以得到更好的视野。与此相似，一个国家可以在贸易收支平衡中有剩余或赤字，但作为一个整体来说，世界是不可能存在剩余或赤字的，因为世界的出口总量必然恒等于进口总量。一个工人也许可以通过降低工资标准获得就业机会，但所有工人都这样做却不能使所有工人都获得就业机会。所有工人的工资都低说明大多数人的收入低，从而在商品和服务上的花费减少，劳动力的需求也会减少。消费减少直接导致投资减少，这也会进一步降低总需求。此外，个人可以方便地将货币转换成不动产，但作为一个整体，社会上的所有人却不能都用货币交换不动产，最终一些人必然会持有货币。

总之，有充足的理由发展“宏观经济学”来处理这些整体现象，尤其是失业和通货膨胀问题。但与人们的预想可能不同的是，宏观经济学并不是建立在微观经济学的基础之上。宏观经济是所有微观单元的加总，但宏观经济学却不是微观经济学的加总。如果是这样的话，就不需要宏观经济学，“无形的手”就能解决所有问题。整个经济用微观经济学的术语描述就是一个一般均衡模型。在模型中，所有市场的所有供给—需求关系被描述为一个巨大的、相互独立的联立方程组——也就是说，具有数百万个未知变量和数百万个方程式。这个方程组由市场——一台反复进行试错迭代运算的巨型社会计算机——求解。经济学家投入了大量精力研究这些方程式和未知量，至少从理论上解决了这个一般均衡系统的求解问题。虽然一般均衡模型具有启发性并且在概念上是令人满意的，但从政策的角度来看，仅知道事物是相互依存的对我们并没有什么帮助。政策需要一些杠杆作用点，通过这些点可以从最重要的方面对大系统的行为施加影响。宏观经济学追求的就是根据关键的综合变量(比如货币供给、总体价格水平、利率、总消费与总投资、出口与进口)建立简单的经济模型。当然，还有最大的目标和所有变量的支持点：GNP的增长率。

生态经济学对当前强调增长的准则提出了挑战。过去增长被当成一种万灵药,是解决人口过度增长、不公平分配、非自愿失业等宏观经济问题的办法,但今天这种万灵药已经迅速地变成了传染病。尽管没有多少微观经济学家反对增长,但强调增长的也不多。微观经济学主要受最优化这一概念以及相应的"何时停止规则"支配。正如第二章强调的,如果宏观经济是关于部分的而不是整体的话,那么就可以应用微观经济最优化的逻辑来解决问题。有时候,受过微观经济学训练的人会问宏观经济学家:什么是最佳规模,超过它之后,经济系统就不应再增长?当增长变得不经济时,我们肯定达到过最佳规模,那时是如何处理人口过剩、不公平分配和非自愿失业问题的呢?

生态经济学家的工作是思考这些问题:达到最佳规模后将会发生什么?如果不小心超过了最佳规模,如何才能返回最佳规模点?

整体大于部分之和。在认识这一点的过程中,生态经济学架起了微观和宏观经济学之间的桥梁,尽管仍然难以解释清楚它们之间的精确关系。为了阐述生态经济学在解释宏观和微观关系中的作用,这里将图2.4中已给出的经济循环流动图作为图13.1重新绘出。

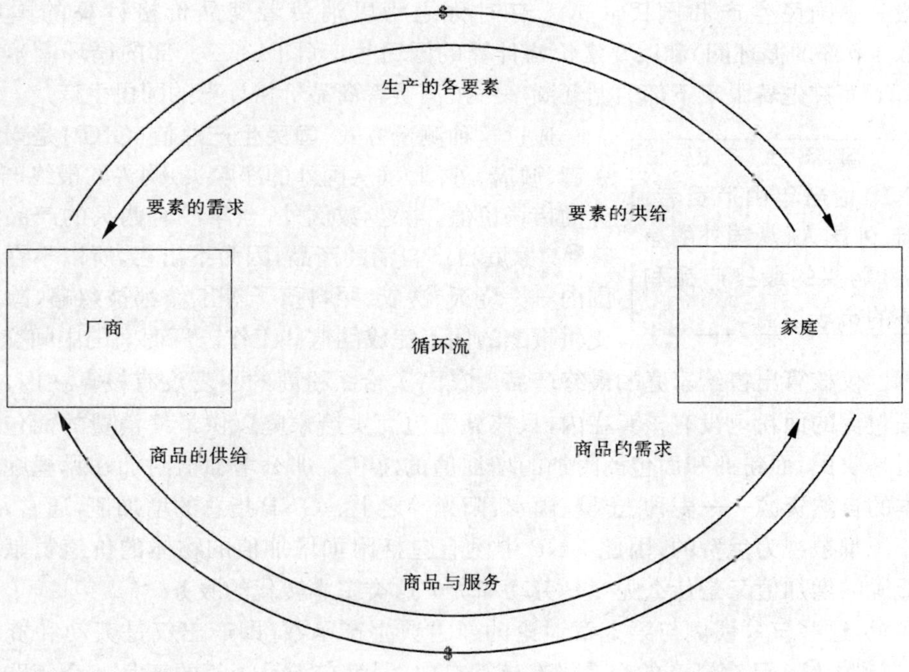

图13.1　经济的循环流动图

微观经济学的分析重点是厂商和家庭。厂商作为生产单元决定商品的供给和要素的需求。家庭作为消费单元决定商品的需求和要素的供给。为了决定市场中交换的商品和要素的价格与数量,微观经济学处理供给—需求决策以及它们在市场上的相互影响。由于问题集中在价格上,所以微观经济学通常又称为"价格理论"。宏观经济学处理的是在商品市场中流通的商品和服务的总量(国民生产),以及在要素市场中流通的要素的总量

(国民收入)。由于问题集中在总收入上,所以宏观经济学又被称为“收入理论”。

由于生产和消费这两个术语已经广为人知,下面仍将使用这两个词,但需要牢记下面这一点:从物理意义上讲,并没有生产或消费——仅有转化。原材料通过“生产”转化为有用的物品(和废弃物);有用的物品通过“消费”转化为废弃物。我们生产和消费的仅是“效用”——服务于我们目的的物质与能量的暂时组合。不论是微观经济学还是宏观经济学,吞吐量都是最基本的,尽管在厂商、家庭,甚至国家的汇总账户中都没有明确解释吞吐量。吞吐量遵循热力学第一和第二定律,不受循环流核算惯例的支配。

国民生产总值

由于经济增长是国家最主要的目标,所以如何测量经济增长就非常重要。确切地说,靠什么增长?国民生产总值(GNP)或国内生产总值(GDP)的增长测量的就是经济增长❶。

根据第二章中有关循环流动图的讨论,可知有两种能得出相同结果的测量循环流动的手段——国民生产和国民收入。有时称之为以消费者商品价格计算的国民生产(图 13.1下部的循环圈)和以要素价格计算的国民生产(图 13.1 上部的循环圈),或国民收入。下面首先着眼于下部的循环圈——按消费者商品价格计算的国民生产。

> 国民生产总值(GNP)指当年由消费者、政府、外国人(从国外的净购买)购买的最终产品和服务的市场价值。

通过这种测量方式,**国民生产总值**(GNP)是当年由消费者、政府、外国人(从国外的净购买)购买的最终产品和服务的市场价值。除少数例外,当年没有购买的产品都不核算❷。家庭自产自消的产品,因为不出售,所以不在核算范围内——烧饭、洗衣、照料孩子等工作都被忽略,除非是需支付报酬的佣工完成的这些工作。厂商间的中间交易也没有核算。仅核算出售给家庭的最终产品。农民卖给面粉商的小麦没有核算在内,面粉商卖给面包商的面粉也没有核算在内,只核算面包商卖给家庭以供最终消费的面包。面包的价值是农民、面粉商和面包商附加的增加值的总和。那么增加值附加在哪里呢?附加在基本的自然资源——麦种、土壤、雨水、阳光等之上。GNP 指总的增加值,通常,基本的自然资源都被视为免费的,因此 GNP 中没有包括附加增加值的物体的价值贡献。免费自然资源的增加值又是什么呢?是劳动和资本这类**资本**转化的服务。

注意,这些核算惯例与第九章讨论的新古典生产函数(即产出仅是劳动和资本的函数)是一致的❸。已有资产的交易没有核算在内,因为它不是当年的产品。今年购买的旧

---

❶ 不同的是 GNP 计算所有美国公民在国内和国外的生产;而 GDP 计算美国国内的生产,不论生产者是美国公民还是外国人。对本文的目的而言,这种区别没有什么重要影响。

❷ 例如,有产权的房子提供的服务是这样计算的,假设屋主当年将房子租给了自己,当年的应付租金就是当年房子提供的服务。然而在处理汽车提供的服务时,并不按车主将汽车租给自己的假设计算。

❸ 人们也许会反对说自然资源并不是真正免费的。在市场上购买一吨煤确实需要花钱,但价格等于发现和开采这一吨煤的劳动和资本成本。正如资源经济学家所说,地下(保持原始状态)的煤是自然的免费馈赠。一座储藏量丰富且容易开采的煤矿相比一座贫瘠的煤矿,开采每吨煤需要的劳动和资本更少。它的煤会比贫瘠煤矿的煤更便宜吗?当然不会,这产生了生产者剩余或级差租金。更易开采的煤矿赚取了租金,由于相对于贫瘠煤矿而言,更易开采的煤矿节约了劳动和资本。保持原始状态的煤矿仍是自然免费的馈赠,只是馈赠的优劣存在差异,级差租金考虑了这个问题。这个租金应归于开采中节约的劳动和资本,而不能归于地下煤矿的任何原始价值。

车的价值也没有核算在内,因为这是已有资产的转移,然而销售人员的工资是作为当年提供的服务计算在内的。当然,一部新车的总价值会被核算在内。股票市场上的股票交易处理方法与此相同。

人均 GNP 指 GNP 除以总人口,这是个简单的平均数,不能反映每个人的 GNP 相对于平均数的分布情况。这个平均数也许能,也许不能反映分布中有代表性的集中趋势。通常人均收入的众数和中位数能较好地反映集中趋势❶。

GNP 的单位是"美元价值",衡量的是当年在市场上交易的最终产品和服务的美元价值,用所有最终产品和服务的数量乘各自的价格,然后加总就得到 GNP 的值。GNP 随时间的变化可能是由于价格的变化或数量的变化。为了消除价格水平变化(通货膨胀或紧缩)的影响,经济学家将当年的美元转化为购买力不变的美元来修正计算数据,用名义 GNP 除以衡量通货膨胀率的价格指数就将名义 GNP 转化成了真实 GNP。假设从 1990 到 2000 年,通货膨胀率为 20%,要把 2000 年的名义 GNP 转化为用 1990 年的美元衡量的真实 GNP,将 2000 年的 GNP 除以 1.2,这里 1.2 指 2000 年的价格指数,基准年 1990 年的价格指数为 1,由于 20%的通货膨胀,2000 年的价格指数变为了 1.2。这给出了"真实 GNP"或是用基准年购买力不变的美元衡量的 GNP。

真实 GNP 的变化取决于数量,而不是价格水平。因此,真实 GNP 虽然用价值单位衡量,但它是一个物理量指标,所以与名义 GNP 相比,它能更好地衡量经济增长。像一美元的汽油对应于一定实物量的汽油一样,是不是一美元的真实 GNP 就对应于一定实物量的一篮子产品和服务。但是不同的产品和服务具有不同的物质和能源强度,所以汽油的价值与吞吐量之间存在的一对一的对应关系,在真实 GNP 与吞吐量之间不存在❷。

需要强调的一点是,虽然 GNP 是一种价值衡量,而且无法还原为实物量,但它仍然是一个综合指数,能用来测量具有无法约简的物理量纲的事物。真实 GNP 和吞吐量之间的关系不是固定的,但其变化也不是没有限制的。如果相信真实 GNP 的增长可以和吞吐量的增长分离,就有更多的理由愿意接受限制吞吐量的增长。如果实现环境保护目标,限制吞吐量的成本相对于减小 GNP 增长的成本来说很小或是没有,那么没有人会反对限制吞吐量;如果 GNP 可在吞吐量不变的情况下永远增长,那么生态经济学家们也将没有异议。

GNP 和总福利

GNP 是测量经济活动,而不是测量福利的指标。尽管它说明了车轮转得有多快,但没有指明汽车行驶的方向。然而,由于缺少真正的福利指标,很多政策制定者都将 GNP 视为一个可信赖的衡量福利变化方向的指标,这基于以下公式:

总福利＝经济福利＋非经济福利

它的前提假设是,经济福利和总福利同方向变化。但是经济福利的增长可能引起该

---

❶ 众数是包括最多人数的收入组。中位数是高于和低于它的人数相等的收入量。学过统计学的人都知道,正态分布的均值、众数和中位数是相同的,都反映了集中趋势。

❷ 即使是这里,经济学家们在计算价格指数时仍试图保持商品组合恒定不变。为了计算一篮子商品的加权平均价格和它随着时间的变化,他们假设篮子里面的商品是给定的,并且它们的相对价格也是给定的。因此,这个平均价格不能反映篮子中商品组成的变化,也不能反映篮子中商品相对价格的变化。因为随时间相对价格肯定变化,代表性篮子里的商品组成也会变化。因此,随时间的推移,价格水平指数肯定会"无用"而必须重新计算。因此,真实 GNP 数据在长时期内不具有可比性。

增长无法弥补的非经济福利的下降。例如,随着劳动力的流动性增大,GNP 会增长,但人们的流动减少了与家人和朋友亲近的福利。同样,双职工家庭的额外收入和工作上的满足提高了他们的经济福利,但是失去休闲时间造成的紧张状况、雇人照顾小孩造成的额外经济负担和失去的满足感都减少了非经济福利。污染引发的疾病更是大幅减少了非经济福利。由于"非经济福利"不可测量,而经济福利可以量化,所以通常高估了后者的重要性,而低估了前者的重要性。图 13.2 中的 *MDU* 曲线描绘了传统经济分析中所遗漏的"非经济福利"损失。

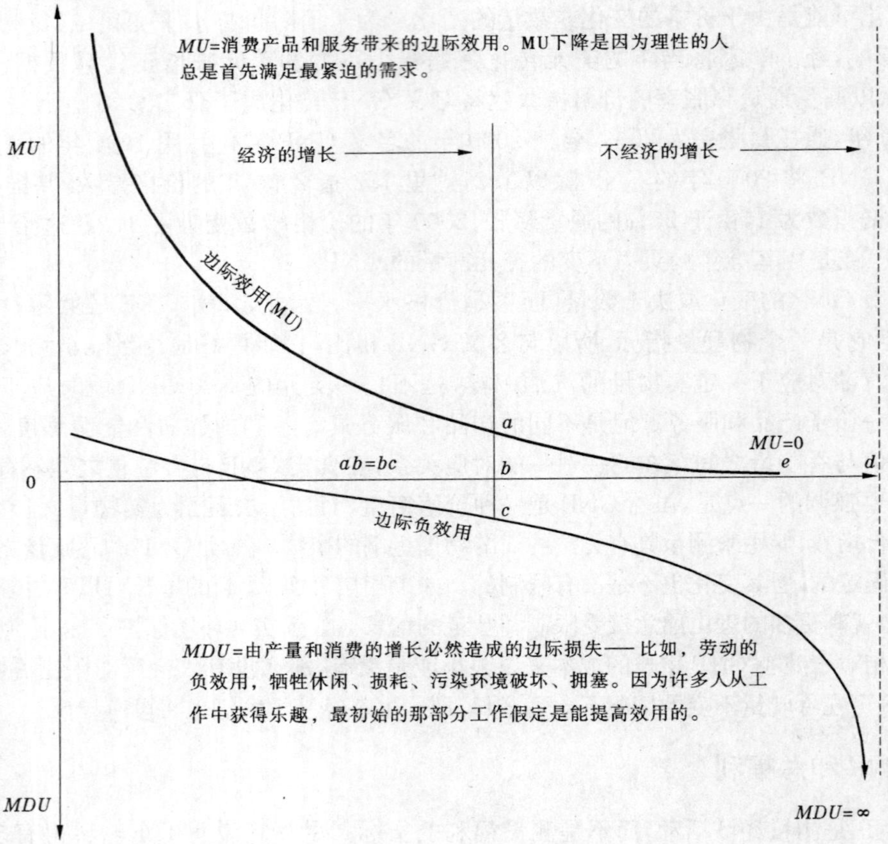

图 13.2 宏观经济的增长极限

b:经济上的极限点或最佳规模点,边际效用(*MU*)=边际负效用(*MDU*)(净正效用最大);

e:无效极限点,*MU*=0(消费者厌腻点);

d:灾难性极值点,*MU*=∞,超过了可持续规模。

防御性支出和自然资本枯竭

国民收入和生产账户中的其他两种类别也存在问题:遗憾但必要的防御性支出和自

然资本的枯竭。下面逐一讨论这两种类别。

> 遗憾但必要的防御性支出,简称为“防御性支出”,指为了免受其他人生产和消费其他商品时产生的有害后果的影响,采取措施保护自己而必需的支出。

遗憾但必要的防御性支出,简称为“防御性支出”,指为了免受他人生产和消费其他商品时产生的有害后果的影响,采取措施保护自己而必需的支出。例如,生活在机场或繁华街道附近的人们需要厚墙和窗户隔绝噪音,污染引发的哮喘需要额外的医疗服务。从仅测量活动的角度来看,这是人们为了在具体的环境中生活得更好而自由选择的支出,因此应当计算在内——即使它们不算“有益品”,至少也是“抗害品”。但从另外的角度来看,它们的确是生产中强制性的中间成本,不应当视为最终消费者的福利,或最终消费。防御性支出的定义可广可窄。刚给出的例子属于狭窄的定义范畴。有时甚至包括全球变暖的成本,还有制定额外法律法规的成本和法律的实施成本(信任崩溃与经济增长增加的复杂性导致的成本)。区分定义是广是窄,这完全是一个判断问题。

相比之下,自然资本的枯竭是一个明确的类别。GNP 指国民生产总值,它包括了折旧,如果从 GNP 中扣除人造资本折旧,就得到国民生产净值(NNP),它近似等于在不影响再生产能力时可以消费的数量。需要注意的是,在计算 NNP 时,没有扣除自然资本的折旧和枯竭,NNP 完全包括了总的自然资本消费(以及总的防御性支出)。此外,人造资本也不是自然资本的完全替代品,原因很简单,没有自然资本也不会有人造资本。人造资本和自然资本是互补品。给人造资本和自然资本折旧赋予美元价值,无疑是假设这两种资本是完全替代品。据此可推出,只要人造资本的增长能补偿自然资本的减少,那么自然资本的损失是可以接受的。然而在现实中,自然资本减少也降低了人造资本的价值。如果没有汽油,汽车还有什么用呢?

可持续的收入

收入的实际定义前面已经隐含地叙述了,是指在给定的时段内,在不减少未来消费量的条件下,一个社团可以消费的最大数量❶。换句话说,收入就是在不减少你未来可以生产或消费同样数量的前提下,你今年可以消费的最大数量——不减少未来的生产能力就是不消耗资本。严格地讲,说“可持续”的收入是多此一举,因为从定义上来看收入本身就是可持续的。但人们总是忽视收入的这种特征,因而做点多余的强调也有用。如果收入不是可持续的,那么收入中至少有部分是本不应该算作收入的资本消耗。

收入核算的整个想法是谨慎的,是为了避免这种状态——因对消耗资本未加注意,在不知不觉中就陷入了贫困。当然,有时候我们会选择消耗资本——如退休后使用养老储备金,或破产后出清所有存货。然而大多数人都不希望国家的经济与生态系统像濒临破产的公司一样运行。当然,你可以选择消费资本并自愿变得贫穷。收入会计师的工作是帮助了解你正在做什么,而不是告诉你要做什么。但如果会计师在计算收入时没有扣除自然资本的消费,那么他就没有尽到自己的专业责任。

---

❶ J. Hicks, *Value and Capital*, 2nd ed. Oxford, England: Clarendon, 1948.

具体地讲,如果仅砍伐森林今年增长的部分,那么这是收入,因为来年还可以砍这么多森林;如果砍伐掉整座森林,在来年就不可能再砍伐一次,砍伐掉整座森林的价值大多是资本的消耗,而不是收入。然而在 GNP 中它们全部都被记作收入。过度开发的渔业、农田、枯竭的矿藏、井水和地下水也是这样处理的❶。一些新古典经济学家已经认识到自然服务是经济的一个巨大的基础设施,而我们却没有保持好这个基础设施。

为什么在计算收入时,国家会计师未能减去自然资本的消费呢?新古典经济学家们没有将自然资本的消费计入成本,因为在他们分析前的愿景中,自然不是稀缺的。自然资本和资源流没有出现在通用的新古典生产函数中的原因,也就是国民收入核算中没有扣除自然资本消耗的原因。

替代的福利指标:MEW 与 ISEW

20 世纪 70 年代早期,对 GNP 的增长作为国家目标的批评多如牛毛——以至经济学家都不得不做出回复。William Nordhaus 和 James Tobin 对这些批评给出了最佳的回复❷。他们询问自己,将增长作为福利的测量,进而作为政策的合理指导目标是不是过时了。为了回答这个问题,他们开发了一个直接测量福利的指数,称为标准的经济福利(MEW),并计算了 1925～1965 年间 MEW 与 GNP 的相关性。他们发现,这段时期内 MEW 与 GNP 确实是正相关的;GNP 每增加 6 个单位,MEW 平均增加 4 个单位。对此结果,经济学家们长吁了一口气。虽然 GNP 并不是一个设计用来测量福利的指标,但它过去、现在都与福利高度相关,因而可以指导政策的设计。于是经济学家迅速将 MEW 抛到脑后,又全神贯注到了 GNP 上。

20 年后,Daly 和 Cobb 重新考虑了这个问题,仔细研究 Nordhaus 和 Tobin 提出的 MEW 后,提出了一个可持续经济福利指标(ISEW)。他们发现,如果只考虑 Nordhaus - Tobin 使用的时间序列的后半段(1947 到 1965 年间的 18 年),GNP 与 MEW 之间的相关性会急剧降低。在后半段的时间里——显然这段时期与未来的预测更相关——GNP 每增加 6 个单位,MEW 平均仅增加 1 个单位。这表明,在这段时期美国 GNP 的增长对提高经济福利几乎没起什么作用——当然比过去更低效。

开发 ISEW 就是为了取代 MEW,因为闲暇在 MEW 的计算中占有很大的份额,而且相关的估值非常武断❸,同时 MEW 没有考虑修正环境成本,也没有考虑修正分配的变化。与MEW的情形相似,ISMW与GNP在某点(1980年左右)之前正相关(尽管相关性

---

❶ 自然资本可更新存量的消耗是折旧,这与机器的折旧相似。不可更新的自然资本消耗是出清,这与存货的出清相似。两者都是资本的消耗。

❷ W. Hordhaus and J. Tobin, "Is Growth Obsolete?" In *Economic Growth*, National Bureau of Economic Research, New York: Columbia University Press, 1972.

❸ 闲暇是福利中很重要的一部分,但估值非常困难。闲暇是选择还是不选择?睡觉时间算不算闲暇?上下班的时间是闲暇还是"工作的时间成本"?是使用工资率,还是最低工资进行估值?妈妈照顾孩子的"闲暇"是按她当医生(如果她是一位医生)的机会成本估值,还是按不去上托儿所节约的支出估值呢?这些困难的选择对指标有很大的影响。

较小),但超过该点,ISMW 与 GNP 就变成了负相关❶。图 13.3 展示了 7 个国家 GNP 和 ISEW 的估计值。

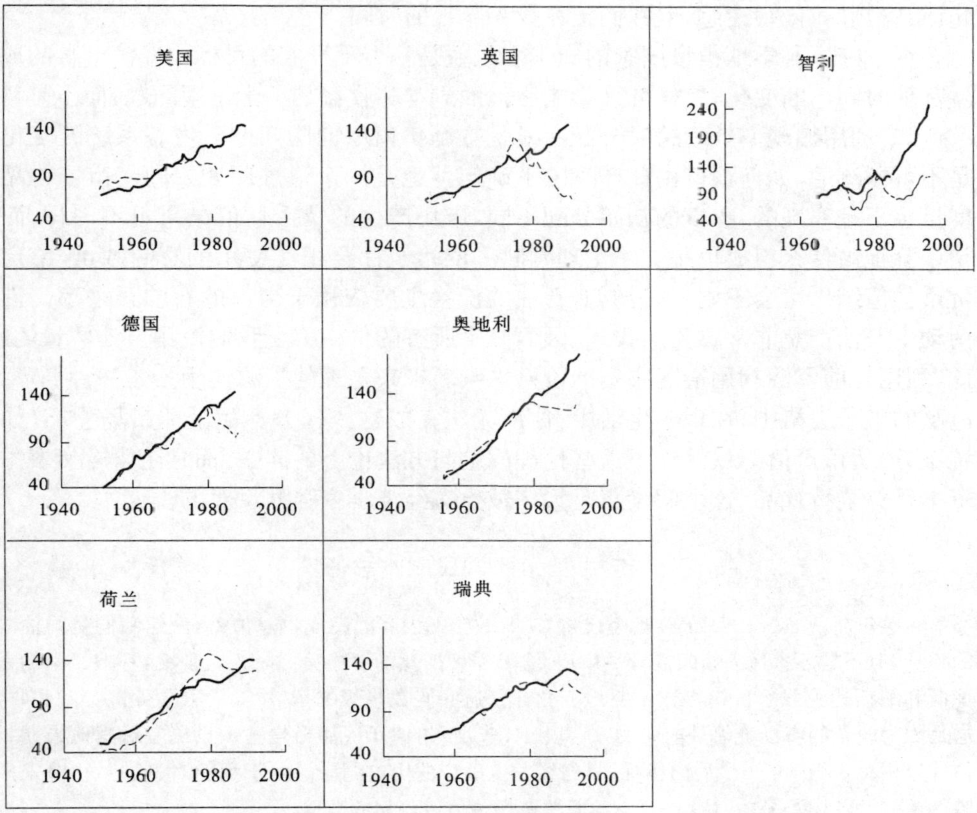

图 13.3　7 个国家的 GNP(实线)和 ISEW 指数(虚线)。图中数据都以 1970 年为 100。

来源:R . Costanza, J. Farley, and P. Templet, "Quality of Life and the Distribution of Wealth and Resources." In R. Costanza and Jorgensen(eds.), *Understanding and Solving Environmental Problems in the 21st Century: Toward a New, Integrated Hard Problem Science*, Amsterdam　Elsevier, 2002.)

测量福利非常困难,而且受许多主观判断的影响,所以一般可以接受笼统一点的结论。然而下面的结论非常清楚,自 1947 年以来,表明美国 GNP 的增长带动福利增长的实际证据就很少,1980 年后基本上就不存在这样的证据。因此,加快 GNP 增长的政策对福利的影响也很小或者不存在。换句话说,经常用来证明牺牲环境、社团标准与行业秩序是正当的"大利益",仔细审查好像不存在❷。当然,如果经济增长是国家的首要目标和社会

❶　MEW 和 ISEW 都没有考虑单个国家 GNP 增长对全球环境的影响,因此也没考虑 GNP 增长对国家之外的其他地理区域福利的影响。而且,MEW 和 ISEW 都没有扣除法定的有害品(如烟、酒)和违法的有害品(毒品)的影响;也没有扣除 GNP 随着时间增长引起的收入边际效用递减(尽管对富人边际效用较低的额外收入进行了分配修正)。这进一步削弱了 GNP 和福利之间的关系。而且,GNP、MEW、ISEW 都将个人消费作为测算的起点,因而共享了测算目标组成中最大的单分类条目(消费),所以三种测算方法的结果之间存在显著的自相关偏差,这使 GNP 与另外两种福利测量指标之间的相关性变得更弱。

❷　其他国家的证据,见 M. Max－Neef. Economic Growth and Quality of Life: A Threshold Hypothesis, *Ecological Economics* 15: 115～118(1995).

的主要组织原则,那么公民就有权利期望衡量增长的指标(GNP)能比目前更准确地反映全面的福利。继续使用GNP作为福利的代理指标使我们想起了 Yogi Berra 常被引用的一句话:“也许我们很迷惑,但我们正在投入充足的时间。”

客观、准确、科学地衡量国家的成本和收益是一个不现实的目标。经济增长的成本和收益都随时间不断变化,怎样处理影响后代的成本和收益是一个伦理问题,而不是科学问题。例如,利用贴现率处理跨时分配明显是一个价值取向的问题。生态系统的变化和演替是不可预测的,如何看待由此产生的不确定性也是一个伦理问题。即使市场物品的货币度量也不是客观的,财富的初始分配不同,市场产生的货币估值结果也不一样,而合理的初始分配由什么组成也是一个伦理判断。依赖于社会正在使用的资源数量,给定资源的货币估值结果也会不同——例如,石油的价格主要依赖于当前的石油开采率。许多经济活动中石油都是非常重要的投入,因而几乎所有的价格都受我们使用石油数量的影响。因此,利用当前资源利用情况决定的价格来判断未来合理的资源使用量是一种循环推理;在电脑的电子表格中,在现实生活中,你都无法完成这一任务。赋予非市场物品(如生态系统服务)货币价值不仅混淆了这些伦理问题与方法论上的问题,而且暗含自然资本和人造资本是完全替代品,这个假设正是大多数生态经济学家强烈反对的观点。

专栏 13.1　国民成本总值?

一些年前,Kenneth Boulding 建议将GNP改为GNC(国民成本总值)。虽然我们赞同他戏谑的呼吁,但还是怀念过去新闻播音员广播GNP季度变化的那些美好时光。现在,耳暄目染的是道琼斯和纳斯达克股票价格指数不断地变化——这些同数量级的指数比GNP更偏离福利和收入。这是因为股票的市场价值是前向的,是基于未来收入的期望(甚至是基于投机者对其他人期望的估计);相反,GNP是一个后向指标,是已经发生事情的历史纪录。由于我们对过去总比对未来了解得更多,所以GNP本身就是一个比股票市场价值更可靠的数据。

应当如何处理GNP呢? Boulding 建议将其全部计为成本是有点夸张,但决没有当前将其全部计为收益夸张。更合理的方法是,将GNP分解为两个独立的账户:国民收入账户和国民成本账户。随着经济规模的增大,收益和成本都会增加。比较边际成本和边际收益可以确定最佳规模(见图 13.2)[a],但将它们加在一起却完全没有意义。

[a] 澳大利亚在这方面的工作,见 P. A. Lawn, Toward Sustainable Development: An Ecological Economics Approach, *Boca Raton*, *FL*: *Lewis Publishers*, 2001.

超越消费基础的福利指标

个人消费本身并不是目标,而只是实现提高人类福利这一目标的手段。GNP不仅不足以代表收入,而且收入也只是众多给人类提供福利的要素中的一种。如不可避免地会受GNP增长影响的生态系统至少与GNP提供的福利同样重要❶。

❶　可参考 R. Costanza et al. The Value of the World's Ecosystem Services and Natural Capital, *Nature* 6630: 253~260 (1997)。文中估计的全球生态系统物品和服务的总价值超过了全球的GNP。为了与人造资本进行比较,文章给自然资本赋予了货币价值,但同时也明确地讨论了使用这种方法存在的许多问题。

相对财富和福利

过去认为消费是最明确的提高福利的要素之一,但大量的证据表明现在情况已经不是这样。超过一定的范围,资源的消费和财富将与地位有关——即我们的福利是通过对比自己与别人的地位来决定的。社会心理学早就认识到,一个人的福利部分由其自身的相对富裕和匮乏感决定。从这个观点来看,我们正在进行一场无休止的财富和消费竞赛,在这个竞赛中,参照组消费得更多,仅为了维持相对位置,我们也需要消费更多。如果真是这样,在不改变分配的情况下,GNP 翻倍对福利没有任何积极的影响。此外,如果是以牺牲基本的生态系统服务为代价,那么 GNP 的翻倍产生的是深远的负面影响。

实际上,当前的经济增长模式使大量的财富集中在少数人手中,大多数人在这种竞赛中落伍。通常富人只会与富人相互之间进行比较,而不会与穷人进行比较,因此财富的集中富人也得不到更多的福利。相反,为了地位而盲目地追求财富和消费会耗费大量的时间和资源,这会削弱我们满足其他人类需求的能力❶。

人类需求和福利

其他一些还没有讨论的因素对福利有贡献吗?假设福利由满足人们需求和欲望的能力决定是合理的。那么我们的需求是什么?绝对需求指生存所必需的东西,这由生物学过程决定。全球约有 12 亿人、占第三世界国家 28%的人口仍然生活在极端贫困当中,难以满足自己的绝对需求❷。对这个群体而言,更多的消费与更多的福利密切相关。

一旦绝对需求得到满足,如同地球上其余五分之四的人口那样,福利就由一整套主要的人类需求满足程度所决定。大量的研究人员已经提出了各种不同的人类需求,一般认为这些需求成等级层次体系——马斯洛需求层次理论(1954)是最著名的(其中消费仅是满足需求层次中最低层次的需求)。研究人员也没有将需求的等级层次体系视为刚性的,该需求理论仍然留有追求其他事情的余地。即使是生活在绝对贫困中的 12 亿人口也在寻求满足生存以外的需求。

Manfred Max－Neef❸将人类需求归纳总结为非等级的两类:价值论的分类❹和存在主义的分类(表 13.1)。在 Max－Neef 的**人类需求矩阵**中,需求相互关联和作用——许多需求是互补的,可以同时满足不同的需求。相比严格的需求层级理论(只有满足较低层次的需求后才去追求满足较高层次的需求),人类需求矩阵更接近现实。在 Max－Neef 的概念中非常重要的一点是,需求很少并且有限。这与标准经济学中欲望是无限的假设,或不厌腻公理完全对立。

如果要评估经济政策在现在以及未来是否成功(假定经济目标是在无限的未来为人

---

❶ 比如, F. Hirsh, *The Social Limits to Growth*, Cambridge, MA: Harvard University Press, 1976; R. Frank, *Luxury Fever: Why Money Fails to Satisfy in an Era of Excess*. New York: Free Press, 1999.

❷ D. E. Bloom, D. Canning, B. Graham, and J. Sevilla, *Out of Poverty: On the Feasibility of Halving Global Poverty by* 2015 (Discussion Paper No. 52). Consulting Assistance on Economic Reform (CAERII), World Bank, 2001. Social Capital for Development: What Is Social Capital. Online: http://www.worldbank.org/poverty/scapital/whatsc.htm. World Bank.

❸ M. Max－Neef. Development and Human Needs. In P. Ekings and M. Max－Neff, *Real－life Economics: Understanding Wealth Creation*. London: Routledge, pp. 197～213. 1992.

❹ 价值论是研究价值的属性和价值判断。

类提供高水平的福利)，那么必须开发出可测量的指标来代表需求满足程度和福利。

由于福利与生活质量(QOL)相当，显然不能精确地测量福利，用 Clifford Cobb 的话来说就是❶：

> 理解 QOL 指标最为重要的一个事实就是，所有测量质量的指标都是代理指标——间接测量我们想要判断的真实情况。如果质量可以量化，那么它将不再是质量，而成了数量。定量测量的结果没有对或错，只能根据接近难以达到的目标的充分程度来判断。定量测量不可能直接确定质量。(p. 5)

表 13.1　Max-Neef 人类需求矩阵

价值论的分类	存在主义的分类			
	存在	拥有	行为	相互影响
生存	身体健康，精神健康，平静，幽默感，适应能力	食物，居所，工作	饮食，生育，休息，工作	生活环境，社会背景
保护	关怀，适应，自主性，人身自由，平静，团结	保险系统，储蓄，社会保障，健康系统，权利，家庭，工作	合作，保护，规划，照顾，医疗，帮助	居住空间，社会环境，住处
友情	自尊，团结，尊重，忍耐，宽容，接纳，热情，决断，肉欲，幽默感	友谊，家庭，合作伙伴，与自然的关系	性行为，关怀，表达感情，激动，共享，照顾，培养，感谢	隐私，亲密，家庭，聚集空间
理解	批评意见，接纳，好奇心，惊奇，纪律，直觉，推理	文学，教师，方法，教育政策，交流策略	调查，研究，试验，教育，分析，考虑	形成相互作用的环境，学校，大学，研究院，团体，社区，家庭
参与	适应，接纳，团结，意愿，决断，奉献，尊重，热情，幽默感	权利，责任，义务，特权，工作	附属，合作，规划，共享，异议，遵从，相互影响，同意，表达意见	参与相互影响的环境，团体，协会，教堂，社区，邻居，家庭
休闲	好奇心，接纳，团结，想象力，鲁莽，幽默感，安静，肉欲	游戏，场景，俱乐部，参与，平和心情	白日梦，沉思，梦想，回忆往事，幻想，记忆，休息，娱乐，游玩	隐私，亲密，私密空间，自由时间，周围环境，景观

❶ C. W. Cobb, *Measurement Tools and Quality of Life*: *Redefining Progress*, Oakland, CA. Online: http://www.rprogress.org/pubs/pdf/measure_qol.pdf.

续表 13.1

价值论的分类	存在主义的分类			
	存在	拥有	行为	相互影响
创造	热情,决断,直觉,想象力,勇敢,推理,自主性,创造力,好奇	能力,技术,方法,工作	工作,发明,建造,设计,解释	生产与反馈环境,工作室,文化组群,观众,表达空间,时间自由
身份	归属感,判断力,一致性,区别,自尊,自信心	符号,语言,宗教,习惯,风俗,参照群体,性别,价值,规范,历史,记忆,工作	承诺,融入社会,面对,决策,自我认识,自我认同,实施,成长	社会节奏,日常环境,所属环境,成熟阶段
自由	自主性,自尊,决断,激情,自信,虚心,勇敢,叛逆,忍耐	平等权利	异议,选择,区别,冒险,意识,承诺,违抗	不同地点,不同时间与不同人交往的能力

注:"存在(Being)"一列记录了个人或集体的属性,以名词的形式表达;"拥有(Having)"一列记录制度、规范、机制和工具(不是物质意义上的)、法律等,可以用一个词或多个词来表达;"行为(Doing)"一列记录位置和环境(时间和空间)。在时间和空间的概念上,代表西班牙语的 Estar 和德语的 Befinden,由于在英语里没有相对应的词,不得已选择了"相互影响(Interacting)一词。

资料来源:M. Max-Neef, "Development and Human Needs. In P. Ekins and M. Max-Neef, Real-life Economics: Understanding Wealth Creation. London: Routiedge, 1992. pp. 197～213.

客观的测量

如何客观地测量福利,人们已经开展了大量的研究。问题在于研究结果表明福利的客观测量和主观评估之间的相关关系极弱❶。然而,这些研究和各种类型的国家账户中似乎大都只包括了客观指标中相对较小的一部分,而且通常过多地强调消费。福利如同一锅醇厚的秋葵汤,仅用一点配料是调不出它的美味的。经济学研究中的一个重要方向就是以获取 Max—Neef 需求矩阵中两种类型的"满足品"(满足某一给定需求的手段)作为指标,开发一种方法来评价福利。有了足够的配料,才可以做出更接近福利味道的东西。

以 Max—Neef 的人类需求矩阵为衡量福利的基础,这与现存的国家账户和大多数推荐的替代方法相悖,甚至理论基础也不同。很明显,新古典经济学和 GNP 是功利主义的。在功利主义的哲学体系中,个人的福利由个人满足自己愿望的程度决定,而且通常认为社

❶ B. Haas, A Multidiscipinary Concept Analysis of Quality of Life. *Western Journal of Nursing Research* 21 (6):728～734(1999).

会的目标就是为公民提供最大数量的效用。由于新古典经济学实践运用的是功利主义哲学体系，所以公民就成为了最能决定什么提供了效用的人。由于效用难以直接测量，所以经济学家们使用了揭示偏好技术来间接测量效用。人们在市场上做出的客观的、可测量的选择可用来揭示偏好。在市场经济中，偏好是靠市场决策揭示的，而市场决策是通过货币的使用反映出来的。按功利主义的观念，哲学体系只重视结果，需要的只是“拥有”占有和体验这些东西。可持续收入的核算和经济福利的测量只是这种哲学体系的延伸，它们同样也只看重“拥有”[1]。

在 Max—Neef 的框架中，拥有东西也很重要，但它只是作为满足需求的一个元素。因此，一个拥有资源，且乐善好施的独裁者可以为我们提供幸福所需的所有物质条件，但不能满足我们对存在、行为、相互影响这些存在主义的需求，也不能满足我们对创造、参与和自由这些价值论的需求。在 Max—Neef 的概念中，人们并不是总能确定哪些东西对提高他们的生活质量有贡献——例如，广告可能会使人错误地认为消费可以满足他们的情感、自由或者参与的需求。

这种不依赖结果评价人类行为的方法被称为福利的“人文发展”方法。诺贝尔经济学奖的获得者 Amartya Sen 和 Martha Nussbaum 是这种方法的主要推动者。与 Max—Neef 的观点相似，他们认为“能力”和“功效”对福利非常关键[2]。概括而言，“功效”对应于人类的需求；而“能力”同时包括存在的状态和行为的机会，因此类似于获取 Max—Neef 矩阵中的满足品（见表 13.1）的程度。在功利主义的理论中，我们从几个不同的选项中选择一个。如果除我们所选的这个外，其余的选择都消失，也不会对我们的福利产生影响。而在人文发展方法中，失去选择限制了我们的能力，因而影响我们的福利。相比那些可自由选择的选项，人文发展方法不会过多关注实际的选项，而且只是将市场视为众多选择非常重要的领域中的一个。

利用人类需求评价来测量福利

当然，测量人类需求的满足程度是一个非常困难而且主观性很强的工作。Sen 和 Nussbaum 的开创性工作表明，测量能力（即个人获取满足品的程度）非常有用。然而正如 Max—Neef 指出的，文化不同特定的满足品也会不一样，文化不一样的关键就是满足一种人类需求所需的满足品存在差异。这意味着客观的福利账户必定具有文化特征。第二，某些满足品可以满足人类的多种需求，而某些需求则需要多种满足品。更复杂的是，满足品是随时间变化的。人类是居住在复杂环境中的社会动物，评价需求的满足不仅要针对个人，还要针对社会团体和个人生活的环境[3]。此外，虽然需求各有不同而且各具特色，但它们之间是相互作用甚至是互补的，因此不能简单相加。充分获取某组需求的满足品并不能补偿其他需求满足品的缺乏。这意味着应当针对不同需求的满足品分别进行

---

[1] C. W. Cobb, Measurement Tools and the Quality of Life (Redefining Progress, Oakland. CA). (2000). Online: http://www.rprogress.org/pubs/pdf/meaure_qol.pdf.

[2] 同上；M. Nussbaum, Aristotelian Social Democracy. In R. B. Douglass, G. M. Mara, and H. S. Richardson (eds.), *Liberalism and the Good*, New York: Routledge, pp. 203～252, 1990; R. Sugden, Welfare, Resources, and Capabilities: A Review of Inequality Reexamined by Amartya Sen. *Journal of Economic Literature* 31 (December): 1947～1962.

[3] 同前，Max—Neef(1992).

"核算"。

基于**人类需求评价**(HNA)开发福利账户时,通过比较福利的客观测量与主观评价结果来决定实证研究中使用方法的有效性,是一种非常有用的检验方法。这些实证检验和建立的HNA账户,都必须通过相互对话来确认或推翻Max—Neef指定需求的有效性,以及满足品(用来评价需求满足程度)的有效性。通过对话肯定可以得到一些表13.1中❶未列出的满足品。虽然通常一般人并不确切知道什么满足品最能满足他们的需求,但相互讨论对选取和检验合适的指标来说仍然是最基本的。同时也需要开发群组基础的方法来确定指标在社会环境中的有效性。

理论上,Max—Neef的概念比GNP、甚至是ISEW更有说服力,但该方法显然实践上操作比较困难。适合国民核算的应该是理论上完善的方法或易于核算的方法,但关于哪种方法更适合国民核算的争论由来已久。1906年,Irving Fisher论证了合适的测量方法(如收入)捕获的不仅是商品和服务的最终成本,还包括服务的精神通量(即需求和欲望的满足)❷。在Fisher写这段话的时候,还缺乏合适的数据计算服务的精神通量或最终成本,这无疑使很多人忽视了这场争论,而只是将其完全当成学术问题。GNP指标的广泛应用表明,实际上在这场争论中Fisher输了。然而,ISEW这类测量方法都表明GNP越来越不能胜任测量经济福利,更不用说人类福利了。即使永远不能像现在精确量化GNP那样量化满足品的获取,但正如Amartya Sen所说,模糊的正确总比准确的错误要好❸。

将Max—Neef的人类需求矩阵作为区分人类福利具体要素的框架,将满足品的获取作为最好地测量福利的客观指标,这对规模、分配和配置具有深刻的意义。首先,除了支持人类生命的物质资源外,Max—Neef建议的绝大多数指标都很少需要额外的物质资源,从而不受实物枯竭的影响。因此,对组成人类福利的大多数要素来说,一个人或一代人增加使用都不会减少其他人的使用量。其次,如果明确接受物质需求有限的观点,就表明能够极大地限制消费,而牺牲的福利很小。这个结果至关重要,因为根据热力学定律,不可能从资源利用和废弃物生产中分离出物质消费。大量证据表明,单靠可更新资源无法使当前的消费水平可持续,因此必须限制消费,否则会威胁后代的福利。

Max—Neef的框架难以实施实际上是对它有利的一点。首先,为什么要衡量福利?并不仅仅是为了描述福利是上升还是下降,而是为了帮助制定政策改善福利状况。简单地提供一些关于福利的统计数据并不能帮助我们实现这个目标。而应用Max—Neef的框架需要广泛的调查,这能让人们深入地思考什么是他们真正的需求,以及如何满足这些需求。最后,改善福利需要政治、文化和宗教团体决定他们需要什么以及如何实现这个目标,做正确的决策也需要人们深入地思考什么是他们最终的愿望。

---

❶　例如,食物和居所是"拥有"维度上满足"生存"需要的满足品。实际上如何满足对食物和居所的需求与文化有关。因纽特人有海象脂和圆顶棚就会满足,而纽约人却需要汉堡包和摩天大厦。

❷　H. Daly and J. Cobb, *For the Common Good: Redirecting the Economy Toward Community, the Environment, and a Sustainable Future*. Boston: Beacon Press, 1989.

❸　D. Crocker, "Functioning and Capability: The Foundations of Sen's and Nussbaum's Development Ethic, Part 2." In M. Nussbaum and J. Glober, eds. *Women, Culture and Development: A Study in Human Capabilities*, Oxford, England: Oxford University Press, 1995.

本章知识点

■ 组成谬误

■ 一般均衡模型和总的宏观经济

■ 宏观经济的最佳规模

■ 国民(国内)生产总值

■ 总福利＝经济福利＋非经济福利

■ 防御性支出或者“抗害品”

■ 自然资本消费

■ 可持续收益

■ MEW 和 ISEW

■ 国民成本总值

■ 相对财富和福利

■ 人类需求和福利

■ 人类需求矩阵(Max—Neef)

■ 人类需求评估(HNA)

第十四章　货　币

货币与火、轮子一起都是古代的发明，没有它现代社会就无法正常运行。更多的现代人是因货币失控而不是轮子和火失控而焦头烂额。货币非常神秘。与物质和能量不同的是，货币既可以创造也可以消灭，它不遵循热力学定律。私人（造假币者）即使制造很少的货币也会被送进监狱，而私营的商业银行却几乎制造了所有的货币，我们还要为此付费。货币有时候是昂贵的商品（黄金），有时候却是一文不值的符号（纸币）。个体很容易将货币转化为真实资产，但社会作为一个整体，却无法将其货币全部兑换为真实资产，因为总有人最终持有货币。一些经济学家认为货币的供给应该由固定的规则决定，其他人则认为应该由公共管理机构控制。有些人认为贪财是万恶之源！任何一个未受过金钱困扰的人，可能对它都没想太多。

货币有三种基本职能：交换媒介、计价单位和价值贮存。这些基本职能相互关联，但值得分开讨论。要测量交换价值，我们需要单位——如美元、比索、法郎、日元等。如果随时间这个单位是稳定的（没有通货膨胀或通货紧缩），货币就自动起到了贮存交换价值的作用。要发挥货币的交换媒介功能，使我们免受实物交换之苦，货币必须可以保值，保值期至少要长到实物交易的双方都能够接受。在货币作为交换媒介的情况下，买和卖实物商品的时间和空间可以分离，而在实物交换中，买和卖实物商品在时间和空间上是统一的。反思一下就会发现实物交换非常低效，而通过货币交易非常高效。在实物交换中要有欲望的巧合——我的供给恰好是你的需求；你的供给也恰好是我的需求，而且我们还要能找到对方。货币提供了一个任何人都愿意接受的共同标准。货币是标准的、定义明确的商品（或后来的一种符号），它将困难的实物交换过程分成独立而易于交易的两部分。

马克思对交易的分析如下。首先进行的是简单的实物交换，可以表示为：

$$C-C^*$$

商品 C 与商品 C^* 进行交换。你有 C 想要 C^*，我有 C^* 想要 C。交易后我们的状况都更好。我们都提高了各自拥有物品的使用价值。交换价值没有与使用价值分离。这种交易不需要货币，但是交换双方必须幸运地找到对方。

下面是马克思的“简单的商品生产”：

$$C-M-C^*$$

此时，货币作为交换媒介参与进来。交换价值，即货币 M 的总量，完全是工具性的，通过促进交换增加了使用价值。这个过程始终都是商品的使用价值，目的是增加使用价值而不是交换价值。

马克思的关键转变是从简单的商品生产到“资本的循环”。他用符号表示为：

$$M-C-M^*$$

起初，资本家拥有货币资本 M，用来生产商品 C，然后卖掉 C 得到货币 M^*，假设 M^* 大于 M，有：

$$M^* - M = \Delta M$$

ΔM 是利润，或剩余价值（马克思的术语）。这里重要的不是马克思的剩余价值概念（这与充满争议的劳动价值论密切相关），而是从 $C-M-C^*$ 到 $M-C-M^*$ 的转变过程中，驱动动机从增加使用价值变成了增加交换价值。

使用价值来自于对商品的实际使用，它是具体的，体现在实物中。**交换价值**是抽象的，以货币形式存在，不需要体现在实物中❶。真实财富—商品—遵循热力学定律。货币，一种计价单位的符号，可以凭空创造也可以消失得无影无踪。使用价值的积累有物理限制；而交换价值的积累不存在明显的限制。就使用价值来说，50 个锤子与 2 个锤子（一个使用，一个备用）差不多。但就交换价值而言，拥有 50 个锤子要远好于拥有 2 个锤子。当然拥有价值 50 个锤子的货币，随时随地可购买任何物品，情况会比拥有 50 个锤子更好。

专栏 14.1 “钻石—水”悖论

使用价值与交换价值的区别可以追溯到亚里士多德，它曾被用来解决“钻石—水”的悖论——水是必需的但价格很低，钻石的实际用处并不大，但价格却很昂贵。经济学家是这样处理这一难题的，他们宣称存在价值和交换价值是两种基本类型的价值，相互之间没有关系。在 19 世纪晚期，经济学思想的边际主义革命解决了这个问题：交换价值由边际效用决定，而使用价值由总效用决定，即交换价值等于边际使用价值。水的总效用很大，但由于水非常丰富，所以水的边际利用只能带来微不足道的满足感。边际效用决定了交换价值，是真的吗？如果你想从我手中购买 1 加仑的水，是什么决定你将付给我多少钱？如果我卖给你 1 加仑的水，我不会因为没有水喝而口渴，也不会因为不能洗澡而变脏，只是给牵牛花少浇几次水。对我来说，牵牛花具有最不重要的使用价值，也是我使用水的边际效用，也是 1 加仑水对我的机会成本。水的边际效用是我卖出 1 加仑水所承受的损失，这决定了水的交换价值。交换价值由最不重要的使用价值、即损失的价值决定。由于水非常丰富，所以它的边际效用很小；而钻石非常稀少，所以它的边际效用很高。

储藏锤子需占用空间，锤子还会生锈、招白蚁、失火和被盗。与 50 个锤子等价的钱，不会生锈、腐烂和熵变，而且不但不需要保管费用，还能从为你保管货币的人手中获得利息。使用价值的生产有自身的限制，而交换价值的生产却没有这个限制。因为抽象的交换价值的积累没有限制，且抽象的交换价值可以转化成具体的使用价值，据此似乎可以推出：具体的使用价值的积累也没有任何限制。这可能导致人们产生这样的观念：指数增长，银行里货币的复利增长规律，也是真实资产，或原材料、经济的增长规律。

虚拟财富

Frederick Soddy 通过仔细区分财富与债务对此进行了总结❷。他指出，“重力，尽管是根据提起它所需的力量大小度量的，但其实重力的方向是向下的。为了测量某物的数

❶ 只有存在货币可以实际交换的某物时，交换价值才是真实财富。

❷ F. Soddy. *Wirtual Wealth and Debt*. London：Grerge Allen & Unwin，1926.

量，整体的思想是测量其平衡量，即测量数量相等但方向相反的量来平衡要测量的事情。财富是要测量的正的量，作为财富的代称，测量的结果货币就是债务”(p. 103)❶。测量财富的货币是负的财富，比如说负的两头猪；它遵循数学规律，但不遵循物理规律。而另一方面，正的两头猪，既遵循热力学规律也遵循数学规律。正的猪会死亡，必须喂养，其繁殖速度不可能超过其繁殖期所允许的速度。但负的猪繁殖力超强，可以无限地繁殖。正如Soddy指出的，“不可能永远使一个荒谬的人类协议(如债务按复利自发地增长)与自然法则(财富按熵规律自发地消耗)相竞争”(p. 30)。

公众为了避免实物交换的不便而持有货币，这便产生了一种奇特的现象，Soddy称之为**虚拟财富**，并将其定义为，社会为持有货币而自愿放弃持有的真实资产的总价值。个人总可以将其持有的货币转化为真实资产，但为了避免实物交换的不便，他们不会这样做。这就引出了下面的问题，货币是否是社会的部分真实财富？如果货币是如同黄金一样的商品，以其商品价值流通的话，可以作为真实财富；但如果只是美元钞票一样的货币符号，商品价值为零，但交换价值很大，答案则是否定的。前面已经提到，对个人而言，货币可以随时转换为真实资产，但对社会整体而言却不可能都这样做。

因此，货币代表的不是真实财富，而是Soddy讲的“虚拟财富”。更准确地说，代表的是决定货币价值的虚拟财富数量。如果流通领域中政府投入的货币超过了人们当前希望持有的货币量，会出现怎样的结果呢？人们将会用货币购买真实资产，从而抬升真实资产的价格。随真实资产价格提高，货币的真实价值就会下降，直到再次与社会虚拟财富一致。如果货币太少，人们就会用真实资产换货币，这会压低真实资产的价格。随真实资产价格下降，货币的真实价值就会上涨，直到与社会虚拟财富再次相等。一美元的价值等于社会虚拟财富除以流通中美元的数量。单位货币的价值不是社会总财富决定的，也不是每年的GNP决定的，而是由它所代表的相对于货币供给的虚拟财富决定的。

专栏14.2　虚拟财富和信用发行

诺贝尔经济学奖获得者Jams Tobin对“信用发行”的阐述与Soddy虚拟财富观点相近：

社会财富可以分为两部分：过去直接投资积累起来的真实商品，以及政府凭空创造出来的信用或有价证券。当然，国家人力除外的“真实”财富只由有形资本构成。但从个体的角度来看，超过有形资本的那部分财富就是信用发行。这是一种错觉，是经济和社会中许多基本的组成谬论之一。只要社会不将所有有价证券转化为真实资产，这种假象就可以继续维持下去。[a]

[a] J. Tobin, “*Money and Economic Growth*,” Economitrica (October 1965), p. 676.

货币铸造税

谁占有虚拟财富呢？因为它实际上并不存在，所以可以说没有人占有它。这是集体

❶　银行通常贷款给某人创造货币(见下文)，它的第一步实际上是制造债务。银行贷款的数量(需贷款人连本带息偿还)将作为负债记录在银行会计账簿的资产方。贷款人不久又会将这些贷款存入一个银行账户下，它又作为负债记录银行账簿上。

的错觉。尽管人们都知道货币是“虚拟的”财富，但个人都愿意持有货币而不是真实资产，似乎货币是他们个人的部分真实财富。除了货币发行者，社会中任何人都必须用真实资产来换取货币。创造货币的人，也是第一个花掉货币，用它交换到真实资产的人。货币的价值与其几乎可以忽略的商品价值之差，就是货币发行者的利润，称之为**货币铸造税**，用Seigniorage这个词表示货币铸造税是因为通常只有高贵的人才拥有这项特权。谁是幸运儿呢？历史上的封建领主、国王和最高统治者，他们可以在自己的领地内发行货币。人们可能会认为这项特权会传给统治者的合法继承人——民主国家。从某种程度上讲的确如此，因为只有政府可以发行流通货币或法定货币。但是，当前超过90%的货币供给并不是来自流通货币，而是由私营的商业银行所创造的活期存款[1]。它们是凭空创造出来的，是私营商业银行按政府制定的规则通过贷款产生的。谁获得货币铸造税？流通货币的货币铸造税由政府获得，而活期存款的货币铸造税则流向了私人部门，最初是商业银行。在一定程度上，银行之间存在对储蓄的竞争，这会让银行将一部分货币铸造税重新分配给储户。太穷以至于没有储蓄的社会部门得不到任何货币铸造税。

在经济中，货币是由什么构成的呢？更神秘的是货币有多个定义。狭义的定义是，“流通现金加上与银行无关的公众持有的活期存款”。广义的定义还包括储蓄存款，甚至是信用卡上欠的钱。作为存在的条件，大部分货币供给都带有利息。任何贷款人都必须连本带利偿还。因此，货币供给本身就需要增长（否则就会发生通货膨胀）。此外，在其他条件都相同的情况下，在经济繁荣期，每个人都想贷款和投资，从而货币供给扩张；在衰退期，贷款会被限制，从而货币供给紧缩。这加剧了循环的不稳定。

初次了解到私营银行通过贷款凭空创造货币时，许多人都难以置信。事实上，据Joseph Schumpeter的研究，在20世纪20年代，99%的经济学家都认为跟衣帽间不能制造衣服一样，银行也不能创造货币，然而如今每一本经济学教科书都会解释银行如何创造货币。了解这一点后，接下来将解释货币是如何创造的。当然，银行不是创造货币的唯一途径。今天的大部分经济学家都对银行创造货币习以为常，但在20世纪早期，最主要的经济学家Fisher和Frank Knight都认为银行不能创造货币，Frederick Soddy也持有同样的观点。

专栏14.3　局地通货和局地贸易系统

不是只有政府制造通货，世界各地还存在许多非政府的合法通货，仔细分析这些局地通货，有助于理解货币。设计货币流通体系有三种方法。第一，大多数国家的通货是通过法律制造的。除了相信在交易时别人会接受它之外，法定通货背后没有具体的保障（如“相信上帝”或伊萨卡HOUR这样的说法“我们相信伊萨卡岛”）。第二，货币可以根据某种商品来定价，但可能可以也可能不可以换回该商品。如20世纪70年代，新罕布什尔州埃克塞特市尝试引入了Constant（最早的替代通货，是当前局地通货的前身）。设计Constant是为了保持一篮子30种不同商品的价值恒定不变。最后，货币可以一种商品做后盾，这意味着它可以和这种商品自由兑换。正如19世纪美国的通货，理论上货币持有者在任何时候都可以将其持有的金本位的美元兑换成黄金，这样就需要有必要的黄金储备。[a]

---

[1] 活期存款，随时可提取货币的普通存款账户。

纽约的伊萨卡城有世界上最发达的局地通货系统。它的通货是伊萨卡 HOURS。一个人只要在交易其生产的物品或服务时愿意接受和使用 HOURS,他就可加入 HOURS 体系。为了与日益增多的商品和服务相匹配,必须发行新的货币。那么这些新货币从何而来呢?

在 HOUR 的名册上正式登载自己的名字,这被视为为伊萨卡 HOURS 提供了服务,在加入时这些支持者能得到 2 个单位的 HOURS(大约相当于 20 美元),在更新自己承担的义务时能再得到 2 个单位的 HOURS。从技术上讲,参与者因为公开支持 HOURS 得到报酬,也可以说,在 HOURS 系统中,同意生产新产品和服务的人,就有权获得货币铸造税。初看起来很奇怪,只是简单地同意接受货币就对货币有了权力,新的货币必然有出处,而且其中的一部分回到新财富的创造者手中也是合理的。

理论上讲,新创造的货币量乘以货币流通速度应该等于总的新产品和服务。迄今为止,新参与者使用 2 个单位的 HOURS 都创造出更多的商品和服务。有几个措施可以增加货币供应量并防止通货紧缩。伊萨卡的居民可以申请无息 HOURS 贷款,组织可以申请 HOURS 补助金,加入 HOURS 系统的企业,其雇员的部分工资可以用 HOURS 支付,人们可以通过 HOUR 银行用美元购买 HOURS 以增加其流通。还创造了另外一部分货币来承担系统的管理成本。伊萨卡 HOURS 流通委员会决定 HOURS 的发行数量。迄今为止,伊萨卡的 HOURS 仍然坚守自己的立场,并继续以 1 个单位 HOURS 兑换 10 美元的汇率进行交易[b]。

---

[a] R. Swann and S. Witt, Local Currencies: Catalysts for Sustainable Regional Economies. Revised 1988. Schumacher lecture ,1995/2001. Online: http://www.schumachersociety.org/currencypiece.html(E.F. Schumacher Society)

[b]参见 http://www.ithacahours.com. Paul Glover ,the founder of Ithaca HOURS,提供了很有帮助的信息。

部分准备金制度

使银行创造货币的是部分准备金制度。如果银行必须为自己创造的活期存款持有 100%的准备金,那么银行就不能创造货币。Soddy、Fisher、Knight 等人提倡的改革就是要求 100%的准备金。银行仍然提供支票和保管服务,并靠对它提供的这些服务收费来赢利,但它们不能给其他人贷款,因此不能创造货币。

具体而言,部分准备金制度如何使银行创造货币呢?假定法律要求银行保持活期存款 10%的准备金(事实上这太少了)。准备金可以是现金,也可以是商业银行在美国联邦储备银行的存款。银行只是用准备金来平衡每天存款与取款的差额,而取款数量通常只占存款总数的几个百分点。因此,对银行来说,采用 100%的准备金过于谨慎。采用 10%的准备金就可以应对所有可能发生的不平衡问题。"剩余的准备金"可以以一定的利率发放贷款,从而增加银行的利润。政府支持这种行为,并将其合法化,这就是所谓的**部分准备金的银行业**。只要储户不同时提取现金,如银行恐慌(储户怀疑银行的偿付能力,同时到银行提取现金)时常发生这样的挤兑,部分准备金制度就能很好地运转。为了避免挤兑,政府设立了联邦存款保险公司(FDIC)。如果储户对银行倒闭时自己可能遭受的损失投保,发生恐慌的可能性就会降低。(储户也可能不关心银行是否精心管理,但这是后面要讲的另一种现象。)

银行如何创造货币呢？先考虑只存在一家垄断商业银行的情况。因为只有一家银行，显然从一个分行取出的支票，会储存在另一家分行，所以结算时没有货币和储备金转移到其他银行。因此，如果银行将收到的100美元的现金存款作为准备金，如果法定准备金是10%，那么银行就可以贷出新创造的900美元的活期存款。个人或商业机构只会贷他们打算花费的钱，所以贷出去的900美元一定会被花掉。100美元现金的活期存款加上新贷出的900美元，就有了1 000美元的活期存款。用100美元的现金做准备金，满足了10%的法定准备金要求。900美元的活期存款就是净增加的货币供给量。

现在考虑有多个银行竞争的银行体系。假定银行A收到100美元的现金存款，与垄断银行不同，银行A现在不能发放900美元的贷款。因为是竞争性的银行体系，所有的贷款都会存入别的银行，在结算时银行A需要将存款转移到其他银行。如果银行A贷出900美元，那么马上就需要向其他银行转移900美元，但银行只有100美元的存款，因此银行A贷出900美元不满足10%的法定准备金要求。

那新存入的100美元，银行可以贷出去多少呢？如果所有贷款都存在其他的银行，那么银行只可以贷出90美元。这个过程仍然创造了货币——除交换100美元现金的活期存款之外，还有90美元的新活期存款。至此这个过程并没有结束，银行A贷出的90美元转移到了银行B，而银行B又可以贷出90%的存款81美元。这样，货币供给就增加了90+81=171美元了。接着81美元到了C银行，银行C可以再次贷出90%的存款，这样又产生新的存款72.9美元。这个过程可无限地进行下去，你能猜到最后新货币的总量是多少吗？同垄断银行的结果一样，刚好900美元的新货币；由于这个过程是从100美元的现金交换100美元的活期存款开始的，所以结果也是1 000美元的新活期存款❶。从银行取出现金(存款)的作用与上述过程相反。同时发生的创造和消灭货币的过程最终决定了货币供给的净增长。

作为公共物品的货币

货币是一种社会现象，不是一种私有资源。货币是一种真正的公共物品，尽管形式比较特殊，但很真实。你也许会认为，你拥有货币就能够排除其他人的使用，但是如果你完全做到了这一点，那么你的货币就没有任何价值了。只有所有的人都能使用，货币才有价值。当然，货币具有非竞争性，不管我用什么方式花费一美元，也不会影响其他人一美元的价值。因为货币是公共物品，有人也许会认为货币铸造税应该作为公共收益，而不是私人收益。社会虚拟财富可以被视为公共所有的资源，就像大气或电磁波谱一样。但事实并不如此。货币供给是因为有私人有息贷款才存在。大部分货币以贷款的形式存在，偿还时需要连本带利，这说明经济有强烈的增长倾向，以及循环存在不稳定的趋势。货币系统与私人商业上的借进、贷出活动联系在一起并非是因为经济上的原因。

替代的方式是什么？Soddy提出三项改革建议。第一个建议是逐步将法定准备金提

---

❶ 如果r是法定准备金率，活期存款的增加即为以下无限级数：$1+(1-r)+(1-r)^2+(1-r)^3+\cdots+(1-r)^n=1/r$。

高到100%。这样就可以使私营银行不再创造货币,回到提供现金借贷、提供核算服务等方面的业务上。这时货币供给的管制权就属于政府。然而政府如何管制货币供给呢?Soddy的第二个政策建议是建立一个基于价格水平指数的自动调整规则。如果价格水平指数降低,政府只需多印些新货币,通过支出使其进入流通领域;如果物价水平指数升高,政府停止印制新货币,同时政府的支出要少于税收,即盈余运行。对封闭经济而言,这些措施已经非常充分,但对参与国际贸易的开放经济系统,国际收支平衡可以增加或减少国内的货币供给。Soddy的第三个建议是(1926年采用的是金本位制)采用自由浮动汇率。各国货币可以自由兑换,均衡汇率可以减少收支平衡中的剩余或短缺(赤字),从而可以减轻国内货币供给的国际影响。请回忆一下第九章中曾经讨论的剩余和赤字。

当然,这些并不是当前所实行的。

金本位制度已经被抛弃,固定汇率体系让位于浮动汇率体系,但并不是完全浮动的汇率体系,因为(错误地或正确地)认为完全浮动的汇率体系对国际贸易来说太不稳定和太混乱了。(第十九章会专门讨论汇率问题)。货币供给主要程度上由商业银行系统决定,受美国联邦储备银行管制,但不是控制。**联邦储备银行**是美国各地区中央银行的协调系统,它可以影响利率和货币供给。

美国联邦储备银行有三个调节货币供给的工具。第一,联邦储备银行可以在法律规定的范围内重新设定法定准备金率,从而扩大或减少银行创造的货币供给量。但这种方法对金融部门的影响很大,所以并不经常使用。第二,调整借给商业银行的准备金贷款利率(贴现率),从而影响商业银行向客户借贷的利润,这样可以扩大(或减少)货币供给量。第三,联邦储备银行可以引导开放的市场运作,通过在公开市场买卖政府债券直接增加或减少货币的供给量。当联邦储备银行购进政府债券时,它是通过在债券经销商的银行账户上存款购进的,这就直接增加了可用的货币供给量(等于它债券的购进量)。这个存款增加了银行的准备金,使银行可以向外更多的贷款并且创造更多的货币。反之,当联邦储备银行出售债券时,货币供给就会紧缩。

货币与热力学定律

Frederick Soddy是诺贝尔化学奖得主,他坚信科学应该为人类谋福利。早在1926年Soddy就预言了原子弹的发明,但他怀疑科学能否真为人类谋福利。为什么科学成果常常被错误地使用?Soddy认为原因是有一个有缺陷的、非理性的经济系统。如果不改革经济体系,科学进步只会加速破坏世界。Soddy用他的后半生近40年时间研究经济系统。他分析了经济学的热力学、熵和生物物理学基础,引起了人们对这种相互依存关系的关注。但他的大部分精力用在了研究货币上,这是为什么呢?因为货币不遵守热力学定律,它可以被创造和消灭。但这个不遵守物理规律、虚构的数量单位被用来计量真实财富,而真实财富具有不能削减的物理维度,既不能创造也不能消灭。货币是有这个问题,准确地说是因为它使我们错误地认为:财富与它的表示符号——货币——具有一样的运行规律;一些人可以靠利息生存,那么所有人都可以;货币可以购买土地,而利用土地可以产生持久的收入,那么货币也可以产生持久的收入。

针对这种谬误，M. King Hubbert 最近提出了**指数增长**——以固定的百分比增长——在人类历史中只是一个短暂的阶段❶。下面是一个经典的关于指数增长的例子，在棋盘的第一个方格中放一粒麦子，在第二个方格中放两粒麦子，在第三个方格中放四粒麦子，如此下去，到倒数第二个方格(第 63 个方格)的时候，方格中的麦子达到 263 粒，这个数量要远大于全球小麦的总产量，而最后的第 64 个方格就需要前面所有方格需要的麦子总量。Hubbert 的结论是，即使是一粒麦子，世界也不可能支持它连续翻番 64 次。但现在全世界有许多东西的数量都在翻番——人口、牲畜、汽车、住房——这些东西远比麦粒大得多，它们能翻几番呢？它们一起翻番又能翻几番呢？Hubbert 的答案是最多数 10 次而已。然而，当前的金融惯例却假定这样的翻番可以无限地进行下去。

只要把将来值折算成现值，无限增长的美梦就会破灭。简单地进行指数运算的逆运算，就可以回答：为了在未来的特定时间达到某一特定数量，在当前利(贴现)率下，现在应该在银行存多少钱？这个贴现过程就是现值最大化财务模型的核心，它取代了更传统的利润最大化经济学模型。困扰 Soddy 的问题就是现在这种经济学思想。这个问题在讨论为什么可更新资源趋向消失时就已经遇到过。

Soddy 的观点很容易被当作"货币奇想"。人们只是为一位杰出的化学家在一个他并不擅长的问题上浪费这么多时间而感到遗憾，这就是 Soddy 受到的待遇。而同样也倡导100%准备金制度的 Iring Fisher 和 Frank Knight，他们是那一代经济学家中的佼佼者，所以只能将他们的这个观点与他们其他的经济学贡献分开，当作一个小错误而忽略。

前面关于货币不遵守热力学定律的论述需要加上一些限制条件。如果没有物品可交换，那么也就没有交换价值。如果发行的货币没有真实财富作基础，货币的支出只会抬高物价，引起通货膨胀，使"真实货币"接近真实财富(通货膨涨出现后更接近)。

那么虚拟财富呢？人们为了持有货币而放弃的真实财富的数量是否也有限制呢？如果没有，那么流通的现金量就可以独立于真实商品和服务的生产而继续增长。金融资产既不是货币也不是真实财富，但可以在市场上进行买卖，人们愿意持有更多的货币以满足这些资产的交易需求。此外，人们还进行货币交易，用一个国家的通货购买另一个国家的通货，这同样也会增加货币需求。货币投机和金融资产在近几年增长非常快。

前面的 $M—C—M^*$ 方程说明了货币如何从促进交换的"手段"变成了"目的"本身。纯粹的货币投机和金融票据的交易更加缩短了 $M—C—M^*$ 的过程。凯恩斯在 20 世纪 30 年代就曾警告说❷："作为经济的泡沫，投机者并不会造成什么危害。但是如果经济主体——企业成了投机旋涡中的泡沫，情况将十分严重。如果一个国家的资本发展变成了赌博行为的副产品，那么问题就比较严重"。全球每年生产并参与市场交易的商品和服务约有 30 万亿美元❸，而没有商品作为中间媒介的票据交易(准确地说应该是电子交易)每天大约为 2 万亿美元❹。这意味着票据资产和货币的买卖($M—M^*$)是真实商品和服务

---

❶ M. King Hubbert, "Exponential Growth as a Transient Phenomenon in Human History", in H. Daly and K. Townsend. eds. *Valuing the Earth*. MIT Press, Cambridge. MA 1993.

❷ J. M. Keynes. *The General Theory of Employment, Interest and Money*. Orlando, FL: Harcourt Brace, 1991, p. 159.

❸ 基于购买力平价(PPP)的官方估算每年大约有 40 万亿，投机数量以名义美元记，而不是 PPP。

❹ D. Korten. *The Post－Corporate World: Life After Capitalism*, San Francisco: Berrett－Koehler, 1998.

交易的20倍以上！企业已经真正变成了投机旋涡中的泡沫。这些投机交易中并没有真正的生产性活动，其唯一结果就是造成了货币不可思议的增长。但实际上，这种增长不能无限地进行下去。

如果没有对应地真实财富增加，货币的增加毫无意义，所以现在要问：金融投机能促进真实财富的增长吗？有些票据交易是购买可以提供金融资本的新股票，这确实可以调动生产的物质要素，但估计这些金融资本只占股票交易的4%。通货的投机，短期内数百万美元在在极小的价格差额下买进卖出，很明显什么都没有生产出来。事实上，就是这种行为——投机者廉价卖空了地区的货币——导致了1997～1998年东南亚几个国家的经济危机，使这些国家经济的生产急剧下降。除非存在利润，否则这样的投机买卖不会发生。例如，参与了东南亚金融投机活动的索罗斯，据说在1995年在对英国货币的投机行为中就挣了10亿英镑❶。唯一可能的解释是，如果通过不生产产品的投机就能获得更多的货币，而这又可以让投机者拥有更多的真实财富，那么就会减少真正生产者的真实财富。

总之，造成货币似乎可在没有物质限制的情况下无限增长这一错觉的原因有三个：第一，只要生产的真实资产和服务增加，就需要更多的货币去购买它们，因此货币的增长是正当的。但在一个有限的星球上，这种增长不可能永远继续。第二，金融资本的增加以及价格升高（如投机泡沫）也会造成货币需求增加，所以为满足货币的需求也要增加货币的供给。事实上金融泡沫不可避免地也会破灭。第三，金融资本所有者的资本能增加，是因为投机活动可以将资源从生产者手中转移到投机者手中。但这种财富的转移是有限制的，尽管连续的经济增长掩盖了这种限制。因此，货币不遵守热力学定律的表象是种错觉，只有经济规模在扩大，或金融部门随着实物部门的扩大而扩大时，这种情形才能维持。对现金而言，无限制地增长依旧是不可能的。

想一想！

如果一个国家采用和伊萨卡 HOURS 一样的货币发行方法，将会出现怎样的结果呢？例如，为防止银行创造货币，政府可以实施100%的法定准备金制度，一次性支付给每个新加入者一定数量的货币（如为年满18岁的人支付接受大学教育的费用或给他们一笔创业的钱），给社会公益项目提供无息贷款。

❶ W. Greider, One World, Ready of Not: The Manic Logic of Global Capitalism, New York: Simon & Schuster, 1997.

本章知识点

- 货币的职能：
  交换媒介、计价单位和价值贮存
- 实物交换；简单的商品生产；
  资本循环
- 交换价值与使用价值
- 虚拟财富
- 局地通货
- 货币铸造税
- 部分准备金银行
- 创造货币
- 作为公共物品的货币
- 联邦储备体系
- 货币和热力学定律

第十五章 分 配

前面已经强调生态经济学关注的三个问题：资源的配置、资源的分配和经济的规模。了解了地球上生态的可持续性如何与宏观经济的大小和规模相关。在微观经济学和基本市场方程的讨论中，探讨了经济学家认为的有效配置。这里讨论第二个问题，分配及其中的公平，接下来的第十六章将讨论宏观经济的配置问题。

帕累托最优

在处理配置问题时，经济学将效率定义为资源通过市场达到的帕累托最优配置。这个定义假设财富与收入的分配是给定的。具体地讲，有效配置就是能最大限度地满足用个人支付能力（即其收入和财富）加权的欲望的配置。改变收入和财富的分配，就会有一组不同的有效价格（因为不同的人需要不同的东西），这些价格定义了不同的帕累托最优。由于这些帕累托最优是基于不同的收入和财富分配的，所以经济学家不愿对它们进行比较，而视它们相互之间无差异。前已述及，规模扩张（经济增长）的一个主要原因曾是为了避开分配公平的问题。如果每个人都能从总增长中分到更多，分配问题就不会那么紧迫，因为总增长至少可以缓解贫困。此外，如果为了公平而改变分配是合理的话，那么总增长的配置效率（帕累托最优）就会缺乏明确的含义。因此，尽管经济学家曾经注意到阐述分配问题要有逻辑上的必要性，但为了政治上的方便很快就将这种烦恼抛到了脑后。

专栏 15.1 在假设给定分配的同时，帕累托最优配置假设了给定的规模吗？

按字面意思理解，规模问题如同在绘制一座房屋的比例尺模型时，仅等比例地改变所有的线性（标量）要素。显然，规模的改变仅意味着简单的增加或减少，而其中所有的比例保持不变。因相对的稀缺性没有改变，测度它们的相对价格也将保持恒定，从而根据比例定义的帕累托最优配置也没有变化。标准的经济学家通常也认为是这样。所有的一切都按比例增长，可能吗？当然不可能，原因有二：第一，如果某事物是固定的，很明显它就不能与其他事物成比例地增长。在生态经济学家的视野内，总生态系统的大小是固定的。随着经济子系统的增长，尽管生态系统内部的尺寸按比例增长，但生态系统自身不会增长。作为整个系统的一部分，经济系统变得更大——称之为经济规模扩大，意味着相对于生态系统的大小增加了。相对于人造资本，自然资本变得更加稀缺了。

当然，如果经济系统扩张充满了整个地球生态系统（第三章的“经济帝国”模式），那么规模问题将不复存在。从这个角度来看，新古典经济学家宣称的“如果内生所有的外部性，价格就可以自动地解决规模问题（在创造中就配置一切）”是有意义的。但这是一种乌托邦式的观点，如同阿基米德宣称的，如果给他支点和足够长的杠杆，他就可以撬动地球一样。

第二个困难已经受到生物学家和一些经济学家的长期关注，是按比例增加任何事物（按固定比例增加所有的线性要素）都不可避免地改变非线性要素的相对大小。长、宽、高增加 1 倍，面积不是增加 1 倍而是 4 倍，体积则增加 8 倍。生物学早就注意到了“合适尺寸的重要性”。如果蚱蜢增大到大象一般，它就不能跳上房，甚至移动一下都会很困难。因为它的体重（与体积成比例）增长了 8 倍，而其力气（与骨骼、肌肉的截面积成比例）只增长了 4 倍。

回到前面所举的房屋的例子，规模增加 1 倍，表面积和用料会增加 4 倍，而需要制冷和制热的空间会增加 8 倍。相对稀缺性和相对价格不可能保持不变。看来帕累托最优配置假设了给定的分配和规模。规模不能按比例增加是因为：(1)存在一个固定不变的要素，即生态系统的规模；(2)子系统内所有相关的内部要素等比例增加，在数学上也不可能。总之，正如假设了给定的分配一样，最优配置也假设了给定的规模。

经济学标榜自己为“实证科学”。配置效率即使假设了给定的分配，也被认为是一个实证的，或可以测量的问题。尽管知道保护未来和其他物种这个规范问题，但经济规模是否可持续还是被认为是一个包含生物物理约束的实证问题。另外，分配公平也是一个规范问题。是否公平是与分配相关的一个主要问题，而不是是否高效，或生态上是否可持续。是否公平是一个直接的、不可回避的规范问题，就因为这个原因，经济学的实证传统对它给予了最小的关注。

但同其他科学一样，经济学也采用了某种文化价值标准。首先，客观效率准则，即帕累托最优，暗含着一种规范判断——即不能接受恶意行为或不公平的满足。如果除你之外其他人的境况都得到了改善，而你自己的境况也没有恶化的话，依据帕累托准则可判断社会福利事实上在增长；但如果除你之外其他人的境况都得到改善，而你又是一个有妒嫉心的人，即使你的绝对境况并没有恶化，但你却因此不如以前愉快。对此又如何处理呢？经济学家要么做出（假的）实证主义判断——认为人们都没有妒忌心；要么做出（真的）规范的判断——妒嫉别人的好运气是道德衰退而不是福利损失。

经济学并没有一些人想象的那样具有实证主义特征还存在第二个原因。从增加社会总效用的角度来看，再分配是有效的，而经济学家的价值判断却是这种类型的效率不应当计算。例如，将 1 美元从富人再分配给穷人，由于富人的边际效用低，穷人的边际效用高，这样的再分配将增加社会的总效用，从这个角度来看，这样的再分配是有效的。帕累托准则却不允许比较和加总这种人与人之间的效用。有人强调，帕累托准则的主要功能就是消除边际效用递减规律中的平等主意含义❶，而正如第九章对需求曲线的讨论中所述，边际效用递减规律是经济学不能放弃的重要规律。

如果允许比较人与人之间的效用，那么分配就有了效率和公平的双重含义。经济学的极端个人主义坚持认为，完全相互隔离的个体之间存在本质的差异，比较截肢对张三的伤害与针刺对李四的伤害没有意义。如果我们都是孤立的个体，当然就可以不考虑妒嫉、仁善等明显的人类特征。新古典经济学视人类为原子式的经济人，生态经济学关于人类本质的概念是“社会中的人”，并不是孤立的原子。这里的社会指与其他人和余下的生物圈一起的社会。

---

❶ J. Robinson, *Economic Philosophy*, Middlesex, England: Penguin, 1962.

收入与财富的分配

生态经济学区分了收入分配和财富分配，也区分了收入的功能分配和个人分配。

财富指在时间点上测算的资产存量，即存在银行中的现金加上债券、公司股票、土地、不动产和耐用消费品的市值。收入指一段时期(通常是一年)内，从这些资产中以及靠自己的劳动(或人力资本)所赚的钱。通常不将劳动力当作资本，因为除非是奴隶，没有人能向其他人卖断自己的劳动力，而只能在一定的时期内租借出来。因此，收入和财富是两个不同的量，以不同的单位度量，在群体中的分配也不同❶。财富通常比收入更为集中，金融财富要比一般的财富更集中。1989 年，1%的人掌握了 48%的金融财富。1983～1989年间美国的财富增长基本上都集中到最富有的 20%的人手中，其余 80%的人被排除在增长之外，最贫穷的 40%人的绝对财富是减少的(表 15.1)。

表 15.1　美国不同水平收入和财富个体组的份额

项目	年份	最富有的 1%	接下来的 19%	最底层的 80%	基尼系数
资产净值(财富)					
	1983	33.8	47.6	18.7	0.799
	1989	37.4	45.3	16.2	0.832
	1992	37.2	46.6	16.3	0.823
	1995	38.5	45.8	16.1	0.828
	1998	38.1	45.3	16.6	0.822
收入					
	1983	12.8	39.0	48.1	0.480
	1989	16.4	39.0	44.5	0.520
	1992	15.7	40.7	43.7	0.528
	1995	14.4	40.8	44.9	0.518
	1998	16.6	39.6	43.8	0.531

来源：*E. N. Wolff*, Top Heavy, The Twentieth Century Fund Report, *New York*: *New Press*, 1995, *p.* 67(*years* 1983～1992) *and E. N. Wolff*, Recent Trends in Wealth Ownership, 1983～1998, *Working Paper No.* 300, *Table* 2 *Jerome Levy Economics Institute*, April 2000.

经济学有解释收入的理论(接下来会讨论)，也有解释资产价格(但不完全，因为企业家身份的"价格"是一个残差项)的理论，但没有解释个人间财富分配的理论。财富分配是谁的祖先先到、婚姻状况、继承情况等过去事情综合作用的结果，当然还要加上个人的能力、努力以及运气。

❶ 财富以美元计，收入以美元/时间计。它们的差异与公里(距离)和公里/小时(速度)之间的差异一样。

收入的功能分配和个人分配

不管收入的来源，收入在人们之间的分配称为个人分配；同时总收入也按工资、利息、租金和利润来分配——功能分配。功能分配的思想是，收入不是先创造后分配的，而是在创造的同时，在创造它的各要素间分配。

从循环流动图(见图 2.4)中可知，要素市场上的供求决定要素的价格，如工资、利息和租金，利润是作为一个残差项计算得到的。要素价格乘要素的使用量就可以得到功能分配，通常用占总收入的一个百分比表示流向地主(租金)、劳动力(工资)、资本家(利息)及企业主(利润)的份额。各要素的价格乘每人所拥有的各要素量，然后加总就是个人分配。每人拥有的各要素(包括劳动力)量，就是财富的个人分配。因此，个人拥有的财富与每种财富资产租用价格的乘积就决定了收入的个人分配。

测量分配

尽管经济学家没有好的理论解释收入和财富的分配，但有很实用的方法对其进行统计上的测量和描述[1]。**洛仑兹曲线**就是其中的一个代表。图 15.1 就是一条洛仑兹曲线，图中 X 轴表示有收入人口的累积百分比，从左到右从最低收入向最高收入依次排列，Y 轴为总收入百分比。由于 X 轴和 Y 轴长度相等，所以封闭时构成一个正方形。

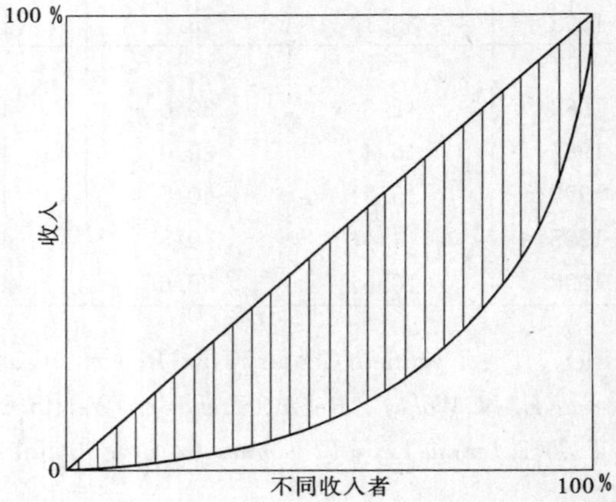

图 15.1　洛仑兹曲线

(因为洛仑兹曲线是百分比形式的，它的形状不取决于测度单位大小。因此，在做跨国和时间序列的对比时很有用。)

洛仑兹曲线描绘的是有收入人口的相对比重与收入的相对比重之间的关系。由于 0%的有收入人口占有 0%的收入，100%的有收入人口占有 100%的收入，因此点(0,0)和点(100,100)是任何一条洛仑兹曲线上的两个极端点。如果所有有收入人口的比重与各

[1] 更清楚的叙述可参考：J. Pen, *Income Distribution*, New York: Praeger. 1971.

自所占收入的比重相等(如最低收入 20%的人口占有 20%的收入,最低收入 70%的人口占有 70%的收入),那么分配结果将完全平均,这时的洛仑兹曲线是连接点(0,0)和(100,100)的一条 45°的直线。如果最低收入 80%的人口只占有 44%的收入,那么新给出的点就位于 45°线之下。在两个极端点间标出许多点就得到形如图 15.1 中的曲线。洛仑兹曲线越接近 45°线,分配越平等;离得越远,分配越不平等。曲线与 45°线之间的阴影部分的面积测量了不平等程度。一个人占有 100%的收入,其他人占有 0%的收入,这是一种极端情形,这时洛仑兹曲线与坐标轴重合,呈反 L 形。

阴影部分(在曲线和 45°线之间)的面积与 45°线下的三角形面积之比被称为**基尼系数**。分配完全平等的情况下,阴影部分的面积为 0,基尼系数也为 0;在完全不平等的情况下,阴影部分的面积等于 45°线下的三角形面积,基尼系数为 1。表 15.1 中展示了美国财富和收入分配的基尼系数值。

> 基尼系数用来衡量财富和收入在人们之间分配的不平等程度。基尼系数为 1 意味着完全的不公平(一个人拥有一切),而基尼系数为 0 表明分配完全公平。

普通的频数分布是一种更熟悉的统计描述分配平等的方法,如图 15.2 所示。X 轴表示收入分组,Y 轴表示各收入组成员的人数(频数)。同身高及其他个人特征一样,收入分布不服从正态分布。它有较大的倾斜,众数低于平均值,右侧朝最高收入组方向延伸有一个很长的拖尾。

如果想在图 15.2 上表示最高收入,X 轴显然需要伸展到一个足球场那么长。图形通常反映不出较高收入范围内极端的不平等。收入分组通常截至在 100 000 美元及以上",这里"以上"包括向上四个数量级的范围。

此外,这些数据只是美国的,而国家间的财富和收入分配差距要比国内的大得多。

收入分配不平等的合理范围是多大呢?当然不可能让一个人拥有一切,而其他人一无所有。也许可以让其他人仅得到生存所需的工资,而让一个幸运儿享有高出生存线的全部社会剩余。即使可能出现这样的情况,但大多数人不会认为这是公平的。另外也不会有太多人认为完全平等的分配(基尼系数为 0)是公平的。毕竟,有些人工作更努力,有些工作更难。全面来看,公平需要一定的收入差异。通过不同的分配为勤奋和创新提供有用的社会激励是合理的。

不平等是否有一个合理的范围呢?超出这个范围就会变成不公平或不正常?这样的范围可能多大呢?柏拉图认为最富有的公民只能比最贫穷的公民富 4 倍。据说,Ben&Jerry 冰淇淋店的 Ben Cohen 和 Jerry Greenfield 曾经保证:主管人员的最高报酬不会超过报酬最低雇员的 5 倍。也许他们都错了,也许这个倍数是 10、20、50 倍会更好。当前还没有界定可以接受的比率,1999 年,美国一般 CEO 的收入是一般员工收入的 475 倍[1]。(当然,报酬最高的 CEO 与报酬最低的员工之间的收入差别会更大。)生态经济学认为当前真实的总产出不能永远增长。总量有限,个人拥有的最大量无疑也有限。因此,分配不平等范围的问题,尽管还没得到应有的重视,但它在生态经济学中是至关重要的。

---

[1] J. Reingold and F. Jesperson, Executive Pay: It continues to Explode—and Options Alone Are Creating Paper Billionaires, *Business Week*. April 17, 2000. Online: http://www.businessweek.com/careers/content/jan1990/b3677014.htm

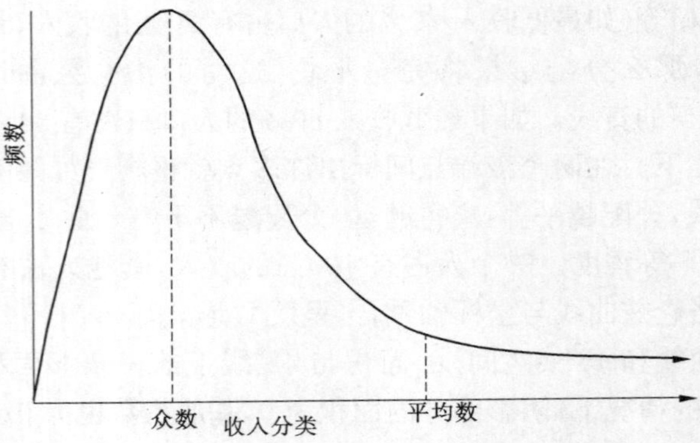

图 15.2 收入的频数分布

标准的经济学家通过永远增长将分配抛到一边的方法并不是令人满意的解决办法。

最后简单介绍一下收入的功能分配。工业化国家的收入分配比例如下：工资 70%，利润 20%，利息 8%，土地租金 2%。对此，生态经济学家惊讶的是，总产出中没有任何价值属于自然资源和服务。就算是土地租金，也主要是区位津贴，并不是最初位置的资源或自然服务的报酬——又一个将自然提供的低熵流作为免费物品的证据。假设两个社会阶级来分收入这块馅饼，劳工得到 70%，资本家、商业主和土地所有者得到 30%。这种比例的分配反映了社会竞争中各方力量的均衡。双方都不愿意将自然作为生产参与者，因为这需要根据稀缺性和生产力给自然服务付费。

就算有人愿意为自然的贡献付费，谁又代表自然来收钱呢？没有类似于劳工或资本家的社会阶层，对核算自然的服务和为自然付费有兴趣。历史上，地主阶级在某种程度上扮演着自然服务保护者的角色，但是这个阶级几乎再也不存在了，并且几乎没有人对其灭亡感到惋惜。在美国，政府是最大的土地所有者，但它奉行廉价资源的政策以获利和缓解资本家和劳工之间的紧张状态。现有的劳工和资产阶层知道这是他们的共同利益，不愿与第三方分享。因为现实中并不存在第三方，只能按自然资源和服务的稀缺租金捐款成立一个基金，然后再将这个基金重新分配给劳工和资本家，也许比例仍为 70∶30。这在不影响分配的情况下，获得了正确的成本和价格，提高了配置的效率。另外，由于许多自然资本提供的物品和服务是非市场物品，所以稀缺租金也可用在其他非市场物品的供给上。政府可以直接供给或补贴私人提供非市场物品。通过取消递减税可以再分配租金。

分配对社会和健康的影响

现有的财富分配不仅是高效配置的前提，也是社会公正的一个基本方面。正因为如此，它对我们的影响可能要比起初想象的更直接。实例表明，收入分配不平等(独立于绝对贫困)对发病率与死亡率有很大的影响❶。不论绝对收入水平如何，相对贫穷的人的死亡率与疾病发生率要高于相对富裕的人。调查者指出，这主要是与相对贫穷(处于社会统

❶ 见 G. Wilkinson, *Mind the Gap*, New Haven, CT: Yale University Press, 2001.

治等级的底层)相伴的额外压力造成的。这个额外的压力源自不能很好地控制自身的生活环境、较高的失业风险、较低的社会地位、得不到尊敬、经常受到轻视和羞辱,从而容易发怒和产生暴力行为。生活在底层的群体受到更多的威胁,这些威胁经常是与上级(包括老板、地主和政府官员)的关系紧张造成的。众所周知,压力对生理健康有直接的负面影响。

除了这些直接影响外,不平等对健康还有间接的社会影响。收入差距大的人之间建立友谊非常困难;财富和经济利益根本不同时,创建民间的协会也很困难。缺少朋友,缺少与其他公民凝聚在一起的过程或条件都会使人不健康。毫不夸张,人如果游离于社会关系之外,成为孤立的个体肯定会生病。从对 Max－Neef 的人类需求矩阵(见表 13.1)的讨论可知,我们是社会中的人,相互之间存在内在的联系——即我们的个人身份是由我们与社会中其他成员的关系组成的。我们不是仅靠外部的金钱关系连接在一起的独立实体。当这些由身份组成的社会关系由于过度不平等而紧张、恶化时,我们更容易生病、更容易英年早逝,人也会变得不快乐。

财富的跨时分配

资源的代际分配与财富和收入的代内分配同样重要。然而,人们对资源的代内分配已思考了数千年,而关注资源的代际分配却是最近的事。在人类漫长历史中的绝大部分时间里,自然资源似乎是无限的,技术进步非常慢。人们继承的资源禀赋几乎与其祖辈享有的完全一样,他们也期望自己的曾孙享有同样的资源禀赋。工业革命加快了技术革新的步伐,一代人与一代人之间的变化非常显著,人们开始希望自己的孩子能够比自己生活得更好。“新教徒工作的道德标准”要求人们努力工作和为子女投资。直至 20 世纪 60 年代,大多数经济学家问的问题是:为了使下一代人的福利能不断地增长,当代人应该牺牲多少消费[1]?

然而,原子时代的到来使得这一点非常清楚,技术进步同时具有改善生活和带来灾难的能力。人口的增长和人均消费量的增加唤醒了资源枯竭的幽灵。日益严重的污染拉响了警报,生态学家开始担心很多系统都正在接近不可逆的、灾难性的阈值范围。问题不再是“为了使后代更好,我们需要牺牲多少?”而是“为了不使将来比现在更糟,我们需要牺牲多少?”奇怪的是,至少在美国,同期也发生了文化上的改变。工作道德规范不再是“努力工作,生活俭朴,为将来投资”,而是“努力工作,现在尽可能地消费”。结果,美国的储蓄率创造了历史新低,正在迅速地逼近 0,许多人的储蓄率甚至是负的。

人们是否应该努力使未来比现在更好呢?我们是否有义务确保未来不比现在更糟?财富在代际间如何“恰当地”分配并没有一个简单的答案。即便是简要地纵览一下这个问题的哲学体系也超出了本书的范围。这里迅速地分析了两种可供选择的方法:生态经济学方法,基于涉及对后代的义务的伦理判断(代际的公正);经济学中主流的方法,主张“客观的”决策规则(代际的配置)。

---

[1] 例如,J. Robinson, *Essays in the Theory of Economic Growth*. London: Macmillan, 1968; E. Phelps, Second Essay on the Golden Rule of Accumulation, *American Economic Review*: 793～814(1965).

生态经济学的规范方法

生态经济学家通常的立场是:代际的资源分配问题是一个伦理问题。某人出生在哪一代完全是偶然决定的。因此,声称某一代人比其他代的人对自然资源这种经济积木享有更多的权利是没有道德依据的。至少,后代对提供令人满意的生活质量所需的充足资源享有不可剥夺的权利。因此,当代人有责任保存足够的资源。哪些资源需要保存足够的数量,这取决于技术和生态变化,而技术和生态变化都具有完全不确定性(无知)的特征。如何处理不确定性也是一个伦理决策。

在实践中,这意味着什么呢?

可更新资源与不可更新资源存在本质的差异,必须分开处理。在无限的未来代际之间平均分配有限的不可更新资源,意味着没有哪一代人有资源可用。但将不可更新资源永留地下,不用来做任何有益的事情也没有意义。因此,任何一代人利用可耗竭资源的上限应该由环境的废物吸收能力决定。只要一代人对可耗竭资源的利用产生的废弃物在生态系统的吸收能力范围内,这样就不会减少可更新的自然资本。化石燃料的利用保持在这个范围之内,将自动地限制提取其他矿物资源的能力。

即使提取不可更新但可循环利用的资源的能力有限,每代人仍有义务有效地循环利用这些资源,或至少使产生的垃圾数量最少和散布垃圾的范围最小,尽可能确保这些资源在代际间具有非竞争性。如果现有的技术使我们的福利依赖于不可更新资源——当前的实际情况就是这样——那么就需要开发这些资源的替代品。一种选择是将边际使用者成本(从不可更新资源中不劳而获的收入)投资于替代品的开发❶。

作为资本一服务的可更新资源提供了基本的生命支持功能,很显然这些功能必须加以保持。而作为存量一流量的可更新资源也必须在可持续的水平上利用。没有人创造可更新资源,因此任何一代人都没有权利减少后代可持续消费的资源数量,这表明需要至少保持能够提供最大可持续产量的资源存量。如第十二章所示,以同时优化存量一流量、资本一服务收益的方式可持续地管理可更新资源,一般可以使这些资源远离灾难性的生态阈值范围。需要牢记的是,不可更新资源是有限的,耗竭这些资源对后代造成的损失是有限的。然而,作为存量一流量、资本一服务的可更新资源在无限的代际内产生了有限的流量,因此可更新资源不可逆转的损失将成为后代永久的成本。

新古典经济学的实证方法

与生态经济学不同,传统的经济学家热衷于采用客观的决策规则来决定资源的代际配置。因此,问题就变成了一个简单的技术问题,比较现在和将来的成本和收益。幸运的是,市场能够揭示今天的事情在将来的价值,所以市场可以解决代际配置问题。

跨时贴现。市场如何揭示将来的价值呢?在金融市场完善的地方,人们可以贷款现在使用,在将来偿还本金和利息。这种贷款行为说明,人们偏爱今天的事物胜于未来的事

❶ 对于稀缺租金投资的实践原则见:S. El Serafy, "The Proper Calculation of Income from Depletable Natural Resources." In Y. J. Ahmad, S. El Serafy, and E. Lutz, eds., Washington, DC: *Environment Accounting for Sustainable Development*, World Bank, 1989.

物，经济学必须考虑人们的偏好。

人们为什么偏爱今天的事物，有三个基本原因。首先，人们可能缺少耐心。任何利用有息贷款购买东西的人，都愿意为了当前较小的量而牺牲将来较大的量。部分缺少耐心可能是因为不确定性——没有人确切地知道明天是否还活着，为什么今天不吃、不喝、不享受呢？这种贴现的基本原理是**纯时间偏好率**(PTRP)。

第二，对再次生产的东西，给定量未来的价值要小于现在的价值。例如，现在的一把玉米种子几个月后就变成了一蒲式耳玉米；如果种植玉米没有风险，也不需要资源或个人努力的话，那么现在一把玉米种子至少与几个月后一蒲式耳玉米的价值相等。当然，种植玉米是有风险的，需要投入土地、劳动力和资源。然而，市场物品（这里指玉米种子）可以卖钱。把销售玉米种子赚的钱投资到有保障的银行就没有太大的风险，也不需要个人投资者进一步投入资源或劳动。正如第十章解释的，这种贴现的基本原理是**机会成本**，损失的投资机会。如果货币可以替代其他任何资源，那么相比明天等量的资源，需要给当前的资源赋予更多的权重。

第三，经济已经稳定地增长了几百年。因此，人们预期他们今后比现在更富有。正如1 000美元给比尔·盖茨带来的效用要远小于给一个乞丐带来的效用，边际效用递减定律意味着同样数量的钱将来的价值要小于现在的价值。这有时被称为"未来更富有"的观点。

通常，评价未来价值小于当前价值的过程就是**跨时贴现**，第十章中对此已做了介绍。商人投资决策时，明确地对未来进行贴现；主流经济学家认为，人们在日常的购买决策中自发地运用了这一概念。因此，他们认为市场能在现在和将来之间有效配置物品。

此外，如果跨时贴现能有效配置市场物品，那么它也应该适用于非市场物品的投资。例如，当前面临的最大的非市场决策就是如何处理全球气候变化。实际上所有气候变化的经济分析都赋予将来的成本和收益一个较小的权重（相对于当前的成本和收益）。这些分析都加总现在的成本和收益与贴现的未来的成本和收益，并通过得到的**净现值**(NPV)来比较分析不同的政策情景。NPV揭示的是当前以及未来的成本和收益在今天的价值（而不是未来的价值），这意味着后代对任何资源都没有权利，我们也没有义务去保护任何资源。从这样的成本一效益分析中可知，相对于所需要的投资，NPV越高，项目就越好。

当社会决定如何处理一些现在面临的最为紧迫的问题时，这种分析有着重要的影响。贴现率在决定这些分析结果中所具有的重要性，意味着这个主题值得关注。

专栏 15.2　跨时贴现和全球气候变化

政策制定者向经济学家求助，希望能够帮助提供客观的解决全球气候变化问题的决策工具。对此，经济学家提供的典型答案是：创建气候变化的未来成本和收益的复杂模型，在设计用来计算净现值的成本一收益分析中，比较气候变化未来的成本和收益与缓解措施的成本。不难想象，如果采用较高的贴现率进行分析，全球变暖对后代的损害将无法证明当前减少温室气体排放的努力是正确的。一项贴现率采用6%的研究表明，今天不应当投资3亿美元来防止未来200年里30万亿美元（是当前全球GNP的粗略估计值）[a] 的损失。而贴现率采用2%的类似研究却表明，现在应该进行具体的投资以减少未来全球变暖的影响。与此类似,对一片成熟林,是保留它让其提供小但稳定的收益流,还是砍光获得较大的一次性回报?答案取决于选择的贴现率。

一个经常问到的问题是:较高还是较低的贴现率有利于保护环境?正如我们看到的,就特定的渔业或采矿业而言,较高的贴现率增加了开采强度和速度,因此对环境有害。但较高的利率(贴现率)减缓了 GNP 和吞吐量整体的增长,缓解了环境的压力。就项目的评价而言,较高的贴现率将有利于成本发生在未来,而收益在当代的项目;不利于成本发生在当代而收益在未来的项目。经济学中的许多问题都非常复杂,贴现就是其中的一个例子。

在许多这样的模型中,选择的贴现率是唯一的最重要的因素。但是,令人尊敬的经济学家在处理同样的问题时,却使用了截然不同的贴现率,得出了截然不同的结果。这些模型真是客观的决策工具吗?

[a]30 万亿是个让人难以想象的数字。换一个角度看,30 万亿秒就大约接近 100 万年(精确的数字是 951 294 年)。

贴现的再思考

前面已经解释了跨时贴现为何对个人和市场物品有意义。现在需要检验它是否对社会与非市场物品有意义。

前面已经介绍,个人为何具有纯时间偏好率:人们缺少耐心;不能长生不老;财产可能会丢失、损坏或被偷,以及机会的稍纵即逝。一个理性的人可能会因为上面提到的任何一个原因而对将来贴现——为什么现在我要为减缓全球变暖造成的危害付费呢,全球变暖的影响在我死后才会发生啊?但对社会同样的逻辑却不适用。相对于组成社会的个体来讲,社会是永恒的,不确定性只是处于平均水平。出于这个原因,在经济学界内达成广泛的共识,社会的贴现率要低于个体的贴现率。**社会贴现率**是将未来的价值折算成现值的比率,与个人的判断(如市场利率)相对应,它反映社会集体的伦理判断。

然而,当涉及资本的机会成本时,这个共识发生了改变。金融资本起着生产性资产的作用,如果现在而不是将来拥有金融资本,我们就有机会将其投入到生产性的活动中,增加未来市场物品的数量。无论如何,这里有许多重要的问题需要牢记。

第一,只有货币能交换的物品和服务的生产增长时,货币的真实价值才会增长,并且我们知道,在一个有限的星球上,物品和服务是不可能永远增长的。虽然总有一些领域的增长能证明个人贴现率的合理性;但是作为一个整体,经济无法无限制地增长,因此对无限的未来采用社会贴现率也许不合适。

第二,许多投资之所以"有利可图",是因为忽略了许多生产成本。所有的人类生产活动都消耗自然资源,同时向环境排放废弃物,但通常忽略了这部分生产成本。这些成本中有许多(如造成全球变暖)对后代有很大的影响。忽略加在后代身上的成本增加了投资的利润,然后高利润又用来证明忽略加在后代身上的成本这一事实的正确性!就算从短期来看,由市场决定的利率并不是合适的贴现率。

与资本的机会成本有关的一个观点是:现在的投资使将来比现在更富有。当然,如果经济不能继续增长,未来就不会更富有;如果耗尽了自然资源存量,毫无疑问未来会更贫穷。事实上，诸如ISEW这些的测量都表明，如果计入外部成本，人类社会已变得更贫穷，而不是更富有。如果认为自然资本应该与人造资本分开处理的话（因为它们是互补品而不是替代品，并且自然资本已经变成了一种限制性因素），那么自然资本的减少与边际效用递减规律一起表明，应该对自然资本采用负的贴现率。至少，只应该将正的贴现率应用于那些与货币可替换的物品和服务——即与货币自由兑换非常方便的物品和服务。本质上，这意味着应该只对市场物品和服务贴现。

第三，经济中生产性投资的机会是有限的，投资与其他活动一样，也具有边际报酬递减规律。例如，有人贷款投资探测石油，有人贷款投资建造汽车厂。那么接下来再贷款去探测石油的人，可探测的地方减少了，所以期望的利润会降低。接下来贷款去建造汽车厂的人，将面对更为饱和的市场，因此期望售出的汽车数量会减少。随着越来越多的人贷款去投资，机会将会用尽，而投资的利润也会不断减少直至最终为0。更可能的情况是，如果利率由市场中与投资相关的货币的供给与需求决定，那么就会达到这样一种均衡状态，此时投资者无力为延期消费的消费者支付足够高的利息。理论上，在完善的市场条件下，资本的边际机会成本等于当代的PTRP。（显然，与无法参与其他市场一样，后代也无法参与金融市场。）但是，高PTRP意味着高水平的消费，而投资与增长缓慢❶，低的PTRP正好相反。因此，如果让市场利率决定贴现率，那么理论上贴现率与经济增长逆相关，这也与解释贴现的“未来更富有”的基本原理恰恰相反。

最后，许多经济学家认为技术是经济增长的驱动力。技术不仅确保了资源不会被耗尽和经济不会停止增长，而且也提供了贴现资源将来价值的一个理由。依靠技术可以开发自然资源的替代品。存在替代品时，被替代的资源就失去了价值。因此，被替代的资源在将来来要比现在更廉价。在很多用途中，石油不是取代了煤吗？光纤不是取代了铜吗？然而，技术最终仍是资源的补充而永远不能完全地替代资源。大约150年前，石油几乎没有什么价值，但今天，它成了众多工业过程和产品的核心组成部分。正如第五章所述，实际上石油和其他原材料新用途的开发速度远快于其替代品的开发速度，这再次表明，在将来原材料的价值将增加而不是减少。

专栏15.3 贴现，心理学和经济学

经济学家认为，经济学是关于人类偏好的科学，所以必须重视人类的偏好。如果人们对当前的估值胜过将来，我们应该尊重这一点。问题是：人类对未来是按指数贴现的吗？虽然你愿意现在而不是5年以后拥有某物，但是怎样评价比较100年后和105年后发生的事情呢？开始你听说125年内全球变暖将导致5 000万孟加拉国人死亡，后来你发现这些人将在100年内就会因气候变暖而死亡，你开始糟糕的感觉是否会只有后来的一半呢？如果你和大多数人一样，你会对于上面的两种情况感到同样的糟糕。然而，有影响的分析全球变暖影响的经济模型假设我们只在乎在后面25年死去的人。

实证研究表明，人们确实对将来贴现，但不是按指数形式贴现。我们可能对当前发生的事情比对不久的未来发生的事情赋予了更大的权重，但是在遥远的未来里，不同时间发生的同样事情

❶ 投资利润非常高，但总投资量会很小，从而增长也会低。

对我们来说几乎是无差异的。数学上采用双曲线贴现来模拟这种行为。尽管这种精确的跨时贴现方程式并不完美,但大量的例子表明它比指数模型更能反映人类的偏好。30 年前就引入了这种贴现方法,但最近几年才受到了一些关注,实践应用还很少。

心理学和经济学领域不断增加的研究发现,人类行为的传统经济学假设有严重的缺陷。如果经济学真的想成为关于人类偏好的科学,那么它需要更加关注人类实际上的行为表现[a]。

[a] 对于心理学和经济学的详尽介绍,见 M. Rabin, Psychology and Economics, Journal of Economic Literature 36(1): 11～46 (March,1998).

最后如何评价贴现率呢?贴现率对个人在短期内确实有意义。对于小规模的、短期的社会项目,它也同样有意义。但在较大规模和较长的历史时期上应用贴现率存在很大的问题。**跨时配置**是在同一群体(同一代)的不同生命阶段中分摊资源。对有些人而言,贴现对有效地跨时配置资源是有意义的。但如果延长分析时期,越来越关注的是不同的人(不同的世代),而不是同样人的不同生命阶段。**跨时分配**是在不同的世代、不同的人之间分摊资源。分配与配置有着本质的区别,相应地,当分析时期变成代际之间时,公平取代了效率成了相应的政策标准。

本章知识点

- 帕累托最优
- 确定帕累托最优配置时规模和分配的作用
- 收入分配与财产分配
- 功能分配与个人分配
- 不平等范围的社会限制
- 洛仑兹曲线
- 基尼系数
- 不公平和健康
- 跨时分配与跨时配置
- 贴现与净现值
- 纯时间偏好率(PTRP)
- 个人与社会贴现率

第十六章　IS－LM模型

前面三章考察了宏观经济学关心的三个主要问题：国民生产总值(GNP)、货币以及分配。质疑了GNP作为经济政策理想目标的合理性，强调了分配作为理想目标的重要性，但很少提及实现这些目标的政策。本章考察宏观经济学家掌握的，有助于实现可持续规模、公平分配以及有效配置的政策工具。

当然，要了解政策如何运作必须先了解宏观经济是如何运行的。在微观经济学原理的基础上，构建一个同时平衡所有物品和服务供给和需求的模型，就是一种了解宏观经济运行的方法。这一方法将第八章的基本市场方程——$MUxn \cdot MPPax = MUyn \cdot MPPay$——扩展为一个包括所有物品$(x,y,z,\cdots)$、所有商品$(a,b,c,\cdots)$和所有消费者$(n,m,o,\cdots)$的一般均衡模型。这种模型可能非常庞大，通常人们很难想象如何处理有数千个未知数的数千个联立方程组。庞大的一般均衡模型表明事物之间存在普遍联系，这一点很吸引人，并能让我们感到自己能力有限，从而激发我们的斗志。但从政策的角度来看，这又是一个缺陷，因为要预测任何事物，必须先了解所有的事物。然而，建立一个2～5个综合部分的小系统，用2～5个联立方程反映部门相互影响中的关键行为，可以帮助理解部门之间的相互联系，加深对基本政策的认识。这就是大部分宏观经济学家曾经寻求的一种模型。它考虑的仍然是整个经济系统，但与微观经济学的一般均衡模型不同，它将经济划分为少数几个大的综合部门[1]。1937年，约翰·希克斯(John Hick)爵士[2]首次提出了一个这种类型的模型，现在称之为IS－LM模型。该模型是很好地折衷考虑了完备性和简单性的"两种数字"模型，在宏观经济学中得到广泛应用。下面将解释这个模型，并讨论它在生态经济学中的应用。

IS－LM模型将经济划分为两个部门：实体部门(处理国民收入、储蓄、投资、资本产出率、政府支出和税收等)和金融部门(货币供给、利率、流动现金余额需求)。实体部门反映古典经济学的理论和思想，金融部门反映了凯恩斯的思想，在1937年他的思想是很新颖的。这个模型解释了消费者与储户、贷方与借方以及金融部门间的相互作用是怎样决定国民收入水平和利率的。

专栏16.1　收入的货币数量理论

将实体部门与金融部门结合起来的另外一种综合方法是通过"交易恒等式"，$MV=PQ$，其中Q是卖给家庭的最终商品数量，P是平均交换价格，M是货币存量，V是货币循环的周转率(一美元每年花费在最终物品和服务上的平均次数)。通过定义$V=PQ/M$，交易方程是恒等式和公认的真理。在一定程度上，V是一个常量或变化很慢的量，反映了稳定的支付习惯和结算期，恒等式变

[1] GNP和货币是宏观经济学中的两种最基本的量值，由于它们是不断变化的，并充满不确定性，因而不适合在复杂模型中进行精确计算。Oskar Morganstern在其经典著作《On the Accuracy of Economic Observation》中评论："经济学是两种数字的科学。"

[2] J. Hicks, Mr. Keynes and the "Classics." Econometrica 5(2)(April 1937).

为“收入的货币数量理论”，表明 PQ 与 M 等比例变化。如果处于充分就业状态，那么在短期内很难增加 Q，因而 PQ 的变化主要是 P 的变化——也就是通货膨胀。M 和 P 过去通常以相同的比例变化，产生了价格水平的货币数量理论。

IS:实体部门

分析从实体或古典经济部门开始。当企业供应的商品恰好等于家庭对商品的需求（图 2.4 中经济循环图的下半部分），实体部门就处于均衡状态。当然，家庭对商品的需求取决于收入——企业给家庭提供的生产要素（比如劳动力）支付的货币；商品的供给取决于企业对生产要素的利用（图 2.4 经济循环图的上半部分）。在均衡状态，收入（Y）等于产出（GNP）。从图 2.5 的循环流动图中可以看出，在给定水平下，国民收入循环的均衡条件是漏出等于注入。在最简单的情形下，漏出等于家庭储蓄（S），新的注入等于企业投资（I）。因此实体部门的均衡条件是：$S=I$。

S 和 I 是如何决定的呢？令 r 为利率，Y 为国民收入（GNP）。在均衡状态，支付给生产要素的收入正好等于利用这些生产要素生产的商品，而且这些收入又用来购买这些商品。储户（即家庭）在收入 Y 高时储蓄多，在利率高时储蓄也多。而在低利率和高收入时，投资者（即企业）的贷款和投资也多。换句话说，储蓄是利率和国民收入的函数：$S=S(r,Y)$。同样，投资也是这两个变量的函数（反映企业行为而不是家庭行为）：$I=I(r,Y)$。

处于均衡状态时，

$$S = I$$

或

$$S(r,Y) = I(r,Y)$$

当 $S=I$ 时，所有 r 和 Y 的组合都满足上式，即使 $S=I$ 的储户和投资者都满足上式。

由于有两个未知量而仅有一个方程，因此有许多 r 和 Y 的组合都能满足 $S=I$。将所有满足 $S=I$ 的 r 和 Y 组合绘成曲线，就得到希克斯的 IS（$I=S$ 的缩写）曲线（图 16.1）。重申一下，IS 曲线是使实体部门处于均衡状态的 r 和 Y 的组合：渗漏（储蓄）等于注入（投资），商品需求等于供给。

为什么 IS 曲线的斜率是负的？只有能从投资中获得足够的利润（即在支付本金和利息之后仍有利润剩余的情况下），企业才会贷款投资。商人不会用利率为 6%的贷款投资一个年预期利润率 5%的项目，但利率为 4%时，商人会贷款投资。随着利率进一步下调，投资会更有利可图，因而投资会增加，而投资增加又会使 Y 也增加。因此，高利率导致低投资率和低收入，低利率导致高投资率和高收入。相反，储蓄更多的是由收入而不是利率决定[1]。在收入水平低时，所有的钱都需要用来满足基本的消费需求，也就没有钱可用来储蓄。随着收入的增加，满足基本消费需求的花费占收入的份额会越来越小，这时更多的钱可用来储蓄，所以，通常高收入会导致高储蓄。

收入Y处于低(高)水平时，相应的储蓄水平也低(高)。利率r高(低)时，投资的需求低(高)。因此，在Y处于低(高)水平时，只有利率r高(低)时储蓄和投资才可能平衡。在一定收入水平下，如果利率太高，储蓄(漏出)会大于投资(注入)。企业因产品过剩会减少生产，从而经济萎缩。能力过剩的企业会减少借贷，从而导致借贷价格(利率)下降以出清市场。当投资多于储蓄时情况相反。

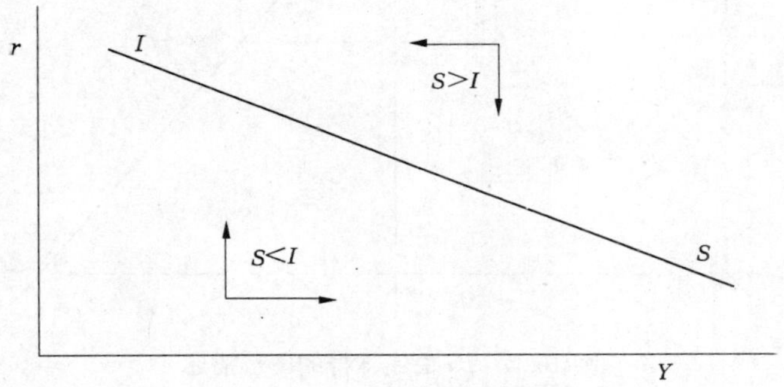

图 16.1　*IS* 曲线

收入Y处于低(高)水平时，相应地会有低(高)储蓄。在利率r高(低)时，投资需求低(高)。因此，在Y处于低(高)水平时，只有r高(低)时储蓄和投资才可能平衡。在一定收入水平下，如果利率太高，储蓄(漏出)大于投资(注入)。生产的物品多于人们的需求，企业会减少生产，经济收缩，企业借贷减少，于是借贷价格(利率)下降以出清市场。反过来，当投资多于储蓄时也是一样。

结合这两种情形可知，收入水平高时储蓄也多，这时只有利率低投资者才会借贷所有储蓄投资。收入水平低时储蓄也少，这时除非利率很高，否则投资需求将大于储蓄。用图形解释可以更好地理解 *IS* 曲线的负斜率(图 16.2)。

专栏 16.2　*IS* 曲线的图形推导

图 16.2 说明了推导 *IS* 曲线的一种方法。象限Ⅰ表示利率和投资之间的基本关系：利率高导致投资低，利率低导致投资高。如图所示，利率和投资负相关。象限Ⅲ表示储蓄和收入之间的关系。穷人为满足基本的需求必须消费全部的收入，因而没有储蓄。随收入增加，人们开始储蓄，因此如图所示收入和储蓄正相关。在均衡时(*IS* 曲线所描述的)，投资等于储蓄。象限Ⅱ包含一条45°线，它把象限Ⅰ中给定的投资率转化为象限Ⅲ中相同的储蓄率。象限Ⅳ表示实体部门处于均衡状态时收入和利息之间的关系。

从利率r开始，可以在象限Ⅰ中找到对应的投资水平 I。从象限Ⅰ中的 I 点划一条垂直线，在垂直线与象限Ⅱ中的45°线交点处向右划一条水平直线，水平直线与纵轴的焦点就决定了象限

[1] 利率增加应该引起储蓄率也增加，因为在这种情况下储蓄有高收益，而消费的机会成本很高。但事实不支持这种说法。一个可能的原因是：如果储户是以获取未来给定的货币数量为目标，高利率意味着更少的储蓄就可以实现这一目标。

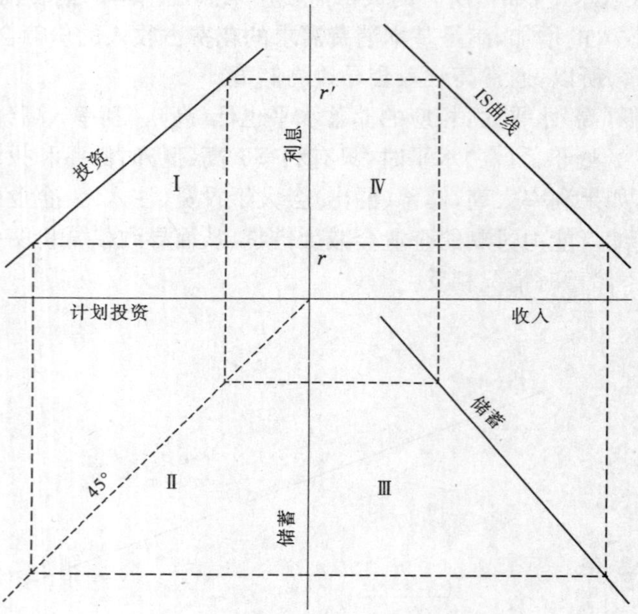

图 16.2　*IS* 曲线推导的图形描述

Ⅲ中储蓄 S 的均衡水平。从象限Ⅲ中可以发现这个储蓄水平对应的收入 Y。象限Ⅳ中收入 Y 和利率就给出了 IS 曲线上的一点。对利率 r' 作相同的处理，可以得到 IS 曲线上的另外一点。从象限Ⅳ可知，低利息只有在高收入时才均衡，高利息只有在低收入时才均衡。记住这个关系最简单的方法是记住，利率低时投资高，高投资会导致高收入。

宏观经济学并没有假设经济总是处于均衡状态，但它假设经济至少总是朝均衡状态移动。例如，如果 r 升高，储户会尽力增加储蓄，但投资者不愿贷款进行投资，导致计划的。换句话说，在高利率 r 下，储户的储蓄供给超过了投资者的投资需求。这会产生两种影响：第一，漏出大于新的注入，从而引起收入下降；第二，储户能从储蓄中赚到利息是因为投资者愿意支付贷款的利息。利息是货币的价格。当储蓄的供给大于需求时，利率必然下降。这个机制与其他商品的机制一样。Y 较低时，储户的储蓄也少；r 较低时，投资者的贷款也多；r 和 Y 继续下降直至 I 和 S 再次相等，此时收入(Y)比以前低，利率(r)比以前高。如果利率下降，那么投资将大于储蓄，将会发生相反方向的调整。图 16.1 中的箭头表明了这个动态过程。

LM：货币部门

现在开始分析货币部门和 *LM* 曲线上，*LM* 曲线表示货币余额(人们持有的货币)的需求与货币供给相等的条件下，收入(Y)和利率(r)的不同组合。首先需要知道的是，当人们能够非常方便地将持有的货币转换为真实资产时，为什么还要持有货币余额。前面的讨论中已给出了明显的答案——人们持有现金余额是为了避免实物交易的麻烦。凯恩斯称之为**货币的交易需求**。他同时也谈到了与此相关的**流动性偏好**，其涵义是：因为流动资产可以很方便地转换成其他任何物品（它们是可以互换的），因而在其他条件相同的情况下，相对于"冻结"资产，人们更喜欢流动资产。货币是所有资产中流动性最强的。当然，其他条件很少相同，以货币形式持有财富的成本是放弃的贷出这些货币可得到的利息，或是放弃的用这些货币购买实物资产和商品可得到的效用。然而，如果你的财富都是非流动资产，无法挪作他用的话，在必要的适时交易和意外事故面前你将会遇到困难。国民收入越高，交易越多，因而每个人所需的货币就越多（货币的交易需求更高），并且更高的利率会诱使货币拥有者通过借贷而牺牲流动性。

由于存在流动性偏好（L），所以货币余额的需求（DM）取决于 r 和 Y。因此：

$$DM = L(r, Y)$$

均衡条件是货币需求等于货币供给（SM）：

$$DM = SM$$

哪些因素决定货币供给呢？早期是由金矿或银矿（实体部门的一部分！）的地质状况和开采的技术条件决定，但现在没有商品货币，只有政府通过私营银行部门控制的法定或符号货币（见第十四章）。为了简单起见，模型通常把 SM 看做政府给定的，等于 M。由此：

$$L(r, Y) = M$$

上式是货币部门的均衡条件，LM 曲线由满足现金余额总需求与给定货币供给相等的所有 r 和 Y 的组合组成（图 16.3）。因为只有一个方程而有两个未知数，因此求不出两个未知数的唯一解，但可以得到满足方程的 r 和 Y 的组合形式。

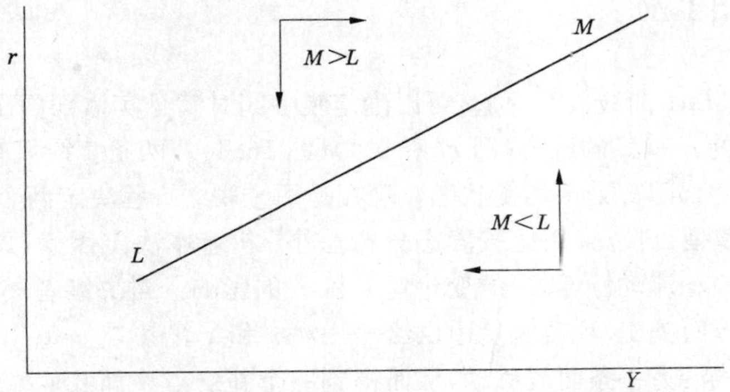

图 16.3　*LM* 曲线

专栏 16.3　联邦储备银行

在美国，货币不是由民主选举的政府控制而是由美国联邦储备银行控制，它不是依靠选举产生的政府"部门"。货币政策相关的决策由美国联邦储备银行的七名理事会成员做出，12 个地区联邦储备银行总裁的影响非常小。理事会成员由总统任命并要在参议院通过，任期 14 年，主席和副主席任期 4 年。尽管货币政策对经济运行非常重要，但这种设计是为了使美国联邦储备银行免受民选政客的压力！尽管不要求美国联邦储备银行对选民的要求作出回应，但这并不意味着它对选民没有责任，后面将讨论这一点。

为什么 LM($L=M$ 的简称)曲线具有正的斜率呢？想一想收入(Y)增加对利率(r)会产生什么样的影响。Y 更高意味着交易量更大，从而对交易余额的需求也更大。为了补偿贷出余额损失的流动性，r 会升高。因此，更高的 Y 需要更高的 r 才能使货币市场再次出清(L 等于 M)，所以 LM 曲线具有正的斜率。这种关系已经很清楚，没有必要做更详细的图解。

当货币部门偏离均衡状态时，什么机制驱使其朝均衡状态运动呢？比如货币当局增加货币供给，使当前的利率下货币的供给超过了货币的需求，即 $M>L$。多余货币用于购买"债券"和其他带息的非流动性资产(为了方便，这里一起简称为"债券")。更多的货币用来购买数量不变的债券，这会抬升债券的价格。

债券的类型有很多种，最简单的情况是，某人现在支付了一定货币购买了某种债券，在债券到期时他可以得到固定数量的收益。例如，如果有人现在支付了 50 美元购买债券，10 年后到期，收益为 100 美元，那么他的利润率大约为 7.2%。如果由于货币供给的增加将债券的价格抬升到了 60 美元，那么他的利润率就只有 5.24%。债券的价格越高，该债券的利息率就越低。因此，货币供给增加提高了债券的需求，降低了利率。

在利率较低时，持有货币的机会成本也较小，因此对货币的需求较大。低利率也会刺激投资，促进经济增长，这会进一步刺激货币的需求。结果是新的均衡在更低的利率和更高的收入时出现。当然，货币供给减少会导致相反的结果。图 16.3 中的箭头说明了这个动态过程。

联合 IS 和 LM

将 IS 曲线和 LM 曲线放在一起，可以确定唯一同时满足实体部门 $I=S$ 条件和货币部门 $L=M$ 条件的 r 和 Y 的组合(即 r^* 和 Y^*)(图 16.4)。两条直线只有一个交点，在该点实体部门和金融部门都处于均衡状态。现在是两个联立方程决定两个未知数，r 和 Y。

对 **IS－LM 模型**，可以采用比较静态分析法❶分析基本决定因素(即储蓄倾向、资本投资效率(生产力)和流动性偏好)的变化对 r 和 Y 的影响。对决策者具有特别意义的是政策变量——即政府支出、税收和货币供给——对 r 和 Y 的影响。每一种这样的变化都会使其中一条曲线沿另一条曲线移动，从而得到一个新交点。而我们真正感兴趣的是政策或外部的(外生的)变化使经济偏离均衡状态后，经济是如何逼近均衡状态的。

IS 和 LM 中的外生变化

首先分析外生变化对 IS 和 LM 曲线的影响，外生因素基本上与财政和货币政策无关，是 IS－LM 模型之外的影响因素。比如边际储蓄倾向增加，储蓄率这样的变化可能是因为恐惧会降低工资、失业增加的经济衰退，也可能只是为了保护环境，人们决定减少消

---

❶ 比较静态分析是分析模型外生参数(这个例子中是储蓄倾向、资本投资效率和流动性偏好)的变化对内生变量(这个例子中是 r 和 Y)的影响。它对比了新旧均衡状态，但没有解释从旧均衡状态到新均衡状态的动态过程。

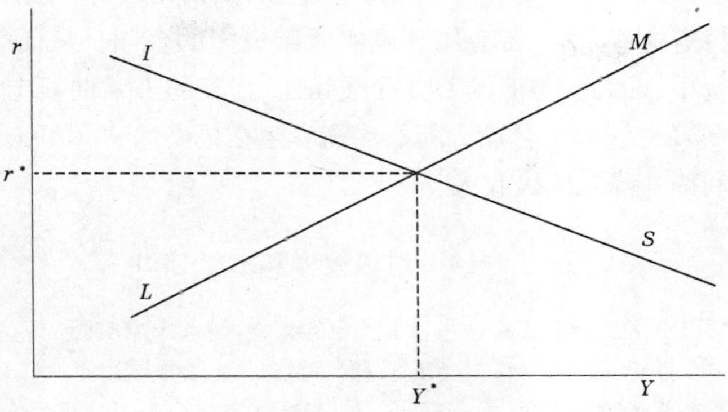

图 16.4　IS—LM模型

费。无论上面哪种情况，人们的收入中都会有更多的用于储蓄，更少的用于消费。这意味着此时 *IS* 曲线上所有 r 和 Y 的组合，对应的储蓄都大于投资($S>I$)。需要一条新的 *IS* 曲线才能使 S 与 I 再次相等。如果在所有的 r 下储蓄都增加，这意味着 $S>I$(或漏出大于注入)，那么收入将降低到 S 与 I 再次相等的水平。

即使人们将收入中的大部分用来储蓄，但是他们的收入会降低，因而实际的储蓄量等于高储蓄率乘低收入。储蓄更多消费更少最终会引起总收入下降到这样的程度，均衡储蓄量保持不变，仍等于未变的投资水平。新的 *IS* 曲线与旧曲线相比，每一个 r 都对应一个更小的 Y。*IS* 曲线将向左移动，与 *LM* 的新交点 r^* 和 Y^* 要低于以前的交点。因此，边际储蓄倾向增加会使国民收入和利率下降。

当然，如果边际储蓄倾向增加，那么边际消费倾向必然减少。消费减少，企业无法售出商品，导致存货累积。这又会使企业减少投资和生产——也许会解雇工人。因解雇工人引起的失业进一步减少了消费，由此产生的新一轮调整会进一步降低 Y。最终的结果是，当 S 与 I 再次相等时，S 要低于开始时的水平。因此，每个人都努力增加总的储蓄，结果实际的储蓄反而在减少——即所谓的**节俭悖论**。在这种情况下，对衰退的恐惧引发的高储蓄率本身引起了衰退——自我实现的预言。

现在假设由于新发明，投资效益增加(资本的边际生产力增加)。例如，很多人认为这正是当前"新经济"中所发生的，其中的信息技术提高了生产率。生产率提高会增加 I，此时沿着旧的 *IS* 曲线有 $I>S$。当 $I>S$ 时，循环流中的注入多于漏出，于是收入会增加直至 S 与 I 再次相等。新 *IS* 曲线上每个 r 都对应一个更高的 Y。曲线向右移动。新的均衡点发生在较高的 Y^* 和 r^* 上。边际资本效率增加提高了收入和利率。

最后看 *LM* 曲线。假设流动性偏好增加，因而 $L>M$。这样的变化可能是因为未来经济条件不确定性的增加，以及人们想持有现金以防不测。20 世纪 70 年代中期，美国银行业违反常规，为某些活期存款账户支付利息。这减少了持有货币的机会成本，由此也可能增加流动性偏好。无论哪种情况，对于任何收入以及相关的交易余额水平来说，人们都有强烈的意愿去持有这些余额，持有比其确实所需更多的余额。从而需要提高 r 来促使货币持有者贷出货币。因此，与旧的 LM 曲线相比，在新的 LM 曲线上，每个 Y 都对应一个更高的 r，新的 LM 曲线向上移动。新的均衡发生在更高的 r^* 和更低的 Y^* 上。流动性偏好增加会提高利率并降低国民收入。

专栏 16.4　垃圾债券和木材公司

诸如债券利率以及华尔街的交易这些看似抽象的事物，能够影响实际的经济生产和环境服务的供应。例如，在 20 世纪 80 年代，华尔街的恶意收购和垃圾债券导致西海岸森林遭到砍伐。这是怎么发生的呢？在美国，兼并（两个公司合二为一）和收购（一个公司购买另一个公司）是正常的企业行为。然而，有时公司不希望被别的公司收购，例如，主要以短期利润为目的的兼并和收购（M&A）可能削弱和损害被收购的公司，引起大量的裁员。

不希望被解雇的管理者有足够的理由反对兼并，在这种情形下，收购的企图就是“恶意的”。一个公司是通过购买达到控股份额的股票来收购其他公司的。当有人为了控制一个公司开始大量购买股票时，该公司股票的价格就会上涨。受到恶意收购威胁的公司可以通过买回自己的股票反收购，这促使股票的价格进一步上涨。为得到足够的资金，有收购意图的公司可能会提供高收益、高风险的债券，用华尔街行话来讲，就是“垃圾债券”。[a]

最佳的收购对象是这样的公司，拥有大量非流动性的资产，在收购完成后可以将这些资产变成现金来结清垃圾债券，但这些资产不能很快地出售用来反收购。木材公司有很多森林形式的有价资产，可以在收购后出清，但不能很快地出售，换得资金购回股票从而阻止恶意收购。这使木材公司成为 20 世纪 80 年代最普遍的收购对象。

经典的例子是 80 年代中期 Charles Hurwitz 对太平洋木材公司的收购。太平洋木材公司反收购，但最后 Hurwitz 靠联合使用垃圾债券和短期贷款胜出，获得了太平洋木材公司 196 000 英亩的森林，包括世界上最大的未经保护的原始红杉林。但霍尔维茨背负了巨大债务和利息。为偿还债务，Hurwitz 出售了大量的森林木材，包括许多古老的红杉林。为逃避国家的监管，一些非法的砍伐在周末和假期进行。80 年代华尔街的改革加速破坏了国家最后的原始森林及其提供的环境服务。[b]

---

[a] 基于财务稳健性，不同的公司（城市、国家）有不同的信用级别。财务稳健的公司，它的债券自然很可靠；财务不稳健的公司，它债券不可靠，风险较高。

[b] N. Daly, “Ravaging the Redwood: Charles Hurwitz, Michael Milken and the Costs of Greed,” Multinational Monitor, 16(9)(1994). Online: http://multinationalmonitor.org/hyper/issues/1994/ mm0994_07. html.

上面分析的储蓄倾向变化、投资效益变化、流动性偏好变化以及货币供给变化的影响，总结在图 16.5 中。

从 IS_1 移动到 IS_2 可能是边际储蓄倾向减少或边际投资效益增加的结果。从 LM_1 到 LM_2 的移动是流动性偏好减少或货币供给增加引起的。你能算出这四个参数中，其他三个保持不变时，每个参数的增加或减少引起的 r 和 Y 的变化吗？两个或更多参数同时变化时情况又如何呢？

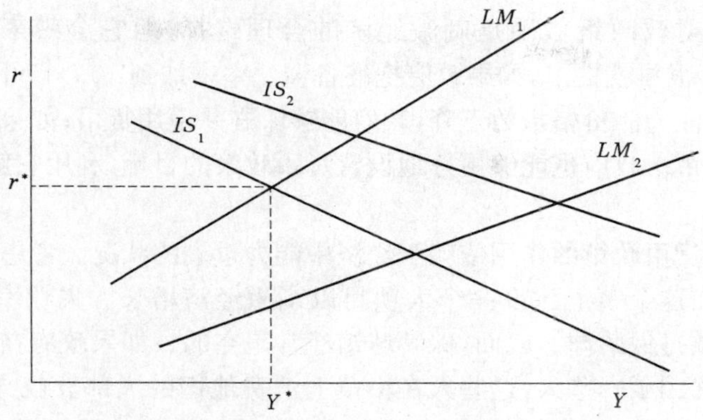

图 16.5 IS和LM曲线的移动

从 IS_1 移动到 IS_2 可能是边际储蓄倾向增加或边际投资效益增加的结果。从 LM_1 到 LM_2 的移动由流动性偏好减少或货币供给的增加引起。你能算出这四个参数中，在其他三个保持不变时，每个参数的增加或减少所引起的 r 和 Y 的变化吗？两个或更多参数同时变化时又会如何？

IS—LM与货币和财政政策

政策干预并不能直接影响储蓄倾向、投资效率和流动性偏好，这些变量受心理和技术的影响，因此很难(即使有可能)预测。但政策制定者有两套经济杠杆：货币政策和财政政策，通过这些杠杆可以影响这些变量。

对不同的货币和财政政策杠杆来说，IS—LM模型又有什么作用呢？追踪货币供给、政府税收和支出的变化对 *IS* 和 *LM* 的影响，可以用来分析宏观经济中货币和财政政策的影响。

货币政策主要影响货币供给。如前所述，货币当局(在美国是联邦储备系统)增加货币供给，*LM* 曲线向下移动且 $M>L$，这将导致利率下降。低利率促进经济和收入增长。如果货币供给增加太多，商品数量相对较少，将会面临通货膨胀的威胁。减少货币供给促使利率上升，使经济萎缩，有助于控制通货膨胀。

财政政策主要包括政府支出和税收。当政府消费时，企业必须生产更多商品和服务以满足需求。这促使收入上升，同时也增加了投资需求，从而使利率升高。*IS* 曲线向右移动。减少政府支出会产生相反的影响。

政府支出的费用有三种来源。第一，征税。当政府增加税收时，人们能花费的钱减少，这会减少需求，进而减少投资，使经济萎缩、利率下降。但是，如果政府消费掉了所有增加的税收，增加的支出对经济增长的刺激会超过税收引起的紧缩，因为以前储蓄起来的一部分税收现在被消费掉了。第二，债务融资和贷款。政府通过出售债券筹钱，而债券供给的增加会降低债券价格并抬升利率。第三，政府可以利用自己铸造货币的权利印刷和发行货币，这将会增加货币的供给。如前所述，货币供给增加会进一步刺激经济但会使利率下降。

发行货币的财政政策似乎是刺激经济的合理选择，但它会带来通货膨胀的威胁。Frederick Soddy很早就提出，如果政府把准备金比率增加到100%，可以极大地提高其使用货币铸造权的能力。价格指数下降，政府能够印刷并使用货币；如果出现通货膨胀则可以征税并销毁货币。政府也能够更好地设置货币政策的目标，利用它解决规模、分配和配置问题。

财政政策和货币政策的作用依赖于经济中能力过剩的状况。考虑一个封闭小镇上的保龄球馆，政府在这个镇上建设一个大项目以刺激经济增长。失业率高时，由于工资很低，很少有人有钱打保龄球。因而，保龄球馆经常是空的。如果政府在该小镇投资一个大项目，项目直接雇用了一些人，这些人在小镇上消费他们的大部分收入，为满足这种增加的需求，小镇上的其他行业需要增加雇用人员。人们用多余的钱打保龄球，从而保龄球馆的收入也会增加。

现在设想政府在一个失业率很低的小镇上投资相同的项目。保龄球在该小镇也很流行，球馆每晚都满员。政府需要为项目雇用人员，这增加了劳动力的需求。但在劳动力供给不足时，劳动力的需求增加会提高雇员的工资——雇员的价格。尽管人们的可支配收入增加了，但球馆的每一位新顾客都会“挤掉”一位老顾客。这时球馆可能希望扩大规模，但此时政府正在贷款为项目筹措资金，这会增加利率从而增加球馆扩建的成本。随着需求的增加，球馆可以提高门票价格，但同时必须付给工人更高的工资，因此也只能处于盈亏平衡状态。当经济处于充分就业状态时，扩张性的货币政策使利率下降，球馆老板可以通过扩大球馆规模获益。相反，如果政府在球馆能力过剩时降低利率，那么扩大球馆规模不会给球馆老板带来任何好处。

在需求不足时，降低利率不能刺激经济增长，这就是**流动性陷阱**。一般来说，经济状况介于极端衰退和满负荷运行之间（比如，大部分保龄球馆有时候是满的，但很少有一直是满的）。尽管政府开支增加引起了一定程度的挤出并增加了利率，但也增加了收入。

表16.1总结了财政和货币政策对利息和收入的影响。在每种情况中，相反的政策影响也相反。

表16.1　主要货币和财政政策对利率和收入的影响

政策	利率	收入
实现货币扩张的途径： 降低法定储备率 在公开市场上出售债券降低贴现率（利率）	（－） 当经济处于低迷（高失业，低投资）状态，货币政策可能对利率的影响很小甚至没有影响	（＋） 当经济低迷时，对收入没有影响，这称为流动性陷阱
增加税收	（－） 税收（尤其是累进收入税）有助于平稳经济	（－） 当收入增长时税收较多，而收入降低时税收也减少
增加政府支出	（＋） 可以花费在市场物品或非市场物品上	（＋）

续表 16.1

政策	利率	收入
通过赤字筹措资金	(＋) 当经济低迷时对利率影响可能很小，当经济全负荷运行时可能很大	(可能＋) 当经济低迷时收入增加，当经济全负荷运行时可能不会增加；后一种情形就是挤出效应
通过税收筹措资金	(＋) 利率的增加小于支出赤字引起的利率增加	(＋) 收入的增长率小于支出赤字所引起的收入的增加率
通过发行货币筹措资金	0	＋ 在挤出效应下可能引起通货膨胀，收入没有真实的增长

通货膨胀和反通货膨胀

如果目标是持续的经济增长，单从 IS－LM 模型来看，优先的政策选择非常清楚：增加货币供给，降低利率刺激投资，必要时用财政政策刺激需求。然而，在介绍 LM 模型时就提到，实际货币供给等于名义货币供给除以价格——即实际货币供给等于。因此，随着货币供给的增加，还有另一条途径能使货币的供给与需求均衡——价格通货膨胀。更大的名义货币供给除以更高的价格可能对实际货币供给没有影响。系统越接近完全产出状态，降低产出的曾量会越少，这时货币扩张更可能导致通货膨胀。**通货膨胀**是价格水平的普遍上涨(不是高价状态)。

为什么政府和货币当局如此担心通货膨胀？他们的担心是否是多余的？通货膨胀如何影响实体经济？首先人们不喜欢通货膨胀，这本身就是避免通货膨胀的一个理由。很多经济学家认为通货膨胀是衰退，但很难有事实证明这一点❶。然而，实际证据表明，在长时期的高通货膨胀期内，真实工资会降低很多❷。此外，在高通货膨胀期，富人以及有学识的人能比穷人更好地利用投资和契约来保护自己的财产。因此，在持续高通货膨胀状况下，很可能出现劫贫济富的现象。

恶性通货膨胀一般指月通货膨胀率超过 50％的通货膨胀，它可以使整个经济动荡。在恶性通货膨胀时，货币不能执行价值储存和交换媒介的功能。很大程度上，温和通货膨胀的影响取决于是否预期到。

如果人人都预期到了一定的通货膨胀率，并且预期正确，那么各种社会契约将包含通货膨胀，因而产生的问题很少。在预期到的通货膨胀中，唯一受损的人群是货币持有者(没有利息)和固定工资者。但在预期到的通货膨胀下，大多数人会减持货币，而收入也可能已经经过通货膨胀调整。**反通货膨胀**指通货膨胀率减少。通货紧缩指价格水平总体下

❶ A. Bulir and A.-M. Gulde, Inflation and Income Distribution: Further Evidence on Empirical Links, IMF Working Papers, No. 95/86. Washington, DC: International Monetary Fund, 1995.

❷ B. Braumann. High Inflation and Real Wages, Western Hemisphere Department Series Working Paper WP/01/50, May 1, 2001.

降。未预期到的通货膨胀、反通货膨胀以及通货紧缩与预期到的通货膨胀的结果完全不同。评估这些未预期到的变化最有用的方法就是分析债务人和债权人。

未预期到的通货膨胀有完全不同的结果。评估未预期到的通货膨胀和反通货膨胀最有用的方法是分析债权人和债务人。发生未预期到的通货膨胀时,在名义利率(未与通货膨胀挂钩的利率)下,任何贷款的价值都将逐年减少,债务人获利而债权人受损。例如,在20世纪60年代,人们以大约6%的利息得到30年住房抵押贷款,而70年代通货膨胀率攀升到12%,一些屋主最终偿还的贷款价值要少于起初的贷款价值。总之,未预期到的通货膨胀会系统地将财富从债权人(一般是富人)向债务人(一般是穷人)转移。政府是净债务人,因而会获利,替政府还债的后代也会获利。但一个国家未预期到的通货膨胀不可能永远持续下去——最终会变成预期到的通货膨胀,否则会变成恶意通货膨胀,并出现与之伴随的问题。

当政府反通货膨胀或通货紧缩时又会发生什么呢?很明显,正如未预期到的通货膨胀的受益者是债务人,未预期到的反通货膨胀的受益者是债权人。在1980年通货膨胀率为13%时,利息为14%的30年住房抵押贷款是可以接受的,人们预计自己的收入至少也会按这个比率增长。然而到1986年,通货膨胀率(工资增长率)下降到不足2%,债权人从贷款中每年获取12%的真实回报。因此,债务人受损而债权人获益。

反通货膨胀的其他影响取决于采用的是否是财政政策(或货币政策)。理论上,通货膨胀可以通过减少总需求或增加总供给减缓,但政策通常作用在需求上。财政政策只能通过增加税收或减少支出的方式减少总需求,这两种方式都会使真实利率降低,从而使新债务人受益。其他对分配的影响取决于具体实施的政策。例如,通过降低对大企业的补贴或减少对穷人的转移支付可以减少需求。

想一想!

里根总统执政期间,非常强调供给,希望通过提供生产激励(即供给)增加收入。为实现这一目标所采用的政策手段包括投资补贴,降低资本利得税,减少富人的税收。你能解释为什么这些政策理论上可以增加供给和减少通货膨胀吗?

另一方面,货币当局只能通过减少货币供给减少需求,这将增加真实利率,从而使债务人受损。对利息敏感的部门,如农业和建筑业,都会遭受损失。如果受损者被迫停业清理或破产,他们可能被迫低价出售资产,资产具有流动性的富人会购买这些资产。因此,衰退可能引发公司兼并,并增加了生产方式的集中。

有利于反通货膨胀政策的主张是:反通货膨胀政策使经济在短期内遭受损失,但从长期来看,稳定的货币会带来稳定的增长,提高真实工资。问题在于,短期所受的损失可能会很严重,特别是在采用货币政策减少需求的时候。虽然温和的通货膨胀对分配影响仍然很小,但正如下面将要看到的,反通货膨胀的政策对失业分布的影响非常清楚。

失业

在微观经济学中，不存在非自愿失业。供给和需求决定价格，当劳动力需求低时，劳动力价格下降。当工资低时，愿意工作的人少，劳动力供给下降，系统重新回到均衡状态。然而，失业是现代经济中一个持续存在的问题。这里特别关注两个问题：失业和通货膨胀之间的联系，失业对分配的含义。

失业是不可避免的。人们经常进出入劳动力市场、改变工作或搬迁。生意破产或经济低迷时都会解雇工人，而寻找一份新工作总会需要一些时间。这是“摩擦性”或“自然”失业。根据理论，如果政策制定者试图将失业减少到这一水平之下，结果是对固定工人的需求增加。工人将会有更大的讨价还价能力要求增加工资，这将导致通货膨胀❶。因此，“自然”失业一个广为接受的委婉说法是 NAIRU，不加速通货膨胀的失业率❷。对于 NAIRU 到底是多少有很多争议。James K. Galbraith 认为经济学家的确有实践经验——他们估计的 NAIRU 完全反映了实际失业情况❸。

但从经验上看，低失业和通货膨胀之间的联系并不明显。为什么呢？这里提供两种解释。第一，在全球化时期，大的公司集团可以把资本和生产自由地转移到别的国家。即使在低失业时，公司也能以迁移到低工资国家作威胁来抵制当地劳工提高工资的要求。这解释了 20 世纪 90 年代美国的失业，工资增长停滞以及工薪阶层占国民收入份额的减少❹。第二，必须指出，生产所得的收入是在工资、利润以及租金之间进行分配。工薪阶层讨价还价能力的提高不一定就导致“工资推动”的通货膨胀——它可能只是增加了国民收入中工资所占的份额，减少了租金或利润的份额。难道业主讨价还价能力的增加也能导致“利润推动”的通货膨胀吗？

概括地说，低失业增加了工薪阶层的讨价还价能力，从而使其工资增加（尽管这种影响会被全球化削弱）。高工资会引起通货膨胀，这反过来又损害高工资；或改变了工资和利润之间的分配模式。相反，高失业提高了公司的讨价还价能力，导致收入重新向资本所有者间分配。无论 NAIRU 背后理论的有效性如何，明显的是，货币当局非常关注失业，把它作为了反映通货膨胀压力的指标。例如当失业率降到很低时，美国联邦储备银行将会提高利率以减少投资、就业和需求。通货膨胀的分配影响是不确定的，但反通货膨胀的政策引起的失业对社会上最穷的部门有明显的负面影响。

最后值得一提的是，失业增加会导致恶性循环。当人失去工作时，他们也失去了购买物品和服务的能力，这直接减少了需求。面对需求的减少，公司的反映是减少供给，采用的措施可能是解雇更多的工人，这会进一步减少需求。很多财政政策，如福利支付、失业保险和其他转移支付的目的都是为了减少这种影响，增加经济的稳定性。经济稳定是公共物品，是一个重要的政策目标。

---

❶ 这个理论最早由 Milton Friedman 在 1997 年的美国经济协会主席致词中提出。

❷ 20 世纪 60 年代，经济学家发现失业和通货膨胀间呈现反相关关系，支持了菲利普曲线的观点。但在 70 年代，许多经济体的失业和通货膨胀同时出现了增加。

❸ J. K. Galbrainth, Well, Excuuuuse Me! *The International Economy*, December 1995.

❹ R. J. Gordon, The Time-Varying NAIRU and Its Implication for Economic Policy, NBER Working Paper No. W5735, May 1997.

政策对规模、分配和配置的影响

既然已经了解财政和货币政策的基本原理，下面分析它们的特殊应用。如何应用这些政策当然取决于预期的目标。主流宏观经济学家的目标是追逐持续的经济增长，很少强调分配问题。配置问题留给了微观经济活动。生态经济学家与主流经济学家的目标不同，主要关注宏观经济政策对规模（即增长）的影响——确保物质吞吐量进一步增长的成本小于收益。如果现在成本还没有超过收益，生态经济学家认为最终成本肯定会超过收益。他们比主流经济学家更注重分配的重要性。简而言之，生态经济学家希望构建一个物质吞吐量不增长，同时又能免受衰退或萧条之苦的经济系统。基于此，资源在市场和非市场物品和服务间的配置就非常重要。

宏观配置

如前所述，自由市场配置市场物品非常有效，但配置非市场物品表现却非常拙劣，通常依靠市场并不能提供足够的非市场物品。很多政策制定者已经认识到这一点，这在政府预算中可以清楚地看到，大部分的政府预算是用在公共物品上，如国防、卫生保健、教育、道路系统、桥梁、街灯、国家公园等[1]。事实上，除政府外很少有机构能为非市场物品配置资源，而且只有政府能利用政策减少对市场物品的需求和支出，并转移给非市场物品。

> 宏观配置指在市场与非市场的物品和服务间配置资源。

简单起见，这里将市场与非市场物品间的配置称为**宏观配置**，市场物品间的配置称为**微观配置**。

对私人部门而言，对*市场物品*的生产和消费进行投资是为了追逐利润，货币政策通过刺激或阻碍这些投资只能直接影响这部分与市场相关的经济。为什么会这样呢？货币政策主要是通过影响利率，从而影响借贷发挥作用。因为生产公共物品没有利润无法偿还贷款，因此私人部门很少投资公共物品。利率低不会影响私人部门的非市场物品生产。货币扩张不仅不能提供公共物品和开放式资源，而且如果市场物品的生产同时产生影响环境的负部性，实际上货币扩张还会加速这些资源的退化。回到前面保龄球馆的例子。如果降低利率导致保龄球馆扩张，它不会向真空扩张，只可能是向某一生态系统扩张，如为当地提供重要的非市场服务的湿地。正如前面讨论所指出的，这种负外部性是市场生产不可避免的产物。

因此，如果政策目标是可持续规模，货币扩张就存在很大问题。即使经济规模处于生态系统限制范围内，货币扩张也只对市场物品起作用。但市场物品并不总是为人类福利提供最高的边际贡献。因此，微观经济学中的等边际最大化原则不但可以用来确定经济系统的规模（这个规模是相对于支撑它的生态系统而言的），而且也可以用来分配经济系统提供的市场和非市场物品。在生态经济学中，宏观配置与微观配置同样重要。

理论上，民主社会中的联邦资金直接用于为整个社会提供最高边际效用的物品和服

[1] 尽管军备竞赛、核武器和过多的国防开支起的作用更多的不是保护国家安全，而是削弱国家安全，但通常把国防视为公共物品。就传染性疾病而言，一个人患病会使其他人感到不舒服，因此卫生保健也是公共物品。

务。前已述及，政府支出的一个重要功能就是提供非市场物品。

区分非市场物品的两种类型非常重要，它们对规模有不同的影响。人造非市场物品对规模的影响程度与市场物品相同。如果政府在有保龄球馆的小镇上的开发项目是修建一座巨大的政府建筑，这可能会侵占一些有价值的生态系统并破坏它提供的服务。相反，如果项目是建造公园，它提供娱乐和湿地恢复功能，而湿地可以作为城市用水的过滤器和洪水的缓冲器，那结果又会怎样呢？保护和恢复提供非市场服务的生态系统可以有效地减小规模，至少有助于确保不超过最佳规模。随着世界变得越来越"满"，相对于市场物品和人造公共物品提供的边际效益而言，从保护和恢复生态系统，及其所提供的非市场服务中获得的边际效益会越来越大。在这样的情况下，如果政客们能更好地理解生态系统服务提供的效益及其公共物品的本质，那么应该分配更多的联邦资金来提供这些服务。

认识下面这一点非常重要：政府在生态系统上的支出可能仍然会增加规模。为什么会这样呢？因为最初的支出一旦进入经济系统便会产生乘数效应。恢复生态系统的资金会转变成工人的收入，工人又会将自己的收入花在市场物品上——恢复湿地的工人可能把钱花在保龄球上，推动保龄球馆扩张。乘数越大，对经济系统中市场部门的影响就越大，政府能控制的部分也就越少。正如大多数宏观经济教材所解释的，增加税收在减少乘数的同时也减少了收入。较小的乘数能够提高政府影响宏观配置的能力，而减少收入会减小规模。税收可以用来阻止不期望的行为，比如污染；转移支付可以用来鼓励期望的行为，如环境保护。税收对规模和宏观配置的全部影响取决于税收如何支出，当然，税收在实现最优规模上也发挥着重要的作用——这一点将在二十一章具体讨论。

还有一点必须说明。在传统的 *IS－LM* 曲线分析中，当经济满负荷运行时，财政政策有挤出效应（回忆保龄球馆满员时的情形），而挤出效应需要避免。但就宏观配置和规模而言，完全产出条件可以增强财政政策的作用效果。在充分就业的情况下，如果政府出资建造公园和恢复湿地，利率和劳动力成本将上升，扩建保龄球馆就更困难。（幸运地是，公园有替代保龄球的娱乐功能，但保龄球馆无法提供生态系统服务。）在这样的情况下，恢复生态系统的政府支出能起到减少规模的作用。

财政和货币政策对分配有什么影响呢？税收和政府转移支付这样的财政政策可以方便有效地按预期目标进行分配。政府的转移支付（如福利、失业保险、医疗保险、公共医疗补助和社会保险）在分配中发挥着重要的作用。公司福利项目（超过了对穷人的转移支付[1]）也影响分配，只是作用的方向与政府转移支付的方向相反。所有人都可以使用公共物品，公共物品的供给改善了分配。在收入方面，累进税有助于减少收入分配中总体的不平等，而这无论在道德上还是在实践上，都是实现可持续发展的必要条件。货币政策在分配中也起着重要的作用，但作用范围较为狭窄。紧缩的货币政策会导致利率升高从而引起失业，使债权人受惠，这在前面通货膨胀和反通货膨胀那一节已经讨论过。降低利率的作用正好相反。

总之，就生态经济学的目标而言，货币政策主要关注市场物品的生产和消费，它在分配和宏观配置方面的灵活性很差。扩张的货币政策会增加规模，而财政政策在规模、分配

---

[1] C. M. Sennott, "The $150 Billion 'Welfare' Recipients: U. S. Corporations," *Boston Globe*, July 7, 1996.

和宏观配置方面具有更大的灵活性。

现实中的 IS－LM

虽然 IS－LM 模型非常有用，但它也有很大的局限性[1]。模型过于简单，不足以反映现实生活中货币和财政政策的复杂性。虽然模型能说明这些政策的一般影响，但它没有融入不确定性、时间滞后和结构变化等问题，也没有考虑选择的合适政策变量操作时会遇到的困难。

在任何特定的时刻，经济学家并不能确切地知道经济系统中正发生什么。失业率是否太高？经济是否增长过快而受到通货膨胀威胁？是不是正在发生衰退？气象员也许不能准确地预报未来，但至少他们能看看窗外，然后告诉你现在的天气情况。经济学家没有这个本领。相同的经济数据，经济学家的解释通常不一样。例如，由于担心经济增长过快，2000 年 5 月美国联邦储备银行提高了利率，一直到 2000 年 11 月份大家都生活在通货膨胀的恐惧中。但此后不到两个月，美国联邦储备银行下调了利率，而这只是为避免衰退而实施的几次下调利率中的第一次。这个问题部分是因为，在技术、环境、文化和结构变化的推动下，经济系统发展得非常快。

与难以充分理解的经济活动混在一起的困难有政策中卷入的时间滞后。存在两种类型的滞后：决策滞后（内部滞后），以及做出决策与政策产生影响之间的滞后（外部滞后）。对于财政政策，像减税和增加支出这些决策通常都需要经过长时间的争论，必须得到立法部门和行政部门的同意，以及通过适当的立法才能实施。因此，决策滞后时间相对较长。一旦作出了增加或减少支出的决策并付予实施，外部滞后时间相对比较短，因为这些政策会立即影响总需求（尽管发挥完全乘数效应需要一段时间）。另一方面，税收削减和增加影响较慢，通常在税收改变一年后才能觉察到。

相反，美国联邦储备银行的决策滞后一般很短。负责美国联邦储备银行的联邦公开市场委员会（FOMC）每年召开八次会议[2]。政策一般在会议上决定，开放市场交易几乎可以立即执行。然而，这些政策的相关影响大多是关于利率，以及利率对投资和消费决策的影响。投资决策很少是一时冲动，它们通常有一个很长的酝酿期。因此，美国联邦储备银行的决策滞后短，而在政策产生影响之前有一个较长的滞后期。

决定政策时考虑这些滞后非常重要。很可能在做出决策时或政策产生效果时，政策设计来阐明的问题已经不存在了；甚至有可能是需要一个有相反影响的政策。

另一个问题是在需要采用何种政策以及政策会产生什么影响上难以形成共识，特别是货币政策。美国联邦储备银行通常会设法操纵货币供给和利率中的一个。不仅关于美国联邦储备银行应采取何种方针上存在争议，而且实现任何一个目标也是困难重重。例如美国联邦储备银行主席格林斯潘在国会发言中承认："……我们精确地定义货币存在问

[1] 见 J. R. Hick，IS－LM：An Explanation，*Journal of Post－Keynesian Economics* Ⅲ(2)：139－154(1980 年冬至 1981 年)。Hicks，模型的创始者，在认识了模型的期望行为和动态后，对于模型能在多大程度上拟合现实世界，他保留了自己的意见。他认为模型对于理解过去非常有用，但认识未来作用非常有限。我们同意他的看法，尽管 Hicks 的很多告诫适用于所有的均衡模型，但学术界大多数学者对此却不以为然。Hicks 对自己要求太严格了！

[2] 美国联邦储备法案要求 FOMC 一年至少召开四次会议，自 1981 年以来每年召开八次会议。

题……当前货币的定义无法提供一个控制货币供给的好方法……”[1]

心理因素也使操纵利率存在困难。如前所述，利率最终由债券市场决定。债券以后才到期，而债券的价格依赖于预期的未来通货膨胀率。为了使利率下降，美国联邦储备银行可能会采用扩张的货币政策，但如果债券商认为，在不久的将来这种扩张的货币政策会诱发通货膨胀或货币紧缩的话，那么结果可能会适得其反，利率反而会上升。

在有独立货币当局的国家，政策相关的最后一个问题是货币政策和财政政策难以协调。当货币当局和政府有不同的政策目标时，这个问题会变得非常尖锐。民选的政府主要关注经济增长和就业，这是选民关心的两个问题，他们是选举出来的代表，当然要关心这两个问题。相反美国联邦储备银行主要关注“稳健的”货币（没有通货膨胀），过去也一直执行这样的政策，即使在采用这样的政策引起了严重的失业或更糟的情况时也一如既往。

专栏 16.5　为什么联邦如此地反通货膨胀

从通货膨胀的讨论中可知，通货膨胀的危害没有反通货膨胀政策引起的失业的危害大。那么为什么美国联邦储备银行如此反通货膨胀呢？回答这个问题必须了解谁是美国联邦储备银行天生的支持者。FOMC的大部分成员是银行家或华尔街的专业人员，所以美国联邦储备银行对这些人群给予密切的关注。这两个人群都是富裕的债权人，低通货膨胀和反通货膨胀时期他们都能从中获利，而在通货膨胀时期，他们很难增加他们在国家收入所占的比例。[a]

[a] W. Greider, Secrets of the Temple: How the Federal Reserve Runs the Country, New York: Simon &Schuster, 1987.

尽管存在缺点，但IS－LM仍比以前的模型有了很大的改进。它是两部门（实体部门和货币部门）的一般均衡模型。在希克斯模型之前，经济学家经常把利率解释为纯粹的货币现象（流动性偏好和货币供给）或纯粹的实际现象（储蓄和投资）。存在投资的利率，也存在着货币的利率，但那类因素“真正地”决定利率却不清楚。希克斯说明了实体部门和货币部门相互作用同时决定利率和国民收入。但希克斯没有谈到生态系统和生物增长率。在1937年，世界仍然被认为是“空”的。因此，IS－LM模型把所有经济增长都看做是一样的——没有区分政府在市场物品的支出，在人造公共物品上的支出（或生态恢复的投资），也没有阐明分配问题。

改进IS－LM模型使之适用于生态经济学

怎样才能使IS－LM模型适用于生态经济学呢？回忆前面的基本愿景：宏观经济是有限的和不增长的生态系统的子系统，最容易想到的建议就是给模型加上一个外部约束，反映生态系统的生物物理限制。例如，可以假设存在一个固定的吞吐量强度，那么给定的Y（即GNP）就对应一定的物质吞吐量。接下来可以估算最大的生态可持续吞吐量，然后

[1] Congressional testimony, February 17, 2000.

将其转换为等价的 Y，并将其作为模型的外部约束。以图 16.4 为基础，用经过 Y 点的垂线表示最大可持续吞吐量，它不受利率的影响❶。这条垂线 EC 称为"生态承载力"。它反映的是生物物理均衡，而不是经济均衡。IS 和 LM 曲线反映了人的行为，而人却忽视了生态承载力。❷

最明显的方法并不总是最好的，但通常是一个很好的出发点。这种方法类似于宏观经济学家在假定的 GNP 劳动强度下，用经过 Y 点（对应于充分就业状态）的垂线代表充分就业。这里的 EC 线反映了在假定的 GNP 吞吐量强度下，环境的"充分就业"状态。下面将进一步讨论固定的吞吐量强度假设。

现在考虑图 16.6 中描述的生物物理均衡相对于经济均衡的三种可能位置。第一种情况反映的是"空的世界"情景，生物物理的限制并没有产生约束。Y^*C 可以看做是剩余的承载力。如果确实考虑了 EC，那么大多数宏观经济学家使用 LS－LM 模型时采用的是这种情景。如果 Y^*C 足够大，那么对短期政策的实际应用目的来说，构思和画出 EC 点没有什么意义。

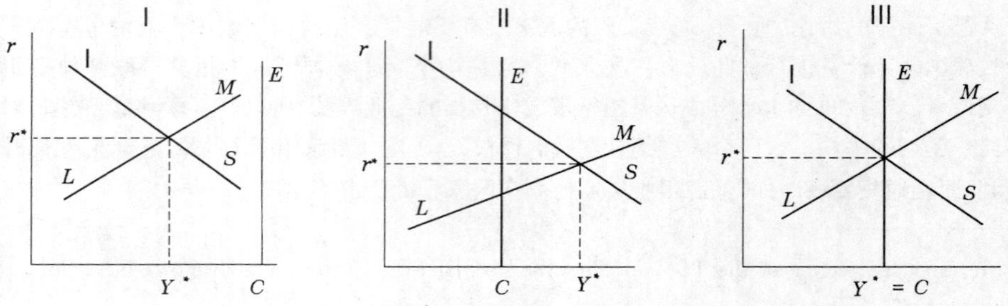

图 16.6　相对于经济均衡的生物物理均衡

第二种是"满的世界"（或过满的世界）的情景。经济均衡点超过了生物物理均衡点。对这个超额的 CY^* 可以给出两种解释，但都不能反映真实收入。第一种情况可以看做是纯粹的货币现象，即通货膨胀。实体部门在到达 EC 之后，就停止了增长。即使货币部门继续搅拌，它只是引起的同样的真实收入 C 的价格增加。另一解释假设实体部门通过不可持续地消耗自然资本继续进行生产。因此，CY^* 反映了记为收入的自然资本消耗。随着更一步消耗自然资本，EC 还会向左移，进一步扩大超出量。大部分生态经济学家认为第二种情况准确地描述了现实状态。我们好像是在通过消耗长期资本来避免短期的通货膨胀。大部分传统经济学家不担心长期资本消耗和 EC 进一步向左移动，因为他们相信知识正在驱使 EC 向右移动，并因此恢复"空的世界"。

第三种情形表示在假设条件下出现的完全巧合。要使生物物理均衡与经济均衡一致，要么是有特别好的运气，要么有目的地进行协调和规划。模型本身不能使这种情况出

---

❶　A. Heyes, A Proposal for the Greening of Textbook Macro: "IS－LM－EE," Ecological *Economics* 32(1)(2000); P. Lawn, *Toward Sustainable Development*: *An Ecological Economics Approach*, Boca Raton, FL: Lewis Pulishers, 2001. Heyes 和 Lawn 认为，对应于这里讨论的生态限制的 EE 曲线可能是利率的函数。技术可以带来收入，其中一些技术比其他技术需要或损耗更多的自然资本。自然资本强度小的技术需要投资，因而更有可能在利率低的时候出现这样的技术。一个问题是投资本身就需要自然资本。

❷　但政府不能忽略生态承载力，因为它影响 IS 曲线。政府完全有能力对自然资本和其他非市场物品提供的环境服务进行投资，但货币政策（LM 曲线）完全忽略了生态承载力，它只是通过影响利率，然后影响市场物品作用于经济系统。

现，目前的制度和行为方式也不能产生这种情形。第二十～二十三章将讨论在理论上能导致这种结果出现的政策变化。

回想前面讨论过的充分就业的概念，它可以通过劳动力的充分就业（*FE*）限制来表示，这类似于自然资本的 *EC* 限制。理想状况时，*FE* 线应与 *ISLM* 的均衡点吻合——使 *IS*=*LM* 处于充分就业状态。如果 *FE* 线超过了 *IS* 和 *LM* 的交点，可以通过制定政策增长 *Y* 从而达到充分就业状态。但如果 *FE* 超过了 *EC* 呢？问题不再是通过增长 *Y* 来达到 *FE*，而是通过结构变化，比如把要素强度从化石燃料和人造资本（这两者都快速消耗自然资本）转向劳动力。前面解释了当 *IS*=*LM* 超过 *EC* 时，我们可能在消耗自然资本，这暗含了 *NAIRU*（不加速通货膨胀的失业率）超过充分就业状态时将会导致通货膨胀。为什么会有这种差异呢？为什么没有移到 *EC* 之外也能引起通货膨胀？答案是，开始时自然资本要么是免费的，要么很廉价，它们不是由市场机制定价，因此过度利用不会影响价格信号。

然而，假设 *Y* 的吞吐量强度恒定也是一个很棘手的问题。尽管不随资本（提供吞吐量流量的）的要素替代而变化，*Y* 的吞吐量强度也随技术、*Y* 的组成成分的变化而变化，关于 *Y* 的吞吐量强度的不同假设至少可以由垂线 *EC* 的移动反映出来。（曲线移动在经济学分析中是一个多么重要的工具！）然而就实际政策建议而言，最好的方法也许是简单把生态约束用来限制吞吐量。在任何给定的技术条件下，限制吞吐量也会限制 *Y*，但随着时间的推移，新技术以及物品和服务的不同组合可以使 *Y* 在不增加吞吐量的情况下增加，从而可以减少对生态系统的生命支撑功能的威胁。

本章知识点

- 宏观经济模型与一般均衡模型
- 实体部门与货币部门
- *IS*=*LM*
- *MV*=*PQ*
- 货币的交易需求
- 流动性偏好
- 债券价格和利率的关系
- 货币和财政政策的 IS—LM 分析
- 比较静态分析
- 挤出效应
- 通货膨胀和反通货膨胀
- 失业
- 宏观配置
- 改进 IS—LM 以说明经济和生物物理均衡

第四部分总结

第十三章至第十六章快速地浏览了一遍宏观经济学。真实经济将自然中的低熵物质和能量转化为提高人类福利的形式。GNP 不是一个合适的衡量真实经济的方法，因为它没有区分“有益的”与“有害的”。经济系统中的货币部门发挥着润滑剂的功能，有助于配置经济系统中生产的产品。边际效用递减规律说明，代内和代际分配都是增加人类福利的重要工具。宏观经济政策杠杆包括政府支出、税收、货币供给和利率。这些政策杠杆必须用于实现可持续规模和公平分配的目标——市场微观经济从根本上忽略了这些。下面的章节将转向国际经济学，看它是怎样影响政策杠杆的。

第五部分

国际贸易

第十七章　国际贸易

在意大利种植葡萄和酿酒比挪威容易得多，而在挪威捕猎驯鹿比意大利更容易。如果挪威人想喝红葡萄酒，意大利人想吃鹿肉，显然就有了国际贸易的基础，这一点无需经济学家证明。考虑特定的气候和地理环境，不难理解为什么意大利人有喝葡萄酒和吃鱼的传统，而挪威人却习惯喝烈酒、吃鹿肉和鲸肉。然而，人们都想体验别人的传统、风味和身份。国际贸易可以使所有人都受益。按照这种观点，满足国民消费的国民生产是一块蛋糕，而国际贸易就是奶油。当然，这样理解贸易没有人会有异议，但靠这种常识不能精确地描述当今贸易的现实，也不足以描述全球化的趋势和目标。在处理全球化这个困难问题之前，首先介绍一下自由贸易的经典论证，这一论证要比刚才所描述的常识深刻得多。

一个经典理论：比较优势

自由贸易与普通意义上的交换一样，都建立在贸易自愿这一假设基础之上。如果交易的双方自己都认为，贸易后比贸易前的情况还差，他们是不会进行贸易的。自由贸易发生需要满足什么条件呢？一个最明显的条件就是上面例子中反映的成本差异方面的**绝对优势**。首先假设 A 国需要一些 B 国的产品，同时 B 国也需要一些 A 国的产品，如果国家 A 生产某些产品的绝对成本低于国家 B，而国家 B 生产某些产品的绝对成本低于国家 A，那么这就有了自由贸易的动机。起初经济学家们认为，如果一个国家生产所有产品的成本都比另一国低，那么这两个国家就没有进行互惠贸易的基础——高效率国家与低效国家贸易只会损害自己的利益。大卫·李嘉图证明情形并非如此，即使一个国家在所有的贸易产品上都具有绝对优势，贸易双方也能从贸易中获利❶。理解这一点关键是需要弄清“比较优势”，而不是“绝对优势”的概念。

> 如果一个国家生产某种产品的成本比其贸易伙伴低，我们就说它具有绝对优势。如果一个国家生产一种产品的成本与其生产另一种产品的成本的比值比其贸易伙伴低，那么不管其绝对成本如何，它生产这种产品都具有比较优势。

李嘉图用一个两个国家、两种商品的数字例子展示了他的比较优势理论。下面将用一个这样的例子简要地回顾一下李嘉图的证明过程。在此之前，先看看经济学家对比较优势理论的赞誉，这可以激发我们的兴趣。贸易理论家 R. Findlay 认为比较优势是“经济学中最深刻、最美妙的结果”❷；调查显示，有 95％的经济学家支持“自由贸易”政策；麻省理工学院经济学家保罗·

---

❶ D. Ricardo. *On the Principles of Political Economy and Taxation*. 3rd edition. London: John Murray, Albemarle-Street. 1821 (originally published in 1817). Online: http://www.systemics.com/docs/ricardo/principles.html.

❷ R. Findlay. "Comparative Advantage." In J. Eatwell et al., eds. *The New Palgrave: The World of Economics*, New York: Norton, 1991, p. 99.

克鲁格曼说:"如果经济学家有信条的话,那信条中肯定包括:'我相信比较优势理论'和'我坚信自由贸易'"❶。在一片赞美声中,比较优势理论走上了前台。

考虑一个只有两个国家(A 和 B)的世界,每个国家都生产两种商品:煤(C)和小麦(W)。因为只是想利用比较优势(不利用绝对优势)证明能从贸易中获利,所以关于绝对成本的差异,我们给自己戴上了无知的面纱。具体而言,假设衡量成本 A 国采用单位 a,而 B 国采用单位 b,我们对 a 和 b 之间的关系一无所知,也许 $a<b$、$a=b$ 或 $a>b$。因此,无法比较两国之间的成本差异,也就无法知道绝对优势。但可以在国内对比生产 C 和 W 的成本,可以计算各自国内生产 W 和 C 的比较成本或相对成本,并在两国间进行比较。这些信息足以证明 A 和 B 在贸易中存在互利的可能性。比较优势理论仅依赖于比较优势(国内成本的比率)而不是国家之间的成本比率(绝对优势),因为假设无法比较两国衡量成本的单位,所以根本不可能知道后者(绝对优势)。表 17.1 列出了 A 和 B 两国生产 C 和 W 的单位成本。

表 17.1 商品的单位成本

类别	A	B	总产出
煤(C)	$1a$	$1b$	$2C$
小麦(W)	$1a$	$4b$	$2W$
总资源	$2a$	$5b$	

这两个国家都需要煤和小麦,在贸易之前,两个国家都根据生产成本在两种商品间配置资源,以尽可能多地生产商品,如表 17.1 所示。A 国煤和小麦的单位生产成本均为 $1a$,在资源禀赋为 $2a$ 的情况下,可以生产煤和小麦各 1 单位。同样,B 国的资源禀赋为 $5b$,用 $4b$ 的资源生产 1 单位的小麦,$1b$ 资源生产 1 单位的煤。贸易前世界的总产出为 $2W+2C$。

李嘉图分析了这种情况,认为按照比较优势进行专业化生产和贸易,双方都可以获益。他注意到,B 国小麦的成本是煤的四倍,而 A 国两者相等,所以相对于小麦而言,B 国的煤要比 A 国的更便宜。因此,B 国在煤的生产上具有比较优势;与此相似,相对于煤而言,A 国的小麦比 B 国的小麦更便宜,也就是 A 国在小麦的生产上具有比较优势。

现在,让这两个国家专门生产各自具有比较优势的商品,并通过贸易获取另外的商品。A 专门生产小麦,将全部资源 $2a$ 投入生产小麦,最后小麦的总产出将为 $2W$;B 国将全部资源 $5b$ 投入生产煤,最后煤的总产出将为 $5C$。世界的总产出在专业化生产后变为 $2W+5C$。在没有额外资源投入的情况下世界的产出增加了 $3C$,世界的情况得到了改善。如上所示,这个证明过程不需要比较 A、B 国生产小麦和煤的成本,起作用的是比较优势(国内成本比率的不同),不是绝对优势。即使知道绝对成本的大小,比如 $a=5b$,说明 B 国在煤和小麦的生产上都具有绝对优势,但这不会改变分析结果。

❶ P. Krugman, Is Free Trade Passé? *Economic Perspectives* 1(2):131(1987).

尽管世界的产出增加了 3C，人们也许还想知道，哪个国家得到了增加的 3C，如何在两个国家间分配这 3C。作为一个整体，世界的情况比专业化生产之前已有改善，但各个国家的情况都好于以前吗？会不会一个国家得利较多，而另一个国家却变得更糟呢？对此，李嘉图有一个答案：专业化生产和贸易的赢利（3C）如何在两国之间分配取决于进出口交换比率——贸易时小麦换煤的相对价格。贸易商品的相对价格又依赖于供求关系以及讨价还价能力，因此不能精确地确定额外的产出 3C 是怎样分配的。但可以肯定的是（李嘉图说），贸易后没有一个国家的情况会恶化。为什么呢？因为贸易是自愿的，如果国际进出口交换比率比国内的成本比率还要不利，没有哪个国家会开展国际贸易，因为结果还不如国内贸易。国家 A 不会用 1 单位 W 交换少于 1 单位的 C，因为国家 A 在国内重新配置资源生产这两种商品的结果比开展国际贸易还要好；同样，B 不会用超过 4 单位的 C 交换 1 单位的 W。因此，贸易的相对价格会处于 1C/1W 和 4C/1W 之间。只要交换的相对价格位于这一区间内，两个国家都可以获得 3C 中的一部分。

理论的缺陷

李嘉图的证明的确吸引人，并使人印象深刻。不用减少小麦的产量，也不要增加资源的投入，煤的产出就可以增加一倍多，确实是非常好的技巧。根据李嘉图的假设条件，比较优势的逻辑无懈可击。但现在有必要对这些假设做深入的分析，这些假设是什么，它们是否掩盖了一些需要从额外的产出 3C 中扣除的成本？

首先，认为额外的产出 3C 不需要额外资源的投入是不正确的。很明显，煤矿的枯竭速度会加快，燃煤产生的污染物也会增加。贸易经济学家的"没有额外资源"只是意味着没有额外的资本或劳动力的投入。回顾前面讨论过的新古典生产函数，产出仅是劳动和资本投入的函数。但与新古典假设相反的是，额外产出的资源成本不能被简单地忽略。因此，资源枯竭和污染的成本应该从 3C 中扣除。假设扣除这些成本后，通过贸易和专业化生产仍然有净收益。

第二，运输成本被忽略了，或默认为零。小麦从 B 国运到 A 国，煤从 A 国运到 B 国，如果运输的能源成本等于 3C 或更多，那么整个世界就没有盈利。应当注意，运输是能源密集型的，目前能源不仅直接受到补贴，而且很多外部成本没有内生在能源的价格中。因此，采用低于真实成本的能源价格实际对国际贸易进行了间接补贴。假设进一步扣除所有运输成本后，国际贸易仍然有净收益。

第三，假设每个国家专业化过程的成本可以忽略。但是在这个过程中有两种重要的成本。首先，国家 A 所有的煤矿工人都要变成生产小麦的农民；而国家 B 所有生产小麦的农民都要变成煤矿工人。生计发生变化，对所有人来说转变的成本都非常高昂，而此后他们的职业选择范围也从两个减为一个——这是一种纯粹的福利损失。大多数人从工作中得到的满足感比消费工作收入所获得的满足感要多。在实践中，经济学家将商品选择范围的增加当成福利，但对于职业选择范围对福利的影响却视而不见。其次，专业化生产后，国家失去了不参与贸易的自由，国家间的依赖性变得极强，人们对基本物品的获取依赖于世界另一端的人们的合作。他们也许值得尊敬，但毕竟有不同的习俗、价值观、兴趣，以及不同类型的政府。前已述及,互利贸易的基本条件是自愿,但这里“自由贸易”的自愿受到了专业化生产产生的相互依赖的影响。互相依赖的国家将不再有不参与贸易的自由,而这种自由正是互利贸易最初的保证。

诚然,如李嘉图所指出的,如果贸易的进出口交换比率使一些国家蒙受损失,他们可以选择退出,或使生产非专业化——让一些农民重新成为煤矿工人,重新对煤矿投资,制订煤矿法律,重新雇用进出口人员等。在现实中,这样做不仅成本高昂,而且容易造成社会混乱。虽然模型假设专业化是可逆的,但实际上几乎不可逆——即成本高昂的可逆。而从事非基本需求品(如香蕉、糖、可可等)专业化生产的国家,在失去不参与贸易的自由后变得特别脆弱。一个卖基本品买非基本品的国家要比买基本品卖非基本品的国家具有更强的讨价还价能力。显然,上述各种专业化生产的成本要进一步从 $3C$ 中扣除。

想一想!

许多国家专门生产一种或几种商品出口。例如,厄瓜多尔专门生产香蕉,加纳专门生产可可,古巴专门生产糖。想一想,如果很多国家也开始生产这些商品,它们的价格会如何变化呢?如果全球大丰收,价格又会如何变化呢?如果有些国家的生产条件优越,有些国家的生产条件低劣,每个国家的出口收入又将如何变化呢?你可以去查一查这些商品的价格变化趋势。你认为专门生产农产品是一个好的发展战略吗?

资本流动和比较优势

假设扣除前面的成本后还有净收益,据此能推断基于比较优势的自由贸易是有效的吗?事实上,比较优势理论有一个与目前全球化的争论紧密相关,但一直被忽略的条件,这个条件表明上述论点并不是有效的。请注意,在比较优势的数学证明中暗含了一个假设条件:生产要素(资本和劳动)在 A、B 两国间不能流动。仅仅是煤和小麦跨越了国界,资本和劳动力在国内根据比较优势的原则在煤和小麦生产之间配置。然而,作出投资配置决策的资本家通常使人们只注意资本,而忽视资本的流动性。显然,比较优势的贸易模型暗含这样的假设:资本仅能在国内部门之间流动,而不能国际流动。由于戴上了“无知的面纱”,资本家们无法比较单位 a 和 b,也无法比较国家 A 和 B 之间的成本和获利情况。因此,资本家不知道在其他国家投资是否有利可图。

现代教科书中经常提及的例子——实物交易(小麦换煤不需要使用货币媒介)也暗含资本不能流动的假设。实物贸易总是平衡的,不需要货币或短期的资本流来平衡实物进出口之间的差额。**经常账户**指进出口商品和服务的货币价值差额。如果进口大于出口,经常账户就会产生赤字;相反,出口大于进口,经常账户就会盈余。**资本账户**指一国买入和卖出各种资产(包括股票、债券、不动产以及其他一些国内资产)的货币流量差额。当一国流入的货币量大于流出的货币量时,资本账户就会盈余;相反,如果流出的货币量多于流入量,资本账户就会产生赤字。实物交换中国际收支的经常账户总是平衡的,所以不需要修正资本账户的不平衡。因此,实物交换假定了贸易平衡,而贸易平衡意味着没有资本流动。

资本不能流动并不是说生产资料不能在经常账户中交易。机器和拖拉机,这些"唯物主义者的资本"可以像鞋子和糖一样进行贸易,不能流动的是那些"储备"意义上的资本,如货币或赤字国家对未来产品的抵押。储备意义上不能流动的资本与经常账户上的贸易平衡,或不需要资本账户中储备资本补偿转移的贸易有相同的含义。换句话说,资本不能流动并不妨碍巴西用出口鞋子或糖的收入来补偿进口机器与拖拉机的支出,只是不让巴西以比出口糖和鞋更快的速度进口机器和拖拉机,如通过抵押未来生产的糖和鞋来支付额外进口的机器和拖拉机。

资本不能流动的假设通常隐藏在从事专业化生产和贸易的个体之间,而不是国家之间。一个比较恰当的例子就是律师和她的秘书。秘书不能做律师,但碰巧的是,律师是位打字冠军,那么相比她的秘书,律师在打字和法律两方面都具有绝对优势。然而,律师仍然会发现雇用秘书打字有好处,她们都能从这种交易中获益。尽管律师是一位比秘书更好的打字员,但作为律师,她的优势更明显。因此,秘书在打字上具有比较优势(尽管是绝对劣势),律师在法律上具有比较优势(也是绝对优势)。所以她们根据比较优势进行专业分工,这个律师不会傻到将自己每小时有 300 美元报酬的时间花在打字上。这个例子中资本不能流动的假设在哪里呢?它隐藏在这个明显事实之后,秘书工作的精力和能力不可能转移给绝对高效率的律师。律师也不是吸血鬼,她不能为了更有效率的工作而吸干秘书的血和能量的。换句话说,生产能力,"资本"在律师和秘书之间不能流动,这就是比较优势发生作用的逻辑。

然而在国家之间,在绝对优势的影响下,生产能力、资本有可能从一个国家转移到另一个国家。为了让比较优势理论在国家间发生作用,资本必须不能在国家间流动。尽管作为整体,每个国家都能从比较优势的贸易中获益,但并不是每个人或每个团体都能获益。只有当赢者补偿输者时——B 国煤矿工人补偿本国农民改变生计的成本,A 国农民补偿本国煤矿工人改变生计的成本——每个人才会受益。当转到绝对优势(资本在国际范围内流动)的时候,会发现有些国家会蒙受损失,但世界作为一个整体能获利,也能补贴受损国家——就如同国内政府补贴竞争失利的行业。但这种补贴通常国内很少发生,而国际上几乎从来没有发生过。在国家内部,至少有社会制度可以进行这种内部转移,而在全球尺度上,并不存在这种制度或机构。从比较优势转到绝对优势似乎是从帕累托到 Hicks Kaldor 福利标准(通常被认为是"潜在的帕累托")的倒退。国家尺度上代表的是这样一种后退:条件从不使任何人的情况恶化变为了一种更弱的条件,获益者在补偿受损者后(如果他们选择这样做)自己的状况仍然能得到改善。相应地,全球尺度上代表的是这样一种后退:条件从不使任何一个国家的情况恶化变为一种更弱的条件,获利国家补偿受损国(如果他们选择这样做)而自身的状况仍然能得到改善。在这两种情形中,弱准则使补偿只是潜在的,而不是实际的,而在贸易的例子中,甚至很少提及补偿的条件。

绝对优势

值得称道的是,李嘉图明确地假设了资本在国家之间是不能流动的。如果资本可以在国际范围内流动,那么资本家会追逐最高的绝对利润或最低的绝对生产成本。在前面的例子中,如果资本可以流动,而且资本家知道 $1a=5b$,即 B 国在煤和小麦的生产上都具有绝对优势,资本家将会在 B 国投资而不会去 A 国。这时比较优势就无关紧要。如果资本可以流动,资本家只会关心绝对优势。只要资本无法国际流动,资本家就会永远对比较优势感兴趣。如果资本家不能按绝对优势组织生产,那么根据比较优势在国内组织生产,然后靠贸易获取国外的产品就成了资本家的次优选择。显然,在资本不能国际流动的约束下,利用比较优势是次优选择。如果资本不存在这样的约束,就没有理由根据比较优势生产,重要的就是绝对优势。

为什么资本不能流动的假设如此重要呢?因为它完全与当今世界的现实不一致——数万亿美元的资本以光速正在全世界流动。

那么为什么资本的流动被忽略了呢?比较优势理论可以保证贸易双方都能从自由贸易中获益,结果是互利的——尽管实际上并不总是如此,但至少在理论上是这样。绝对优势的问题在于并不是双方都一定能获益。如果一个国家在所有商品的生产上处于绝对劣势,那么随着资本外逃,必然会失去一些工作岗位和降低人们的收入。按绝对优势组织生产,整个世界的生产仍然会增加,而且理论上要比按比较优势组织生产增加得更多。因为从比较优势向绝对优势转变时,放松了世界生产最大化的一个先前的约束条件——资本不能流动。流动的资本比限制在国内的资本能找到更有生产力的机会。但绝对优势存在一个问题,它缺少有保证的互利——政治上非常有用的特征,而互利正是传统比较优势理论支持自由贸易的依据之一。如果存在一些管制机构,可以让获益国家补偿受损国家,那么所有国家都会获益。但这不再是"自由"贸易,政策的中心已由国内福利转变为全球整体的福利。这让我们注意到全球化这个问题,更具体地说,是作为世界共同体替代模式的全球化与国际化。

全球化与国际化

国际化指国与国之间的关系(国际贸易、国际条约、结盟、协议等)越来越重要。尽管国家之间、不同国家个人之间的联系变得越来越必要和重要,但基本的社会和政策单元仍然是国家。

全球化指通过自由贸易,特别是资本自由流动,以及看似遥远但却日益重要的一点——方便的或不受限制的人口流动,将众多国家经济整合成一个全球经济。从经济目的出发,全球化有效地擦去了国家的边界。商品和资本很容易跨过国界,人口,这时是作为廉价的劳动力,或某些情况下是廉价的人力资本,跨越国界也越来越容易。

李嘉图和其他基于比较优势理论支持自由贸易的古典经济学家们,基本上都是国家主义者。他们即使在提倡国际化的时候,也保留着对国家的一种基本责任。

总而言之，全球化就是全球经济一体化。那么"一体化"的精确含义又是什么呢？一体化(Integration)是从单词 Integer 衍生而来，Integer 是"一、全部、整体"的意思。一体化的含义要比"互相依赖"丰富得多——指将有关联但又相互独立的单元合并为一个整体的行动。一体化之于相互依赖就如同婚姻之于友谊。既然只有一个整体，涉及的其他各个部分都整合在这个整体之内，也就是说，全球经济一体化在逻辑上意味着国家经济的解体——各个部分从国家边界中剥离出来(解体)。正如俗话说的："要做一个煎蛋卷，必须打碎一些鸡蛋。"国内经济这个"蛋"的解体正是形成全球经济一体化这个"煎蛋卷"所必需的。

布雷顿森林体系

第二次世界大战末，为了重建被战争破坏的世界贸易和商业，在美国新罕布什尔州的布雷顿森林镇举行了一次会议。外交官和经济学家们在英国经济学家凯恩斯、美国财政部长 Henry Morgenthau 及助手 Harry Dexter White 带领下，成功地议定了建立**布雷顿森林体系(包括国际货币基金组织(IMF)和国际复兴开发银行(世界银行(WB)))**的宪章。IMF 和 WB 这两个机构由联合国的成员国组成，建立在国际化联邦模式，而不是全球化的整合模式基础之上。大约 60 年前，这些机构的成立是国际合作和外交领域的一项伟大成就，标志着结束了战后经济萧条的时代，开始了"铸剑为犁"的和平生产新时代。

Morgenthau 营造了乐观的基调[1]，他设想："在充满活力的世界经济中，每个国家的人都能认识到自己在和平时期的潜力……在无限的自然资源的保证下享受不断增加的物质果实。" Morgenthau 接着说"繁荣没有固有的极限，它不是一个有限物质被分割而减少的过程。"凯恩斯也曾有过相同的说法："通常，通过理智而谨慎的贷款，推进有利于世界经济扩张的政策是银行的责任……通过扩张真实的资源和生产增加，伴随而来的是购买力的提高。"此时，"空"的世界的观点在经济学界占据统治地位。生态限制经济增长的概念还没有出现，更不在议程之内。在 1945 年，布雷顿森林体系的建立者们认为有更紧迫的问题需要处理。的确，当时他们是正确的。但 60 年来世界已经改变了很多，人口几乎增加了 3 倍，资源产出增长超过了 9 倍[2]，这使"空"的世界正逐渐变为"满"的世界。

IMF 和世界银行这两个机构的分工是：IMF 主要关注为短期的国际收支平衡筹措资金(国际收支平衡中的经常账户)；世界银行主要关注长期贷款(资本账户)[3]。世界银行的全称中"复兴"这个单词指重建被战争破坏的国家，然而这个功能大部分被马歇尔计划所取代，使世界银行几乎只关注为不发达国家的发展提供贷款。

凯恩斯曾经的一个想法是成立世界清算联盟来清算贸易差额，当时被大会反对，但显

---

[1] Morgenthau 和 Keynes 的说法引自 B. Rich, *Mortgaging the Earth*, Boston: Beacon Press, 1994, pp. 54－55. 关于布雷顿森林会议有趣的历史还可参见 R. Skidelsky 著的 Keynes 传记，*John Maynard Keynes*, Vol. III, "Fighting for Freedom, 1937～1946,": New York: Viking Press, 2000.

[2] 根据 J. B. Delong, *Marcroeconmics*, Burr Ridge, IL: McGraw－Hill, 2002. 一书第五章的数据计算，数据为 GNP 的数量，Delong 的文中称其为"物质产出(material output)"，也就是本书中的吞吐量(throughout)。GNP 和吞吐量之间并不是 1∶1 的关系，Delong 的数据显示，从 1950 年到 2000 年，GNP 增长了差不多 10 倍，从 1945 到现在，吞吐量大概增长了 9 倍。

[3] 经常账户和资本账户在第十八章中有详细描述。

然这个想法对目前的 IMF 有利。在凯恩斯的计划中，所有贸易国在世界清算联盟里都有个账户，这个账户以一个叫做“班柯(bancor)”的国际货币单位结算，像黄金一样，在一个固定的比率下，班柯可以和各个国家的货币相互兑换。清算账户是多方参与的，也就是说，如果 A 国相对于 B 国有贸易顺差，而同时相对 C 国有贸易逆差，这两部分将会抵消，在清算联盟中 A 国只需要结算这两部分的差额。

凯恩斯计划的创新点在于，当一国的余额超过一定数量后，必须为贷方余额和借方余额向清算联盟支付利息。换句话说，这意味着要对有贸易顺差或贸易逆差的国家罚款。因此，所有的国家都会尽量避免赤字和剩余，平衡自己的贸易账户，这就减少了国际债务和资本流动。我们认为这个建议应该被重新考虑。该方案优于 IMF 对大量赤字运行的债务国进行紧急融资。同时该方案也给像日本那样热衷于巨大贸易顺差的国家施加了压力。

世界贸易组织

相比 IMF 和世界银行，**世界贸易组织**(WTO)的诞生是最近的事情，它起源于关贸总协定(GATT)而不是布雷顿森林会议❶。GATT 的目的是减少关税和其他国际贸易的障碍。但 WTO 通常和 WB 及 IMF 联系在一起，因为这三个机构有共同的政策目标：自由贸易、资本自由流通和出口导向型增长，换句话说就是全球化。就 IMF 和世界银行推动全球化政策而言，这与基于其章程的世界共同体国际化模式相矛盾。前面讲过，国际化与全球化有很大的差异。从 WTO 前总干事 Renato Ruggiero 的声明中可知，WTO 承担的全球化职责非常清楚。他说：“我们不是制定各国家经济体之间相互交流的规则，而是为一个完整的全球经济书写章程❷。”这是明确肯定全球化，反对前面定义的国际化。当然，不同的领导会有不同政策。

问题在于：如果 IMF－WB 不再为其成员国的利益服务，那么根据章程，它们将为谁的利益服务呢?

国际化经济体系比全球化有什么优势呢？一种优势是，能控制自己边界的国家可以更好地制定自己的货币和财政政策，环境标准和最低工资标准。市场厌恶国界，但政策需要它。

值得注意的是，国际自由贸易并不是真正的国与国之间的贸易，而是不同国家的私人公司或个人之间的贸易。他们开展贸易是为了个人的利益，而不是为了国家的利益。自由贸易政策做了这样的假设：如果贸易对所参与的个人有利，那么也对其所在的国家有利。这让人想起了下面这句名言“对通用汽车公司有利就对美国有利”。

下面将这个假设应用在另一个组织——公司上。公司会允许其员工为了个人利益与其他公司员工自由签订协议吗？公司一旦发现有员工为了个人利益与其他人签订协议，肯定会将这些员工送进监狱。所有员工进行的交易都必须是为了公司的利益，而不是个

❶ 建立国际贸易组织的提议曾在布雷顿森林提出，但最终由于美国反对，而被关贸总协定代替。
❷ 摘自 1996 年 10 月的联合国贸易和发展会议的一个演讲。Online：http://r0.unctad.org/en/special/tb43pr05.htm.

人利益,而且交易是否是这样必须由公司的管理者来判断。既然公司可以管制员工进行的交易,为什么国家不能管制公民进行的交易呢?国际化的倡导者强调,国家必须有管制全体公民的权利,就如同公司管制其员工的一样。

全球经济一体化的倡导者认为,国家是陈旧的组织,因为它们对20世纪的两次世界大战负有责任。记住国家主义带来的灾难的确非常重要,但我们仍然同意布雷顿森林会议代表的观点,应对国家主义要靠国际主义,而不是全球主义。"一个没有国界的世界"只是一句好听的歌词,如果真实施起来,那还怎么能为地区利益制定政策呢。世界共同体由地方共同体和国家共同体组成——是共同体的共同体。因此,布雷顿森林体系所引起的问题并不在于旧章程,相反是由于忽视了章程,用全球主义取代国际主义的制度趋势引起的。

小结

这章有哪些内容需要深刻领会呢?首先,全球化完全不同于国际化。在全球化下,所有的国家经济都整合成一个全球经济,而且必须遵守全球经济机构(目前是世界贸易组织)制定的规则。而在国际化下,国家间的关系变得越来越重要,但国家仍是共同体和政策的基本单位。

其次,由于金融资本可以自由流动,比较优势变得无关紧要,必须更加关注绝对优势。虽然绝对优势可以带来了更多的总收益,但同时也在国际范围内出现了赢家和输家。既然不存在比较优势理论上美好的结果——即自由贸易是双赢的,那么就必须分析绝对优势的实际证据,来决定全球一体化体制下的赢家和输家。下一章将关注全球化和它可能带来的影响。

本章知识点

- ■ 比较优势与绝对优势
- ■ 资本流动、比较优势与绝对优势
- ■ 国际化与全球化
- ■ 布雷顿森林体系(IMF 和 WB)
- ■ 世界贸易组织(WTO)

第十八章　全球化

为什么有这么多聪明人不遗余力地倡导全球化？主要是全球化提高了资源的利用效率，促进了全球经济更快地增长。当然，全球化也引起了一些能预期的后果：(1)国际竞争加剧，为了获得全球市场份额，国家必须相互竞争；(2)竞争(不是比较)优势加强了国家的专业化程度；(3)全世界都保护"与贸易相关的知识产权"；(4)国际机构管理地区和国际事务。事实证据表明，全球化也引起了一个预期不到的后果：财富在国家内部和国家间日益集中。正是最后这一后果引发了对全球化最强烈的反对。

本章在生态经济的政策目标(有效配置、公平分配和可持续规模)的背景下，对上述后果逐一进行了详细分析。

有效配置

全球化倡导者们宣称自由贸易是高效的，会产生他们肆意鼓吹的"贸易利得"，但是，这种高效率依赖于以下几个关键的假设和条件：

(1)必须存在大量同样的公司；

(2)信息必须能相对自由地共享；

(3)必须有很强的动机内生成本。

有效生产的这些条件都满足了吗？这里针对上述条件进行了逐一检验，同时也讨论了全球化是否可以提供令人满意的就业机会，以及这些机会在提高人类福利上的作用。

完全竞争与跨国公司

完全竞争的假设是新古典经济学理论的基石，这个假设说明需要存在大量基本相同的公司。完全竞争在国内和国际市场上消除了资源的低效利用，确保了资源的有效配置。

全球化使各个公司在全球范围内相互竞争。然而，一般只有大公司才有能力进入国外市场。如果认为国家扶持小企业的行为是歧视外国大公司，WTO 规则会禁止这样的行为。有规模经济效应的大公司为了赢得市场份额会接受较低的利润率，这很容易迫使当地公司降低价格，最终破产或被收购，从而减少公司的总数。事实上，全球性的兼并和收购在已经完全签署了 WTO 协议的部门(金融服务、电信等)中最普遍[1]。

因此，在特定的国家，全球竞争与市场竞争并不相容。许多经济学家凭经验认为，如果某行业 40%的市场份额被四家公司占有，市场将不再是竞争性的。这样的集中度在农

[1] L. Wallach and M. Sforza, *Whose Trade Organization?: Corporate Globalization and the Erosion of Democracy*, Washington, DC: Public Citizen, 1999.

业部门非常普遍：在美国中西部，四家公司控制着主要农产品40%以上的贸易❶。世界最大的四家农用化学品公司控制了全球市场份额的55%❷。超过80%的粮食国际贸易仅由10家公司控制❸，尽管知道兼并会导致买方垄断❹，但美国政府在1999年仍然允许两家最大的国际粮食贸易公司（Cargill 和 Continental）兼并。具有讽刺意味的是，据报道，美国司法部长助理在评论公司兼并时声明，为了确保美国农业在国际市场上的竞争力需要进行更多的兼并❺。

如果为了在全球经济中保持"竞争力"，公司确实需要兼并的话，这些兼并能带来更有效的资源配置吗？正如芝加哥学派经济学家、诺贝尔奖得主——罗纳德·科斯（Ronald Coase）指出的，公司是市场关系海洋上进行中央规划的岛屿❻。通过兼并，相对市场关系海洋的其他部分，这个进行中央规划的岛屿越来越大。越来越多的资源在岛屿的内部配置，而在市场上进行的配置越来越少。世界最大100个经济组织，有一半以上是公司。三分之一的跨国商业活动并没有超出公司的边界，进行的只是公司内部的非市场性转移。难道大公司的中央规划就比国家的中央规划更有效吗？

专利和垄断

在全球尺度上，知识产权与贸易是绑在一起的。为什么呢？因为如果产权的合法权利存在争议，这样的产权是很难进行贸易的。因此，与贸易有关的知识产权协议（TRIPs）要求所有WTO签署国保护知识产权（IPR）20年❼，违反者将受到贸易制裁以及罚款的处分。

第十章讨论了与专利相关的两种低效率。第一，信息是非竞争性资源，人为使其具有排他性会导致效率低下；第二，专利是一种暂时的垄断，而垄断本身的效率就低。前面也讨论了设立专利的理由，即除非在一段相当长的时间内（他们建议为20年）提供垄断所有权的经济激励，否则许多新的知识和创新将不会出现。

想一想：

你还记得为什么使非竞争性商品具有排他性是低效率的吗？还记得垄断为什么是低效率的吗？

尽管17世纪英国就出现了专利，18世纪90年代美国和法国也出现了专利，欧洲其他地方也在19世纪80年代同样出现了专利，但国际专利还是一个最近才出现的现象。

❶ W. Hefferman, Report to the National Farmers Union: Consolidation in the food and Agriculture System, Columbia: University of Missouri, 1999. 谈到了确定市场集中度非常困难。

❷ Action Group on Erosion, Technology and Concentration, Concentration in Corporate Power, The Unmentioned Agenda, ETC communiqué #71, 2001. Online: http://www.rafi.org/documents/com_globlizetion.pdf.

❸ G. van Empel and M. Timmermans. "Risk Management in International Grain Industry." In Commodities Now, December 2000. Online: http://www.commodities-now.com/cnonline/dec2000/article3/a3-pl.shtml.

❹ 卖方垄断指只有一个卖家，买方垄断指只有一个买家。在这个例子中，美国司法部更关注支付给农场主的价格，而不是消费者要支付的价格。

❺ Reported in S. Cockburn, and J. St. Clair, "How Three Firms Came to Rule the World." In *Counterpunch*, November 20, 1999. Online: www.counterpunch.org. 竞争性市场定义为，市场中存在大量的公司，以至所有的公司都是价格的接受者，而不是价格制定者。在一个高度集中的市场中，兼并减少而不是增加了市场的竞争性。

❻ R. Coase, The Nature of the Firm, *Economica* 4(16): 386～405(1937).

❼ Wallach and Sforza，前面已引著作.

自1947年国际专利研究所在海牙成立时才付诸实践。20世纪80年代以前，专利在国际商业活动中还扮演着一个相对不太重要的角色。根据经验判断，似乎是发明和创新的猛增刺激了专利保护的需求，而不是专利保护促进发明和创新的增加。

美国第一家纺织工厂的设计，实际上是1790年“美国工业之父”Samual Slater从英国工业家Richard Arkwright那里窃取来的❶。目前，发达国家的公司和个人拥有所有专利的97%，WTO提供了在全球范围内强制执行这些专利的机制。这是鼓励还是阻止新的Samual Slater(一个国家真正需要的工业之父)出现呢？无论如何，都很难找到证据支持需要在WTO的指导下加强专利保护来促进20世纪70年代以来一直疲软的技术发展。

想一想：

列出你所从事研究领域中重要的贡献、发现或发明，看看有多少是由知识产权推动的？不同领域的结果可能会有引人注目的差异。

正如经济学家Joseph Schumpeter强调的，由于创新的事物具有新颖的特征，理所当然第一位创新者暂时垄断了自己的发明创造。在他看来，这种经常性的短期垄断是竞争经济中利润的来源。由于竞争，理论上竞争经济中的利润最终会减少到零，而这正是经济有效率的一个基本条件——为什么要反对这一点呢？

这并不是说要废止所有的知识产权，如果那样，产生的问题要远远多于解决的问题。但是应当限制专利垄断的范围和有效期，而不是如此不计后果地迅速增加保护。应该增加知识的共享，劳动力、资本和资源在本质上是有限的，知识共享能提高它们的生产力。知识本身并不具有稀缺性，它是一种最典型的公共物品——具有非竞争性和非排他性——虽然专利人为使之具有排他性。

这样考虑的一个重要且实用的政策含义是，在国际发展援助中，应该包含更多的免费共享的知识，少一些外国投资和有息贷款。下面重温一下凯恩斯(布雷顿森林体系奠基人之一)的话：

> 为此，我同意最小化，而不是最大化国家间的经济纠纷。思想、知识、艺术、好客、旅行——这些东西本质上就应该是国际性的，但商品要在合理和方便的情况下在国内生产，毕竟资金主要是国内的❷。

专栏18.1　并非专利垄断利润驱动的发现

无疑有许多重要的发明受到了专利权的激励。然而，太阳中心说、地心引力、元素周期表、电磁学的理论，以及光学、力学、热力学、遗传学的定律都是在没有知识产权的保护或利益的驱动下产生的。数学被称为是宇宙的语言，没有数学那有现在的技术？虽然没有一个国家会给数学定理授予专利，但数学家们还是不断创造新的数学理论[a]。没有那个人在英语、火、轮子或货币上拥有专利，但这些东西还是产生了。航海计算经度用的六分仪，它的发明也只是受到了一次性悬赏的激

❶ The Story of Samuel Slater, Slater Mill Historic Site, Website , http://www.slatermill.org/html/history.html.

❷ J. M. Keynes. “National Self-Sufficiency.” In Donald Muggeridge(ed.), *The Collected Writings of John Maynard Keynes*, vol. 21. London: Macmillan and Cambridge University Press, 1993.

励，而不是20年之久的专利垄断。即使经济学家们长时间辛苦工作创立的经济理论也无法申请专利。阿尔弗雷德·马歇尔(Alfred Marshall)并没有从供需曲线和弹性曲线的使用者那里得到版税，希克斯提出了IS－LM模型以及严格意义上的收入概念，他没有期望从中得到版税，事实上也没有得到。实际上，没有哪个现代的发明不是建立在自由共享已有知识的基础上。专利可以促进重大创新，但这只是故事的一小部分。Lawrence Lessig说：

> 免费资源永远都是创新、创造和民主的核心。我的意思是：路是免费的，它赋予了周围的商业以价值；中心公园是免费的，它赋予了以其为中心的城市以价值；一位爵士音乐家自由利用流行歌曲的旋律即兴创作的作品，如果流行起来，本身也会被别人使用。科学家计算太空飞船的轨道自由地利用了开普勒和牛顿创立、爱因斯坦修改过的公式。发明家Mitch Kapor在电子数据表－VisiCalc－的思想之上为IBM PC－Lotus1－2－3设计出了第一个“招人喜爱的应用程序”。在所有上面的这些例子中，能否获得不受别人(无论是政府还是个人)排他性控制的资源，已经成为科学和艺术进步的中心问题。这在将来的发展中仍然是个中心问题。[b]

[a] D. S. Evans. Who Owns Ideas? The War Over Global Intellectual Property, Foreign Affairs 81(6):160～166 (November/December 2002).

[b] L. Lessig, The Future of Ideas: The Fate of the Commons in a Connected World, New York: Random House, 2001. Online:http//music.barrow.org/2002/Q3/free/page3.htm.

外部性成本

正如第十章中讨论的，有效市场的必要条件是生产者支付产品的生产成本，使生产处在边际成本正好等于边际收益的点上。但存在外部性时就不能满足这一必要条件。经济全球化在几个方面增加了外部性的数量及严重性。

WTO的目的是提高经济增长，促进国际商品交换，而经济增长和以化石燃料为基础的商品运输都有显著的外部性。在国家层面上有减少外部性的法律，但WTO可以违反这些法律，而执行自己的决定。尽管技术上国家可以通过环境立法，但WTO经常声称这些法律是贸易的障碍，WTO的裁决甚至能威慑立法者，如：

(1)由于委内瑞拉的反对，美国被迫违反清洁空气法案，允许进口汽油。

(2)WTO否决了美国的濒危物种法案，该法案禁止从不安装防止捕捞海龟装置的国家进口虾。

(3)在关贸总协定的控制下，墨西哥成功地否决了美国海洋哺乳动物保护法案中关于海豚和金枪鱼供应的决定。在墨西哥申请强制执行WTO的判决压力下，总统克林顿和副总统戈尔带头促使国会弱化了与WTO冲突的法律。

(4)澳大利亚的法律严格限制进口新鲜的大马哈鱼，以防止外国细菌感染本土的资源，但这被认为是贸易的障碍。科学研究表明确实存在传染的可能性，但WTO规定传染的可能性要非常明显才能证明限制进口是合理的❶。

❶ 不幸的是，许多受经济增长和自由贸易威胁的生态系统物品和服务，具有不确定性和无知的特征，在这样的情况下，无法确定可能出现结果的概率。

上面提到的例子中，被推翻的规则都是相对民主的国家为减少非市场物品和服务的负外部性而制定的。目前还有许多其他环境法规也受到 WTO 的威胁❶。

降低标准的竞争

同时 WTO 使国家很难通过立法减少外部性，对市场占有率的竞争也减少了国家制定减少外部性法律的动机，这就是众所周知的降低标准的竞争（竞次）。价格中内生生产的环境成本和社会成本最少的国家，将在国际贸易中获得竞争优势。世界生产会越来越多地转入这些核算成本最差（的确是降低全球生产效率的妙方）的国家。随着没有被核算的外部成本增加，GDP 增长和福利之间原有的正相关关系将消失，甚至变成负相关关系。回顾 John Ruskin 的预言："财富"好像实际上成了"衡量衰退的一个镀金指数"。有效性的第一个原则是"核算所有的成本"而不是"根据比较优势进行专业化生产"❷。

一种有效地应对"竞次"的方法是将国家之间核算成本的标准协调一致。这当然合乎逻辑并与全球一体化一致。如果在同样的范围内，所有的国家都内生外部的社会成本和环境成本，将不会有流动资本流向不内生外部性成本的国家，因为这样的国家将不复存在。但要达成全球一致的协议非常困难。事实上，有很好的理由支持为什么不同的国家采用不同的成本核算方法。不管怎样，国家好像都应当以其自身的价值观，而不是用"国际标准"来核算成本。传统比较优势理论与各国以其自己乐意的方式核算成本是一致的。正如表 17.1 中所示，单位 a 和单位 b 可能反映完全不同的价值理论，但在比较优势体系中根本不需要比较二者。然而，考虑资本流动和绝对优势，就需要比较单位 a 和 b，分析为吸引流动资本而降低标准竞争这个问题。

专栏 18.2　财富、权力和效率

经济全球化带来的另外一个潜在问题是，大公司和富人通过游说影响政策的寻租行为越来越多[a]。如果大公司是"中央规划的岛屿"，因为中央规划效率低下，所以大公司应该比小公司增长得更慢，但为什么大公司还能继续如此繁荣呢？一个可能的原因是，大公司集聚的财富随时随地都能转化为政治力量，大公司可以利用这种力量制定有利于自己的政策——尽管效率低下是中央规划的经济本身固有的特征。

大公司不仅帮助政治家制定本国的游戏规则，还包括国际的游戏规则。尼克松总统的贸易顾问是世界上最大的粮食出口商——Cargill 公司的副总裁。里根总统依靠 Cargill 公司的一位雇员起草了 GATT 的美国农业提案[b]。克林顿总统任命 Monsanto 公司的 CEO Robert 为 WTO 贸易代表。布什总统依靠 Enron 公司的 CEO Kenneth Lay 设计能源政策。1999 年在西雅图召开的 WTO 大会主要是大公司资助的。难道这些建议和服务没有附加意图吗？

[a] 回想一下，租金是高于和超过正常营运利润的利润。

[b] *K. Lehman and A. Krebs, "Control of the World's Food Supply." In Mander and Goldsmith, eds.* The Case Against the Global Economy, *San Francisco: Sierra Club Books, J. Mander and E. Goldsmith*(1996).

❶ 所有引用的例子都来自 Wallach and Sforza，前面已引的著作中。

❷ J. Ruskin, "Unto This Last." Online: http://www.nalanda.nitc.ac.in/resources/english/etext－project/economics/Ruskin.pdf.

专业化和福利减少

如果经济系统的一个重要目标是提高人类福利，那么伴随全球化的专业化是另一个效率低下的原因。根据比较（绝对）优势理论，自由贸易和资本自由流动促进了专业化的发展。如前所述，这样人们职业选择范围将会狭窄许多。比如在乌拉圭，如果遵照全球市场的比较优势原则，所有人都会是牧羊人或牛仔，只能用牛肉、羊肉、毛制品、皮革来交换进口的其余商品，任何想演奏交响乐或想成为飞行员的乌拉圭人都必须移居国外。

对大多数人而言，在挣收入的过程中得到的满足感与花费收入得到的满足感一样多。选择范围缩小是贸易理论家没有计算的福利损失。全球化假定人口的迁出和迁入是没有成本的，国家内部职业选择范围的缩小也没有成本。这两点假设都不正确。

贸易理论家忽视了获得收入的选择范围，但却过分强调了消费的选择范围。例如，美国进口丹麦的饼干，丹麦也进口美国的饼干，饼干在北大西洋上穿梭。尽管交易如此相似的产品获利不会很大，但贸易理论家坚持认为，由于最大程度地扩大了消费者选择饼干的范围，所以提高了饼干消费者的福利。

难道不能通过交换配方，从而更便宜地获得这些收益吗？也许人们会这样想，但配方（与贸易相关的知识产权）正是自由贸易者真正想要保护的东西。

可持续的规模

尽管全球化的倡导者赞美效率，但他们的目标不是更高效地生产现有的产品，而是要更大量的生产。如果国际贸易的唯一目的，或最优先考虑的是促进 GDP 增长，而很少或不关注规模的话，从长远来看，“成功”的贸易体系将会使全球经济超过可持续规模。不管国家间资源配置的效率如何之高，结果都会如此。巨大的外部性和降低标准的竞争对可持续规模的威胁已经很明显了。

还需要提到两个问题。第一，全球一体化使我们只有一次机会来查看系统是否正常工作——没有机会让我们从错误中吸取教训。第二，人们消费对环境的负面影响可能会发生在其他的国家，而环境影响在这些国家更可能被忽视。

从错误中吸取教训

过去，许多文明都因超出了生态限制范围而崩溃。如复活节岛文明、玛雅帝国，还有伊斯兰的早期文明。幸运的是，这些都是孤立的偶然事件，仅仅超出了当地的承载力，今天，它们可以作为一个我们犯不起的错误的例子。然而，随着贸易扩张，区域的限制与规模越来越不相关，而全球限制与规模的关系越来越密切。尽管贸易可以减少任何一个区域超过可持续规模的可能性，但这同时也意味着，如果我们超过了区域的可持续规模，就更可能超过了地球这个整体的可持续规模。如此，显然我们从错误中吸取教训也越来越难。因此，全球化要求我们一开始就选择正确的方式。

眼不见心不烦

即使全球化并没有导致原来环境标准高的国家降低环境标准，但国际贸易使人们更容易忽视经济增长的成本。最近几十年，大部分发达国家都注意到了自身环境的恶化，它们通过制定法律控制某些污染以及资源枯竭，在某种程度上这些措施产生了更高的效率，减少了污染性产品的消费，改善了污染控制技术。但很多时候，这好像只是将污染和资源开采产业转移到了没有此类法律的国家❶。发达国家的环境改善是以贫困国家的环境恶化为代价的。随着经济增长和环境污染的空间联系分离，许多人似乎相信两者的因果联系也在分离。的确，许多经济学家现在宣称，发达国家环境的改善正是经济增长的结果。

实际上，转移环境污染产业对规模有更大的负面影响。例如，当澳大利亚的热带雨林被宣布为世界遗产后(很大程度上是迫于环境保护主义者的压力)，澳大利亚关闭了许多管理先进的木材厂，但总的木材消费量并没有减少。澳大利亚通过从其他生产效率较低的热带国家进口木材替代了原来的木材供应。结果是对世界范围内的生态系统服务造成了更大的损失。

与此相似，也许更为有害的是转移有毒工业产生的废弃物。俄罗斯最近在讨论建设核废物和有毒废物处理设施，声称这些设施将有助于过度发达国家进一步阻止环境恶化❷。然而，相比那些生产废弃物的国家，他们不会那么谨慎地处理这些废弃物。如果这样，仅仅运输这些废弃物就在增加负面的环境影响。

前已述及，市场无法传达许多环境成本的信息。在民主国家，当人民遭受环境外部性的影响时，他们可以通过政治机构来表达自己的偏好。如果发达的民主国家将破坏环境的产业或废弃物转移到民主化程度低的国家，将会失去反映环境稀缺性的信号。成本内生的第一条原则是将成本内生于产生它的公司。如果做不到这一点，至少应该将成本内生于产生外部性的公司所属的国家。第二条原则可以通过禁止出口有毒污染物来强制执行。

贸易对规模的积极影响

前面已经描绘了一幅不完整的全球化对规模影响的画面。在没有国际贸易的情况下，国家层次上合理的规模(用经济活动和人口规模来衡量)是由最主要的限制因素决定的。例如，一个国家也许拥有大量的农业用地，但缺乏矿产资源。其他一些国家，规模的限制因素也许是土地面积、矿产资源、燃料供应，或污染吸收能力、降水、农业生产力。国际贸易可以减轻最主要的限制因素对国家的约束。但是如果突然中止国际贸易，一些国家将会发现他们远远超过了可持续的规模，甚至超过了短期的合理规模❸。

无疑，靠有限的资源来承载太多人口的高标准生活将促使一些国家结清自己的自然

---

❶ D. Rothman, Environmental Kuznets Curves—Real Progress or Passing the Buck? A Case for Consumption—Based Approaches, *Ecological Economics* 25:177～194(1998).

❷ 过度发达国家指这样的国家，如果将它们的人均资源消耗水平推广到所有国家，结果肯定是不可持续的。见H. Daly, *Beyond Growth: The Economics of Sustainable Development*, Boston: Beacon Press, 1996.

❸ 超过可持续的规模意味着提供支持的生态系统必将最终崩溃；超过短期的合理规模表明当代人额外增长的成本超过了收益。

资本——例如，将农业扩展到不毛之地，为满足能量的需求砍伐森林做薪材。另外，一些国家可能会被迫开采低质量、高污染的化石燃料。

相比孤立国家的经济承载能力，国际贸易可以使国家经济承载更多具有更高物质消费水平的人口。但不幸的是，只有在可持续规模和公平分配是国际贸易明确的、主要的目标时，这种美好的结果才有可能实现，而且在国际化背景下比在全球化背景下更有可能实现。

公平分配

最后看看全球化对分配的影响。全球化的倡导者宣称，全球化会带来“一个没有贫穷的世界”(世界银行公开声称的目标)。全球化能实现这个目标吗？下面分析了贸易自由化可能不能减少贫穷的事实证据和理论原因。通过简要分析食物(最重要的商品)得出了结论❶。

绝对劣势

在资本可以流动的情况下，货币将会自动流向那些生产具有绝对优势的地方。世界上最贫穷的国家之所以贫穷，是因为他们生产任何产品效率都低。如果真是这样，那么在全球化中最有可能受害的就是这些最贫穷的国家。

这个结论有事实依据吗？根据 IMF 的统计，以工业化国家的收入水平为目标，大多数发展中国家提高自己人均收入的尝试都失败了。联合国开发计划署的统计资料显示，1996 年前的 30 年里，世界上 20%最穷的人获得的收入占全球的比例从 2.3%下降到了 1.4%，而 20%最富的人获得的收入与全球的比例从 70%上升到了 85%。这里统计的只是相对收入，不是绝对收入。确实，过去 40 年中世界上 20%最穷的人收入也有一些增加❷。然而，大规模的全球化是最近的事情，最穷的人最近的情况又怎样呢？

利用世界银行的全球发展网络增长数据库❸，我们计算了 1989 年至 1999 年，15 个最贫穷的国家❹人均收入的平均增长情况，这些国家分析期初的数据都可以得到❺。它们都是撒哈拉以南的非洲国家。除了有些国家拥有丰富的自然资源外，在全球竞争中这些国家几乎没有绝对优势。在此期间，这些国家实际人均收入(以 GDP 测算)平均下降了 5.5%。考虑到其中两个国家的战争可能会使结果发生偏差，我们分析了没有经历战争的 15 个最贫穷的国家❻，仍然发现这些国家的收入平均下降了 3.2%。相反，最富裕的 15

---

❶ 尽管最近有将水资源私有化的趋势，但我们仍然不认为水是商品。水并不是为出售而生产的；它是自然的产物。私有化基本上就是把公共地圈地来，由于它不可避免地会形成垄断，因而效率非常低下。(想想你能从多少个不同的自来水公司购水？又有多少条水管通到你家里？)

❷ (想想你能从多少个不同的自来水公司购水？又有多少条水管通到你家里？)

E. Kapstein, “Distributive Justice as an International Public Good: A Historical Perspective.” In I. Kaul, I. Grunberg, and M. Stem, eds. *Global Public Goods: International Cooperation in the 21 st Century*. New York: Oxford University Press, 1999.

❸ W. Easterly and M. Sewadeh. Online: http://www.worldbank.org/research/growth/GDNdata.htm.

❹ 埃塞俄比亚、乍得、刚果民主共和国、尼日尔、布基纳法索、马拉维、布隆迪、坦桑尼亚、乌干达、马里、科摩罗、中非共和国、缅甸、多哥、马达加斯加、几内亚比绍共和国。

❺ 人均收入以 1989 年的真实 GDP 计算。保守地用 1989 年替代 1999 年，是因为后面的时期将用来自动选择那些很少经历增长的国家。

❻ 我们以赞比亚和几内亚代替了埃塞俄比亚和刚果民主共和国。

个国家在这段时间内人均收入上升了 15.5%。从绝对数量上看,使美国人均收入增长 1%的货币量,可以使世界上最贫穷的 24 个国家的人均收入翻一番(有数据可以说明这一点)。

如果人类生活在一个无限的星球上,一个人的消费对其他人没有影响;如果人类的天性并不要我们通过与别人的比较来衡量自己的财富,那么在富国发生的事情将不会使穷国产生任何变化。但事实却是,人类生活在一个有限的星球上,富国收入的增加是建立在消耗不可更新资源的基础上(包括不可持续地使一些潜在的可再更新资源枯竭),这意味着未来不能用这些资源来提高贫穷国家人民的福利。同时资源的利用产生了相应的废弃物,并损害了公共生态系统服务,而这些生态系统服务在其他方面可以给这些最贫穷的国家带来收益。

这些评论使我们注意到了一个被数据掩盖的事实。大多数贫穷国家只是在一个自己具有绝对优势的领域(开采和出口自然资源)参与国际贸易。国内销售和出口自然资源所获得的收入都被算做他们的部分收入。没有这些收入,用 GDP 衡量的收入会下降更多。你可能还记得,以前定义的收入是指在不影响未来消费能力的前提下,一段时期可以消费的数量。因此,从不可更新资源的开采中所获得的收入不应该完全算作收入,所以这些贫穷国家的实际情况比看起来的要更糟。

当然,依据刚才所描述的事实并不能对全球化给出任何定论。也许有人会认为,经济学家就经常这样认为:这些问题是开放不够造成的。没有全球化,贫穷国家的问题也许会更严重。那么,在那些最热衷于经济开放的国家里又发生了什么呢?

经济开放后,许多国家都会出现了一个经济增长的时期。例如,阿根廷被认为是最近几年拉丁美洲最渴望经济开放的国家之一,从 1990 年至 1998 年,阿根廷真实的人均收入增加超过了 40%❶,但在 1987 年至 1997 年间,10%最富的人与 10%最贫穷的人的收入差距从 15/1 增加到 24.8/1。城市贫困人口比例在 20 世纪 90 年代初有所下降,这与控制通货膨胀是一致的。但从 1993 年到 1998 年,贫困人口比例从 27.3%上升到 35.8%。至 2001 年 12 月经济崩溃时,贫困人口比例激增到了 50%。贸易开放使整个拉美 10%最富裕的人与 10%最贫困的人的收入差距从 37/1 扩大到了 48/1。阿根廷、墨西哥和委内瑞拉和其他国家贫困人口的比例在过去 7 年里是连续增加的❷。同样重要的是,国际资本的挥发造成了这些国家经济增长的不稳定,这一点下面还将会谈到。

虽然没有证据表明全球化是造成这些衰退的罪魁祸首,但更没有证据表明它可以消除贫穷。

降低标准的竞争和劳动力

前面已经讨论了在全球竞争的压力下,国家怎样忽略环境外部成本而趋次竞争。为了保持竞争力,国家可能同样需要降低劳动力成本。

为了改善劳资双方的矛盾,美国和欧洲已经建立了一种含蓄的社会契约。具体而言,

❶ World Bank's Global Development Network Growth Database. 名义 GDP 增加了 260%。

❷ A. Faiola, "Argentina's Lost World: Rush into the New Global Economy Leaves the Working Class Behind," *Washington Post*, December 8, 1999. 从 2001 年 12 月经济崩溃以来,阿根廷的贫困率迅速提高。

劳动力和资本之间公正的收入分配开始走向这样一种状态：劳动力和资本之间的收入分配在这些国家内部要比整个世界范围内更平等。全球市场一体化要求废除社会契约。美国和欧洲面临降低工资的压力，因为劳动力在全球市场比国内市场相对更丰富。同样，由于资本在国际市场上比国内市场上相对更稀缺，所以应该增加这些国家资本的利润。这将会使美国的收入分配——本就接近第三世界国家的不平等范围——变得更加不平等。理论上，也许有人会认为，其他国家的工资水平也会升高。但是相对数但这种想法与下面的说法类似：理论上，当我从梯子上跳下来时，重力不仅将我吸向地面，同时也使地面向我移动。

通常，如果一个国家通过出口部门的发展来促进经济增长，它必须能够在竞争激烈的国际市场上出售自己的产品，当然这些产品的成本要低。在资本可以自由流动的世界里重要的是生产的绝对优势。大多数欠发达国家（LDCs）没有降低生产成本的先进技术，没有降低运输成本的完善的基础设施，或缺少保证投资安全的机构或制度。但是他们在两方面有绝对优势：丰富的劳动力和（某些国家）丰富的资源。

从出口导向型的生产来看，欠发达国家通常拥有的唯一绝对优势就是低水平的工资，在形成其他绝对优势之前，为了保持在世界市场上的竞争力，他们的工资和收益都必须维持在低水平上。这无助于缓解贫困，而且还经常需要压制劳动者的权利。

如果一个国家采用以满足国内市场为目标的工业化，情况又会怎样？显然，这种可能性发生的先决条件是必须存在国内市场。市场仅仅存在于有购买力的地方，而购买力需要工资。这就是为什么亨利·福特（他并不是工人的朋友）会给工人5美元/天的工资（当时是非常高的工资）的原因——他想让工人买得起自己生产的汽车。因此，对欠发达国家来说，参加自由的国际贸易会促使他们降低工资，主要为国内市场生产商品将推动工资上涨。

面对这种观点，人们也许会提到亚洲虎（台湾、韩国、新加坡、香港和最近崛起的马来西亚和泰国）。这些国家和地区像日本一样，通过发展出口导向型产业，极大地提高了国内的生活水平。但仔细分析会发现，亚洲虎们的发展过程实际上支持发展国内市场的观点。第一，这些国家和地区都具有这样的特征，有严格的保护主义政策，高度的政府干预，并未具有开放市场的特征。更相关的是，他们最初的成功都是强大的国内市场推动的结果。在韩国、台湾和日本，土地改革要先于工业化。在这些农业为主的国家，将土地分给农户使农民可以积累和消费剩余产品。正如孙逸仙博士在“三民主义”中指出的：“工业化应该发生在国内消费能力增加之后，而不是之前。”在台湾，农业经济时期成功的土地改革使农民的购买力翻了一番❶。在工业化早期，亚洲虎们都积极发展进口替代型产业（ISI），垄断市场使这些国家熟悉了参与国际竞争所必需的一些技巧❷。

另外，面向国内市场的生产对真实工资可能也会产生负面影响。如果一个进口工业产品的国家决定发展国内生产来替代进口，这些新产业将会有一段和已有生产者竞争的

❶ 引自F. Harrison, *Five Lessons for Land Reformers: The Case of Taiwan*. Reprinted from Land & Liberty May—June (1980). Online: http://www.cooperativeindividualism.org/harrison_taiwan_land_reform.html.

❷ E. Vogel, *The Four Little Dragons: The Spread of Industrialization in East Asia*, Cambridge, MA: Harvard University Press, 1991.

艰难时期。因此，ISI 一般需要采用设置进口关税和配额的措施。为了提高进口替代品的竞争力，设置关税可以刺激对国内产品的需求（对生产者有利），但会抬高进口品的价格，从而会降低真实工资。

然而，就出口导向型经济相关的分配而言，影响也许没有看上去的那么可怕。第一，出口导向型国家一般都低估它们的货币，从而使出口便宜而进口较贵，所以就消费者价格而言，ISI 和出口导向型经济几乎没有什么差别。另外，最容易制造的商品往往是最便宜的，这些东西通常被劳动阶层购买（肥皂、阿司匹林和火柴等）。只具备简单生产技术的欠发达国家在这些产品的生产上并没有很大的劣势，所以关税会很低。另外，需要复杂的技术制造的奢侈品可能需要有更高的关税。但这些奢侈品是富裕阶层消费，他们有能力负担这些关税。

随着工业的发展，会产生两个结果。第一，效率提高，关税降低——特别是生产商了解到关税会降低时，他们会更努力地提高效率。第二，任何仅面对少数富裕群体的市场将会很快饱和。进一步的工业化需要依赖更大的市场，这样的市场可以通过提高劳动力的工资建立起来。一旦工业生产能力得到充分发展，生产技术变得精良，国家就能够参与出口市场的竞争，而不至于让国内的工资水平降低到国际最低水平。亚洲新兴的工业化国家推行的就是这种基本战略❶。

值得记住的是，20 世纪 60 年代到 70 年代，推行 ISI 战略的国家显示出了最高的增长水平，它们被当作其他国家学习的榜样。按这种战略发展的巴西经济被看成是一个奇迹。经济智慧确实高深莫测。

从这儿的讨论中学到的最重要的东西也许是，没有放之四海而皆准的真理。不同的国家可能需要不同的发展模式，一个地方成功的模式在其他地方可能会表现得一蹋糊涂。记住这一点，对经济学家的经济发展模式开发将会很有帮助。

粮食安全和农业自由贸易

贸易自由对粮食安全的威胁是贸易自由化中潜在不公平的最主要的来源。粮食的“自由”贸易从两个方面威胁粮食安全。第一，市场提供商品和服务给那些有钱购买这些商品和服务的人，如果 WTO 或其他国际机构使农业市场完全开放，欠发达国家的贫民将会和过度发达国家（ODC）的富裕阶层竞争粮食。阿马亚蒂·人名中森在他对饥荒开创性的研究中指出：饥荒的产生与其说是因为缺乏粮食，还不如说是因为缺乏对粮食的占有权利❷。在市场经济中，当实际的供给充足时，这只意味着缺乏购买粮食的货币。在失业或其他商品相对于粮食的价值下跌时，可能会发生这样的情况。在当前的国际贸易体制下，国内各部门必须与世界其他国家竞价购买粮食。如果经济萧条或货币贬值，当地的粮食购买能力相对于世界来说就会降低，既使当地人正在挨饿，粮食也会出口到国外。很明显，在解决可获得粮食减少导致的饥荒中，国际贸易能起到至关重要的作用，但前提是国

---

❶ E. Vogel, *The Four Little Dragons: The Spread of Industrialization in East Asia*, Cambridge, MA: Harvard University Press, 1991.

❷ A. Sen, *Poverty and Famines: An Essay on Entitlement and Deprivation*, 6 th ed. New York: Oxford University Press, 1992.

家有能力购买粮食。如果农业市场完全开放，很容易设想这样的情景：西方国家从正遭受饥荒的国家进口粮食喂养牲畜。

如果农业完全开放，由于在大多数欠发达国家，农民都处于最底层，这是不公平的第二个来源。欠发达国家的农业成本高于发达国家农业产业化生产的成本（部分原因是农业产业化生产没有内生许多负外部性）。这意味着贸易自由通常会降低欠发达国家粮食的价格。也许较低的粮食价格对生活在城市的贫困人口和低收入者有利，但它同时也会降低和减少最贫穷的群体——农民的收入和福利。较低的粮食价格降低了国内农业生产的动机。理论上，在贸易自由的条件下，这些贫穷的农民可以种植经济作物出口。不幸地是，经济作物一般需要较高的投入，而且风险要远大于传统的粮食作物——上千年时间的繁殖使种植传统粮食作物失败的风险最小。尽管很容易失败，但种植经济作物的平均收入也许还是要高于种植传统的粮食作物，但是人们并不是"平均"地吃饭的——而是每天都得吃。

专栏 18.3　480 号公共法律和粮食安全

如果一个国家的粮食供应依赖于另一个国家，它的自主权将会存在严重的风险。例如，美国 480 号公共法律宣布以优惠价格给那些欠发达国家提供食物。虽然是慈善的姿态，但美国政治家 Hubert Humphrey 在谈到该法律的时候曾经说："我听说……这些人将会依赖我们提供食物。我知道很多人没有把这当成一个好消息，但对我来说，这是一个好消息。因为人们做任何事之前都必须吃东西。如果你在寻求一种方式让人与你合作，依赖你，就他们与你的合作来说吧，在我看来粮食依赖就是一种非常好的途径"。[a]

农业部秘书 Earl Butz 也将粮食看成是一种武器和"谈判工具箱里的一个重要工具"[b]，不难理解，依赖粮食进口的国家将不会有 Humphrey 对依赖的那份热情。

[a] Sen. Hubert H. Humphrey, in naming P. L. 480 the "Food for Peace" program, Wall Street Journal, May7, 1982.

[b] USDA Secretary Earl Butz, 1974 World Food Conference in Rome.

小结

在国际化过程中，国家根据自己掌握的信息，以自己的传统文化风格来有效地处理当地的规模和分配（那些市场明显失灵的领域）等问题，这样的过程产生的结果会更好。当然也必须仔细分析全球化对规模、分配和效率等实际造成的影响和潜在的影响。

有证据表明，通过产生少数大公司、更多负外部性、对非竞争性信息的更多垄断，全球化可能破坏市场有效配置所必需的条件。更多的负外部性和加快的经济增长，与国家管制外部性的能力限制一起，对可持续规模造成了威胁。实际证据也表明，在绝对优势原则基础上的全球化只会简单地强化现有的输赢模式，使国内和国家间的财富更加集中。

本章知识点

- 完全竞争与兼并、专利和跨国公司
- WTO 下的贸易与环境
- 降低标准的竞争
- 财富和权力
- 专业化和福利
- 贸易和规模
- 分配和全球化
- 粮食安全和国际贸易

第十九章　国际流通和宏观经济政策

国家政策需要国界。然而，全球化擦去了国界，全球化的倡导者甚至认为："世界将从一个封闭的，由国家控制的系统走向一个开放的，无人控制的全球系统[1]。"如果没有人控制，也就没有人制定政策。前面已经讨论了一些全球化削弱国家环境决策能力的方式，下面将分析金融资本全球化对宏观经济政策的影响。

大部分金融资本流通是以电子移动的形式从一台计算机之间流动到另一台计算机，这种流动不仅严重影响真实商品和服务的产出，也严重影响国家制定经济政策的能力。IMF 声称："全球化会越来越限制政府选择税收结构和税率[2]"。IMF 还声称，国家必须处理分配与社会福利问题。然而，追逐全球自由市场会削弱实现这些目标所必需的国家政策杠杆。下面会详细解释这些过程如何发生，但先要掌握一些国际收支和汇率体系的背景知识。

国际收支

不同国家居民间的经济交易有两种基本类型：真实商品和服务的交易以及资产交易，交易的净结果通过**国际收支**(BOP)来核算。BOP 有两个组成部分，经常账户和资本账户，分别对应上述两种类型的交易。

> 国际收支(BOP)：包括经常账户和资本账户。
>
> 经常账户：核算真实商品和服务以及转移支付——当前消费的物品；
>
> 资本账户：核算股票、债券、在国外的资本——产生收入流的资本存量。

经常账户核算真实商品和服务的交易以及转移支付。商品和服务一般都在当前消费，这也是称之为经常账户的原因。其中真实商品指市场商品，服务包括债务利息、知识产权的版税、国外投资的收益以及类似的交易，转移支付包括国外务工人员寄回国内的收入、国际捐赠以及类似的交易。**资本账户**包括股票、债券和在国外的财产，这些东西不能消费，它们是能产生收入流的资本存量。

货币流入可以提高经常账户或资本账户的余额；反之，流出会减少余额。如果一国商品和服务的进口量超过出口量，经常账户就会赤字；相反，出口量大于进口量，经常账户就会盈余。与此相似，如果国外购买本国的资产多于本国购买外国的资产，资本账户就会有盈余；反之，则产生赤字。资本账户的盈余可以抵消经常账户的赤字，经常账户的盈余也可以抵消资本账户的赤字，即二者可以相互抵消来保持国际收支平衡。

通常，国家总会努力保持国际收支平衡，而不会盈余或赤字运行，从会计核算的角度

---

[1] L. Bryan and D. Farrell, *Market Unbound*:*Unleashing Global Capitalism*, New York: Wiley, 1996.
[2] International Monetary Fund. World Economic Outlook, Washington. DC: IMF. 1997.

来看，形式上的国际收支平衡（经常账户和资本账户之和）由残差平衡项目保证，以前是由金本位制度下的黄金保证，现在是通过国家的外汇储备、IMF 的短期信贷（IMF 的特别提款权（SDRs））和称为短期资本流动的赤字国家的借据（IOUs）保证。

汇率体系

汇率指获取给定数量的其他货币，必须支付的某种货币的数量。例如，2003 年 5 月，1 美元可以换 70 安哥拉宽扎。任何商品、服务、资产的国际交易都需要交换货币，因为在交易中，卖方总是希望买方用自己使用的货币来支付。货币如何交易取决于特定国家采用的汇率体系，而汇率体系也决定了经济全球化如何影响国内的政策杠杆。汇率体系有两种基本类型：固定的和弹性的。在讨论汇率时，往往用“浮动的汇率”表示“弹性的汇率”。

在**固定的汇率体系**下，一个国家的货币价值常常盯住其他国家的货币。例如，在 1991 年至 2002 年，阿根廷比索以 1∶1 的比率与美元挂钩；这意味着任何人都可以到阿根廷中央银行以一比索兑换一美元的价格兑换美元。显然，这样做中央银行必须持有大量的外汇。理论上讲，这些外汇来源于外国对阿根廷产品的需求。当美国人想购买阿根廷的牛肉或债券时，阿根廷中央银行将以同样的价格出售阿根廷的比索。

当采用固定汇率的国家从国外购买的商品、服务和资产比外国从本国购买的多（或少）时——也就是说存在 BOP 赤字（或盈余）时，会产生一个问题。如果 BOP 盈余，外汇储备过多，而需求不足，这就会迫使该国货币升值——如一比索可以换更多的美元。如果固定汇率国家长时期 BOP 赤字运行，这会耗尽该国的外汇储备，从而迫使该国借外债或货币贬值——即一美元可以换更多的比索。2002 年 1 月阿根廷的货币贬值就是这种情况。

在采用**弹性汇率**的国家，汇率由全球市场上该国货币的供需状况决定，该国中央银行不直接控制汇率。唯一可用来购买外国商品、服务和资产的外汇，是外国人购买本国商品、服务和资产时支付的外汇。如果对外汇的需求超过了对本国货币的需求，本国货币就会贬值，相反就会升值❶。市场决定汇率。这意味着 BOP 必然为零——经常账户的赤字已经由资本账户平衡，反之亦然。

绝大多数发达国家都采用弹性的汇率体系，但实际上并不完全灵活。在很多情况下，当国家觉察到本国货币被高估或低估时，会买进或卖出本国货币来纠正这种不平衡。例如，在 2000 年 10 月，西方七国（G7）❷的央行达成了协议支持欧元，欧元在发行的那一年，相对于其他货币，它的价格下跌了 30%❸。许多国家都尽力将汇率控制在某一范围内变化，也就是实行管理浮动——固定汇率和弹性汇率的中间产物。

---

❶ 在固定汇率体系下，当一个国家的货币价值降低，也就是下调汇率；当一个国家的货币价值增加，也就是上调汇率。这两种情况的发生都是中央银行政策直接导致的结果。在弹性汇率体系下，当市场导致一种货币价值降低，被称为是贬值，价值增加就是升值。

❷ 7 国集团（G7）指世界上最强大的 7 个工业化国家——美国、加拿大、德国、日本、意大利、英国和法国组成的集团。

❸ BBC News, September 23, 2000,. G7 Ready for Further Euro Action. Online: http://news.bbc.co.uk/hi/english/business/newsid_936000/936917.stm.

国家可以操纵本国货币的供需。举例来说，提高关税会减少对进口的需求，从而减少对外汇的需求；另外，也可以通过控制资本流动，直接决定本国货币的供给以及外汇的需求。所以，在固定汇率体系下，国家政策可以决定 BOP；在弹性汇率体系下，国家政策可以影响汇率。

资本流动和国家政策杠杆

经济全球化对采用这两种汇率体系的国家有什么影响？什么时候国际上将不再存在交换商品、服务和资产的障碍（完美的资本流动）？

固定的汇率体系

以一个经济萧条的国家为例，在第十六章已经讨论过，一个国家可以使用财政或货币政策来促进经济增长。然而在开放经济中情况并非如此。在开放经济中，资本可以完全自由流动，因为货币会流向利润最高的国家，这意味着国家间的利率差别不能太大❶。

例如，如果一个采用固定汇率体系的国家想通过增加货币供给来促进经济增长，将会发生什么呢？一般说来，这样会引起利率下降，促进消费和投资，很有希望复苏经济。然而，如果不限制资本的国际流动，在本国利率低时，人们会将存款转移到利率较高的国家。首先，他们需要通过中央银行将所持的本国货币兑换成外汇，这会减少货币供给。理论上，这个过程将持续到到处的利率都一致的时候。因此，这个过程也减少了国家的外汇储备。与此相似，货币当局也无法通过减少货币供给来抑制通货膨胀。因为较高的利率会吸引外国投资者购买该国货币，从而增加货币供给，降低利率。

那么财政政策呢？采用固定汇率的国家如果想通过扩张的财政政策来促进经济增长，增加就业，又会发生什么情况呢？从理论上讲，扩张的财政政策（即政府支出超过税收）会提高国内利率。如果高的资本流动性意味着全球利率水平基本相同，那么高利率将会引起国外资本增加对该国资产的投资。这将使该国资本账户盈余，从而国际收支也处于盈余状态。而且，中央银行还会被迫出售本国货币，从而引起货币供给增加，利率下降，进一步促进经济增长。同时中央银行通过购买国际货币，积累了外汇储备。这样看来，在固定汇率和开放市场条件下，扩张的财政政策似乎很有效。

不幸的是，全球投资者会惩罚那些财政赤字运行的国家。这些国家被认为宏观经济政策不健全，增加了经济不稳定的风险。投资者不喜欢风险，尽管有高利率，他们也可能会撤资。“风险”国家一般必须提供很高的利率以吸引外国资本。然而，高利率要么会急剧增加政府的债务负担，导致出现更大的财政赤字，造成更大的不稳定（再次增加风险贴水，形成一个恶性循环）；否则高利率会导致大量削减其他可能会引起衰退的政府项目。另外，如果采用固定汇率体系的国家从 IMF 贷款来保持国际收支平衡，贷款的附加条件可能就是禁止借款国家增加财政赤字。

❶ 事实上，投资者也考虑风险，也看风险校正后的回报。

弹性的汇率体系

继续假设资本完全流动和一样的利率，完全弹性的汇率体系又对货币和财政政策杠杆有什么影响呢？要理解这一点，必须明确在直观上已经很明显的一点。在开放市场格局下，对国内产品的需求由国内需求与国外需求两部分决定。当本国货币相比外国货币价值较高时，相对而言，外国的商品和服务会比本国的便宜。因此，坚挺的货币（相对于其他货币来说，汇率较高）会增加进口的需求而减少出口的需求，从而减少国民收入。而疲软的货币会降低进口的需求而增加出口的需求，从而增加国民收入。当货币升值或汇率上调时，其效果将与紧缩性的财政政策（即减少政府支出，或使 *IS* 曲线向左移）相似；当货币贬值或汇率下调时，产生的效果与扩张的财政政策（即增加政府支出，或使 *IS* 曲线向右移）相似。

采用完全弹性的汇率体系的国家，如果采用增加货币供给和降低利率的货币政策来刺激经济增长，又会有什么影响呢？。为寻求更高的利润，投资者手中的本国货币会换成外币，流出本国的经济系统。这样，外汇的需求会增加从而价格也会提高，相对而言这会使本国货币贬值。本国货币贬值使国内产品比进口品便宜，因而会增加全球市场对本国产品的需求。最终结果是在相同的利率水平下国民收入增加。所以货币政策在弹性的汇率体系下非常有效。然而需要注意的是，全球的需求并没有真正改变，国内货币贬值意味着外汇升值，因此货币升值国家的收入会减少。

然而，在弹性的汇率体系下，财政政策又是另外一番景象。如果一个经济萧条的国家通过增加政府支出和减少税收来促进经济增长，这会驱使利率上升。一旦利率高于国际平均水平，投资该国的外汇就会增加。对此，在弹性的汇率体系下，该国货币会立即升值，从而提高出口品的价格，降低进口品的价格。人们不再消费国内产品转而用进口品替代；为减轻利率升高带来的影响，企业会削减投资，裁员和（或）减少工资，从而抵消政府支出增加的效果。在这种简化的情形下，长期来看，财政政策完全没有效果。

经济稳定

现在开始分析经济稳定的问题。上面的讨论大多隐含地假设理性的代理人拥有完全的信息，他们能对投资机会（比如利率）的改变做出迅速而合理的反应。然而，全球金融资本市场具有极度不稳定的特征，一个国家流出和流入的国际资本经常发生突然、意料之外的变化，这对这些国家的真实经济变量有很大的影响。这些影响还可能会在国家间蔓延，甚至引起全球经济危机。以下是几个例子：

（1）拉丁美洲的债务危机，1982 年当墨西哥发现自己无力偿还债务之时引发，很快蔓延到了其他 39 个国家。

（2）龙舌兰酒危机，1994 年 12 月始于墨西哥，要求从美国财政部和 IMF 获得 520 亿美元紧急贷款。

（3）亚洲金融危机，1997 年从泰国开始，迅速地蔓延至整个东南亚，进而波及非洲、俄罗斯、波兰和阿根廷。

这些危机都有一些共性。突然影响全球市场;在不改变受影响国家物质生产能力的情况下,降低了经济产出;在国家间蔓延;对危机的出现,受影响国家都无能为力。通常这样的危机出现的周期是数百年左右。虽然这表明这些危机不是由当前推行的全球化单独引起的,但全球金融交易速度和数量的增长,增加了危机发生的频率和影响程度。不幸的是,没有人完全了解危机的动态过程,从而不能预测下一次危机的发生❶。这种不稳定不仅降低了国家政策制订者的经济管理能力,对人类福利也产生了严重的负面影响。

专栏 19.1　石油美元和拉丁美洲国家债务危机

拉美国家债务危机几乎是"石油美元"的再循环,OPEC 国家将 1973 年至 1979 年油价上涨带来的高额利润投资在银行,然后银行将这些石油美元以很低的利率贷给了欠发达国家。但不幸的是,采用的是浮动利率,也就是说随全球利率改变而上下浮动。

1981 年,美国联邦储备银行实施紧缩的货币政策,以抑制石油价格上涨引起的通货膨胀。与此同时,里根政府也创造了财政赤字的新记录。二者一起驱动了美元的利率上升,从 20 世纪 70 年代早期的 3%左右上升到十年后超过了 16%。同时,美国采用高利率增加了美元的需求,从而提高了美元的相对价格,1981 年美元相对其他货币的价格上升了 11%,1982 年上升了 17%,这进一步加重了以美元记账的债务负担[a]。毫无疑问,在这种形势下,债务国偿还债务会有很大的困难。

[a] *Federal Deposit Insurance Corporation, History of Eighties—Lessons for the future*, 2001. *Online: http://www.fdic.gov/bank/historical/history/index.html.*

金融危机

为什么会发生这样的金融危机?有许多理论可以解释。进行详细的介绍超出了本书的范围,这里仅对其作简单介绍。有些危机的发生是投机泡沫的结果。某些资产正在增值,吸引了投资者,增加的需求使这些资产的价格进一步上升,从而吸引更多的投资者。投资者也许很清楚这种资产已经被高估,但在一段时期内,价格都有提升和崩溃两种可能,所以许多投资者冒着风险继续投资。大多数经济学家将价格最后的崩溃看成是"市场修正"。

另外一些危机由**道德风险**引起。投资者相信,即使失败,也肯定有人(如 IMF 就经常这样)会保释自己,所以进行风险性投资。这是一种赌博,如果投资成功,投资者获得胜利果实,如果失败也只冒损失一点点的风险,所以,在这场赌博中投资要远高于它本应有的水平。

还有一些危机是因为"基础"出了错。有些国家允许汇率高估,允许经常账户高赤字运行,或发行过多的货币。投机者发现这个信号,把钱押在将采取修正行为上。尽管许多经济学家把最终的崩溃看成"市场修正",但也有许多人认识到市场可能"修正"得太过了。

这些理论都不能解释 1994 年墨西哥和 1997 年亚洲所发生的金融危机,也无法解释

❶ D. M. Roodman, Still Waiting for the Jubilee: Pragmatic Solutions for the Third World Debt Crisis, World Watch paper 155, Washington, DC: World Watch, 2001.

1997～1998 年发生在巴西的轻一点的金融危机❶。在上面这些国家中，证据都指向自我引发的恐慌。在这种恐慌中，因为利率升高、汇率降低和(或)经济萧条，有些投资者担心政府无力偿还债务。如果政府无力偿还债务，投资者如果持有美元记账的资产(本质上都是债务)将损失巨大。如果一个国家无法维持汇率稳定，外国投资者持有当地货币记账的资产会遭受巨大损失。随着一些投资者撤资，其他投资者会变得更加惶恐不安。

恐慌会引起连锁反应，资本开始集体外逃。在采用固定汇率或管理汇率的国家，资本外逃将迫使政府购买本国货币而抛售美元，这会耗尽外汇储备，削弱偿还国际债务和维持汇率的能力。如果在这一切还未发生时做出资本外逃的决定是不理性的，现在对留在国内的任何投资者来说，加入恐慌阵营变成了一个理性的选择。此时在受影响国家投资的风险很大，这些国家的债券被看成是“垃圾债券”。不顾一切地为了获得资本，政府被迫提供高利率来吸引美元，以偿还短期债务，但这样做会进一步增加无力偿还新债务的可能。因为高利率和缺少外国资本，会使当地商业萎缩，国内经济急剧下降。至此，受影响国家连偿还债务所必需的税收都会收不上来。政府不得不将汇率体系转变为浮动汇率体系，这个过程不可避免地伴随着大规模的货币贬值。投机者恐惧的一切都发生了，而这一切都是投资者在恐惧时所采取的行动导致的。

自我引发的恐慌本质上是个多重均衡的事件。如果投机者撤资，那么其他人理性的行为也是撤资，这就达到了一种均衡。如果投机者资本不动甚至投资更多，那么其他人这样做也是理性的，这就达到了另外一种均衡❷。问题在于，留下还是撤走的决策都是基于不完全信息做出的。

与这个问题相关的是，当一个国家的货币贬值时，相对于其他差不多的国家，该国在出口市场上将更具竞争力。投机者们会认为，那些差不多的国家偿还债务的能力将降低。随着更多国家的经济萎缩，出口需求会不断降低。很明显，金融危机给其他国家带来了负外部性，因此，经济稳定是公共物品。凯恩斯曾建议成立国际清算联盟(在第十七章讨论过)来惩罚赤字和盈余国家，从而促使所有国家避免过大的国际收支赤字累积成外债。尽管他的建议没有被采纳，但背负巨额外债的经济是不稳定的，这正是我们赞赏凯恩斯提议的一个原因。

经济稳定是公共物品，是经济政策的一个重要的目标。如果唯一的目标是在未来拥有一个强大的经济，那么只要经济长期的发展趋势是增长，稳定与否就无足轻重。但拥有一个富裕的未来并不是欠发达国家唯一的目标。一个国家的收入下降意味着该国人民的收入下降。对许多人来说，没有收入就意味着无法获得生活必需品。当人们正在挨饿时，即使声称来年可以吃到三倍的东西，政府也很难捍卫自己的经济政策。人们确实对等量的获得和失去反应不一样，这是一个明确的事实。实际上，这是边际效用递减原理的一个基本应用，而许多经济学家却忽略了这一点。

---

❶ 巴西阻止金融危机蔓延反应非常迅速，但是引出了治疗比不管效果还差一些的问题。为捍卫本国的货币，巴西花费了 350 亿美元的外汇储备，提高了利率 40%多，并削减了预算，提高了税率。尽管采取了这些措施，但经济增长仍然缓慢，失业率仍然上升，也未能阻止 1998 年 12 月后货币贬值差不多 70%。

❷ J. A. Sachs, A. Tornell, and A. Velasco, The Mexican Peso Crisis: Sudden Death or Death Foretold? *Journal of International Economics* 41:265～283(1996); P. Krugman, Are Currency Crises Self－Fulfilling?, *NBER Macroeconomics Annual*, 345～378(1996).

想一想：

边际效用递减原理告诉我们，在面对等量的失去和获得时，应该更注重失去，你能解释这是为什么吗？

专栏 19.2　卖空

造成金融不稳定的另外一个因素是投机者卖空当地的货币。为了卖空货币，投机者将借来的钱以当前的的价格上卖出，赌它的价格会下降（即政府会被迫贬值货币），从而用较少的美元就可以偿还先前的当地货币贷款[a]。卖空简单地增加了本国货币的供给，使之面临贬值的压力。政府被迫卖出美元以弥补空头头寸。如果银行缺少外汇储备，他们就只能让货币贬值。如果很多人都做卖空，贬值将不可避免，投机者将会获利。如果某人具有高度敏锐的金融头脑，做了一笔大的投资，卖空另外一种货币，其他投机者会注意到并跟进。货币投机者的花费经常超过政府，甚至能使发达国家的货币也贬值，1992 年英国发生的就是这样的情形。这种群体行为能使卖空变成能自我实现的预言。

这种类型的投机利润相关的反常现象是，通过控制更多的金融资本，在真实物品和服务的生产下降的情况下，投机者提高了自己对真实物品和服务的占有程度。当更多的财富流向生产者手中，称之为劳动所得。那么当更多的财富流向那些破坏生产能力的人手中，该怎么称呼它呢？

[a] 例如，你用借的比索来购买美元，然后持有美元等待比索贬值。当比索贬值后，再用美元购回比索。这时你得到的比索要多于你起初借的比索。由于比索贬值，你在偿还债务后还剩了大量的比索！

与公共物品/外部性问题一起，金融市场中的另外两种市场失灵也值得注意。前面简述的道德风险，普遍被认为是一种市场失灵。然而金融危机不仅在国家之间传播，还会在金融机构之间传播。当一些银行在经济大衰退中经营失败，引发的恐慌将会导致其他银行也出现相同的问题。当一个金融机构“太大而不能失败”时，政府会觉得有责任拯救它，所以如果一个巨大的金融机构不受管制，道德风险是难以避免的。然而，由于受管制的金融部门获得的投资机会要少于不受管制的经济部门，所以受管制的金融部门获利也少，吸引的投资也少。但是，如果对管制额外的保险可以补偿减少的利润，那么金融部门就会规范自己，但现实明显不是这样。因此，在金融管制方面，国家是在进行一场“趋次竞争”。

专栏 19.3　风险厌恶是不理性的吗？

据说，全球化倡导者们抱怨：“美国人有一种不理性的偏好，他们喜欢‘安全的’债券、银行存款和市场基金，而不是‘风险’股，特别是涉及到他们的退休储蓄金时。”[a] 这些人使我们相信，对国家安全与稳定的渴望与退休者对安全与稳定的渴望一样，都是不理性的。他们接着断言：

我们即将进入一个全球化引起的经济爆炸式增长和变革的时代，但是通往繁荣的道路并不是一片坦途。资本市场会迫使政府减少包括养老金、医疗和福利等不可持续的补贴政策；迫使依赖政府保护的公司重组或消亡。这些变革可能会引起大量的失业，造成社会和个体的混乱。这种混

乱在欧洲和发展中国家将会最大……[b]

尽管与断言相反,但在饥饿与惊人的财富中赌博时,即使饥饿的风险很小,选择少而安全的收入并非不理性的行为。没有证据显示爆炸式增长带来的好处能够补偿大量的失业、社会和个体的混乱,以及普遍的骚乱——更别说它潜在的生态影响啦。

[a] *L. L. Bryarn and D. Farrel. Shun bonds (Opportunities in the Global Capital Market), The MckKingsey Quarterly* 167(1996).

[b] 引自前面已引用的著作。

另外一种严重的市场失灵是债权人和债务人之间一直存在的信息不对称,资本跨国流动加剧了这种情况。债权人计算贷款的价格时已经考虑了风险,但债务人对风险的认识往往比债权国更清楚,这会导致一个相反方向的选择。如果债权人提高利率来补偿未知的风险,那么唯一的债务人将会是那些从事最具风险活动的人。

全球政策响应又是怎么样的呢?在墨西哥和亚洲的危机中,IMF 采用的方法是强迫受影响的国家采取紧缩的财政和货币政策。IMF 把这看成是对这些经济施加的管制。然而结果是使这些国家越发陷入衰退之中。IMF 也在追踪全球违反规定的金融活动。1998 年 4 月,在 IMF 临时委员会发布的一个官方公报中,IMF 声称将把宗旨修正为"(使)资本流通的自由成为世界货币基金组织的一个目标,如果需要,将扩大世界货币基金组织对此的权限❶"。尽管 Michel Camdessus——当时 IMF 的主席预测:因为宏观经济政策不健全,许多发展中国家在开放资本市场后将遭到投机活动的攻击❷。当然,这忽略了自我引起的恐慌,且与 IMF 成立时保护国家经济稳定的章程相矛盾。

既然这么多事实证明他们是错的,为什么 IMF 还顽固地执行这样的政策呢?因为 IMF 所有经济学家们基本上都受过新古典经济学训练,他们认为具有完全信息的人能根据合理的预期作出合理的选择。因此,他们认为市场价格是合理的,能够引导市场达到一个合理的均衡状态。在有效市场不存在的地方,必须创造出一个市场,从而达到协调一致的目的。正因为如此,IMF 经常用别人的数十亿美元来赌市场价格是合理的。但与此相反的是,乔治·索罗斯,一位著名的国际金融家,经常将自己的数十亿美元用来赌市场价格不合理。用他的话说,他认为:"人们是根据自己的不完全理解和达不到的均衡状态采取行动",因此,"市场价格常常是错误的,只是呈现了一种有偏的未来图像❸。"乔治·索罗斯常常赢得他的赌博,IMF 的结果是不言自喻的。最后,索罗斯进一步指出:"将市场机制扩展至所有领域可能会毁灭社会❹",这个观点我们强烈赞同。

❶ International Monetary Fund, Communiqué of the Interim Committee of the Board of Governors of the International Monetary Fund, Press Release No. 98/14, Washingtom, D. C., April 16, 1998. 引自 M. Chossudovsky, *Financial Warfare*. Online: http://www.corpwatch.org/trac/globalization/financial/warfare.html.

❷ Communiqué of the IMF Interim Committee, Hong Kong, September 21, 1997. 引自同上著作中。

❸ 转引自 W. Greider, *One World, Ready or Not: The Manic Logic of Global Capitalism*, New York: Simon& Schuster, 1997, p. 242.

❹ 见 Society Under Threat—Soros, *The Cuardian*, London, October 31, 1997. 引自前已引过的 Chossudovsky 的著作。

本章知识点

- 国际收支(BOP)
- 经常账户
- 资本账户
- 固定与弹性汇率体系
- 不同汇率下的货币政策
- 不同汇率下的财政政策
- 石油美元和债务
- 金融危机
- 投机活动
- 作为公共物品的经济稳定
- 道德风险

第五部分总结

全球化被看成包治一切经济问题的万能药，人们期望它能给所有人都带来经济增长和财富，但这个结论建立在一些有缺陷的假设之上。随着国际资本的自由流动，全球化更关注绝对优势而不是比较优势。虽然全球化会带来经济的巨大增长，但这个增长并不会使所有国家都受益，而同时增长的边际成本会大于边际收益。事实表明，全球化带来的利益流向了那些已经很富裕的国家，而成本——生态系统服务的损失——却由大家共同承担，也许其中绝大部分要由我们的后代承担。全球化还削弱了国家处理自身诸如规模、分配等问题的政策杠杆，不受管制的金融资本流动可能导致经济严重不稳定。虽然贸易是值得做的，但在独立的、有能力制订自己的政策的国家(能认识到经济增长既带来收益也带来了成本)之间进行，更有可能取得期望的结果。

后面将分析一些政策工具，独立国家可以利用这些政策工具实现可持续规模、公平分配和高效配置的目标。

第六部分

政　策

第二十章　政策设计的一般原则

许多经济学家，甚至政策制定者通常都认为：政府唯一的任务就是为市场发挥作用创造条件。原因在于市场不但是配置稀缺资源实现期望目标的最好制度，而且也是决定目标的最好方法。毕竟，如果纯粹的买卖行为可以揭示人们的偏好，那么经济学家和决策者的工作只是简单地使市场满足这些偏好。事实并非如此。根据定义市场只能揭示对市场物品的偏好，而许多能提高人们福利的物品和服务是非市场物品。因此，市场既不能揭示人们对这些资源的偏好，也不能对其有效地配置❶，而且也无法解决规模和分配问题。本章首先强调的是市场不能判断我们应该拥有多少清洁的空气、清洁的水、无污染的湿地、健康的森林，或当后代福利濒临危险时，什么程度的风险是我们能够接受的，而且市场也不能判断理想的资源所有权初始分配是怎样的。

政策设计的六种原则

从第三章中知道政策至少需要两个哲学前提：①存在真正可替代的选择（非决定主义）；②世界的一些状态确实好于另外一些状态（非虚无主义）。现在我们开始分析六种政策设计原则，接着考虑它们的先后顺序，以及政策首先应该在何处、以怎样的方式干预市场——是影响数量还是价格？是在吞吐量的输入端还是输出端？最后是对产权的进一步反思。在第二十一章至二十三章中，根据这些原则，提出一些促进形成稳态（即可持续的、公平的、高效的）经济的具体政策。

经济政策总有多个目标，独立的政策目标需要独立的政策手段

如果只有一个目标，那么问题就是技术的而不是经济的。例如，制造最大动力的发动机是一个纯粹的技术问题。但制造飞机的引擎需要考虑两个目标：动力要大而且重量要轻，而且需要根据让飞机上天这个更高的目标来优化组合这两个目标。尽管遇到的是工程层面上的问题，但实质上这已经是一个优化冲突目标组合的经济问题。

生态经济政策有三个基本目标：可持续规模、公平分配和有效配置。荷兰经济学家、诺贝尔奖获得者 Jan Tinbergen 提出了这样的原则：每一个独立的政策目标必须有一个独立的政策手段❷。想要一石二鸟必须要有极佳的运气——击落两只独立飞行的鸟通常需要两块石头。例如，是通过对能源征税提高价格来更有效地利用能源，还是补贴能源降低其价格来帮助穷人呢？对这个问题进行了无休止也无意义的争论。一种手段（能源价格）不能达到两个独立的目标（提高效率，减少贫穷）。我们需要第二种手段，即收入政策。这

❶　严格地说，即使对市场商品市场也不能完全揭示偏好；市场揭示的是选择，选择固然是偏好的一种表达，却是在现有价格和收入约束下有条件的一种表达。

❷　J. Tinbergen, *The Theory of Economic Policy*, Amsterdam: North Holland Publishing, 1952.

样就可以为了效率对能源征税，为了缓解贫穷将收入（也许是取自税收）分配给穷人。通过这两个政策手段就可以达到效率和公平；如果只有一种手段，就必须在效率和公平间做出选择。

既然生态经济政策强调三个基本目标，显然需要三种基本的政策手段。这三个目标是“独立的”，因为实现任何一个目标都不会顺带实现另外的目标。当然它们之间也不是没有任何联系而“孤立地”存在，毕竟它们都是单一经济系统的一部分。现在知道了有多少手段，但是使用什么类型的手段呢？下面的原则给出了这方面的指导。

政策应该以微观层面上自由和变化程度最小的代价来达到宏观控制的目标

举例来说，如果大气吸收 CO_2 的能力有限，那么限制 CO_2 排放总量就很重要。这要求人均排放量乘以人口必须等于限制总量，但并不要求每个人的排放量都等于均值。只要限定排放总量，个人排放量围绕均值可以有微小的变化空间。

再看一个例子，人口稳定要求每对夫妇平均有 2.1 个孩子，但实际并没有要求每个家庭的孩子数等于维持世代交替所需的平均数。宏观控制与围绕平均水平不同程度的微小变化并不矛盾，通常应该选择那些能达到宏观目标、微观限制性最小的方法。市场在提供微小变化方面十分有用，但只依靠自身却不能进行宏观控制。

在处理生物物理环境问题时，政策应该为错误预留一定的缓冲空间

因为需要在生物物理限制范围内处理问题，而且这些限制具有极大的不确定性，有时还是不可逆的，所以应当在对系统的需求和对系统承受能力的最佳估计之间，留出相当大的安全区域，或者说是缓冲区。如果完全达到了系统的承受能力，就不能再犯错误，因为错误的代价太大。不能容忍错误或破坏给减少的个人自由和公民自由标上了昂贵的价格标签。

核燃料循环和铀防护这类安全问题已让我们预先尝到了生活在刀口边上的滋味。历史经验表明，在接近承受能力的小生命支持系统上——即太空船、普通船或潜水艇——是不允许搞民主政治的，而需要采用军事化管理。只有具有巨大缓冲空间的太空船——地球才足以宽恕错误、容忍民主。规模过大存在政治和经济成本，但这个事实几乎没有受到关注。

政策必须认识到我们总是从历史给定的初始状况开始

即使我们的目标可能与世界当前的状态相去甚远，但当前的状态仍然是我们的出发点。我们从未从无开始，要做的是重塑和改造，而不是废除当前的制度。这似乎有些渐进主义的味道。尽管渐进主义通常是什么都不做的委婉说法，但它仍然是一个必须考虑的原则。

我们目前的制度是什么？最基本的是市场体系和私有制，还有公有制和政府管制。尽管世界银行和 IMF 并不像私有制和市场那样是一种基本制度，但它们可能还会存在一段时间。即使能想象出其他可替代的选择，我们也没有智慧和时间在缺乏大部分基本制度的情况下从头开始。我们所推荐的制度对现有制度进行了相当大的改变，有些人可能

认为这太激进，所以强调从我们现在的位置开始的保守原则非常重要，即使基本的思想并不是呆在原地。

政策必须能适应变化的条件

变化是永恒的主题。人类对生态系统影响巨大，随时间的推移可能会引发新的问题。生态系统自身随时间也会有相当大的变化——时间可以用季节、年或年代测量。人类不断增加的知识，使我们能认识到以前不知道的问题，也会发现解决老问题的新办法。经济系统也在不断演化，现在有效的政策在经济系统变化的情况下可能会失灵。

此外，一些理论上有效的政策执行起来却不理想，甚至会有预想不到的负面影响。在实施政策过程中通过了解政策在现实世界中是如何运作的，从而可以发现改进政策的方法。发展和执行政策方案的过程必须对这种反馈做出响应，通常从现实生活中得出的结论比程式化的理论更有说服力。**适应性管理**——当条件变化和我们知道更多时，政策也要随着变化——必须是一个指导性原则。确实，生态经济学本身就是对从“空”的星球向“满”的星球转变过程中出现的问题进行适应性管理的例子。

政策设计单元的范围必须与政策所处理问题的因果范围相一致

经常称这一条为**补充原则**，指在能解决问题的最小范围内处理问题；问题应当由相同尺度上的制度解决。不要为局部问题寻求全球性解决方法，也不要利用局部的手段来解决全球问题。

以垃圾收集为例。垃圾收集很大程度上是地方性问题，将所有地方性垃圾收集问题综合成“全球的垃圾问题”，这对解决问题没有任何帮助。首先应该是把它作为地方性问题来解决。如果当地的垃圾必须在很远的地方处理，或者因为它污染空气或水体从而运送到了很远的地方，相应地垃圾问题就变成了一个大范围（县、州、地区等等）的问题。相反，全球变暖是一个典型的全球性问题，因为任何一个地方的温室气体排放都影响每一个地方的气候，这时的确需要全球性的政策。

哪个政策优先

生态经济学有三个基本目标，所以需要三个基本的政策手段。实现有效配置目标需要利用市场手段，至少对那些私有商品（排他性和竞争性的）是这样。市场对于公共物品是不起作用的。可持续规模的目标要求社会或集体将吞吐量限制在生态系统吸收和再生能力的范围内，公平分配的目标要求社会限制市场的不公平范围。正如我们所了解的，市场不能解决公平分配或可持续规模问题。除非解决了分配和规模问题，否则市场甚至连有效配置都不能。在确定市场发挥作用的前提条件后，可知道市场在政策手段的排序中列在第三位。

怎样确定规模和分配的次序呢？由于限制规模一般意味着以前免费的自然资源和服务必然变成稀缺的经济商品，因此把规模放在第一位是恰当的。

想一想：

为什么是这样？为什么限制规模使以前“免费”的资源变成了稀缺的经济物品？

原本免费的资源一旦变得稀缺就成了有价值的资产，就必须回答谁拥有的问题。这是一个分配问题。逻辑上是“限量管制与交易”的政策问题。例如，SO_2 排放总量被限定在认定的可持续规模内。排放 SO_2 的权利就不再是免费物品。谁拥有这个权利？是先前的使用者，还是所有人平均分享，还是国家集体所有？在市场中通过贸易解决配置问题之前，人们不能交易不属于自己的东西，因此必须先给出分配问题的答案。一些非市场物品可以成为市场商品(可排他的)。通过限制资源的利用规模和资源所有权的分配，就可以将非市场物品转化为市场商品，但并不是所有的物品都可以转化为市场商品，非竞争性和非排他性是许多事物的固有属性。后面还会讨论这个问题。

如果设定不同的上限，或以不同的方式分配所有权，对应的帕累托最优配置的价格也不同。这意味着在现有价格基础上计算的社会成本和收益不能作为制定上限和分配的标准，如此将陷入循环推理中。因为价格依赖于规模和分配，基于现有价格计算得到的理想规模和分配会产生一系列不同的新价格，这些新的价格会使原来的价格失效，所以不能根据有效配置准则决定规模，也不能根据有效配置准则决定分配。

那么规模的准则是什么呢？是可持续性。

分配的准则是什么呢？是公平。

很明显，这些不属于市场经济的范畴，而是生物物理和文化的范畴。它们必须由社会和政治决定，而且作为政治问题，这些决策的制定或多或少能同步进行。从严格的逻辑意义上讲，规模先于分配，因为如果总的资源利用没有上限，资源就是免费物品，而分配免费物品的所有权没有任何意义。给定规模和分配的社会决策，市场就会通过配置决定有效的价格，这些价格会间接地反映规模和分配限制，是可持续性、公平价值的一种“内生化”，而以前可持续性、公平的价值是政治上决定的，独立于价格。

有时候经济学家认为不需要单独考虑规模——如果拥有完全信息，可以将所有外部性成本和收益内生到价格中，市场将会在达到最佳规模时自动停止增长。换句话说，规模包含在配置中。如果接受“完全”信息的假设条件，这似乎有一定的道理。然而，从完全内生化的角度来看，价格应该反映不同规模下的成本和收益，也应反映不同分配状况下的成本和收益。但如果试图将给定分配状况下的价格作为方法来衡量分配变化后的成本和收益，又陷入了循环论证。

经济学清楚地认识到循环性，并强调公平分配和有效配置是两码事。例如，经济学家既不要求完全信息，也不提倡提高穷人出售商品的价格或降低他们购买商品的价格来将贫穷的外部成本内生到价格中，相反为使分配更公平建议直接重新分配收入，让价格自发调整。这对规模问题来说也有一定的借鉴意义。

用价格来反映公平分配和可持续规模的价值，采用的方式是给市场施加一个数量的限制，从而将收入和财富分配的不平等程度限制在一个公平的范围内，并且将往返于自然的物质吞吐量规模限制在可持续的范围内。这些强加在分配和规模上的宏观限制反映了公平和可持续性的社会价值，这种价值不是个人偏好，不能由市场上的个体行为反映出来。市场随后重新计算强加的规模和分配约束下的配置价格，从而将这些社会价值“内生”到价格中。

由于用价格计算最佳规模和最佳分配是一种循环，那么就需要一种不同于价格(交换价值)的衡量成本和收益的标准。如前面所提到的，分配的衡量标准是公平的价值；规模的衡量标准是包括代际公平的生态可持续性。这些是集体价值，而不是通过最大化个人的满意度得出的不同物品间相等的单位美元的边际效用。如果将所有的价值量纲归纳为主观的个人偏好水平，那么在市场上就捕捉不到，或不能运用客观的社会价值(如公平分配和生态可持续性)来评价。

控制吞吐量

如果为了控制规模而对市场进行宏观控制，那么应该约束吞吐量的哪一端呢？可以像控制 SO_2 一样对输出端(污染)进行限制，也可以限制从自然中摄取的输入流量(枯竭)。相比尾气管、烟囱、垃圾堆和向江河湖海排放废水的管道，矿山和矿井的数量要少得多，因而控制枯竭比控制污染更容易。根据物质能量守恒定律，限制输入量自然就限制了输出量。即使是输出量引起了当前的问题，对汇的限制也比对源的多.但是限制流量最小的位置——输入量，更容易控制输出量。

作为一般的规则，可以通过直接控制枯竭来间接控制污染。但所有一般的规则都有例外。虽然控制枯竭可限制总的污染物数量，但同样数量的枯竭可引起性质完全不同的污染。相同的输入可能转化为剧毒物质，也可能转化为良性污染物，这取决于资源利用的方式。因此，不能只关注输入流量而忽视输出流量。尽管如此，我们首先的控制点还应该是输入流量(枯竭)。

作为政策变量的价格与数量

第二十一章将详细阐述限制吞吐量的两种基本方法：通过税收提高价格以减少需求，或通过配额直接控制数量，让价格自动调整。在分析每一种方法的详细特征之前，先考察一下它们的有效性。

假如主要控制输入端，我们应该怎么做呢？是控制数量让市场决定价格，还是控制价格让市场决定数量？

想一想：

同时控制价格和数量并不是一个好主意。你能解释这是为什么吗？考虑一下需求曲线。

如果可以通过税收设置需要的价格，那么通过需求曲线可以决定相应的数量；同样，如果可以通过配额设定需要的数量，那么通过需求曲线也可以决定相应的价格。理论上，给定需求曲线，通过设定价格和设定数量会得到相同的结果（见图 20.1）。如何在它们之间选择呢？

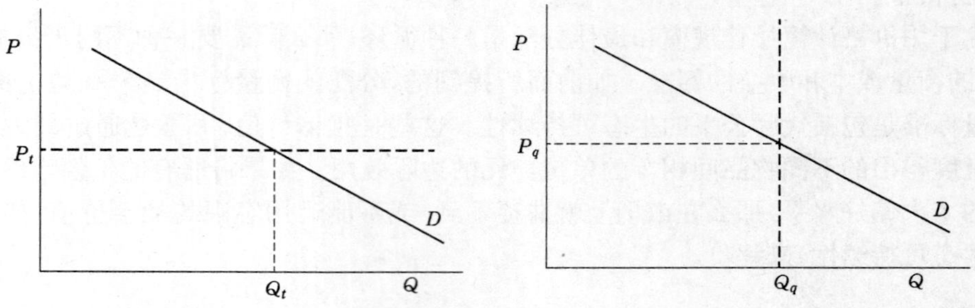

图 20.1　以税收和配额决定数量

如果税收设定后的价格等于 P_t，消费者需求的数量为 Q_t。相似地，定额限制产出数量为 Q_q，在这个数量上消费者支付的价格为 P_q。当然有可能设定 Q_q 使 $P_t=P_q$，或者设定 P_t 使 $Q_t=Q_q$。

需求曲线是不确定的和移动的。如果设定价格，误差和遗漏会引起数量的变化；如果设定数量，因价格波动也会产生预期的误差和遗漏。因此，选择的一个重要准则是：当价格改变或者数量改变时，哪儿最容易弄清误差的来源？

对生态系统而言，主要问题是从生态系统中提取的资源数量和生态系统吸收的污染物数量，而不是人们所支付的价格，生态经济学家优先选择固定数量并承担价格波动引起误差的调整成本。这在生态上安全的，与预留较大安全空间的设计原则一致。并且严格地遵守了刚才讨论的先后次序：首先在市场外设定规模，然后通过市场决定价格。

当全球人口和人均资源利用量继续增长时，利用配额来取得期望规模的优越性就更加明显。这种增长意味着对源和汇的需求增加。在利用配额的情况下，增加的需求完全由提高的价格反映，这更强烈地激励了有效的资源利用。通过税收限制资源消费和（或）废物排放，除非持续提高税收水平，否则需求增加将会导致更高的价格和更多的消费。在具有生态阈值和不可逆结果的情况下，税收会耗尽缓冲空间，从而引起更大的风险。

需要认识到市场所起的作用也不会像经济学家想象的那么完美。第十九章讨论了金融恐慌和人们遵守群体行为的趋势。亚洲金融危机使几个星期内印尼的流通货币贬值了85%。印尼拥有的热带雨林在全球总量中占有重要的份额，它们提供了丰富而重要的非市场生态系统服务。设想印尼以一板英尺木材 10 卢比的比率征税来内生化热带雨林生态系统服务的价值。由于印尼的大部分木材是在全球市场上出售，所以流通货币贬值85%意味着用贸易通货计算的税收减少了 85%。即使税收是以国际贸易的通货——美元计算，但采伐森林的绝大部分其他成本是用卢比计算的，说明所有其他的成本降低了85%。这会降低价格并增加需求，从而导致更多的森林采伐。如第六章所讲，森林采伐量增加会减少森林的可持续产量，甚至可能使森林存量低于临界退偿点，而配额不会受经济变量这样不合理波动的影响。

源与汇

要让市场起作用需要先分配好新的稀缺资产的所有权。分配新的稀缺资产的所有权会引起了很多困难的问题。为了考虑设计原则中的最后一个原则，即我们是从历史给定的初始状态开始，可能会放弃一些政策设计原则。在输入端，大部分资源的所有权已经明确；但在输出端，大气却不能为私人所有。**源**是提供可利用物质原料的那部分环境，这些物质原料是经济过程提供的吞吐量的组成成分，最终以废物形式返回到环境汇中。**汇**是接受吞吐量中废物流的那部分环境，汇如果没有被填满，可以通过生物化学循环将废弃物更新为有用的原料。一般源具有所有权，而汇没有。直接控制源（枯竭）比控制汇的使用权需要更多地干预当前的产权。资源私有化之后再社会化将是革命性的。相比直接控制资源开采的数量，社会化无所有权的汇、大气、继而征收排放费用对私有产权几乎没有影响。但控制排放如同在河面最宽阔处建大坝，这与在河面最窄处更容易建坝的原则相反。我们应该提倡革新吗？大部分人不会。无论如何，这里我们再坚持一下我们的原则，请接着往下读。

应该怎么做才能调和干预枯竭的原则与因源是私有财产产生的困难之间的矛盾呢？我们应该承认财产是一个“权利束”，资源所有者必须放弃束中伸出的一支也就是独立决定资源开采率的权利。资源的所有者仍拥有资源，并且获得开采资源的报酬。但是，开采的规模不再是免费商品，它是受社会限制的国家配额，资源拥有者必须通过竞标获得开采限制总量部分的权利。如果汇的限制更有约束力，那么规模限制可能最终要根据汇的限制来设定，但是对源仍然起作用。

另外，可以在总规模范围内设立汇的许可证交易市场。假设对于化石燃料，使用者必须购买排放许可证才能燃烧购买的化石燃料。这将间接地限制源的需求，源的拥有者会感觉到汇容量的不足——对于互补要素，一种要素稀缺会减少另一种要素的价值。由于汇是直接限制的，而源的所有者对汇没有所有权，因此这几乎未对源所有者的产权造成侵害。但是吞吐量上对汇的限制肯定会反馈到输入端。即使直接限制汇，资源所有者也会间接体验到对汇的限制，既然如此，那为什么不一开始就限制源呢？即使汇最稀缺，但限制源更有效。

另一种已提及的可能性是通过税收设定价格，让市场设置相应的数量。这再次表明对枯竭的控制比对污染端的控制更有效，而这两种控制都是有可能的。即使基本动机是限制输出，也有可能在输入上征税。税收的优势是管理简单——已经有一个税收系统，改变它比设置一个拍卖的配额系统引起的混乱小，这是一个重要的优势。另一方面，税收实际上不能严格限制数量，它使人们产生一种错觉：只要能支付得起价格，就没有数量限制。它传达的信息是：无论是个人还是集体，只要支付价格和税收就能得到想要的数量。相反，配额政策清楚地表明总量不会增加，价格只是将总量在不同的使用者之间分配。由于处理的是规模限定下的实物吞吐量，而不是收入和福利，因此配额政策给人一种更正确可信的感觉。

政策和产权

在开始考察实现可持续、公平和高效世界的具体政策之前,必须讨论所有政策的核心特征:产权。关注规模就是关注可持续性,那么什么是可持续性呢?可持续性无非就是后代对资源的权利。如果有改善分配的需要,那就是在质问现存的产权禀赋。最后市场并不能有效地配置非排他性的资源,而排他性就是一种产权。所以政策主要关注建立、重新定义和重新分配产权。

产权和排他性不是物品和服务的内在属性。除非有社会制度使它具有排他性并赋予产权,否则没有物品是排他的、没有人拥有产权(虽然不可能使所有的物品都具有排他性)。一个人拥有产权的同时也给其他人施加了尊重这些权利的义务或责任。例如,如果A有权利呼吸清洁的空气,B就有不污染空气的义务。国家保证B要履行他的义务。因此产权是个体、其他个体和国家间三方的关系❶。

产权的缺失使有些人有了特权。某人有特权就可以为所欲为,而其他人没有这个权利。如果一个工厂主对大气有特权,他就可以随意污染大气。如果污染使其他人遭受了损失,那么他们必须寻求改变产权普遍缺失的状况。

当人口数量及其影响相对于支撑的生态系统很小时,自然资本的利用具有一定的特权特征。如果几乎没有人受污染影响,那么为什么不允许工厂或个人排放污染呢?如果鱼和树木十分丰富,为什么不允许工厂或个人捕捞和砍伐呢?如果有无限的矿产可供将来开采,为什么不给予发现矿产的人开采的权利呢?对于特别丰富的资源来说,建立产权的意义不大。

然而世界不再是空的。开采和污染的特权把成本强加给了其他人,这给开发分配或修改产权的环境政策带来了压力。那些有开采或污染特权的人将会为维持现状辩护,他们宣称:实际上缺乏明确定义的权利时,特权是恰当的。正如第十章所指出的,许多经济学家认为将权利分配给谁并不重要,只要权利得以分配,市场就可以有效地配置资源。生态经济学的观点与此相反,尽管权利的分配对帕累托效率而言可能无关紧要(即对任何产权分配,帕累托有效的结果都可能出现,尽管不同的分配会出现不同的结果),但对公平来说却至关重要。生态经济学的观点是,在另行分配之前,产权属于由国家代表的人民,它们的分配应该由一个考虑后代的民主过程决定。

有三种重要类型的产权,或者是权利规则,具体的产权受它们三者任意组合的影响。

(1) **权利的财产原则。**是指一个人可以随意干涉他人或者阻止其他人的干涉。例如,某人拥有一块土地,如果他有权利在上面建一个破坏邻居风景的垃圾填埋场,或阻止邻居在上面通行,那么他可以随意地"干涉"邻居。而邻居不能干涉土地主人建垃圾填埋场的工作。如果邻居想在该土地上通行或阻止建设垃圾填埋场,必须征得土地所有者的同意。

(2)**权利的债务原则。**是指一个人可以随意干涉或者阻止其他人的干涉,但必须给予

❶ D. Bromley, *Environmental and Economy*: *Property Rights and Public Policy*, Oxford, England: Blackwell, 1991.

补偿。例如，土地所有者可以选择在土地上建造垃圾填埋场，但是法律强迫他为邻居闻到的臭味、失去的风景和其他不愉快给予补偿。同时，国家有权将土地从土地所有者手中收回建造公路，但需按合理的市场价格给予补偿。

(3)**权利的不可剥夺原则。**是指如果授予一个人无论某事出现或不出现都具有的权利，那么没有人可以以任何理由剥夺他的这种权利。不管是否给予补偿，有些类型的化学物品或产品是决不允许堆放在垃圾填埋场的。因为这些物品的负面影响很严重，而当代和后代都有使自己不受损害的不可剥夺的权利。二氧芑类和放射性废物就属于这一类。

最后需要记住的是，产权不一定是私人产权。产权可以属于个人、集体、国家、全球，或者不属于任何人。虽然许多传统的经济学家趋向于支持私人产权，但私人产权不可能存在于所有的环境中(比如臭氧层)。此外，许多文化已成功管理公共财产资源几千年。几乎所有国家都有自己的国有资源。最近，一些国际协议(比如蒙特利尔和京都协议)已经认可一些资源的所有权为全球所有，需要全球共同管理这些资源，不能也不应该仅局限于私人产权范围内寻求合适的政策。

这里讨论了政策的基本原则、合理的政策顺序、干预的高效率作用点、产权与政策的关系，下面的三章将关注一些更加具体的政策。具体政策的阐述基本遵循上面建议的政策顺序：规模、分配、配置。

尽管在很多情况下做不到一石二鸟，但我们考虑的政策实际上是影响三个目标的一组政策。有些政策也许能直接满足一个目标，但同时也会影响其他的政策目标。因此，分开讨论并不是完整的：三个目标将分章进行讨论，政策只是根据它们主要的影响归类。三个独立的目标需要三种不同的政策手段，这与包含三个变量的三个联立方程求解一样，需要三个独立的方程才有解；也就是说，其中一个方程不能由另外两个方程推出，变量也不一样，表达的是完全不同的意思。三个未知变量组成的三个联立方程形成一个系统，显然三个变量是相关的而不是独立的，这三个变量是一个互相依赖的系统的一部分，因此不存在一个变量变化对其他变量没有影响(也就是孤立的)。如果系统要有解，联立方程中的每个独立变量都需要一个独立的方程，从这个意义上说这三个变量是独立的。

本章知识点

- 六种政策设计原则
- 政策的适当顺序
- 作为吞吐量控制点的源和汇
- 作为控制手段的价格和数量
- 规模或分配内生于价格的循环
- 产权

第二十一章 可持续规模

环境政策和规模有内在的联系。在空的世界，环境物品和服务不是稀缺资源，因此不是政策关注的焦点。问题是环境政策是直接解决规模问题，还是只与规模问题稍微有点联系。政策要有效，非常重要的一点是政策应符合第二十章所列出的六条设计原则。下面将讨论影响规模的四类不同政策：直接管制、庇古税、庇古补贴和交易许可证，看看它们在现实世界中是如何应用的。

直接管制

在世界上大多数地区，影响规模的主要环境政策形式是管制手段，管制有多种形式。如果一种活动或物质成本太大，就会简单地禁止。例如，许多国家不再允许使用含铅汽油或生产 DDT，最近全球范围内正在协商禁止生产 12 种不同的永久性有机污染物(POPs)。当一种物质非常危险时，禁止使用是恰当的。

管制可以用来限制污染物的数量和设置企业或个体的污染物排放水平。例如，法律上可能会限制造纸厂向河流排放废物的总量。在许多国家，车辆必须通过排放水平测试。另外，管制还可以用来迫使所有的公司或个人利用可得到的最好的控制技术(BACT)来限制污染。BACTs 可能对所有工厂或个人有影响，或只对某行业的新进入者有影响。在美国清洁空气法中，BACT 管制方法具有很重要的作用。

对于渔业，共同的管制方法是限制捕鱼季节，或限制使用的设备类型，以减少每年的捕捞量[1]。不遵守规定一般要面临罚款或其他处罚。这样的政策被称为**指令性管制。**

管制有什么优缺点呢？通过管制可以把污染或资源开采总量限制在可以接受的范围内，从而有助于取得期望的规模。对于可更新资源，管制可能是解决生物学需要的最好办法。例如，禁止在繁殖期捕猎，限定鱼网网眼的最小尺寸，禁止捕杀孕期的雌兽，保留最大最好的物种留作繁殖之用，禁止采取严重破坏生境的捕杀方法。管制可以平等地应用到每个人身上，或专为选择的分配目标设计制作。最后，政策制定者一般都熟悉这种方法。方法很容易理解，监控和执行成本也不高——如很容易检查一个公司是否使用了所要求的技术。

管制的缺点是通常不符合有效配置的标准，达到期望目标通常不是采用成本有效的方法。此外，管制也不能为超越目标(把污染降低到规定水平以下)提供激励。这些问题值得仔细研究。

如第七章所述，不论是在个人层面还是社会层面上，经济效率的基本要求都是边际成本等于边际收益。理想情况下，环境政策应该能实现这个目标。然而在实践中，就污染而

---

[1] 减少捕捞量与减少负的外部性的投入管制是完全不同的问题，比如过量捕捞或栖息地的破坏。

言，实现有效配置需要知道污染的边际社会成本，污染活动的边际净收益和污染的边际减排成本。当然，污染本身是没有收益的，但所有的生产都会产生污染，而且没有生产我们也不能继续存在。实际上，不可能知道污染的所有边际成本，政策制定者也很难弄清污染的边际减排成本，所以完美的有效配置只是一种幻想。

尽管不能期望达到完美的有效配置，但可以采用成本有效的方案。成本有效的解决方案是指以最低的成本实现给定的目标，即使边际成本与边际收益不相等。这仍是一个令人满意的目标，但通过简单的管制是不可能实现这个目标的。这是因为指令性管制忽略了第二十章描述的政策设计的第二个一般原则：为达到宏观控制目标，政策牺牲的微观自由应该最小。

用一个具体的例子很容易阐明这一点。设想在一个城市饮用水取水口的上游，有三个污染河道的企业，为了公众健康，管制部门决定将污染物荷载减少 40%，并要求各企业相应地减少排放量。种种因素（比如不同的制造过程或生产设备的年限）使不同企业的边际减排成本（MACs）和（或）运营成本不同。有些企业削减 40%的排放量代价巨大，有些企业却轻而易举。

表 21.1 是假设的三个排放等量污染物的企业的减排成本。从表中可知，每个企业都减排 40%的总成本是 360 000 美元。对社会来说，减少污染成本有效的方法是：评价减少额外一单位的污染，哪个企业的 MAC 最低，并让 MAC 最低的企业减少排放。这样达到减排总污染量 40%的总成本是 210 000 美元。由于 MACs 递增，采用上述规则的结果是所有减排企业的 MACs 相等。

表 21.1　三个企业的边际减排成本

MAC	企业 1	企业 2	企业 3
第一个 20%	$ 50 000	$ 10 000	$ 25 000
第二个 20%	$ 200 000	$ 25 000	$ 50 000
第三个 20%	$ 400 000	$ 50 000	$ 100 000
第四个 20%	$ 800 000	$ 100 000	$ 175 000
最后 20%	$ 1 600 000	$ 500 000	$ 200 000

想一想：

在这个原则下，为什么所有企业的 MACs 相等？要回答这个问题，需要回顾第八章的最大化的边际均衡原则，它们的原理是相同的。

不幸的是，管制者并不清楚企业的减排成本。尽管企业可能知道自己的减排成本，但收集这些信息的成本很高，而且如果收集信息的目的是强制企业减排，那么每个企业都可能向管制者提供错误信息❶。同时让一些企业的减排量远大于其他企业似乎也不公平。

管制引起的另一个问题是：一旦实现了管制的目标，就不再有进一步减少污染以及开发新的减排技术的动力。与此相似，如果管制应用于具体的领域（比如美国清洁空气法），当排放低于最大允许水平时，也没有减少污染的动力。然而需要注意的是，即使低水平的污染也有边际外部成本（见图 12.7）。

我们所要寻求的政策应是：利用等边际最大化原则使各企业的 MACs 相等，提供开发减少环境成本的新技术的激励，并允许企业根据自己的减排成本采取行动以保持低成本。理想的政策应使生产的边际收益等于边际环境成本。但如前所述，环境成本在很大程度上是未知的。

接下来分析在理论上可以实现这些目标的三个政策：税收、补贴和可交易许可证。

庇古税

20 世纪早期经济学家庇古就开始研究了环境外部性内生化的问题。正如第十章中讨论的，当一个经济实体的活动给其他经济实体造成了意外的损失或收益，但没有补偿发生，这时就产生了外部性。对于负的外部性，根本问题是经济实体能忽略生产（或消费）成本。这种情形下，不会出现边际成本等于边际收益的市场均衡，也无法体现市场的一些优势。庇古提出一个简单的解决方法：征收税额等于边际外部成本的税。这会强制经济实体核算所有的经济成本，创造边际社会成本等于边际社会收益的均衡❷。

注意，这个政策需要更改产权。当一个企业可以随意污染时，是它有特权，而那些遭受污染的人没有权利。对国家来说，庇古税实质上利用责任原则给政府赋予了环境的产权。企业可以继续污染，但必须补偿污染造成的损害。

当然，由于无法精确计算边际环境成本，所以也不可能将**庇古税**精确地设定到等于边际环境成本的水平。即使知道边际环境成本，这些成本也是随污染物数量的变化而变化的，理想的税收也必须变化。尽管庇古税不能产生完全有效的结果，但仍然可以减少环境成本，是成本有效的。庇古税又是如何做到这一点的呢？

当减排成本低于税收时，企业会选择减排污染；当减排成本高于税收时，纳税会使成本最小而利润最大。这意味着实施庇古税后，所有企业的 MAC 都等于税收，因此那些减排成本较低的企业会增大减排量，而减排成本高的企业会最低程度地减少减排量。当然，后者要比前者多支付相应的税收。值得注意的是，除企业之外不需要其他人了解企业的减排成本，各企业是在微观自由最大化的情况下，在自身偏好与知识的基础上自行决策，达到社会期望的成本有效的结果。

---

❶ 当 EPA 第一次提出 SO_2 排放交易许可证建议时，工业部门估计 MACs 高达 10 000 美元/吨。EPA 估计在 1 000 美元/吨左右。当前的交易许可证价格不到 100 美元/吨。参见 Carol Browner 的演讲稿，"Public Health and Environmental Protection in the 21st Century", University of Vermont's 2002 Environmental Literacy Seminar Series. March 25, 2002.

❷ A. C. Pigou, *The Economics of Welfare*, 4 th ed., London: Macmillan, 1932 (originally published in 1920).

想一想：

利用表 21.1 的数据，你能计算出使污染排放减少 40%的税收范围吗？

企业对其生产的每单位污染都要缴税，这意味着企业总有动机进一步成本有效地减少污染。也许，这种动机是税收优于指令性管制最重要的原因。

除税收以外，企业还必须支付减排成本。这使企业和工厂（所有相关的企业）在税收情况下的总成本很可能高于指令性管制下的成本（例如强制每个企业减少 40%的污染）。然而相对于社会，税收是一种转移支付，而不是成本。让减排成本最低的企业减排最多的污染，可以保证采取税收措施引起的实际社会成本小于管制的社会成本。对企业来说，税收也不是不公平，因为企业只是为自己强加于社会的成本付费。税收有可能淘汰一些企业，但如果税收不大于边际外部环境成本，那就意味着企业强加于社会的成本大于它给社会提供的收益。

想一想：

你能算出在指令性管制和征收每吨 50 001 美元的庇古税时，每个企业的总成本吗？

很难预测税收减少的负的外部性，这需要一个反复试错的过程。每几年甚至每年就变化的税金增加了企业的负担，使企业失去了规划未来的能力。也许最好的方法是最初采用的税收相当低，但让企业知道随时间税收会增加。这个方法可使企业逐渐改进生产，在税收达到期望水平之前采用新技术，减少企业的总成本。

只要人口和经济继续增长，对环境成本征税的活动也会增多。这意味着要维持期望的环境舒适度或资源枯竭水平，税收必须随时间增长。因此，对所有环境政策，适应性管理原则都是恰当的。

庇古补贴

与税收相反，**补贴**是做某件事的奖金或报酬。**庇古补贴**是给每个企业减少单位环境成本的报酬，它有很多和税收相同的特征。理想情况下，补贴等于减排的污染给社会带来的边际收益。只要减排成本低于补贴，企业就会减少污染。这将再次使整个行业的 MACs 相等，也是成本有效的前提。税收是按“污染者付费原则”，相反补贴假设污染者有污染权利，而社会必须为他的不污染行为支付报酬。

想一想：

你能计算出按每吨 50 001 美元给企业的不污染行为付费时，社会的总成本（假设该行业没有新进入者）和企业扣除减排成本后的净收益么？

补贴带来的一个严重的问题是：补贴可能增加污染。补贴增加了污染企业的利润空间，可能会吸引新的进入者。相比没有补贴时，虽然各企业的污染量会减少，但企业增多会增加总污染量。尽管许多人有理由憎恶给那些没给余下的社会带来成本的人付费，但是潜在的更多的污染决不是我们所期望的，这说明庇古补贴不一定是完全不合理的。作为对生态系统恢复的激励，庇古补贴可能很有用。例如，给农民支付报酬让其在河岸地带造林，可能会减少营养流失以及提供许多其他的生态系统服务。此外，根据国际法，主权国家有权利选择自己资源利用的方式，而且也不存在能对毁林引起的负的环境成本征收庇古税的全球政府。在这种情形下，类似庇古补贴的方式可能就是最好的选择。后面还会详细讨论这个问题。

需要提到的最后一点是，虽然庇古税和补贴可能产生边际社会成本等于边际社会收益的福利最大化的结果，但对个人这个结果并不一定适用。这是因为许多环境成本对公众有害。每一个人都遭受同样的环境成本，但对这些成本的偏好却不同。完美的市场解决方案应该在受害人之间分配税收，以补偿环境成本给他们带来的边际损害。当然，不可能确定地球上每个人的边际成本曲线，而且如果个人边际成本方面的信息影响个人分到的税额，人们就会产生向信息收集机构提供虚假信息的动机。同样，如果个人能从遭受的外部性上得到补偿，他们就有可能选择不去避免外部性，这同样会减少效率❶。

交易许可证

交易许可证是另一种实现特定目标的成本有效方法。交易许可证不是通过税收提高价格来减少需求，而是要求社会确定**配额**——允许污染或资源枯竭的最大量。目前，美国 SO_2 的排放控制、有些国家的渔业管制采用的是交易许可证方法。

什么因素决定配额呢？从经济学家的角度讲，污染或收获的边际收益与它们的社会和私人边际成本相等时决定了理想的配额。不确定性和无知使我们无法达到这种理想状态。即使在现存的规模下能精确地计算边际成本，但如第十九章所述，决定的配额（规模）会改变计算成本和收益的价格。

对于可更新资源的开发利用，应该认识到可更新资源的存量既能提供流量，同时也是提供服务流的**资本**。配额的确定应该考虑可更新资源的这种双重属性。当前在渔业管理中使用配额方法时，管理者只关注可更新资源的存量－流量功能，基本上忽略了它的资本－服务功能。尽管我们对生态的资本－服务作用所知甚少，但知道它们有价值不应该忽视。配额的确定至少需要有生态学家的具体参与，以保证为生态阈值留下了足够的缓冲空间（回顾第二十章中设计原则三）。决定配额的过程也应该遵循适应性管理原则，在获得新信息时能相应调整。

想一想：

如果渔业管理者决定采用生态经济学方法来确定捕捞配额，并考虑渔业资源存量的

---

❶ E T. verhoef. “Externalities.” In J. C. M. van den Bergh, Handbook of Environmental and Resource Economics, Northhampton, MA: Edward Elgar, 1999. 这里重申，在任何情况下“效率”都不应是决策的唯一标准。

资本—服务功能，这对配额会有什么影响？绘出渔业可持续产量曲线和私人总成本曲线，并在图上标出：①开放捕捞的均衡点，②年度利润最大化时的配额。相对于点 1 和 2，在图上的哪个区域，配额能最大化净现值？配额使自然资源的存量—流量和资本—服务的收益最大？在确定最佳配额时，你认为政策决策者是否应该减少后代人的利益？为什么？

确定配额后，就可以以许可证或个人配额的形式在污染者和资源利用者之间分配。许可证可以拍卖或免费发放，可以设计分配过程来实现其他的社会目标，比如让收入分配更公平。许可证的发放可以有很多形式，可以每年发放或一次性发放，可以设置一定的数量或设置可调整配额的份额。永久性的年度排放许可证或年度资源开采许可证为企业未来的规划提供了最大确定性，但由于不完全的信息、自然的变化和生态系统的变化，也可能需要年度可调整的许可证。

一旦企业有了许可证，就可以像其他市场商品一样自由地买卖。如果是排污许可证，只要污染减排成本低于许可证价格，企业就会减排污染，如果减排成本高于许可证价格，企业就会使用许可证。这再次导致各企业的边际减排成本相等，也是产生成本有效结果的前提条件，同时也允许微观自由最大化。如果是资源开采许可证，资源利用利润最高的企业能够支付最高的许可证价格。在理论上许可证可以保证按期望目标配置资源，但这只在用个人财富来衡量期望目标的时候才成立。

想一想：

再看表 21.1，如果给每个企业 6 000t 的污染排放配额，那个企业将终止排放污染？每吨污染配额的价格范围是多少？每个企业清除污染的最终净成本范围是多少？

配额也要求改变产权，税收强加的是一个责任规则，而配额强加的是一个产权规则。实际上配额的拥有者是拥有了污染物排放媒介的废物吸收能力（通过配额使竞争性物品具有排他性）。这样的权利起初可能赋予政府、受污染影响的社区或污染者。当配额用于终止公共体制中的特权时也是如此。

配额的一个缺点是缺乏将总污染量或资源开采量减少至低于配额的激励。如果配额是慎重选择的，这当然不是问题。在可交易的配额系统中，任何利润最大化的企业仍有动力减少污染排放或者资源枯竭，因为它可能卖掉一部分配额而赢利。因此，虽然配额不能提供激励让一些不合理的活动低于配额水平，但却为更成本有效地达到配额标准提供了激励，而且配额可以确保在经济或人口增长的情况下资源利用不会增长。

许多经济学家已经指出，如果环境主义者认为配额太高，他们可以自由地购买一部分配额并废弃它们。不幸的是，这里又遇到了公共品的供应问题。环境主义者承担了购买许可证的全部成本，但收益却要和所有人共享。此外，如果许可证每年的发量不一样，对这些购买了但未使用的配额，政府的响应可能是发放更多的配额。作为选择，如果管理当局认为最初发放了太多的永久许可证，或新信息出现改变了对许可证合理数量的估计，那么政府可以购回多发的许可证而不使用，下面的案例研究会阐明这一点。

交易许可证与更短的捕捞季节

正如前面讨论的，急需制定政策来解决海洋渔业过度捕捞的问题。已经尝试的一些政策为优先选择最大化微观自由的解决方法提供了很好的证据。在这种背景下，这里对美国通过缩短捕捞季节减少不可持续的捕捞量的效果和新西兰采用配额、交易许可证的效果进行了比较。

在美国西北海岸，大比目鱼是捕捞历史最悠久的鱼种之一，1960年前的开放式捕捞使这种鱼几乎灭绝。1960年，为了管制每年的捕捞并将捕捞量恢复至最大的可持续产量，成立了国际太平洋大比目鱼委员会（IPHC）。该委员会采取了限制捕捞季节的措施，而且根据需要捕捞季节是逐渐缩短的。事实证明，该方法有效地恢复了鱼群，增加了每年的捕捞量。然而到20世纪90年代早期，捕捞季节缩短到每年只有一两天的时间（根据达到IPHC制定的年度配额所需的时间确定），为了最大化自己的捕捞量，在此期间渔民们会疯狂地开始捕捞竞赛。

对效率和成本有效而言，这么短的捕捞季节意味着什么呢？渔业本来就是很危险的行业之一，疯狂地捕捞更增加了它的危险，尤其是如果“捕捞季节”正好赶上坏天气，经常会丧失生命。捕鱼太多的渔船经常面临沉没的危险，确实有渔船沉没。渔民们被迫尽可能多地下钓鱼线，因为一些钓鱼线肯定会丢失。很多船一起捕捞时情况会更糟，不同船下的钓鱼线会纠缠和拉扯在一起，使已经钓住的比目鱼死亡。两天的开放式捕捞逼迫渔民投资购买更好的设备以便在短时间内能捕获更多的鱼。尽管鱼的存量日益增加，但捕捞季节继续缩短，捕捞季节过后设备（和劳动力）会闲置。尽管几乎所有渔民都用捕大比目鱼的设备捕捞其他鱼类，但捕捞能力仍然过剩。由于需要快速捕捞，因而无暇处理捕捞上来的鱼，这降低了鱼产品的质量。

一旦上岸，所有的鱼会同时上市。由于新鲜大比目鱼的市场有限，大部分不得不冷冻。建造短期储存所有鱼的设施需要大量的资金，捕鱼季节过后这些设施又会闲置。加工冷藏鱼的过程是资本密集型的，这给市场准入设置了障碍，从而限制了竞争。相反鲜鱼加工过程是劳动密集型的，资金成本要低得多。

1990年加拿大通过确定每艘船的独立配额和延长捕捞季节修改了配额系统，为新鲜大比目鱼创造了市场。事实上，因为加拿大主要销售鲜鱼，加拿大的渔民比阿拉斯加的渔民额外享受了70%的价格奖励。美国系统的失败是明显的，1995年美国也制定了独立捕捞配额系统。配额是根据渔民近期的捕捞量分配的，并允许渔民在适合捕捞的季节捕鱼，这说明新系统更关注质量而不是速度。同时新系统允许配额交易和出租，但是严格限制份额集中❶。

新西兰的渔业发展经历了许多国家经历过的典型循环。起初除了一些近海捕捞外，渔业资源几乎没有开发。在20世纪70年代，为了增加外汇储备，政府开始对该行业的发

---

❶ K. Casey, Dewees, et al. The Effects of Individual Vessel Quotas in the British Columbia Halibut Fishery, *Marine Resource Economics* 10(3): 211～230(1995); C. Pautzke, and C. Oliver, Development of the Individual Fishing Quata Program for Sablefish and Halibut Longline Fisheries off Alaska. Anchorage, Alaska: North Pacific Management Council, 1997. Online: http://www.fakr.noaa.gov/npfmc/Reports/ifqpaper.htm.

展进行补贴。结果造成过度投资(太多的船去捕捞极少的鱼)，导致鱼的数量急剧下降。1982 年政府强制渔业收入占总收入 80%以下的渔民退出市场。这对传统上以多种活动谋生的毛利人造成很大的负面影响，但对减轻渔业的压力却没起什么作用。因此，1986 年新西兰决定接受经济学家的建议采用可转让的捕鱼配额系统。冰岛和菲律宾也采用了相似的系统。

其程序很简单。科学家们规定各个区域内各鱼种的总可捕量(TAC)，目标是实现最大可持续产量。从这个数量中扣减平均钓鱼运动的捕获量，并预留其中 20% 给毛利人(1840 年的协议规定毛利人拥有新西兰所有的捕鱼权，但新西兰没有遵守这个协议)。剩下的是**商业上的总可捕量**(TACC)，它又被划分为**独立可转让配额**(ITQs)，可以在市场上买、卖或出租。最初的 ITQs 是按照渔民以前的捕捞记录以多少吨鱼的形式分给他们的。为了使 ITQs 对渔民更具吸引力，最初的配额分配量接近历史捕捞量并超过了 TACC，为达到 TACC，然后政府购回了足够的 ITQs。鱼的数量会自然波动，TACC 也是如此。只要 TACC 改变，政府就要买卖 ITQs。因此，1990 年将 ITQs 更改成只代表部分 TACC。

在规模和配置方面，该政策非常有效，鱼的数量因此得以恢复。因为对一些新鱼种的生命周期所知甚少，将它们引入市场存在一些问题。例如，大量证据表明，尽管规定了 TAC，还是过度捕捞了大眼澳鲈。就效率方面而言，渔民现在只需要拥有捕获占有份额的投资，这降低了他们的资本成本。同时捕捞期的延长也扩大了鲜鱼市场。当渔民有许多附带捕捞品[1]时可以购买不同鱼类的 ITQs，不能达到配额的要求时可以卖或租 ITQs。效率低的渔民可以把配额卖给效率高的渔民。采用该政策的效果非常明显，最近几年新西兰渔业的产值已经增加了一倍。

然而该政策对分配的影响远没有这么理想。ITQs 有向大公司集中的趋势，导致财富积聚在赢利的产业中。尽管合约赋予了毛利人所有的捕鱼权，但它们还是被驱逐出了市场，这个问题部分是因为对贷款的获取。ITQs 不能作为银行贷款的抵押。当 TAC 减少时，小规模生产的渔民缺乏抵押品从银行贷款购买更多的 ITQs，而大公司拥有的其他资产可以作为贷款的抵押品。这个问题的根源在于按照历史捕捞量制定 ITQs 的初始分配。对过度捕捞而言，那些最初责任最大的公司分到的 ITQs 却更多[2]。

新西兰渔业的例子表明利用独立政策实现独立目标的重要性。TACC(一种政策手段)设定了规模，ITQs(另一种政策手段)实现了有效配置。但是这些政策都没有阐明分配问题，解决分配问题需要第三种政策手段。也许限制 ITQs 的集中以保持市场的竞争性，避免贫穷的渔民被驱逐出市场就是一种合适的政策手段。

---

[1] 附带捕捞品是与捕捞目标不同种类生物的捕获量。附带捕捞品可以被保留或者抛弃，这取决于种类和现存法律。附带捕捞品经常是捕捞时杀死了但仍丢回海中的生物。海豚作为某些金枪鱼的附带捕捞品，海龟作为某些海虾的附带捕捞品，这已经引起了广泛的关注。对于某些鱼类例如海虾，附带捕捞品可能比目标捕获种类还多十倍。

[2] P. Menon and R. Cullen, Fishery Policies and their Impact on the New Zealand Maori, Marine Resource Economics VII(3): 153～167(1992); New Zealand Minister of Fisheries, The Quota Management System, no date. Online: http://www.fish.govt.nz/commercial/quotams.html. R. Bate, "The Common Fisheries Policy: A Sinking Ship" Wall Street Journal, June 2000. Online: http://www.environmentprobe.org/enviropbe/evpress/0700_wsj.html.

实践中的政策

如上所述，政策可在成本有效的情况下实现环境目标，并为减少污染、资源枯竭等目标提供激励，甚至在这些目标实现后还能起作用。许多这样的政策都被经济学家作为成本有效的解决方案而广泛接受，而通常管理机构更偏爱效率较低的指令性管制。这是为什么呢？这有许多原因。

环境管制一般管理简单且监控成本低。管制机构熟悉管制手段，并且制度也可以慢慢地修改。在观念上，管制简单又被广泛地认为是公平的，至少是平等地作用于每个人。还有很多其他的原因支持管制，但许多管制人员很少注意成本，要关心也只是关心自己的交易成本，根本无暇顾及降低污染者的成本。大量的证据表明：管制与宏观控制下允许最大微观自由的市场配置手段相比，很多情况下前者达到给定目标的社会总成本要高于后者。

在美国，限量管制与交易系统在有限的范围内（比如 SO_2）取得了一些成功，而在欧洲税收计划——“生态税改革”——更受欢迎。这个观点在“税收中性”的旗帜下通过政治推行——政府从民众中征收同样数量的税，只是方式不同而已。按照循序渐进的设计原则，欧洲政府首先对最需要征税的资源征税，并结合当前最令人不满的税，逐渐将税赋从后者转移到前者身上。因此，人们可能得到“双倍红利”——给价格过低的资源征税得到的环境收益，加上除去扭曲税或累退税得到的财政收益❶。随后，寻求结合下一个最需要征收的资源税和下一个最令人不满的税，依次类推。

生态税改革的口号是“对有害的事情征税，不对有益的事情征税”。要点是将税赋从劳动和资本产生的附加值（我们想要更多的）转移到“附加价值的地方”——即吞吐量以及与其相伴的资源枯竭和污染（我们想要更少的）。对想要更少的事物征税和停止对想要更多的事物征税是一种常识。然而常识是被怀疑的，在特定的假设条件下（如熟悉的不考虑资源投入的生产函数），新古典经济学家开发了一般均衡模型并据此得出了违反直觉的结果。我们发现这些模型一般都是人造的、不足以令人信服。无论如何，初始阶段的生态税改革正在欧洲发挥作用❷。在实施的生态税改革中，欧洲政府面临的主要政治窘境是：一方面要维持资源的低价来保持国际贸易竞争优势，另一方面又要将外部成本内生到价格中，但这显然会减少竞争优势——这也是研究全球化所遇到的问题。

后一个问题很严峻，也是政策普遍遇到的困难。第五个政策设计原则指出决策部门的决策范围应和引发政策，或受政策影响的人们的活动范围一致（见二十章）。如果颁布一种政策是为了限制污染，而一个企业通过迁移就能简单地逃避该政策的限制，那么范围就不一致。在第十八章中指出，全球化将活动范围扩大到了整个世界，而将公共政策的范围限制在国家水平上。在这种情形下，很容易发生逃避国家政策的事情。随着公司和个人相对权力的增加，公共政策的作用普遍被弱化。在国家层面上，存在处理贫穷、环境退

❶ 环境经济学家经常争论是否存在“双倍红利”，但生态经济学家普遍认为存在“双倍红利”。

❷ B. Bosquet, Environmental Tax Reform: Does It Work? A Survey of the Empirical Evidence, *Ecological Economics* 34(1):19～32(2000).

化、公共健康、教育和实现没有通货膨胀和失业的宏观经济目标的公共政策，但由于自由贸易和自由资金流动的激励，为了达到全球市场商品生产增长这个最重要的目标，国家会自动放弃这些公共政策。

这就是为什么人们会在西雅图、布拉格、热那亚和华盛顿的街道，以及任何 WTO、IMF 和世界银行举行会议的地方示威。缩短会议时间和将会议地点改到卡塔尔那样的地方也不能解决批评家提出的问题。期望生态经济的概念提供一个可以处理增长和限制的合理框架，是不是要求太多了呢？

本章知识点

- ■ 直接管制
- ■ 指令性管制
- ■ 庇古税和庇古补贴
- ■ 交易许可证（配额）
- ■ 减排成本
- ■ 商业上的总可捕量(TACC)
- ■ 独立可转让配额(ITQs)
- ■ 生态税改革

第二十二章　公平分配

财富和收入的分配是个争论不休，但又至关重要的问题。为什么呢？

首先，过于贫穷的人不会考虑可持续性的问题。穷人连自己基本的需求都得不到满足，怎么还会考虑将来的福利呢？在这个世界上，仅仅是为了生存，过于贫穷的人不得不破坏土壤、伐光森林、过度放牧并且忍受严重的污染。穷人的这些行为不仅影响穷人生活的地方，而且还有全球性的后果。

第二，过于富裕的人消耗了大量有限的资源，这很可能剥夺了后代基本的生存手段。即使最不愿意做人与人之间比较的经济学家也不能否认，穷人消费的边际效用要远高于富人购买不重要奢侈品的边际效用。

第三，如果重视可持续性问题，就应当考虑代际分配问题。我们并不希望仅为了自己奢侈的生活而迫使后代陷于贫困之中。但是，怎样的伦理体系才能说明我们应该关注那些还没出生的人的福利，而不在意当代人的福利呢？

最后，我们知道在资源有限的行星上，经济系统不能永远增长。我们必须限制增长以保证后代人的福利。为了不让后代遭罪，但从伦理上不能要求穷人继续忍受剥夺。如果馅饼必须停止增大，在伦理上我们有义务对其重新分配。

既然分配问题如此重要，那么它又为何如此具有争议呢？在自由市场的社会中，很多人认为：人们是靠自己的努力拥有的财富，夺走别人辛苦挣来的东西是不公平的。通常分配政策不能减少别人靠努力和能力挣来的东西，然而人们也不能为了自己把自然、社会和其他人创造的价值据为己有。无论如何，对从别人那里接受的东西，包括政府提供的服务，还有强加到别人头上的成本，应该按公平的价格付费。此外，公平的资源分配会产生一些公共品，如经济稳定、较低的犯罪率、更强大的社区和更好的健康状况（正如第十五章所讨论的），并且社会应该为公共品付费。如果能遵守这些原则，最终的分配应该既公平又可持续❶。

分配必须既关注收入和财富，又关注市场商品和非市场物品。让高收入者和富人为政府提供更多金钱，这样的政策可以进一步改善分配，让政府削减低收入人群的税收，或者资助能使所有人都受益的公共项目。为了实现国家内部和国家之间的分配公平，政策制订者设计了很多计划，有些成功了，有些失败了。现在回顾一下为实现更公平的分配制定的一些政策。

收入和财富的上限

必须为个人收入设定一个上限吗？乍一看，这类政策毫无理由地侵犯了人的自由。

---

❶ 对后代来说，不可持续的结果意味着无法承受的成本。

政府有什么权力拿走别人辛辛苦苦挣来的东西？收入和财富是辛苦工作"应得到奖赏"。从这个角度来看，给收入设定上限是不公平的。

然而，在这个受热力学定律支配的有限的行星上，如果当代有些人消耗太多，就减少了后代可用的资源。这意味着未来社会面临的情况将比现在糟糕，即使为了得到更少的消费量，后代也必须比当代人更努力地工作。因此，对后代的责任要求整个社会减少消耗量，以保证后代和当代人一样所付有所得，享有同样的机会取得他们"应得到奖赏"。然而，要求整个社会减少消费而不要求最富有的社会成员减少消费，这是站不住脚的。

专栏 22.1　财富和权力

很多富人的收入早已多得他们根本不可能消费完。如果比尔·盖茨把他所有的财富都投资到与通货膨胀挂钩的政府公债，这是实际回报率为 3% 的无风险投资，每天他就能挣 300 多万美元[a]。世界上许多最富有的人们挣的钱远超过他们或他们的后代能花费的。如果一个人不打算消费它，那为什么还要积累那么多财富呢？唯一合理的答案是他们想积聚权力和地位。

当然，在现有的政治体系中，很难说财富不会带来权力。在民主国家，尽管人们认为财富的不公平分配还可以接受，但对权力的不公平分配，很少有人持同样的观点[b]。由财富积聚换来的权力往往容易产生更多的财富，更多的财富又带来更大的权力，如此形成恶性循环。比如，令人痛心的是，绝大多数国家的企业对政党捐款并不是用来加强民主建设，而是促使立法为捐助者提供更多的经济优势。除此之外，还能怎样解释那么多大公司同时为两个互相竞争的政客提供捐助呢？通过政治影响来寻求经济优势，财富削弱了市场的力量以及市场可能产生的有利结果。

非常奇怪，绝大多数美国人仍坚持反对收入上限[c]。美国和其他很多资本主义民主国家的公民似乎存在两种完全矛盾的核心信念：人们有拥有一个民主政府的权利，也有变得比迈达斯更富有的权利。然而，最高法院的法官 Louis Brandeis 说过："我们可以拥有一个民主社会，或将巨大的财富集中在少数人手里，但不可能同时拥有这两者。"

[a] 写这篇文章的时候(2001 年 11 月)，比尔·盖茨名列 2003 年《福布斯》富豪排行榜榜首，净资产 407 亿美元。

[b,c] R. Lane, *Market Justice, Political Justice*, *American Political Science Review* 80(2): 383～402(1986).

单纯为了地位积累财富有什么坏处吗？答案是肯定的，原因有二。第一，人们经常通过挥霍来显示自己的地位，而且愈演愈烈。第二，地位是通过与别人的相对位置来衡量的，是一种零和博弈。因此，社会中每个人的地位不可能都提高。如果某人努力工作积累财富并提高地位，这同时会降低其他人相对于他的地位。人们为了保持自己的地位，必须更努力地工作，因而牺牲了闲暇时间、花在社团和家庭上的时间。如果所有人都加倍努力以提高自己的地位，结果是所有人的地位都不会改变，但我们追求其他目标的时间会减少，而且将消耗更多的自然资本。通过积累财富来提高地位将导致一种类似军备竞赛的状况，每个人都更加努力地工作，但每个人的情况却变得更糟糕。

因此挥霍有一种负的外部性，人们应该为自己强加到别人身上的负面影响付出代价。累进消费税有助于重新分配资源，通过对负的外部性征税，会更有效地配置资源❶。有证

❶ R. Frank, *Luxury Fever: Why Money Fails to Satisfy in an Era of Excess*. New York: Free Press, 1999.

据表明：在富裕国家，尽管国家财富显著增加，但人们对生活却越来越不满意，而不是更满意❶。

想一想：

你能解释累进消费税为什么能使富人过得更好吗？

收入上限的政策应该包括渐进逼近100%的高累进收入税，以此更直接地限制人们收入的数量，或设定最高收入与最低收入的法定比率来相对地限制收入。当前世界各国普遍采用累进消费税，但许多经济学家认为这种税制阻碍了经济增长。然而事实却不是这样，20世纪50年代美国的经济增长非常快，当时最高税率达到90%，现在却低于40%。如果收入上限限制了经济增长，那么这种政策肯定具有限制经济规模的作用。

财富上限政策可以包括累进财富税，目前欧洲的一些国家采用了这样的制度。不动产是一种财富，人们已经为其交税，那为什么不将财富税扩展到包含所有的财富形式，特别是那些高度集中在最富有阶层的财富形式呢？提高遗产税有助于改善财富分配，据估计，有46%的积聚财富被直接继承❷。

很多人会反对说，采用累进税从富人那里征的税额与他们的贡献不成比例，因此不符合本章开始时讨论的标准。然而，通常是政府提供了绝大多数基础设施和公共机构，这使得商业更加繁荣、人们更加富有。如果出生在非洲的撒哈拉南部，比尔·盖茨、沃伦·巴菲特和其他亿万富翁能这么富吗？另外，政治哲学家长期以来都认为，政府的主要作用之一就是保护私有财产。很明显，一个人拥有的私人财产越多，他从政府服务那里的获益也越多，那么他也应该为这些政府服务支付更多的费用❸。

另一个反对收入上限的观点是它会伤害穷人。从这个观点来看，允许财富无限积累可以为增加总产出和就业机会提供激励，从而改善穷人的生活状况。如果对最富有的人实行收入上限政策会减少最贫穷的人脱贫的机会。如果真的如此，那怎么解释在税收很高的北欧，生产力很高而且几乎没有贫困人口呢？

最低收入

很多国家（包括美国）已经制定保证最低收入的政策。通过缓解贫困和缩小贫富差距，这些政策有助于实现可持续性。此外，最低收入政策能为人们提供许多公共物品，这也说明了该政策的正确性。第十六章阐明了经济衰退怎样导致正反馈循环。由于某种原因引起消费下降，人们购买少了，公司因此减少生产并且解雇工人。失业工人的消费进一步减少，这会引起公司再次减少生产。如果有最低收入保障，被解雇的人还可以继续消费。实际上，最低收入的人的消费占其收入的百分比最高。最低收入打破了引起经济衰

❶ R. Lane, *The Loss of Happiness in Market Democracies*, New Haven, CT: Yale University Press, 2000.

❷ G. Alperovitz, Distributing Our Technological Inheritance, *Technology Review* 97 (7): 30～36 (October 1994).

❸ 我们很高兴地报道，沃伦·巴菲特和比尔·盖茨公开宣布强烈赞同以下主张，即社会为个人提供了获取更多财富的条件，这些人应该支付更多的税，尤其是财产税。见 W. H. Gates and C. Collins, *Wealth and Our Commonwealth: Why Americans Should Tax Accumulated Fortunes*, Boston: Beacon Press (2003).

退的正反馈循环，使经济更加稳定，而更稳定的经济可以使每个人都受益。另外，大量的证据表明收入不平等与犯罪、暴力及其他公共危害之间存在联系（见第十五章）。最低收入尽管不能使这些问题绝迹，但是能减少它们。

正如第八章所述，新古典福利经济学的基础是功利主义哲学和边际效用递减规律，其中隐含了提倡消除贫困。如果社会的目标是最大化个人效用的总和，并且财富和收入提供的边际效用递减，那么额外的单位财富引起穷人效用的增加要明显高于富人效用的增加。不愿接受这一结论的经济学者声称，不同的人具有不可测量的、不同的享受（或忍耐）能力，因此不能比较人与人之间的效用。所以，许多经济学者关注生产的最大化，而不是效用的最大化，这回避了分配问题❶。

另一方面，平均而言绝对贫穷的人要比百万富翁从单位额外收入中的受益更多。在某种水平上，人们可能具有不同的享受能力，但忍耐能力是相似的——我们都会被同样的毒素毒到，都会因同样的细菌而得病，而且生理上的生存需要也相同。当一个人从较低的生存需求转向较高的生存需求时，额外的效用显然很大。

奇怪的是，虽然绝大多数美国人相信美国当前的收入分配是不公平的，但是仍不愿意为没有"挣到"钱的人提供收入。无论如何，"应得的奖赏"的前提假设都是人们得到的报酬与他们对社会的贡献相对应。然而，最近两个世纪真实收入确实稳定地增加了，但这并不是因为他们对社会的具体贡献增加了，而是受益于前人对生产力的贡献。换句话说，很多人的所得已经超过了他们应得的奖赏，为什么不让贫穷的人也这样呢？

保证最低收入的具体政策方法比对某些政策的需要更具争议。最常用的政策方法是：

（1）福利计划，政府直接为穷人提供金钱或物质援助。

（2）为失业人员提供失业保险。

（3）为雇员提供最低收入保障和负的收入税。

这些方法在保证最低收入方面确实发挥了一定的作用，但是对社会或这些转移支付的接受者来说，这样简单的转移支付可能不是终结贫穷的最好方法。

在确保最低收入的传统方法中，很多生态经济学家首先会赞成教育机会平等、受雇用机会平等和晋升机会平等，然后是能维持基本生活需要的有保障的工作，最后是在需要的时候能起作用的直接转移支付。另外，我们相信人们有平等的权利获取自然和社会提供的财富，而不受个人能力的约束。公平的分配财富规定了最低收入。这包括其他的、非传统的方法，也就是现在讨论的，将收入作为生产要素的报酬看待。

生产要素报酬的分配

为了系统地考虑收入分配，我们回顾了第十五章中提到的收入的四个来源：工资、利润、利息和地租。工资是劳动的报酬，利润是企业家的报酬，利息是资本的报酬，地租是土地和其他自然资源的报酬。收入分配的讨论大多集中在劳动的报酬上，然而实际上，收入

---

❶ J. Robinson, *Economic Philosophy*, Garden City, NY: Doubleday, 1964.

分配的最大差别是由其他生产要素造成的。现在把注意力转向资本和自然资本报酬的分配。

资本报酬的分配

金融资本，包括生产性资产的财产价值，在国家内部和国家之间高度集中。在发达国家中，美国是最令人吃惊的例子。第十五章中介绍过，20 世纪 90 年代末期，1%最富有的美国人控制的国家金融财富从 1989 年的 48%增长至 95%❶。因此，尽管在大多数发达国家，资本(生产性的和金融的)报酬占总收入的比例还不到 30%，但是几乎所有的这些收入都流到了极少数人的手中。1997～1999 年中，福布斯排行榜中的 400 个最富有的美国人，他们的财富平均每人每天增加 1 287 671 美元。相反，1985～1997 年中，40%最贫穷家庭的净资产下降了 80%❷。在美国和很多国家，金融财富、利润和利息的报酬是收入差别的一个主要因素。

资本主义系统被认为是资本家的聚集区，而资本家就是拥有资本的个体。但是在很多所谓的资本主义国家，实际上资本家只有极少数。市场经济建立在所有权基础之上，它是这个系统具有高生产效率的真正原因。资本所有权广泛的分配能够提高市场经济效率，如果处理得当，事实上它还能增加系统提供重要的非市场物品和服务的能力。这需要一些能证明它们正当的理由。

与土地所有权的类比或许是一个很好的出发点。大量研究表明，拥有可靠产权的土地所有者的劳动生产率比佃农或雇用劳工高❸。这是有道理的，使土地高产需要对它的生产能力投资。佃农或土地租用者对土地生产能力投资的动力很小，雇用劳工的动力甚至更小。对佃农来说，投资的报酬必须与可以驱逐他们的土地所有者共享。土地租用者不能确定下一年他是否还能支配这片土地，面对这样的不确定性也不会冒风险投资。这些观点被经济学者广泛接受，并认为这是土地应归个人所有的充足的、正当的理由。

然而，工业劳动力提高生产力的动力甚至比雇农还小。除了保住工作，雇用劳工哪有心思提高生产力，尤其是在管理者不能区分不同劳工生产能力的情况下。工人对他们的工作最为熟悉，在许多情况下他们最清楚如何工作得更快、更好和成本更低，但如果他们不能从更高效的生产中得到利益，那还浪费时间考虑这些干什么？

另外，工作对大多数人来说就是度过大部分醒着的时间。具有代表性的是，经济学家将工作看做是获取为我们带来效用的物品所必须忍受的过程，它本身并不具有效用。但是没有理由认为这是对的。一个经济系统不应致力于用最有效的方法生产物品，而应致力于用最有效的方法为人类提供福利。大多数资本所有者关心利润最大化，但并不是单纯利润最大化就能创造工人福利最大化的工作条件。

---

❶ J. Gates, *Democracy at Risk: Rescuing Main Street from Wall Street—A Populist Vision for the 21 st Century*, New York: Perseus Books, 2000. Gates 引用 E. N. Wolff, "Recent Trends in Wealth Ownership," paper for Conference on Benefits and Mechanisms for Spreading Asset Ownership in the United States, New York University, December 10～12, 1998.

❷ Gates，前面已经引用的著作。由于 40%最穷家庭净资产非常小，下降 80%绝对数量减少并不多。然而，这个数字还是很引人注目的。

❸ 举例来说，A. Brandao, P. Salazr, and F. G. Feder, Regulatory Policies and Reform: The Case of Land Markets. In C. Frischtak, ed. *Regulatory Policies and Reform: A Comparative Perspective*, Washington, DC: World Bank, 1995, pp. 191～209.

设想有一个公司，它的员工持有相当数量的股份，这就是众所周知的职工持股计划(ESOPs)。目前这样的计划已经在全世界广泛开展。在ESOPs中，工人不管理公司，但对管理决策与股东有同样的影响。在ESOPs下，工人的收入由工资和股票的利润组成，因此工人会更加关注公司的盈利能力。如果有某种机制让工人提出建议，他们会从自身利益出发考虑改进生产的方法，也会在意其他人的表现，因为这影响着他们的收入。这样做的最后结果通常会提高生产力。如果工人持股者持有足够多的股份，他们很可能会改善工作场所的条件，让它满足人类的多样需求。如此，工人和资本家之间不再是一种对立关系，即工人只考虑自己的收益，而资本家只想获得利润，工人持股者会努力使两者达到平衡。如果根据满足人类需求的能力来衡量，在工人持股的情况下，尽管物质生产不一定增加，但肯定能提高效率。

值得一提的是，公司通常给CEO提供大量的股票期权，其基本原理和ESOPs相似。因为CEO对自己管理的公司并没有所有权，在管理公司时，他们会最大化个人收益而不是公司的利润。如果股票期权在CEO的薪水中占有相当的份额，那么对公司有利(以股票价值衡量，至少在短期内是如此)就是对自己有利。但这样仍然存在一些问题，从最近爆出的大量公司财务丑闻(Enron，WorldCom等)来看，一些CEO过于关注短期利益和股票价值。CEO通过财务欺骗可以让股票价值暴涨，而自己通常有足够的信息在崩溃之前脱身。另外，这种“ESOP”一般会加剧现存的收入和财富分配不平等。

扩大所有权的机会能帮助解决外部性问题。许多工业产生相当大的污染，对当地人有很大的负面影响。如果所有者住的很远，他们往往会只顾追求利润最大化而忽略法律允许范围之内的负的外部性。如果当地居民拥有足够的所有权并影响公司的管理决策，又会是怎样一番情景呢？当地人会努力寻求负的外部性和利润之间的平衡，从而内生负的外部性，这是有效解决问题的一个必要条件。交易成本只是股东之间的协调成本，任何公众拥有的企业都是这样。这样的结果社区持股计划(CSOPs)也能实现。

ESOPs和CSOPs存在的一个问题就是集中。经济在演化，作为这个过程的一部分，无论现在公司运行得多好，将来它总会破产。如果个人把全部的资金都投入到一个公司中，破产会对他们的福利带来毁灭性的影响。

资本所有权的分配机制。基础广泛的资本所有权可能是改善分配的一个有效工具，能够提高经济满足人们的需求和内生化外部性等方面的效率。怎样的政策能够帮助达到这一目标呢？简单地剥夺目前所有者的所有权交给工人可能是不公平的，有点太激进并脱离了必须注意初始条件的原则。更切实可行的方法有很多，这里只是简单涉及其中的一些。首先，生产性资产因不断磨损从而需要不断地替换。向更广泛的所有权方向发展并不是要求直接重新分配现有财产，而是改变新资本的所有权模式。第二，不仅有这样的机制存在，而且已经有很多国家试用，并且在不同的政治背景下得到了支持❶。

ESOPs也许是资本主义国家扩大所有权模式最广泛应用的系统。在美国，到1996年，近900万雇员加入了ESOPs，掌握了美国全部企业财产价值总额的9%。在联合航空公司，飞行员领导的工人联盟购买了现有股票的55%，以增加他们在公司管理中的发言

❶ 举例来说，右翼美国总统里根支持ESOPs，左翼克林顿政府下的劳工部长Robert Reich也支持。J. Gates, *The Ownership Solution: Towards a Shared Capitalism for the 21 st Century*, New York: Perseus Books, 1998.

权(目前,公司正在破产诉讼中——这是一个好的警告,不要把所有的鸡蛋放在同一个篮子里!)。在其他公司,股票被作为收益奖励给雇员,或以利润共享计划来代替。还有一些公司,给予员工股票是为了防止被其他公司恶意收购(在这种收购中,工人往往会丢掉工作,因此他们不愿意卖掉自己的股份)。一些公司把股票卖给工人来融资,甚至自己收购。许多税收激励和其他补贴已用于鼓励 ESOPs 的实施。

考虑到基础广泛的所有权制度的优点,政府还可以采用其他很多切实可行的策略来鼓励这种现象。政府合同、购买、许可证(比如公共电视或广播频道),以及私有化计划都表明企业偏爱促进基础广泛的所有权计划❶。现在的贷款补贴政策,比如许多国家的政府向国家出口商提供贷款担保,会使促进基础广泛的所有权的企业受益。国家和国际发展银行还能够为这类公司提供优惠贷款。从无数企业福利的例子中发现,其目的都可以简单地归为培养资本家。另一个必需的条件是培训人们如何当一个资本家以及如何管理资本,而绝大多数国家的公立学校都是培训人们如何成为工人而不是所有者❷。总之,资本主义社会需要更多的资本家!

自然资本报酬的分配

世界范围内,土地和其他自然资本的所有权同样十分集中。虽然地租的份额一般只占收入的 2%,但是这种计算忽略了自然资本报酬的两个重要来源。首先,自然资本提取的报酬通常归为利润,实际上大部分报酬是地租(回想一下,地租是超过和高于资源供给成本的利润。不可更新资源的供给是固定的,并且很多可更新资源的售价往往高于市场的供给成本)。第二,许多自然资源的报酬是以隐性补贴的形式出现的。比如,某工厂污染了水或空气,却不需为强加的成本付费时,工厂就获得了环境污染吸收能力的报酬。

结束公共补贴。当某种资源是国家所有时,开采企业通常需要缴纳特许开采权利金。在很多情况下,这种特许开采权利金实际上非常少,国家应该收取等于稀缺地租的特许开采权利金❸。把特许开采权利金用在公共物品上或利用它来减少税收,政府能够利用地租改善分配。在第一产业部门,政府对开采自然资源的公司进行补贴是非常荒谬的,美国的许多例子就说明了这点。

依据 1872 年的矿业法,企业可以购买联邦土地的表面以及矿物开采权。根据矿床的属性,价格在每英亩 2.5～5.0 美元之间❹。这一法律的初衷是激励更多的欧洲移民到美国西部定居,但现在成了对大企业的馈赠,很多企业甚至不是来自美国。公有牧场租给大牧场主的租金通常只是公平市场价格的一部分❺。国家森林采伐权的出售价通常低于政府修建森林公路的成本,有时甚至会低于投标的准备成本❻。这样最终结果是,为了木材

---

❶ 私有化,把公有(政府)财产卖给私有部门,在全球范围内以极快又极危险的速度发展,而这通常是 IMF 结构调整计划的一部分。

❷ 这些和其他的政策在 Gates, The Ownership Solution,(前面已经引用的著作)中有更详细的描述。

❸ D. M. Roodman, *The Natural Wealth of Nations: Harnessing the Market for the Environment*, New York: Norton, 1998.

❹ M. Humphries and C. Vincent, CRS Issue Brief for Congress: IB89130: Mining on Federal Lands, May 3, 2001. National Council for Science and the Environment. Online: http://www.cnie.org/nle/mine－1.html.

❺ B. Cody, Grazing Fees: An Overview. CRS Report for Congress, 1996. Online: http://cnie.org/NLE/CRSreports/Agriculture/ag－5.cfm.

❻ R. Gorte, Below－Cost Timber Sales: Overview. CRS Report for Congress, 1994. Online: http://www.cnie.org/nle/for－1.html.

美国很多国有森林被采伐。即使森林为私人所有，采伐在经济上也是不可行的。

20世纪90年代，一个更具争议的环境立法是给俄克拉荷马市爆炸案受害人提供救援法案的木材抢救附文❶。这一立法是想通过砍伐国家森林里所有的树木来"抢救"他们，使它们免遭虫害或火灾的危害。议案将抢救行动的环境法规抛在一边，明确规定如果必要木材可以在政府经济受损的情况下卖掉。因为绝大多数森林都有遭受虫害和火灾危害的风险，议案仅仅是大规模赠送公共资源而已。

联邦政府目前正在寻求一个类似的政策，即健康森林计划。虽然所有的这些案例都来自美国，但在世界上到处都可见类似的政策。免去所有这些补贴将减少生态系统及其服务的损失，为纳税人节省钱，还将给政府创造丰富的收益。

阿拉斯加永久基金和天空信托　阿拉斯加州采用了一种直接的方法来分配自然资本的收入。阿拉斯加对其储量丰富的石油征收特许开采权利金，征收来的钱将存入阿拉斯加永久基金，然后将基金的利息分配给阿拉斯加州所有居民。其原则是阿拉斯加的自然资本，至少是石油不归企业所有，而是阿拉斯加州居民的共同财产。把钱存为信托基金能够保证即使石油枯竭了，未来阿拉斯加州的居民仍能享有补贴。

生态企业家 Peter Barnes 曾建议建立类似阿拉斯加永久基金的"天空信托"，以分配非市场自然资本的收入。谁拥有天空？他认为天空是公共财产，为一个国家的所有居民共有。然而现实是有些人比其他人更多地使用了天空的污染吸收能力。工业污染天空而不付费，一些人的污染远甚于其他人。由于没有维护天空的共同产权制度，天空被视为开放式资源，这导致了空气质量变差、酸雨、气候变化和其他不良影响。

天空信托是解决规模、分配和配置问题的一系列政策。规模和配置是通过建立配额制度，以独立可交易的配额形式进行拍卖来实现的。我们已经讨论过这些机制是如何运作的。所有配额的销售额都将汇入一个信托基金，然后以现金的形式平均分配给所有的居民。所有居民分得同样的份额，但污染多的付费也多。因此，这种制度进行了重新分配❷。同样的思想可以用于所有的自然资本，那是自然界给所有人的礼物，而不是少数人的。

虽然有很多理由可以说明这是一个很理想的政策，但是重新分配机制也存在一些问题。天空是公共物品，很多其他的生态服务也适合采用天空信托这样的政策。与此相反的是，现金支付只让接受者对市场物品有权利。实际上，这一政策可能把人们的注意力从公共物品的分配引向私有物品的购买。当人们花费从信托基金得到的钱时，显然将刺激他们对其他自然资源的消费并产生废物。

应该考虑另一种选择——利用信托资助那些更加需要投资的公共物品。然而在现有的体系下，每年花费几十亿美元就是要使人们相信消费市场商品是得到幸福的唯一途径，并且公众对政府普遍不信任，在政治上直接的现金支付比把信托投资在公共物品上，甚至是减税上更具可行性。如果现金支付能使天空信托在政治上可行，那么这种方法仍然值得一试。如果将来人们能更好地理解和评估非市场物品的价值，那么信托或许能用来创

---

❶ 附文是附加在另一个与之无关的议案上的一个立法。没有附文议案不能被通过。

❷ P. Barnes, *Who Owns the Sky? Our Common Assets and the Future of Capitalism*. Washington, DC: Island Press, 2001.

造公共物品。

土地税　土地是国家财富的另外一部分，是自然界赐予的，最初属于一个国家所有公民的资产。人们可以对许多资产为所欲为，但是国家几乎总是试图保持对它们领土的主权。在大多数国家，与所有权的报酬一样土地所有权是高度集中的❶。另外，正如第十一章中指出的那样，李嘉图土地的价值几乎完全是正的外部性的结果——与其他人的接近使土地更具价值，土地的价值是社会而不是土地所有者创造的，土地供给也是固定的。除了极端情况，无论价格多高都不能创造出更多的土地，无论价格多低还是存在同样数量的土地。因此，土地的所有报酬都是超过供给价格的经济租金。由于供给固定而需求不断增加，土地价格和土地租金都会增加，从而导致财富和收入的日益集中。

经济学家 Henry George（他的名字在前面的章节中出现过）及其追随者主张，既然社会创造土地价值，那么社会就应该分享土地的报酬。然而对许多国家来说，重新分配土地本身就是一个困难的、有争议的并且政治上不可行的政策，通过土地税重新分配地租则更为便捷。这种方法的一些支持者极端地要求只征收一种土地税，并解释说这是关于自然赠与人类的礼物即所有自然资源的一种税。在绝大多数国家，财产税的征收对象包括土地和土地上的基础设施。但土地和土地上的基础设施是两种完全不同的资源，应该是对价值附加的地方征税，而不是对增加值征税。这样的政策有很多合理的特征。

在分配方面，较高的土地税将降低土地价值，因为它提高了拥有土地的成本。理论上讲，土地价格应该等于将来土地所带来收入流的净现值。由于较高的税收减少了收入流，因而也降低了土地的价格。土地税同样减少了土地投机买卖的利润。很简单，在等待地价上升期间，每年都要支付税金，这太过昂贵了。如果没有土地投机买卖的需求甚至会进一步降低土地价格。在土地价格较低的情况下，人们更容易拥有土地和住宅的所有权，尤其是在征收较高的土地税，同时减少或取消土地上建筑物的税收时。土地所有者需缴纳全部的土地税——因为土地供给是完全无弹性的，土地税不会转加给租赁者。这一点在图 22·1 中有更详细的说明。同样值得注意的是，投机泡沫是经济不稳定的原因之一，所以土地税能够帮助稳定经济。George 认为几乎所有的商业循环都是由土地投机驱动的。

想一想：

你能解释为什么消除投机买卖的利润能够减少土地的成本吗？请根据供求关系来思考。

土地税同样能够帮助降低城市扩张速度和它所有的负面影响。由于土地税的影响，土地所有者要么对土地的生产能力投资，要么把土地卖给其他投资人。土地价值越高，投资或出售的压力也就越大。最终结果不一定是获得了更多的投资，但是土地价值最高的地方会获得更多的投资。人口越密集，土地价值越高。这意味着城市中的土地会更加集约地发展，这减少了城市扩张的压力。

征收土地税的同时取消建筑物财产税，这减少了建筑物的供给成本，从而会修建更多

❶　在美国，最富有的 10%的人拥有 60%～65%的土地价值，在巴西，最富有的 1%的人拥有 50%的农村地区。Roodman，前面已经引用的著作。

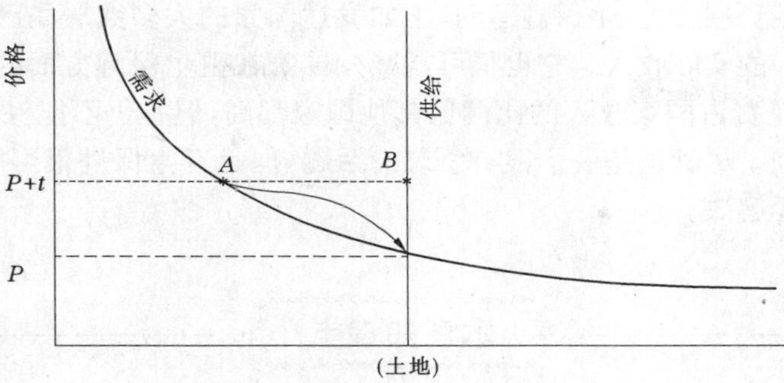

图 22.1　谁支付土地税?

土地的供给相对于价格是完全无弹性的。这意味着任何实际价格下土地供给量是相等的。相反,需求对价格是敏感的,并存在一个供给和需求都出清的市场价格。如果征收数量 t 的土地税,土地出售者就会试图将其转嫁到购买者或者租用人身上,将价格提高到 $P+t$,所以市场无法出清;数量 AB 是未出售的。无法以较高价格卖出或者出租的土地所有者被迫降低他们的价格至 P。这意味政府可以征收土地的全部租金而不减少供给量。

的建筑物。这种方式能改善分配,因为穷人的大部分收入通常是花在租金上,建筑物供给多了会降低租金。然而,要达到期望的分配和规模效应,土地税(或配额)应该扩展到包括自然界中所有的免费物品。在这样的情况下,必须支付新建筑物的新材料消费税(或配额成本),而修理旧建筑物则不需要,从而投资会转向修复。当前修复旧建筑物能增加它们的价值,因此需要负担税收,这阻碍了开展修复活动。相比对新建筑物投资,更多地投资于修复老建筑物具有限制城市扩张的作用。

多数情况下,政府为城市郊区的发展提供了基础设施,这只是给了迁往郊外的人们一些补贴。征收高土地税并且基础设施税较低或为零的这些城市,包括墨尔本、匹兹堡、哈里斯堡和其他城市,都表明这样确实起到了限制城市蔓延、促使城市更新的作用。土地税在城市规划方面是非常有益的。在农村地区,自然状态的土地提供了生态系统服务,因此通常不应该对这类土地征税。

想一想:

你能解释为什么取消建筑物税能增加其供给并减少租金吗?

其他政策

另外还有两种分配政策值得简单一提。第一,如果政府收回货币铸造特权(印刷钱币的权力),他们可以将这些钱用于改善分配。第二,考虑"需求方"的政策。穷人把他们的绝大部分收入花在哪儿?花到租金和卫生保健上了❶。由前述可知,把建筑物税转给土地能够压低房价。

❶ G. Flomenhoft, "The Triumph of Pareto: Does Equity Matter?" Unpublished working paper, presented at the US Society for Ecological Economics 2003 conference, Saratoga Springs, May 23, 2003.

普遍来说,政府发起的卫生保健运动,正如发达国家的大多数居民已经享受到的,能显著性地增加穷人的实际收入。它也很可能减少国家在卫生保健方面的支出,美国目前在卫生保健上的花费占国家收入的比例比其他国家都高,但是仍不能保证 4 000 多万公民的卫生保健问题。尽管这是一个很有争议的话题,但是卫生保健很可能像生态服务一样不能靠市场途径解决。

本章知识点

- 最低收入
- 收入和财富上限
- 财富、地位和权力
- ESOPs 和 CSOPs
- 地租
- 公共补贴
- 阿拉斯加永久基金
- 土地税

第二十三章 有效配置

传统的经济思想最关注配置，但在生态经济的政策分析方法中配置的重要性只排在第三位。当然这不是否认它的重要性，实际上，有效的或至少是成本有效的配置是好政策的一个关键组成部分，我们已经了解至今所讨论的各种政策是如何有效配置资源的。这一章主要转向关注配置中的几个"大蓝图"问题。

(1)提出了一种构想，如果建立的机制能够内生所有的外部成本，并且能够对所有的非市场物品和服务进行估值，市场本身将导致有效配置。

(2)研究了形成偏好的不对称信息流，并研究这些信息流是怎样影响资源配置的。有效地配置那些无助于提高福利的物品是无效率的。

(3)讨论了以宏观配置为目的的政策，私人和公共物品之间的资源配置问题。

(4)研究了全球性公共物品的供给在当地政府和国家管理下面临的资源配置问题。

(5)提出了一个更符合生态经济学目标的效率的扩展定义。

非市场物品和服务的定价与估值

第八章介绍，市场通过价格机制来平衡供需关系，从而对市场商品进行了有效配置。许多经济学者认为，如果能确定非市场物品的货币价值，那么也能利用市场机制来有效地配置它们。因此，计算非市场物品的"价格"成为了环境经济学最活跃的研究领域之一。价格一旦确定，就需要一种机制将这些价值"内生"到市场系统中。确定非市场物品和服务的价值，尽管是一项极端重要的工作，但是对它进行货币估值(等同于交换价值)是否恰当或有意义还存在争议。无论如何，内生这些价值都不是一项简单的工作。

第二十章已经讨论了，利用建立在初始规模基础上的价格确定最佳规模是一个循环的问题。当试图给非市场的生态系统服务贴上价格的标签时，因为有时需要确定规模变化的成本和收益，从而会碰到类似的问题。然而，即使我们能解决这个问题，仍会面临很多严峻的困难。

重新计算边际价值

你可能会想起专栏 14.1 中"钻石－水"的悖论。水能以极低的价格得到，但远比钻石有价值。价格反映的是交换价值，或是商品或服务的边际使用价值。使用价值是总价值，或是所有单位价值的总和。水的使用价值是无限的，然而这种资源非常充裕，额外一单位的价值接近于零。然而当水极度稀缺时，额外一单位可能会导致生死之别，所以它的边际价值也变得无限大。对任何基本的商品和服务(比如生态系统的生命支持功能)来说，也是如此：当某种基本资源稀缺时，边际价值极大，并随着稀缺程度的增加而迅速增加。

大约150年前,许多生态系统的物品和服务非常充足,以至于额外一单位的物品和服务没有显著的价值。结果经济系统忽略了这些物品的价值。然而随着时间的推移,这些物品和服务的稀缺程度不断增加,它们的边际价值也飞涨,这就是为什么经济学家现在试图计算它们价值的原因。当我们接近生态阈值(当前我们正在接近)时,这些物品和服务的边际价值和"价格"将迅速地增加。

为了内生这些生态系统的价值,需要不断地重新计算,收集信息,然后通过税收或补贴等措施反馈到市场机制中。然而计算这类资源的价值代价巨大,集聚知识并反馈到价格机制中需要庞大和昂贵的行政体系。看起来矛盾的是,我们喜欢市场正是因为市场是在政府干预最小、信息分散的基础上能不断地重新计算价格,而且几乎不需要代价。无论如何,配置非市场物品将是昂贵的、集中的,并且需要政府的大规模干预。

专栏 23.1　给自然和生命定价

法律诉讼中需要评价索赔的价值,针对这一合法的需求,经济学者设计了许多专门的估计方法。这些方法开始计算"生命的统计价值",以此来评价意外死亡涉及法律责任的赔偿金大小。通常的程序是计算死者在未来预期生命时间内收入流的现值。大多数人不会为了这个数目自愿放弃自己的生命,主要是因为他们自己接收不到这笔赔偿,但即使赔偿给了他们的继承人,志愿者还是很少。很明显这个金额反映不了"生命的价值"。但是作为一个解决意外死亡赔偿的实用程序,它是合理的——是评价人力资本,而不是评价人类。但是问题仍然存在:应该对失去的人力资本赔偿,还是对失去的生命赔偿呢?

问题:如果你给一个为"9·11事件"中的幸存者设立的基金捐了款,你是倾向于按受害者的人力资本差异补偿,还是倾向于给每个受害者同样的补偿?

有了评价人力资本的先例,就非常容易对Exxon Valdez意外的石油泄漏、工业事故等引起的生态系统服务和自然资本损失进行估值。作为一种制定意外事故事后赔偿的实用方法,人力资本法是合理的。当从事后转向事前、从非自愿的偶发事件转向假想的自愿交易时就引起了一些问题。这些问题是**条件估值**要解决的问题。**条件估值法**在事前呈现给人们一些假想的替代方案(确实是完全假想的),并询问为了保护100只大灰熊被调查者愿意支付多少,或者失去100只大灰熊被调查者想要获得多少。有趣的是,这两个问题会有完全不同的答案,尽管理论上它们应该相等。作为替代方案,可以将大灰熊作为公共物品来估值,询问被调查者愿意和其他人一块交多少税来保护100只大灰熊。这样做是更有意义,但仍是模拟市场而不是真实市场。

除条件估值外,还有其他的方法评价非交易物品的假想价值。环境经济学教材详细地讨论了这些估值方法。这里为什么吝啬笔墨呢,因为我们相信分开讨论配置和规模,讨论配置价格与规模之间的循环已使这个主题非常清楚。

不确定、无知和不熟悉

另外,非市场物品的估值方法存在很多问题。大多数方法都是通过模拟市场或现有市场来推断非市场物品的价值。其中有两个问题最值得讨论:我们缺乏生态系统功能的知识,不熟悉非市场物品的估值。

例如,条件估值法通过询问人们对给定的非市场物品或服务的支付意愿来构建一个假想市场。正如反复讨论的,该方法的问题是即使专家也不知道健康的生态系统提供的所有物品和服务，它们如何提供，人类行为对其供应的影响，临界的生态阈值在哪里，以及超过阈值后会有怎样的结果。

向湖泊中排放确定数量的污染物将会产生什么影响？将会失去哪些生态系统服务？积聚的废物流随时间推移是否会带来更大的损害——可能是不可逆转的损失？被污染系统的损失会影响其他系统吗？有关的时间尺度是多大？即使专家能够（实际上不能）解决所有的这些不确定性问题，并把信息传播给大众，人们对市场中的这类物品和服务并不熟悉，所以确定一个有意义的交换价值仍然十分困难。

时间、分配和估值

另一个问题是时间因素。大多数生态系统物品和服务是可更新的，可在将来为后代提供福利。是否用可更新的资本一服务换取不可更新的（人造的）资本一服务，或一次性换取不可更新资源的存量是一个典型的决策。这样的决策需要比较现值和将来值，经济学家一般是通过贴现将来值来比较的。贴现率显然是决定价值的最重要变量，但目前并没有一致地确定贴现率的客观标准。

还必须认识到：我们应给后代留下什么是一个涉及代际分配的伦理问题。传统的经济学家认为这不是分配而是配置问题。如果一种资源在将来比现在的价值大，就应储存起来将来用。因此，最大化资源使用的净现值（*NPV*）会导致最佳配置。然而，对当代人来说 *NPV* 是现在和将来资源的价值。这相当于把产权赋予了当代人，从而当代人可以随意干涉后代人的资源使用。这里重要的只是资源对当代人的价值。

专栏 23.2　生态系统货币估值的方法

有很多方法可以对生态系统提供的非市场物品和服务估值。但大都只适合对服务中的子集合估值。环境经济学的教材对这些方法介绍很多。“生态系统评估”网站（http://www.ecosystem-valuation.org）是一个很好的了解这些方法的地方，该网站里列出了以下方法：

- 市场价格法：估计商品市场中买卖的生态系统产品或服务的经济价值。
- 生产力法：估计用作商品生产的生态系统产品或服务的经济价值。
- 享乐价格法：估计直接影响其他商品市场价格的生态系统或环境服务的经济价值。
- 旅游成本法：估计用于娱乐的生态系统或景点的经济价值。假设多少人愿意付费旅行和参观景点可以反映该景点的价值。
- 损害的避免成本、重置成本和替代成本法：基于因失去生态系统服务造成损害的避免成本，重置生态系统服务的成本，或提供替代服务的成本来估计经济价值。
- 条件估值法：估计任何生态系统或环境服务的实际经济价值。是最广泛使用的估计非利用或“被动利用”价值的方法。在假设情景下让人们直接声明对具体环境服务的支付意愿。
- 条件选择法：估计任何生态系统或环境服务的实际经济价值。让人们在设置的生态系统、环境服务或特征集之间权衡取舍。不是直接询问支付意愿，而是从不同属性（必须包含成本属性）的损益比较中推断出经济价值。
- 收益转移法：利用已有的其他地区或问题的收益估计结果来估计经济价值。

作为另一种替代，我们可以赋予后代一些资源的产权。比如可通过责任原则赋予当代人这样的权利，只要能够补偿后代价值上相等的其他资源，当代人就可以自由地使用资源。按照不可剥夺原则，后代人有权利享有一定份额的资源，当代人必须为他们留下。这三个原则的资源初始分配不同，每个原则都将产生不同的市场和非市场资源的价格集。具体采用哪个原则是伦理决策问题，而不是配置效率问题。

市场与非市场价值

假定所有的这些问题都解决了，货币估值能否导致有效配置呢？价格提供了一种通过市场最大化利润的反馈机制，经济学家假设这种反馈机制为最大化人类福利创造了合适的条件。单一的反馈机制足以配置对人类福利有贡献的所有资源吗？难道具有复杂功能的自然生态系统只有一种反馈机制吗？一些生态学家认为生态系统确实是这样起作用的，最大化能量消耗就是最终的反馈系统。

尽管能量消耗在有些生态模型中是非常恰当地简化，但它也不是自然界唯一的驱动力。即使它是，作为一种竞争排外的原则，它也不能很好地用于人类经济，因为在人类经济系统中成本最大化肯定是不经济的。而且人类的道德信念使人类经济和生态系统之间的相互作用比单独的生态系统功能更加复杂。简化论的方法假定仅靠利润的动机就足以最大化人类福利，但这不足以引导追寻最终目的。因此，生态经济学不支持简化论的方法。

对任何事情都进行货币估值会遇到很多问题。具体而言，非常容易开发一种方法计算民主政治的价值。相比生态系统服务，通常人们更了解民主政治，我们可以很容易地设计一份调查问卷来了解选举人对投票权的支付意愿（或者放弃投票权的最小接受意愿）。对人权和很多人认为的居住在健康环境中的权利，可以采用与民主政治同样的方法处理。但是大多数人认为政治、人权与经济属于不同的道德领域，经济领域中的权利不应该转化成其他领域中的权利❶。（尽管有时确实有这样的转化发生，但人们通常并不认为这是合理的）。政治权利、人权和其他道德价值并不是个人价值，而是社会价值。通过加总个人偏好来估计社会价值有成分谬误，绝对是错误的。

想一想：

你会出售投票权吗？如果存在这样的市场，你希望它的价格是高还是低呢？

我们需要不断地在互斥的替代选择之间做出决策，比如更多的森林还是更多的商业带，这需要比较市场和非市场价值。然而，许多非市场物品和市场商品根本不同，做出“科学的”比较不仅是不可能的，也是不合理的。估出每样东西的货币价值并不会使决策更客观，只是简单地模糊了做出“客观”估值所需要的道德抉择。

大多数环境经济学教材用相当的篇幅讨论了非市场物品和服务的估值方法。对生态系统估值可以引起公众和决策者的注意，同时也可以洞察经济政策恰当与否。但试图计算所有非市场物品的交换价值，然后利用这个价值决定保护什么和破坏什么，正如第三章所讨论的，这是经济帝国主义的范例。

❶ M. Walzer, *Spheres of Justice*. New York: Basic Books, 1990.

生态经济学具有更广泛的视角，估值并不能捕获所有的附加在非市场物品上的人类价值和物质需要。生态经济学不是花费时间试图计算非市场物品的"正确"价格，而是强调"零价格"是不正确的，应该花费时间改进和完善那些认识到非市场物品具有重要的，经常是无限价值的政策，即使我们不能精确地量化它们的价值。

宏观配置

正如在第十六章所讨论的，宏观配置是怎样在市场和非市场物品供给之间配置资源的问题。政府对非市场物品的提供具有重要的作用，还能通过税收和补贴影响市场商品的需求。假设在民主国家，市民会推选做出正确宏观配置选择的政治家。但这个假设的一个严重问题是人们缺乏非市场物品和服务方面的信息，人们做出正确的选择需要大量的信息。这部分首先阐述了与市场和非市场物品属性有关的不对称信息流的政策，然后分析了政府给私营部门提供公共物品以激励的可能性。

不对称信息流[1]

不对称信息流是指买方和卖方一方具有，而对方不具有的信息，这种信息影响交换商品和服务的价值。经济学者早就知道不对称信息是一种市场失灵，并导致了严重的无效率。比如，如果某人出售一部汽车，他自己了解汽车的性能，但是潜在的买主不了解。买主将在购买劣质品的风险基础上调整他愿意支付的价格，这种经风险调整的价格将低于使用过的好车的价值。理性的卖主也不愿意以风险调整价格卖掉一部好车，因此市场将只会提供劣质品(至少理论上是这样)。Joseph Stiglitz 凭对这个基本问题的洞察赢得了诺贝尔经济学奖。

我们面临一个与形成偏好的不对称信息流相关的问题。许多经济学者认为偏好是先天的，但商业每年大约投入 6 520 亿美元赌广告能强烈地影响人们的偏好[2]。作广告需要花钱，并且只有市场商品的广告才能回收成本。今天听到的广告词大多是直销市场商品及它们赞助的节目[3]。与铺天盖地的市场商品广告形成鲜明对比的是，几乎没有非市场物品的广告。广告确实改变偏好，问题是广告只改变人们对市场商品的偏好而不改变对非市场物品的偏好。

人们可以配置的资源是有限的。如果广告使我们相信，整个社会应向市场商品配置更多的资源，那么相应地向非市场物品配置的资源就会减少。正如我们所知道的，向消费品配置的所有资源都是取自自然并且会以废物的形式返还到自然中。从这个角度看，广告使我们为了个人私利而破坏公共物品或使公共物品退化。发达国家现在的消费水平和可持续的未来相悖；而现在有这么多广告，降低消费水平又谈何容易。

---

[1] 这部分讨论的内容大部分改编自 J. Rarley, R. Costanza, P. Templet et al. Synthesis Paper: Quality of Life and the Distribution of Wealth and Resources. In R. Costanza and S. E. Jφrgense (eds.), *Understanding and Solving Environmental Problems in the 21 st Century: Toward a New, Integrated Hard Problem Science*. Amsterdam: Elsevier, 2002.(此书的中译本 2004 年在黄河水利出版社出版——译者注)。

[2] 国际广告协会，2000. 把这个数字放在背景中，1997 年只有 7 个国家的 GNP 高于 6 000 亿美元。

[3] A. T. Durning, *How Much Is Enough? The Consumer Society and the Fate of the Earth*, New York, Norton, 1992.

这不是和广告相关的唯一市场失灵。可以证明人类福利是由我们满足自己需求和欲望的能力决定。广告通过使我们相信确实需要一些产品或其他的东西来创造欲望，然而它没有增加我们满足欲望的能力。从这个意义上说，广告直接减少了我们的福利。美国百货联盟公司的前总裁 B. Earl Puckett 曾声称“我们的工作就是让妇女面对现在她们拥有的东西感到不幸福”❶，这切中要害地指出了广告的作用。按这种思维模式广告基本上是一种“公共危害品”。

问题的关键在于如何为非市场物品提供对称信息流，这个问题争议很大。这里简单地提供了几种可能情况以供讨论，欢迎提供新的和更好的想法来解决与广告有关的市场失灵。

许多国家的广播电视广告都会有补贴。广播电视是有价值的公共财产，但是却免费或低价给予了通讯公司。尽管事实上广播电视本身是竞争性的、排他性的和稀缺的，但通过广播电视播送的节目具有非排他性（至少在播送没有扰频时如此）和非竞争性，从而是一种公共物品，这是将广播电视分配给广播站、电视台的具体原因。然而，如果政府要向利用广播电视的公司收取广告费用，也只能对私人赢利的那部分收取费用。现在广告被当成商业成本并且免税，然而将广告作为一种公共危害品征税更为恰当，其原因可见上面的论述。由于生产是为了满足现有的需求，而不是创造新的需求，所以不能把广告作为生产成本注销。

税收可以减少关于市场商品的广告数量，但不能增加人们对满足人类需要的非市场满足品的关注。增加对非市场满足品的关注有几种替代方案。一是通过法律要求广告“全面揭露”。就像药品在药品标签上列出所有潜在的不利副作用一样，广告也应该列出宣传产品的所有潜在的不利副作用。当然，这应包括对环境的所有负面影响以及这些负面影响的含义。二是免费播放公益广告，创造对环境服务和人类需求的其他非消费性满足品的需求。媒体是非常有力的说服工具，就政策而言，一种有效的方法是使它提供的信息流更加对称。

这两种限制广告的方法会引起一个问题，人们会抱怨它们侵犯了言论自由的基本权利。确实这限制了言论自由的权利，但言论自由不包括说谎或误传，也不包括用大功率的扩音器夸大的权利。比如，在没有火灾的情况下，在一个拥挤的剧院中绝对不能大喊“失火啦!”，因为这威胁到了其他人的福利。当消费威胁到后代的福利时，大喊“失火啦!”和鼓励人们消费实质上一样。目前，很多国家已经限制了酒类和烟草的广告，澳大利亚消费者协会正在抨击在儿童电视节目中播放不健康的食品广告❷。同样的原理也适用于限制那些间接鼓励人们破坏环境的广告。

补贴非市场物品

即使人们能充分了解非市场物品带来的收益，并选出了愿意提供这些收益的政府，但如何最好地做到这些，这个问题仍然存在。通常来说，最好的办法是让政府直接提供，或

---

❶ A. T. Durning, *How Much Is Enough? The Consumer Society and the Fate of the Earth*, New York, Norton, 1992.

❷ 出处同上。

直接让私营部门的承包人来做。但在很多情况下，非市场物品的正的外部性来自于市场商品或私人物品的生产。比如，农民采用等高耕作法修建梯田，这为后代保持了土地的生产能力；沿河流保留缓冲带，这会显著地改善下游的水质。问题是私营部门提供的正的外部性要低于社会的期望。当正的外部性以公共物品的形式存在时，最佳的方法可能是让政府补贴私人生产的公共物品。

可以采取的补贴形式有几种。直接补贴是完全补偿私营部门提供的正的外部性❶，实际的补偿是在假设外部性的供给更充足的情况下部分“内生”了外部性。作为替代方案，减税也可以补贴正的外部性。减税的范围从降低减少侵蚀的农民的土地税到减少公司投资培训员工的税收（现在人们经常更换工作，由于工人会把新掌握的技能带到另外的公司，所以一般公司提供的培训少于社会最优的要求）。此外，信贷津贴是另一种补贴形式。如果正的外部性的活动投资不足，较低的利率将激励更多的投资。

使用货币铸造税

政府补贴利率的钱从哪里来呢？正如第十四章所讨论的，这里再次建议恢复政府的货币铸造权。银行通过有利息的贷款来创造钱。平均起来，这类贷款产生的金融收益必须能够偿还本金加利息，意味着贷款的钱必须是用于市场商品的生产（或消费）。除非经济持续增长，否则偿还具有正的真实利率的所有贷款是不可能的。反之，政府可以使用权力制造货币发放无息贷款，或直接给予最能促进公共物品，包括非市场物品供应的活动。这不仅有助于为非市场物品宏观配置资源，还会促使产生不是建立在无休止增长基础上的金融系统。

非市场物品的空间特征

在前面的几章中，我们讨论了非市场物品的空间特征。大多数生态系统在局地、区域和全球层面上提供服务。比如，森林在每个层面上都可以影响气候稳定性。然而一致性原则要求决策单元的范围应当与政策要解决问题的因果范围相一致。生态系统的退化通常是由局地层面上的原因引起的；影响却在局地、区域和全球层面上都有；而决策机构主要是地方和国家层面上的。这样就使政策要具有有效性非常困难。

为了更具体地说明问题，这里采用了澳大利亚阿瑟顿高原毁林造田的实例。私有土地上的决策都是局部的。农民毁林造田的个人净边际收益随着毁林面积的增加而减少。开始的砍伐是在最好的土地上进行的，其产出能满足基本需求。进一步的砍伐发生在尚可的土地上（比如，陡坡、不太肥沃的土地和距离较远的土地），其产出只能满足次要的需求。最终的结果是农民都没有意识到的，砍伐森林使森林提供的生态系统服务减少到了这样的程度，已经影响了水质，使森林的遮光覆盖作用不足，导致产量下降——也就是说，森林砍伐的个人净边际收益（*MNPB*）为负。

图 23.1 的 *MNPB* 曲线描述了这种情景。农民有权利按自己的喜好处置自己的土

❶　大多数情况下，很难知道非市场物品的精确价值以及由此得出的赔偿的最佳水平。我们确切地知道零价值是错误，合理的补偿将改善配置。

地，理性的、消息灵通的农民应该砍伐森林直到边际效益为0，即达到 A 点。否则，出于无知，他们会达到 B 点。不仅农民是无知的——当发生这些问题时，几乎无人知道砍伐森林的负面效应。

位于毁林造田下游地区的城镇，从此会遭受不规则水流和差水质的困扰。原本该地区的自然观光旅游业收入远高于农业，现在也受到了砍伐森林的影响。图中也描述了砍伐森林的地方边际外部成本（$MEC_{地方}$）。如果地方政府了解这些负的外部性，他们会实施将森林砍伐限制到 C 点的政策，如强制征收 OC' 的森林砍伐税，或发放数量为 OC 的可交易森林砍伐许可证。

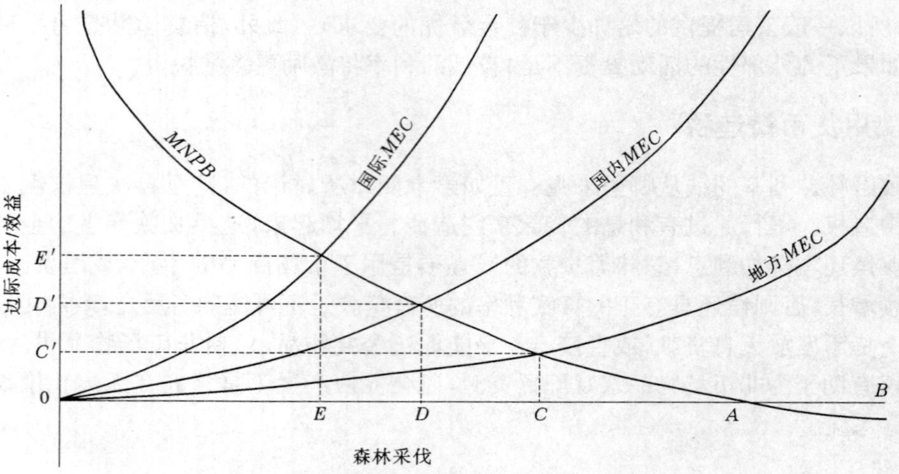

图 23.1　森林采伐的不同空间尺度下的边际成本和边际效益

MNPB 曲线显示了阿瑟顿高原毁林造田的个人净边际效益。曲线核算了失去农民直接受益的生态系统服务后的成本。由于无知，农民最初毁掉了 *OB* 数量的森林。当他们有更好的认识后，他们将只毁掉 *OA* 数量的森林。地方、国家、国际社会的毁林边际外部成本如图所示，以及相应的最优毁林水平分别是 *C*、*D* 和 *E*。

森林砍伐的国家 *MEC* 包括地方的 *MEC*。另外，高原上的森林砍伐会导致侵蚀、淤积和营养流失，所有的这些都流入大海最终堆积在珊瑚礁上。这会影响行政管辖区域之外的渔业和旅游业。州或国家政府应该实施政策把森林砍伐限制到 D 点，这可以通过收取 $C'D'$ 的国家森林砍伐税，或政府从数量为 OC 的配额中购买 DC 部分并废弃不用来实现。

类似地，全球的 *MEC* 包括国家的 *MEC*，除此之外，还包括森林砍伐对全球气候变化和生物多样性减少的影响。因此，点 E 是全球最佳的森林砍伐点，但是显然不存在超越国家主权的全球权威机构来处理森林砍伐这样的问题，所以税收不是一项合适的政策选择，也没有全球的联盟能够购买森林砍伐许可证（如果有也是国际可交易的）。目前，在有些国家保护生态系统和监视生态系统退化方面，单个政府、多边机构和国际 NGOs 起到了一定的作用，但可以肯定的是，还不足以达到全球最佳的生态系统保护水平，其原因可能是无知和搭便车共同导致的结果。

因此生态系统物品和服务的空间分布呈现了一个严重问题。对生态系统的控制通常是在个体层面上，他们获得了森林砍伐的所有收益（比如，木材销售和随后的农田利用），但是由社会共同承担了生态系统服务损失的成本。如果存在有效的机构和信息，地方和国家政府能够根据他们的观点实施最优化生态系统保护的规则。或者，以自发的社区组织和 NGOs 的形式组织社会公民，在政府失灵的时候介入。然而，这只能依赖于良好意愿、利他主义，或者其他与理性的利己主义假定不一致的行为.多亏了人类精神中还有这样的重要内容。当政府行动时，他们不愿意追求生态系统保护的全球合理水平，因为让他们这样做的激励很少，而国家主权允许他们忽略全球利益。由于所有层面上的政策制定者不清楚完整的生态系统实际提供的全部收益，从而很难弄清最优的结果是什么。

虽然热带森林持续的开发在全球层面上可能是不经济的，但在世界上许多仍保留热带森林（和其他健康的生态系统）的地方，在地方层面上持续砍伐森林仍然具有经济意义。亚马孙雨林、东南亚许多地区和中非，与未开发森林相伴的是高度的贫穷和土地的缺乏。对于个体而言，在当前的环境条件下最好的选择无疑就是砍伐森林然后种植作物。这样做的农民不是不理性的。他们可能不知道他们的行为对生态系统服务的破坏（尽管比城市居民知道的多），但是即使他们认识到这些，砍伐森林的个人所得远高于生态系统服务破坏需要分担的成本。

在拥有许多森林的国家，出现这种情况的州或者行政区域几乎都是完全被森林覆盖并且人口密度很低的地区，因此在地方和区域层面上继续砍伐森林可能也是合理的。然而需要重点说明的是，即使在地方层面上继续砍伐森林可能是恰当的，但很多地区的森林砍伐方式具有破坏性且效率较低。比如，市场接近程度较差的地方可能砍掉和烧掉有价值的、提供重要的非木材资源（如巴西坚果）的木材和树。尽管有时较少的投资就能产生更可持续和更有利的结果，但采用破坏土壤的不可持续的生产技术非常普遍。因此，从地方的角度来看砍伐森林是恰当的，但实现的方式可能非常不恰当。

即使是在像苏里南、圭亚那和法属圭亚那等森林覆盖率达到 90％的国家，如果不是产生了太多的垃圾，在国家层面上继续砍伐森林能够改善社会上大多数人的福利（尽管不包括依赖森林生存的土著居民），这还能巩固对有争议边界的所有权。其他为了国家利益减慢和停止森林砍伐的国家，对资源的投资没有得到期望的收益，所以也需要这么做。大面积完整的森林使得限制砍伐的监测和管制非常昂贵和困难。实际上在许多这样的国家中，大面积的森林基本是开放式资源。例如巴西 80％的木材砍伐是不合法的❶。

巴西提供了一个国家研究的有趣案例，在过去的 20 年里，国家政府的态度从明确而有力地支持森林砍伐转变到用相当多的立法减少森林砍伐。很多保护森林的国家立法执行效果很差，其他的国家政策在有些地区急剧地增加了森林砍伐，虽然如此，在国家层面上体现出来的是更努力地保护森林的趋势。这反映了对森林提供的生态系统服务知识的增加、保留下来的森林边际效用的增加和国际压力的增大。有些森林砍伐严重的州实行了创新的政策来减少森林砍伐，而森林覆盖率高的州仍然支持砍伐。大西洋森林只有

❶ C. Bright and A. Mattoon, The Restoration of a Hotspot Begins. *World Watch Magazine*, November/December, 2001.

8%残存下来，一些个人土地所有者正努力保护残存的森林，有的甚至是积极地恢复森林。保护森林明显缺乏的是全球社团提供的资源。

国际政策

全球尺度的问题最终必须通过全球性的政策解决。全球社团可以采取哪些政策将森林砍伐和其他形式的生态系统破坏限制在全球可以接受的水平上呢？之前我们讨论了污染者付费原则，但是当涉及到森林砍伐与珊瑚礁、湿地和其他生态系统（或者温室气体排放）的破坏问题时，主权国家就不愿意为本国活动对世界其他国家造成的影响付费。虽然所有的国家都受益于其他国家健康的生态系统，但健康生态系统的保护却很少或得不到任何补偿。生态系统服务是全球性的公共物品，对此大多数国家采取的都是搭便车的态度。

一种方法是采用“受益者付费原则”，那些受益的人为他们的受益付费。事实是那些现在拥有大量世界上最具有生产力的生态系统的欠发达国家，通常缺少制度和资源将生态系统按国家期望的状态转变。在全球期望水平上保护生态系统的有效政策，必须提供这样做的激励和资源。

生态系统保护的国际补贴 基于市场的“受益者付费原则”可能是对提供生态系统服务给予国际性的庇古补贴。以巴西亚马孙河为例，要使毁林从国家最优的水平变为全球最优的水平，即位于图 23.1 中的 E 点，全球社团需支付 $D'-E'$ 的数量。第一个问题是让富裕国家同意支付巴西减少森林砍伐的交易成本，以及每个国家必须支付多少。其中一个潜在的大问题是应该给谁补贴。

亚马孙河面积十分广阔，在森林砍伐迅速的情况下，平均每年受影响的区域还不到1%。向所有土地拥有者付费让他们不砍伐森林可能是低效的，因为这些人并不是都计划去砍伐森林。一种可能的方案是给当前砍伐森林的农民付费让他们别再砍，但这有巨大的困难。与每个农民达成协议的交易成本巨大，保证农民履行协议的监管和执行成本也很高。如果农民同意不在某一区域砍伐森林，他可能会到其他区域砍伐。

不对称的信息引起了另一个严重的问题，因为只有农民自己知道他们要砍伐多少森林。如果补偿只支付给正在砍伐森林的农民，其他农民也会开始砍伐以使自己能得到补偿。因此，直接给在砍伐森林的土地所有者补贴可能会增加森林砍伐率。

补贴的一种可能替代方案是，当森林砍伐率低于预定底线时，国际社团才补偿巴西。底线可能是过去几年的平均水平，或是用包括降雨和经济增长等变量的复杂模型估计的期望水平。比如，亚马孙最近三年（1995～1997 年[1]）的平均森林砍伐率是每年 200 万公顷。如果毁林不到 200 万公顷，国际社团需要为“毁林的不足额”支付给定数目的补贴。如果仍发生森林的过度砍伐，补贴可以提高；如果补贴数额太大，也可以减少。每年砍伐掉 200 万公顷森林将得不到任何补贴，显然没有动机超过这一点。

另外的替代方案是采用当前巴西采用的生态 ICMS 策略。ICMS 是一种对商品和服务征收的税，按照达到生态目标（如流域和森林保护）的程度，某些州一部分税收被返还给

[1] Instituto Nacional de Pesquisas Espaciais (INPE), Desfiorestamento 1995－1997 Amazonia, 1998. Online: http://www.inpe.br/amz－00.htm.

市政当局。这种方案的实质是对提供生态系统服务付费,已经证明这种措施非常有效。

没有理由说明类似的方法不能用到全球层面。最初或许可以在生物多样性热点区域尝试应用。科学家确定了世界上拥有大量的物种并且受到严重威胁的 25 个区域(其中 70%或更多的地区已经被破坏)。鉴于生物多样性对维持生态系统恢复力和功能的重要性,这些热点区域提供了大量的生态系统服务。类似于生态 ICMS,可以根据达到保护标准的程度将全球汇集的资金分配给保护这些热点区域的国家。然后就是单个国家决定怎样达到这些标准,这在实现宏观控制时允许有一定的微观自由。

实施这类国际补贴计划需要具有几个特征。第一,交易成本最小。便宜的卫星图片能够提供日益准确的森林年度砍伐量的估计值,所以监测成本很小❶。虽然图片解译可能不太精确,计算机分析至少能够使它们一致,并不需要数量上完全精确。这种方法目前被用于监测巴西 Mato Grosso 土地利用法的实施。尽管每公顷具体补贴多少美元可能不十分精确,但补贴仍能够反映森林保护的数量。

第二,在国际层面上并不需要精确查明谁在砍伐森林。执行和责任不是主要问题,因为保护发生之后基金才会分发;如果森林砍伐没有减慢,就不用花钱。

第三,国家主权是完整的,没有哪个国家有义务改变行为。

最后,许多欠发达国家面临的一个主要问题是他们缺乏执行环境政策的制度和资源,特别是像亚马孙这么广大的区域。采用前面讨论的政策,补贴能够给地方和国家政府提供减慢森林砍伐的激励和资源。

另一种非常相似的方法是结合国家庇古税和国际补贴。这时,国家政府需要征收森林砍伐税。在财政和政治上,执行和管理这种税收的成本很高。虽然这些成本可能低于获得的收益,但它们仍然会减少执行这种政策的激励。然而,如果有全球机构为这种税收匹配资金,或这种税收的一部分(或许会高于 100%),那么这个政策包有效地结合了"污染者付费"和"受益者付费"。

对减少污染排放的公司进行补贴可能会导致出现更多的公司。如果一个国家仅是为了获取补贴而培良森林,这就不是一个问题了。

尽管这些建议具有经济意义,但还没有在全球层面上试用过。这就是提倡对所有政策进行适应性管理的原因。当一个政策起作用时,采用它;当它不能起作用时,修改它或者用另外的政策替代它。当政策不起作用时,我们不能袖手旁观或什么也不做。

重新定义效率

在标准经济实践中,配置效率是在用稀缺资源产生最大的货币价值时(对效用的衡量)实现的。通常配置效率关注货币价值而忽略非市场物品和服务。经济学者提倡的帕累托效率是指这样一种分配,没有其他的分配方式能在不损害其他人状况的情况下改善一些人状况。帕累托效率不能在个体之间比较,它接受财富分配的现状,即使这可能是不公平的。它忽略了财富的边际效用递减和重新分配的潜在收益。

❶ A. Almeida and C. Uhl, Brazil's Rural Land Tax: A Mechanism to Promote Sustainable Land Use in Amazonia, *Land Use and Policy* 12: 105~114(1995).

很多经济学者和政策制定者都将潜在的帕累托效率(Hicks－Kaldor 福利标准，见第十七章)作为一种“客观的”决策工具，这种工具支持重新分配后能潜在地创造帕累托改进的配置，新配置并不要求重新分配。由于现代经济中财富能带来更多的财富，潜在的帕累托改进受益更多的显然是富人而不是穷人。

相反，技术效率定义为从给定数量的资源投入中能获得的最大数量的物质产出。尽管技术效率是一个期望的目标，但它单独很难为建立一个可持续社会起太大的作用。技术效率提高能够减少对资源的需求。作为选择，资源数量的减少能够降低最终产品的成本。因为价格降低了，技术效率提高的结果很可能是更多而不是更少的资源消耗。

经济的目标不是最大化生产，而是提供服务。服务定义为精神流量的满意度，它来自于人造资本和自然资本直接提供的生态系统服务。只有通过自然资本转化才能创造人造资本，人造资本服务的生产需要牺牲自然资本的服务，我们称之为广义的效率等式。因此，效率的一种恰当衡量方法是人造资本存量(*MMK*)提供的服务与牺牲的自然资本存量(*NK*)之比。有很多方法可以改进这个效率比率，如下面的等式所示：

$$\frac{\begin{matrix}MMK\\ \text{获得的服务}\end{matrix}}{\begin{matrix}NK\\ \text{牺牲的服务}\end{matrix}}=\underset{(1)}{\frac{\begin{matrix}MMK\\ \text{获得的服务}\end{matrix}}{\begin{matrix}MMK\\ \text{储量}\end{matrix}}}\times\underset{(2)}{\frac{\begin{matrix}MMK\\ \text{储量}\end{matrix}}{\text{吞吐量}}}\times\underset{(3)}{\frac{\text{吞吐量}}{\begin{matrix}NK\\ \text{储量}\end{matrix}}}\times\underset{(4)}{\frac{\begin{matrix}NK\\ \text{储量}\end{matrix}}{\begin{matrix}NK\\ \text{牺牲的服务}\end{matrix}}}$$

比率 1 是服务效率，它由技术设计效率、配置效率和分配效率组成。比如，使用同等数量的材料，设计好的房屋比设计差的房屋能提供更多的遮蔽服务；另外，提供结构坚固的服务，胶合板木材和薄板状的地板比实心木料使用的原料少。配置效率需要用黑胡桃木制造优良的家具而不是地板托梁。至于分配效率，用同样的木材给 50 个无家可归家庭提供基本住所，比给一个亿万富翁建造一座很少利用的避暑公寓能够提供更多的服务。

比率 2 是维持效率或耐用性。所有的 *MMK* 存量需要靠吞吐量来维持或取代，但是吞吐量需要得越少，效率就越高。工程质量好的房屋比潮湿倾斜的房屋更耐用并且维护要少。

比率 3 是自然资本的增长效率和收获效率。管理良好的森林和由速生林种组成的人造林比管理较差的森林或由生长缓慢的树种组成的人造林提供的可持续收获的木材更多。比如，对亚马孙地区的研究表明，仔细挑选要砍伐的树木，移除这些树上的蔓生植物，并且仔细地设计木材滑动线路能够使收获间隔时间减少 30～90 年。

比率 4 随自然资本存量增加而增加，或随单位自然资本牺牲的生态系统服务减少而增加。重新造林可以增加森林存量。虽然从生长和木材产品的角度来看一个木材种植园可能是有效率的，但它可能提供很少的其他生态系统服务。相反，改进现有森林的管理进行有选择地砍伐，就像上面描述的那样，可能会同时增加效率 3 和 4。

这个定义通过对获得的服务(分子)和服务损失(分母)之间的损益比较来处理规模问题，就像等式左边表示的那样。不经济的增长不可避免地会减少效率。等式右边是总效率的组成——即设计、分配、耐用性、增长和收获。

想一想：

使用广义的效率等式分析露天矿煤的燃烧效率。在你的回答中考虑四个比率。（提示：*MMK* 存量是采煤的库存，*NK* 是地上的煤。）

本章知识点

- 定价非市场物品和服务
- 条件估值和对自然定价
- 市场与非市场价值
- 宏观配置不对称的信息
- 不对称信息
- 非市场物品的补贴
- 货币铸造税
- 生态系统保护的国际补贴
- 广义的效率等式

展　望

本书主要讨论三个问题即资源的配置、收入的分配和相对于生态系统的经济规模，尤其强调第三个问题。好的资源配置是有效的，好的收入或财富分配是公平的，好的规模至少是生态可持续的。

在标准经济学中经常出现配置和分配的概念——不同的收入分配存在不同的最优资源配置方案及与之对应的优化价格集。标准经济学主要讨论配置问题，其次才是分配问题。原因在于给定的分配是定义有效配置的必要条件；分配公平本身就很重要。

第三个是规模问题，即经济系统的物质规模相对于包含它的生态系统大小，标准经济学不考虑这个问题，这也是区别生态经济学与标准经济学的关键点。经济系统是具有有限性、非增长性及物质封闭性（虽然考虑太阳能时是开放的）的生态系统的开放子系统，这种分析前的愿景立即引出了三个要分析的问题：相对于包含它的生态系统，经济子系统现在有多大？它能达到多大？它应该多大？是否存在最优规模，超过最优规模经济子系统物质增长的边际成本是否开始超过根据人类福利核算的边际价值？本书试图给出肯定存在最优规模的理由。

如果经济在“空”的世界中增长，那么它不会侵占任何东西，它的增长也没有机会成本。由于经济实际是在有限的和非增长的生态系统中增长与侵占，所以增长规模及收益肯定存在机会成本。存在机会成本是因为物质经济就像一只动物，是一种需要靠新陈代谢流量支撑的“耗散结构”，这种流量往返于环境。我们称这种流量为“吞吐量”（采用工程学术语）。吞吐量从枯竭环境中有用的低熵资源开始，然后是生产和消费过程（不考虑这些词汇的内涵，枯竭、生产和消费都只是物质转化过程），最终返回环境的是同样数量的高熵污染性废物。

枯竭和污染都有成本。经济增长不仅在空间上和数量上侵占生态系统，而且使维持新陈代谢吞吐量的环境源和汇退化，这使经济和生态之间形成一种不断协同演化的适应性。假如这种适应性是以这种方式形成——吞吐量维持在生态系统吸收废物和更新资源的自然能力范围内，那么可认为这样的经济规模是“可持续的”。当然，不能以可持续产出的方式开发不可更新资源，但伴随可更新资源的可持续生产开发分析，我们讨论了不可更新资源开采的一些“准可持续”的经验。

从政策的角度来看，最优的配置价格不能保证可持续规模，也不能保证收入的公平分配。达到可持续规模、公平分配和高效配置是三个不同的问题。当然这三个问题不是孤立的，但解决其中一个问题并不能同时解决其他的问题。一般来说，实现三个不同的目标需要三种不同的政策手段。通过生态经济学家推崇的限额和交易体系可以阐明这一点。需要合理顺序的三种政策行动。第一，设置可持续规模的数量限制，即将以前无限制或免费的物品看做是稀缺性物品，并且其使用规模也是有限制的；第二，新的稀缺性物品或权利是一种有价值的资产——谁拥有它？确定谁拥有它是一个公平分配问题；第三，在政治上做出规模和分配决策后，就可以通过自由交易实现有效的市场配置。

增长将我们从“空”的世界推向“满”的世界，正如我们已经讨论过的那样，自然资本而不是人造资本，将日益成为生产的限制因素。例如，今天的捕鱼业已经不受渔船等人造资本的限制，而受互补性的自然资本——大海中鱼类的数量限制。在“满”的世界里经济规律仍然一样——限制因素需要有效地利用和投资。限制因素从人造资本变为剩余的自然资本，有效利用的方式和政策也必须相应地改变。因此，为判断环境物品和服务是市场物品还是公共物品，从存量一流量和资本一服务的维度研究它们的属性（具有竞争性还是非竞争性，具有排他性还是非排他性）就十分重要。

在社会优先确定分配和规模问题后，而且在分析的物品具有竞争性和排他性情况下，生态经济学也认为配置效率的常规分析是正确的。虽然主要的差别是对规模的关注，这种差别也引起了对经常忽略的分配问题更多的关注，即资源基础的代际分配以及人类和其他物种（多样性物种）的太阳能分配。随着越来越多的重要资源不再是免费物品而由市场配置，市场配置下的分配是否公平越来越关键。一旦增长的规模变得不经济，就不能作为解决贫困的方法。减少贫困要求提高共享。争论的问题还有：自然资本和人造资本是替代品还是互补品，物质吞吐量和 GNP 的耦合度，GNP 和福利的耦合度。

有一个问题本书没有明确地说明，但学生们一定会问到：经济系有时讲授的资源经济学或环境经济学与生态经济学有什么关系？区别在于前者是新古典主义经济学的分支；他们只关注配置效率，不把规模作为一个问题，也没有吞吐量的概念。资源经济学处理采掘业中劳动力和资本的配置效率。它提出了很多有用的概念，在本书中也使用了一些，如稀缺租金和使用者成本。同样，环境经济学也关注配置效率以及污染的外部性怎样影响配置效率。当然，通过庇古税或定义完备的可实施的产权（见第十章介绍的科斯定理）来内生外部性的概念非常有用，我们也已经讨论过。不过，资源经济学和环境经济学的目标是通过恰当的价格实现高效配置，而不是可持续规模。

生态经济学通过吞吐量的概念了解了真实世界中枯竭与污染的关系，从而与资源经济学和环境经济学联系起来。这里对引起枯竭、污染和熵退化的经济活动对余下的生态系统的影响，以及余下的生态系统的反馈进行了详细的探讨。另外，还研究了支配包容性生态系统的基本原理（能量流动、物质循环、生态系统结构和功能），从而至少部分地集成了经济学与生态学。

最后坚持要以政策为指导，这需要承认并捍卫政策的逻辑前提，即非决定论和非虚无论。事物确实有可能变得不同于他们自身，我们也确实可从世界状态中区别出好坏。要不是这样，我们写这本书和你读这本书就没什么意义了。

术语解释

非生物资源(Abiotic resource):不可再生的非生命资源,包括石油、矿产、水、土地、太阳能。

绝对优势(Absolute advantage):如果一个国家生产某种商品的绝对成本低于其贸易伙伴,则该国具有生产该种商品的绝对优势;如果一个国家生产某种商品的成本相对于生产其他商品的成本比其贸易伙伴要低,那么不管绝对成本如何,该国都具有生产这种商品的比较优势(Comparative advantage)。

吸收能力(Absorptive capacity):见"废物吸收能力(waste absorption capacity)"。

适应性管理(Adaptive management):一条基本的政策原则,当条件变化或得到新的信息时,政策也要随之变化。

综合宏观经济学(Aggregate macroeconomics):从关键的总体变量角度研究经济,例如货币供给、总价格水平、利率、总消费和投资、进出口等。传统经济学主要关注 GDP 的增长率,相反,生态经济学力求停止物质增长,同时保持或改善社会福利。

配置(Allocation):给不同的商品和服务的生产分配资源的过程。新古典经济学主要将市场作为配置机制,生态经济学认为市场只是一种可能的配置机制。

不对称信息(Asymmetric information):指买主或卖主一方拥有,而另一方没有的信息。这种信息影响交换商品或服务的价值。

同际收支(Balance of payments):经常账户(出口减去进口)和资本账户(流入本国的资本减去流出本国的资本)之和。

实物交易(Barter):不用货币作为交易媒介,商品或服务的直接交换。这种交易很不方便,因为交易双方互惠的需求不太容易一致。

基本市场方程(Basic market equation):$MUxn/MUyn=Px/Py=MPPay/MPPax$,其中:$MU$ 表示商品 x 或 y 对个人 n 的边际效用,MPP 表示要素 a 用于生产商品 x 或 y 时的边际物质产量。

生物资源(Biotic resource):一种有生命的资源,例如树、鱼和牛(生态系统结构的基本要素),以及它们所提供的资本—服务功能,例如气候调节、水调节和废物吸收能力(生态系统功能或生态系统服务)。

布雷顿森林体系(Bretton Woods Institutions)(国际货币基金组织和世界银行,IMF and World Bank):1945 年成立的全球性金融机构,为短期的国际贸易提供资金(国际货币基金组织)和为发展中国家的长期投资项目提供贷款(世界银行)。

资本账户(Capital account):测度本国的外资流入量和对国外的投资流出量。

承载力(Carrying capacity):开始是指给定面积的牧场能够维持牲畜的最大数量,后扩展到人口,指在给定的消费水平和技术条件下,给定的生态系统所能维持的最大人口数量。

单位作业捕获量假设(Catch-per-unit-effort hypothesis):作业、存量和收获量之间的线性关系假设。

循环流(Circular flow):由于每个人支出同时又是其他人相同数量的收入,收入返回来又会成为支出,所以货币和交换价值流可以循环,但物质要素和产品不能循环流动。

封闭系统(Closed system):只有能量输入和输出的系统,物质在系统内部循环但不流出系统。地球就近似于一个封闭系统。

科斯定理(Coase theorem):在完全竞争的市场条件下,只要产权明确(无论是将产权赋予污染者或污染受害者),并且交易成本为零,就能实现高效配置。

协同演化经济学(Coevolutionary economics):研究经济和环境的相互适应。经济活动引起环境变化,环境的变化反过来引起连续的协同演化过程中经济的进一步变化。

指令性管制(Command—and—control regulation):与通过价格或税收进行货币激励相反,断然禁止、采用配额或规范来进行管制。

比较优势(Comparative advantage):见"绝对优势(absolute advantage)"。

竞争市场(Competitive market):指对同质商品来说市场中有大量的买者和卖者。"大量"是指"有足够多的买者和卖者,任何一个买者或卖者都无法在市场上占显著的份额,从而不能影响市场的价格"。每个人都将价格作为一个参数(给定的条件),而不是变量(可变的事物),这种情况有时也称为价格的参数功能。

互补性(Complementarity):与可替代性"相反"商品或要素必须相当严格地结合利用,而不是相互替代。即使是替代品也有一定程度的互补性,除非是"完全"替代品。完全替代品是指,对所有实际应用目的而言,商品或因素都是同质的。

广义效率(Comprehensive efficiency):指从人造资本存量获得的服务与自然资本存量损失的服务的比值。

拥塞(Congestibility):非竞争性资产过度使用时发生的现象,一个人的使用开始干扰或降低对其他人服务的质量(例如拥挤的道路或拥挤的频率波段中其他电台的干扰)。

消费者剩余(Consumer surplus):对消费的某种商品,消费者愿意支付的最大价格与实际支付的余额。

条件估值(Contigent valuation):对额外增加单位某物品你愿意支付多少?或额外减少单位某物品你愿意接受多少补偿?通过询问被调查者这样的问题对非市场物品和服务的价格进行假设估计。

临界退偿(Critical depensation):**种群数量低于此值时必然走向灭绝,即使停止开发也不可能使其恢复。也称为"能生存的最小种群大小"。**

经常账户(Current account):测量当年实际商品和服务的国际贸易及转移支付。

防御性支出(Defensive expenditure):使自己避免他人生产或消费其他商品引起的不期望结果所发生的支出。也称作"可惜但必要的防御性支出"。

需求(Demand):商品的价格和以这个价格消费者会购买的商品数量之间的关系(相反的关系)。

决定论(Determinism):是一种哲学观,认为每件事或每个决定都是先前事件(如物质的、心理的、遗传的或环境条件)的必然后果,独立于人类的意愿和意图。

发展(Development)：指商品和服务质量的改进，根据给定的吞吐量提高人类福利的能力来定义。

级差地租(Differential rent)：见“租金(rent)”。

边际实物产量递减(Diminishing marginal physical product)：见“边际实物产量递减规律”。

边际效用递减(Diminishing marginal utility)：见“边际效用递减规律”。

贴现率(Discount rate)：在未来评估现在的一个比率，综合反映了当前的不确定性、生产力或纯时间偏好。见“跨时间折扣”。

反通货膨胀(Disinflation)：价格上升的速度减小。见“通货膨胀”。

分配(Distribution)：不同人之间收入或财富的分配。

翻番时间(Doubling time)：以恒定速率增长的种群，其种群数量翻番所需的时间。计算翻番时间的经验方法是用 70 除以现阶段增长的百分比率(举例来说，年增长率为 2% 的种群，每 35 年其数量会翻番)。

生态经济学(Ecological economics)：经济学和生态学的结合，经济被认为是地球生态系统的子系统，靠往返于更大系统的新陈代谢流量或吞吐量支撑。见“吞吐量”。

生态简化论(Ecological reductionism)：此观点认为人类经济与余下的生态系统完全受同样的规律或力量支配，所以没有必要将人类经济区分为一个子系统。

经济帝国主义(Economic imperialism)：此观点认为可给整个生态系统定价，所有价值都内生在价格中，所以计算出的价格是所有决策可靠的指导。

生态系统功能(Ecosystem function)：生态系统中新出现的现象，例如能量转移、营养循环、气体调节、气候调节和水循环。作为典型的新出现的属性，即使拥有最广泛的生态系统组成成分或生态系统结构的知识，也很难解释清楚生态系统功能。

生态系统服务(Ecosystem services)：对人类有价值的生态系统功能。生态系统具有紧密相连的属性，因此任何特定的生态系统功能都对人类有价值。也可见“资本—服务资源”。

生态系统结构(Ecosystem structure)：指构成生态系统的动植物个体和群落，它们的年龄、空间分布及当前的非生物资源。生态系统结构要素的相互作用创造了生态系统功能，是巨大的复杂系统新出现的属性。

有效配置(Efficient allocation)：见“帕累托有效配置”。

效率原因(Efficient cause)：一种转化的媒介，例如劳动力或设备，见“资本—服务资源”和“物质原因(material cause)”。

弹性(Elastivity)：价格的变动引起的需求(供给)量的变动，用数量的变化率除以价格的变化率来计算。

熵的耗散(Entropic dissipation)：构成所有人造物品的物质逐渐消蚀和消散到环境中，这是一种从低熵的有用物到高熵的废弃物的单向流动。

熵(Entropy)：见“热力学第二定律(Second Law of Thermodynamics)”。

环境经济学(Environmental economics)：新古典经济学的一门分支学科，它研究解决如污染、负的外部性、非市场环境服务的估值等环境问题。大体上说，环境经济学集中研究有效配置，并接受新古典经济学的分析前的愿景：认为经济系统就是整个系统，而不是全球生态系统包含和支撑的子系统。

等边际最大化原则(Equimarginal principle of maximization)：也是“何时停止”准则。是指消费者的满意度和效用达到最大化的配置点。在该点上，在每种商品上花费一美元产生的边际效用都相等。当边际效用相等时，不可能通过重新分配支出增加总效用。

汇率(Exchange rate)：某国货币与他国货币的兑换比例。汇率可以由中央银行固定，还可以随每天的供给和需求浮动，或者是二者的组合。

交换价值(Exchange value)：指商品交换其他商品的能力，与使用价值相对。

排他性(Excludability)：靠强制允许所有者排斥其他人使用其资产的法律概念。让某种资产具有排他性往往需要一种制度，但是有些资产本身具有非排他性(例如臭氧层)。如果资产是竞争的(物质财富)，那或多或少就具有排他性。如果某种资产是非竞争的，就很难具备排他性，但有时候是可能的，例如专利。

指数增长(Exponential growth)：以一个恒定的百分比速率增长(具有恒定的翻番时间)。指数增长能快速达到巨大的数量。

外部性(Externality)：一方的活动对他方的福利无意识地造成了有利或不利的影响，但不需要对此支付报酬或进行补偿。

组成谬误(Fallacy of composition)：对部分为真，那么对整体也必然为真，反之亦然。

错置具体感的谬误(Fallacy of misplaced concreteness)：误把地图当成领土，不注意主题的抽象程度。特别是得结论时的抽象(或具体感)状态与引导主题的抽象状态(具体背景和条件)不同时，容易犯这种错误。

联邦储备银行(Federal Reserve System)：美国地区中央银行组成的调节系统，它通过开放的市场操作，改变贴现率，改变必要的储备比率影响利率和货币的供给。

热力学第一定律(First Law of Thermodynamics)：物质和能量既不能创造也不能毁灭。

财政政策(Fiscal policy)：通过管理政府的开支和税收影响GDP、就业、利率和通货膨胀。

固定汇率体制(Fixed exchange rate regime)：一国的货币价值与另一个国家的货币价值(通常是美元)绑定的体制。

弹性汇率体制(Flexible exchange rate regime)：一国的汇率是由全球对该国货币的供给和需求确定的，中央银行没有直接的作用。

浮动汇率体制(Floating exchange rate regime)：见“弹性汇率体制”。

化石燃料(Fossil fuels)：石油、煤、天然气。由生物原料经过数个地质时代形成的燃料，但现在是作为一种不可更新的非生物资源。

部分准备金制度(Fractional reserve banking)：保留存款的一小部分作为准备金，这样银行就可以贷出其中的差额。由于将活期存款算做货币，所以这允许私营银行制造货币。

搭便车者(Free rider)：享受公共物品的利益但没有支付公共物品供给和维护的成本份额。

资本一服务资源(Fund-service resources)：不会以物质的形式转变为产品的资源(效

率原因)；只能以一定的速率利用；生产力用单位时间的产出来衡量；不能被储存；只能磨损，而不能用尽。见“存量一流量资源”。

一般均衡模型(General equilibrium model)：认为经济是一个巨系统，由数千个同时平衡供给和需求的方程组成，通过求其均衡解来确定每一种商品价格和数量。

基尼系数(Gini coefficient)：特定人口中财富和收入分配不平等的测量指标。基尼系数为 1 表示完全不平等(一个人拥用所有物品)，系数为 0 表示分配完全平等。

全球化(Globalization)：通过自由贸易、自由货币流通、更容易移民来实现全球经济一体化。为经济目的有效地消除了国家的边界限制。见“国际化”。

国民生产总值(Gross national product, GNP)：当年由家庭、政府和外国人(从国外的净购买)购买的最终商品和服务的市场价值。也指给定年份的每个生产阶段劳动力和资本附加到原材料上的价值总和。

增长(Growth)：大小或吞吐量的数量上的增加。

霍特林法则(Hotelling rule)：指持有地下资源(其预期价格上升)的边际利润率一定等于现在开发并将利润全部投入再生产的利润率。

Hubbert 曲线(Hubbert curve)：描述随时间变化不可更新资源累积开采状况的曲线。每年曲线的垂直距离就是当年的总开采量。曲线下方的总面积表示总储量。典型的曲线是钟形的，从 0 开始上升达到最大后，再降到表示资源枯竭的 0。

人类需求评价(Human needs assessment)：福利的多维概念，它超越了收入和财富，包括能力、地位和其他存在的类别。

双曲线型贴现(Hyperbolic discounting)：指赋予现在发生的事比不久的将来发生的事更多的权重，而更远的未来中不同时间发生的同样结果几乎是无差异的。实证研究表明，双曲线型贴现比指数贴现更能反映人类的心理规律。

恶性通货膨胀(Hyperinflation)：每月的通货膨胀率超过 50%。

不可剥夺原则(Inalienability rule)：指如果赋予一个人某种权利，无论怎样都不允许任何人以任何理由剥夺他的这种权利。

收入(Income)：给定时期内某团体能够消费的最大数量，在下个相同的时间段内仍然可以拿出相同的数量。换句话说，就是在不降低生产能力，即不减少资本的情况下能够消费的最大数量。

独立可转让配额(Individual transferable quotas, ITQs)：见“可转让配额”。

通货膨胀(Inflation)：价格水平的普遍上涨(不是指高价的状态，而是指涨价的过程)。

国际化(Internationalization)：国家之间，不同国家公民之间的关系越来越密切。国家仍然是最基本的社区和政策单元，在一定程度上控制着贸易、资金流动和移民。各国经济相互依赖，但不是整合在一起。见“全球化”。

国际复兴开发银行，世界银行(International Bank for Reconstruction and Development, World Bank)：1945 年在美国新罕布什尔州的布雷顿森林镇创立的一个由其成员国组成的国际性金融机构。其成立的最初目的是为发展中国家提供长期贷款以促进其发展，但最近几十年已经偏离了它的宪章。

国际货币基金组织(International Monetary Fund ,IMF):1945 年在美国新罕布什尔州的布雷顿森林镇创立的一个由其成员国组成的国际性金融机构。其成立的最初目的是为短期的贸易支付差额融资以促进国际经济的稳定,但最近几十年已经偏离了它的宪章。

跨时配置(Intertemporal allocation):对同一类人(同代)不同人生阶段的资源配置。

跨时贴现(Intertemporal discounting):系统地对未来的成本和收益进行加权处理折算成现值(比当前同样数量的成本和收益价值要小)的过程。

跨时分配(Intertemporal distribution):资源在代际间(不同的人)的分配。

可持续经济福利指数(Index of Sustainable Economic Welfare, ISEW):通过调整个人消费来计算,包括各种对可持续性或福利有正的或负的影响的因素,例如自然资本的枯竭、收入分配不公平程度的增加、防御性支出等。

IS-LM 模型(IS-LM model):一个两部门的一般均衡模型,展示了物质和金融部门如何通过相互作用来确定国家收入和利率。

孤立系统(Isolated system):指既不能输入也不能输出物质和能量的系统。

边际实物产量递减规律(Law of diminishing marginal physical product):生产者在生产过程中连续增加一个可变要素,而其他要素保持不变,随着可变要素的增加,其单位额外产量都会减少(即总产量以减少的速率增加)。有时候也称为利润递减规律。

边际效用递减规律(Law of diminishing marginal utility):当连续消费某商品时,新增消费单位商品带来的满足感在减少(即总满足感增加,但增加率在减少)。如果边际效用增加或不变,消费者会将其所有收入花费在一种商品上。

熵法则(Law of entropy):见“热力学第二定律”。

边际成本递增规律(Law of increasing marginal cost):为提供更多的产品,生产者必须使用质量较低或者价格较高的资源(生产要素),因此增加生产的单位产品的成本大于以前生产的单位产品的成本。

债务原则(Liability rule):一种权利原则,拥有者有干涉他人或不受他人干涉的自由,但必须为此进行补偿。

线性吞吐量(Linear throughput):见“吞吐量(throughput)”。

流动性偏好(Liquidity preference):为满足不可预见的交易需求,避免不方便的实物交易,一般偏好持有能自由转化为货币的资产形式。

流动性陷阱(Liquidity trap):在需求不足的情况下,降低利率刺激经济增长的失败。

洛仑兹曲线(Lorenz curve):描绘人口累积百分比与这部分人口占有的总收入累积百分比之间关系的曲线,它说明收入分配的公平或不公平程度。

宏观配置(Macro-allocation):资源在市场和非市场的物品和服务间的配置。

边际成本(Marginal cost):生产过程中增加生产单位商品引起的总成本增量。

边际外部成本(Marginal external cost):经济主体增加“单位”活动引起的负部性对社会的成本。

边际开采成本(Marginal extraction costs):多开采地下的单位资源所引起的总成本的增量。

边际收益(Marginal revenue):多卖单位商品获得的总收入增量。

边际使用者成本(Marginal user cost):增加单位自然状态的资源的价值。在完全竞争的条件下,理论上边际使用者成本等于资源的价格减去边际开采成本。

边际效用(Marginal utility):增加消费单位商品或服务增加的愉快或满足感。

物质原因(Material cause):生产过程中转化的资源。见"存量一流量资源"和"效率原因"。

唯物主义(Materialism):一种哲学观,认为物质(它的运动和变化)是唯一的客观实在,宇宙中的所有事物包括思想、感觉、精神、意愿和目的都可以用物质规律解释。

人类需求矩阵(Matrix of human needs,Max—Neef):根据人类基本价值存在的基本维度所作的交叉分类,比抽象概念"效用"能更丰富、更详细地描述福利。

最大可持续产量(Maximum sustainable yield):被开发种群的每种水平都有一个增长率,按此增长率开发可以确保种群数量在随后的年份中不缩减。这些水平中有一个种群水平的可持续产量是最大的。然而,一般来说生物学上的最大可持续产量与经济学上的最优产量并不相等。

微观配置(Micro—allocation):在私营部门内的资源配置,与在私营和公共部门之间的配置相对应,见"宏观配置(Macro—allocation)"。

矿物资源(Mineral resource):有用的要素或混合物,例如铜、铁、石油等一类的非生物资源。

能生存的最小种群大小(Minimum viable population):低于此数量水平的种群将不能恢复,而只能逐渐减少直到灭绝。见"临界退偿"。

货币政策(Monetary policy):通过控制货币供给影响利率、GNP、就业和通货膨胀。

货币(Money):核算的单位、交换的媒介以及价值的储存。货币可以是供给受它的真实生产成本限制的商品(黄金);也可以是某种符号(法定货币),其供给由政府当局和社会习俗决定。

垄断者(Monopoly):某种商品唯一的销售者。

道德风险(Moral hazard):对风险进行保险可能使保户懈怠预防从而增加了风险的发生率。

多级价格(Multi—tier pricing):对不同的使用者或在不同的时间索要不同的价格。

自然资本(Natural capital):由自然(生物的或非生物的)提供的存量或资本,在未来可提供要么是自然资源,要么是自然服务的有价值流量。

自然红利(Natural dividend):收获可更新资源中不劳而获的收益。由于是自然而不是人类工业生产了可更新资源,所有"正常的"利润(包含在总成本中)之上的利润都是不劳而获的,自然红利等于总收益减去总成本。

新古典经济学(Neoclassical economics):当前主流的经济学学派。其主要特征体现在:开发了价值的边际效用理论、致力于开发数学上的一般均衡模型、采用自由放任的方法、认为自由市场和无形的手是配置资源的最佳方法,从而贬低了政府的作用。

净现值(Net present value):产生将来的净收入流当前所需要的货币数量。

虚无主义(Nihilism):在伦理学方面拒绝承认道德价值中的所有差异和所有的道德理论。认为没有什么事物会比其他事物更好,或"任何事物都差不多"。

非排他性资源(Nonexcludable resource):没有任何现存的制度或技术能够使其具有排他性的资源。

非市场价值(Nonmarket value):人们认识到有价值,但通常没有用价格表达的价值,因为它目前通常没有,或不能在市场中进行交易。

非价格调整(Non—price adjustments):通过广告调节商品的需求,或通过研究和开发调节商品的供给。这些是在不调节价格的情况下满足"基本市场方程"的方式。

不可更新资源(Nonrenewable resource):对人类有用的低熵物质或能量,以固定存量的形式存在,其数量随时间推移而下降。包括矿物资源、化石燃料和化石蓄水层。因为淡水在水文过程中进行自然循环,所以没把它归为不可更新资源。

非竞争性资源(Nonrival resource):一人利用不会影响其他人利用的资源。

正常利润(Normal profit):企业主投入企业中的时间和资金的机会成本(即某人在下一个最优选择方案中靠投入的时间和资金可能赚取的利润)。

开放式(Open access):一种可自由开发的资源,没有谁被排除在外,例如公海渔业。

开放系统(Open system):一个输入、输出物质和能量的系统。经济系统就是开放系统。

机会成本(Opportunity cost):指做出一种选择所放弃的最佳替代方案的收益。举例来说,一个农夫砍倒一片森林来扩大自己的耕地,假定这块土地除耕种外,最佳利用的结果就是生产出失去的木材、薪柴和水净化功能,那么失去的木材、薪柴、水净化功能的价值就是耕地扩大的机会成本。

宏观经济的最佳规模(Optimal scale of the macroeconomy):随规模的进一步扩大,不断增加的边际社会和环境成本与不断减少的生产的边际收益相等时,就达到了宏观经济的最佳规模。超越最佳规模的增长是不经济的,即使按惯例仍把这样的经济扩张称为"经济增长"。

节俭悖论(Paradox of thrift):总的来说,如果每个人都增加储蓄率,就会导致消费减少、失业率增加和总收入降低。人们将更高比例部分的收入用于储蓄,这样增加了储蓄率但降低了总收入,因此实际储蓄比以前减少了。

帕累托有效配置(Pareto efficient allocation):当不存在另外一种能在不损害其他人福利的情况下改善至少一人福利状况的资源配置方式时,就达到了帕累托有效配置。也称为"帕累托最优"。

帕累托最优(Pareto optimum):见"帕累托有效配置"。

庇古补贴(Pigouvian subsidy):见"庇古税"。

庇古税(Pigouvian tax):设计成等于生产某种商品的边际外部成本的税收。这种税收加上测量边际私人成本的价格就测量了边际社会成本,从而内生了开始的外部成本。如果最初存在外部收益,就应该给生产者支付庇古补贴。

补充原则(Principle of subsidiarity):一项基本的政策原则,政策制定单元的范围必须与政策所处理问题的因果范围一致。

替代性原理(Principle of substitution):在提供消费者效用上(或在生产过程中),假设一种商品或服务(或生产要素)能替代另一种商品或服务(或生产要素)。理论上的效用函数和生产函数经常表现出这种特性，实际上很多商品、服务或生产要素都是互补的而不是可替代的。见“替代性”和“互补性”。

生产者剩余（producer surplus）：生产者出售全部产品的价格（等于生产最后一单位产品的边际成本）与较低的生产其他单位产品的边际成本之差。

生产函数（Production function）：一个生产的“处方”，描述确定的投入如何组合提供确定的产出或产品。

所有权法则（Property rule）：一种权利法则，持有者可自由干涉其他人或阻止其他人的干涉。

公共危害品（Public bad）：一些具有非竞争性、非排他性和不期望的事物。

公共物品（Public good）：具有非竞争性、非排他性，公众期望的资源。因为具有非排他性，所以追逐利润的企业不会生产它。因为具有非竞争性，其他人利用它的边际成本是零，所以它的有效价格也是零。公共物品应该由政府或其他社会机构集体供给。

纯时间偏好率（Pure time rate of perference）：当前和将来对商品的偏好比率，这与生产力无关。

可更新资源（Renewable resource）：一种能再生的有生命的资源，如果以可持续的方式开采，它可以永恒地增长，并为经济过程提供原材料。

租金（Rent）：最低供给价格（生产成本）以上的支付。因为土地的生产成本是零，所以土地的所有支付都是租金。如果工资更低，劳动者还会做这项工作，那么劳动者的工资中有部分就是租金。即使一年只赚取一百万美元，**Tiger Woods** 仍打高尔夫球，那么他赚取的超过一百万后的收入就是租金。生产者剩余也是租金的一个例子。

李嘉图土地（Ricardian Land）：土地被视为一种范围，表面区域，支撑东西的底层土。（即土地的“不可毁灭”特征，不包括土地的肥沃程度和地下矿产）。

风险（Risk）：某件事情发生的可能性（相关频率）。风险是可保险的，见“不确定性”。

竞争性（Rivalness）：某些资源的内在特性，即一个人对其的消费或使用会减少其他人可利用的数量。

特许开采权利金（Royalty）：为获得开采某种资源的权利，向资源所有者支付的费用。在竞争市场中，理论上单位特许开采权利金应该等于使用者的边际成本。

萨伊定律（Say's law）：供给自己创造需求。在生产中，对生产要素的支付加上剩余利润，确实产生了足够购买总产品的收入。

规模（Scale）：经济子系统相对包含和支撑它的生态系统的物理大小。可用人口或人造商品总量这样的存量维度来衡量，也可从维持存量所需的吞吐量这样的流量维度来衡量。

稀缺租金（Scarcity rent）：见“租金”。

热力学第二定律（Second Law of Thermodynamics）：指孤立系统只能向熵增加的方向发展。虽然物质和能量数量上守恒（第一定律），质量却不守恒。熵就是质量的测量，它是测量利用程度、结构随机性或物质和能量的可用性的基本物理手段。假定宇宙是一个孤立系统，依据热力学第二定律，宇宙自然的趋势是走向“混乱”而不是“有序”。用日常用语来说，事物总是趋于混乱而离散，不会自动整齐归类。

货币铸造税(Seigniorage):发行货币自然产生的收益,由于在交易中发行者仅用象征性货币得到真实的商品和服务,而其他人则要放弃真实财产而得到货币用来交换其他财产。这是一个财富从公众转移到货币发行者的过程,货币的交换价值减货币的制造成本(可忽略不计的)就是货币铸造税,有时这个术语仅指从制造的这些货币中得到的利息。

汇(Sink):接纳吞吐量中废物流的那部分环境。如果废物流在其承载能力范围内,汇可以通过生物化学循环将废弃物转化为有用的资源。

社会贴现率(Social discount rate):未来价值折算成现值采用的比率,与个人的价值判断相对应,它反映社会集体的伦理判断。

太阳能(Solar energy):来自太阳的辐射能量,是支撑人类生命和财富的低熵的长久来源。

源(Source):环境的一部分,它为经济生产提供组成吞吐量的有用原材料,最终以废弃物的形式返回环境的汇。

稳态经济(Steady—state economy):经济被视为一个与支撑它的生态系统/生物圈保持动态平衡的子系统,其基本目标是用质的发展或改进来取代数量的增长。

稳态子系统(Steady—state subsystem):见"稳态经济"。

存量—流量资源(Stock—flow resources):资源从物质上转化为所制造的产品(物质原因);它能以任何期望的速率利用(取决于转换可用的资本—服务资源);它们的生产力以转化生产的物质数量来衡量。它们能储存,用尽但不会磨损。见"资本—服务资源"。

补贴(Subsidy):做某件事的奖金或报酬,与税收相反。

替代性(Substitutability):一种要素(商品)替代其他要素(商品)的能力,与"互补性"相反。没有完全的可替代性,替代得越多带来的满意度就越小(会越多地感受到互补的力量)。可以认为商品和要素是在完全替代品到完全互补品这样的连续统一体中变化的。

供给(Supply):商品价格与每种价格条件下提供的商品数量之间的关系。

可持续产量(Sustainable yield):对于被开发的种群,在保证以后总量不会减少的情况下所能开发利用的数量;等于现有存量的增长率。见"最大可持续产量"。

热力学(Thermodynamics):物理学的一个分支,它告诉我们物质和能量既不能创造也不能消灭。整个系统中熵总是不断增加的。它是物理学中与经济联系最密切的分支,因为它有助于揭示稀缺性的物理根源。

吞吐量(Throughput):来自全球生态系统低熵源(矿物、油井、鱼类、耕地)的原材料和能量流经过经济系统后,又以高熵的废物流返回到环境(大气、海洋、垃圾堆积站)中。

商业上的总可捕量(Total allowable commercial catch,TACC):每年或每季限制的捕鱼总数的总配额。配额可以以不同方式在个体中分配。

可交易许可证(配额)(Tradeable permits(quotas)):以某种方式在个体间划分的总配额的份额,人们有权利相互买卖各自的配额。

交易成本(Transaction cost):进行一项交易的成本,包括法律成本,收集信息、确定利益团体的成本和讨价还价的时间成本等。

货币交易需求量(Transaction demand for money):包括日常交易使用的货币量,不可预见的交易量,避免不方便的实物交易或非流动性资产转变为货币的延误所需的货币量。

最终目标(Ultimate end):能模糊地感知到,但却是逻辑上必需的排序原则,参考它可以排列中间目标。

根本手段(Ultimate means):低熵的物质或能量,包括太阳能流和地球上的存量——我们需要它们来服务于我们的目标,但我们自己无法创造而只能从自然中获得它们。

不确定性(Uncertainty):也许知道结果的可能范围,但是不知道结果的分布概率。不确定性不能保险,见"风险"。

不经济的增长(Uneconomic growth):引起的成本超过创造的价值的宏观经济增长。在这种情况下,进一步的扩张将引起生态系统服务的损失,损失的服务的价值高于经济扩张的额外生产收益。

失业(Unemployment):通常指非自愿的失业。没有工作但正积极寻找工作的劳动力的数量或比例。

使用价值(Use value):为了预期的目的使用某种商品产生的实际服务和效用,与它的交换价值(交换其他商品的能力)相对。

使用者成本(User cost):未来某天不能使用自然资源的机会成本,原因在于现在耗尽了资源,没有将资源保持在自然状态。

效用函数(Utility function):不同的商品数量和组合与消费这些商品数量和组合给消费者带来的效用和满意度之间的心理关系。

虚拟财富(Virtual wealth):与货币铸造税相似,是 **Frederick Soddy** 提出的概念。社区为持有货币而自愿放弃持有的真实资产的总价值。由于个人可以轻易地将其持有的货币转变为真实财产,所以会将其持有的货币算为财富。但作为一个整体,社区不可能将货币全部转化为财富,因为最终会有些人要持有货币("组成谬误")。因此,货币财富是"虚拟的"。

废物吸收能力(Waste absorption capacity):生态系统通过太阳能量驱动的生物化学循环吸收并将废物重新转化成可用资源的能力。这种能力是一种可更新资源,若超过其承受范围就会破坏这种能力,也可在可持续的范围内利用这种能力。

福利(Welfare):欲望得到满足或享受人生的一种精神状态,是一种体验而不是一种事物,是经济活动的基本原因。

世界银行(World Bank):见"国际复兴开发银行(**International Bank for Reconstruction and Development**)"。

世界贸易组织(World Trade Organization ,WTO):关贸总协定的继任组织,寻求国际化贸易和投资自由化以推进全球化进程。

推荐书目

第一部分　生态经济学导言

Costanza, Robert (ed.). 1991. *Ecological Economics: The Science and Management of Sustainability*. New York: Columbia University Press.

Costanza, Robert, Charles Perrings, Cutler J. Cleveland (eds.). 1997. *The Development of Ecological Economics*. Cheltenham, U.K.: Edward Elgar.

Daly, Herman, and K. Townsend (eds.). 1993. *Valuing the Earth: Economics, Ecology, Ethics. Cambridge*, MA: MIT Press.

Faber, Malte, Reiner Manstetten, and John Proops. 1998. *Ecological Economics: Concept and Methods*. Cheltenham, U.K.: Edward Elgar.

Gowdy, John. 1994. *Coevolutionary Economics: Economy, Society, and Environment*. Boston: Kluwer Academic Free Press.

Martinez—Alier, Juan. 1987. *Ecological Economics*. Oxford, U.K.: Basil Blackwell.

Meadows, Donella H., et al. 1992. *Beyond the Limits: Confronting Global Collapse, Envisioning a Sustainable Future*. Post Mills, VT: Chelsea Green Publishing Co.

Nadeau, Robert L. 2003. *The Wealth of Nature: How Mainstream Economics Has Failed the Environment*. New York: Columbia University Press.

Norgaard, Richard. 1984. "*Co—Evolutionary Development Potential*." Land Economics 60(May): 160～73.

Krishnan, Rajaraman, Jonathan M. Harris, and Neva R. Goodwin (eds.). 1995. *A Survey of Ecological Economics*. Washington, DC: Island Press.

Schumacher, E. F. 1974. *Small Is Beautiful: Economics As If People Mattered*. New York: Harper & Row.

Wackernagel, M. 2002. "Tracking the Ecological Overshoot of the Human Economy." *Proceedings of the National Academy of Science* 99(14) (July 2002): 9266～9271.

第二部分　包容性和支撑性的整个生态系统

Cohen, Joel H., 1995. *How Many People Can the Earth Support?* New York: W. W. Norton.

Georgescu—Roegen, Nicholas. 1971. *The Entropy Law and the Economic Process*. Cambridge, MA: Harvard University Press.

Georgescu—Roegen, Nicholas. 1976. *Energy and Economic Myths*. New York: Pergamon Press.

Hall, Charles, Cutler Cleveland, and Robert Kaufmann. 1986. *Energy and Resource Quality: The Ecology of the Economic Process*. New York: John Wiley and Sons.

Hay, Peter. 2002. *Main Currents in Western Environmental Thought*. Bloomington: Indiana University Press. (See especially Chapter 8 on economics.) Boston: Beacon Press.

Hokikian, Jank. 2002. *The Science of Disorder: Understanding the Complexity, Uncertainty, and Pollution in Our World*. Los Angeles: Los Feliz Publishing.

Kauffman, Stuart. 1995. *At Home in the Universe*. Now York: Oxford University Press. (A good introduction to complexity theory.).

Meffe, Gary, et al. 2002. *Ecosystem Management: Adaptive Community—Based Conservation*. Washington, DC: Island Press.

Miller, G. Tyler. 1994. *Living in the Environment: Principles, Connections, Solutions, 8th ed*. Belmont, CA: Wadsworth.

Odum, Eugene. 1997. Ecology: A Bridge Between Science and Society, 3rd ed. Sunderland, MA: Sinauer Associates.

第三部分　微观经济学

Barnett, Harold, and Chandler Morse. 1963. *Scarcity and Growth: The Economics of Natural Resource Availability*. Baltimore: John Hopkins University Press.

Bollier, David. 2002. *Silent Theft: The Private Plunder of Our Common Wealth*. New York: Routledge.

Brekke, Kjell Arne, and Richard B. Howarth. 2002. *Status, Growth, and the Environment: Goods as Symbols in Applied Welfare Economics*. Cheltenham, U. K.: Edward Elgar.

Devarajan, S., and A. Fisher. 1981. "*Hotelling's Economics of Exhaustible Resources 50 Years Later*." Journal of Economics Literature 1 (March).

Heal, Geoffrey. 2000. *Nature and the Marketplace: Capturing the Value of Ecosystem Services*. Washington, DC: Island Press.

Page, Talbot. 1977. *Conservation and Economic Efficiency*. Baltimore: Johns Hopkins University Press.

Perrings, Charles. 1987. *Economy and Environment: A Theoretical Essay on the Interdependence of Economic and Environmental system*. Cambridge, U. K.: Cambridge University Press.

Price, Colin. 1993. *Time, Discounting, and Value*. Oxford, U. K.: Blackwell Publishers.

Smith, V. Kerry (ed.). 1979. *Scarcity and Growth Reconsidered*. Baltimore, MD: Johns Hopkins Press.

第四部分 宏观经济学

Binswanger, Hans Christoph. 1994. *Money and Magic: A Critique of the Modern Economy in the Light of Goethe's Faust*. Chicago: University of Chicago Press.

Cobb, Clifford, John Cobb, et al. 1994. *The Green National Product: A Proposed Index of Sustainable Economic Welfare*. New York: University Press of America.

Collins, Robert M. 2000. *More: The Politics of Growth in Postwar America*. New York: Oxford University Press.

Ekins, Paul, and Manfred MaxNeef (eds.). 1992. *Real－Life Economics: Understanding Wealth Creation*. New York: Routledge.

Greider, William. 1987. *Secrets of the Temple: How the Federal Reserve Runs the Country*. New York: Simon & Schuster.

Heyck, Denis Lynn Daly. 2002. *Surviving Globalization in Three Latin American Communities*. Toronto: Broadview Press.

Hueting, Roefie. 1980. *New Scarcity and Economic Growth*. North Holland: Netherlands Central Bureau of Statistics.

Socolow, R., et al. (eds.). 1994. *Industrial Ecology and Global Change*. New York: Cambridge University Press.

第五部分 国际贸易

Culberson, J. M. 1971. *Economic Development: An Ecological Approach*. New York: Alfred A. Knopf.

Greider, William. 1997. *One World, Ready or Not: The Manic Logic of Global Capitalism*. New York: Simon & Schuster.

Kaul, I., I. Grunberg, and M. A. Stern (eds.). 1999. *Global Public Goods: International Cooperation in the 21st Century*. New York: Oxford University Press.

Korten, David C. 1995. *When Corporations Rules the World*. West Hartford, CT: Kumarian Press.

Mander, Jerry, and Edward Goldsmith (eds.). 1996. *The Case Against the Global Economy*. San Francisco: Sierra Club Books.

Pincus, Jonathan R., and Jeffrey A. Winters (eds.). 2002. *Reinventing the World Bank*. *Ithaca*, NY: Cornell University Press.

Rich, Bruce. 1994. Mortgaging the Earth: *The World Bank, Environmental Impoverishment, and the Crisis of Development*. Boston: Beacon Press.

Rodrik，Dani. 1997. *Has Globalization Gone Too Far*? Washington，DC：Institute for International Economics.

Sachs，Wolfgang. 1999. *Planet Dialectics*：*Explorations in Environment and Development*. New York：Zed Books.

Stiglitz，Joseph. 2002. *Globalization and Its Discontents*. New York：W. W. Norton.

Vandana，Shiva. 2000. *Stolen Harvest*：*The Hijacking of the Global Food Supply*. Cambridge，MA：South End Press.

第六部分 政 策

Barnes，Peter. 2001. *Who Owns the Sky*? *Our Common Assets and the Future of Capitalism*. Washington，DC：Island Press.

Booth，Douglas E. 1998. *The Environment Consequences of Growth*：*Steady－State Economics as an Alternative to Ecological Decline*. New York：Routledge.

Bromley，Daniel. 1991. *Environment and Economy*：*Property Rights and Public Policy*. Oxford，U. K.：Blackwell.

Brown，Lester R. 2001. *Eco－Economy*：*Building an Economy for the Earth*. New York：W. W. Norton.

Costanza，Robert，et al. (eds.). 1996. *Getting Down to Earth*：*Practical Applications of Ecological Economics*. Washington，DC：Island Press.

Crocker，David，and Toby Linden (eds.). 1998. *The Ethics of Consumption*，Lanham，MD：Rowman and Littlefield.

Daly，Herman. 1996. *Beyond Growth*：*The Economics of Sustainable Development*. Boston：Beacon Press.

Daly，Herman，and J. Cobb. 1994. *For the Common Good*：*Redirecting the Economy toward Community*，*the Environment*，*and a Sustainable Future*，*2nd ed*. Boston：Beacon Press.

Hamilton，Clive，2003. *Growth Fetish*. Crows Neck，NSW Australia：Allen & Unwin.

Jansson，AnnMari，et al. (eds.). 1994. *Investing in Natural Capital*：*The Ecological Economics Approach to Sustainability*. Washington，DC：Island Press.

Kemmis，Daniel. 1990. *Community and the Politics of Place*. Norman：University of Oklahoma Press.

Munasinghe，Mohan，Osvaldo Sunkel，and Carlos de Miguel (eds.). 2001. *The Sustainability of Long－Term Growth*：*Socioeconomic and Ecological Perspectives*. Cheltenham，U. K.：Edward Elgar.

作者简介

Herman E. Daly 是马里兰大学公共事务学院教授。1988～1994 年他在世界银行环境部任高级经济学家。在 1988 年之前，他是路易斯安那州大学的讲座教授，他在那里教授了 20 年的经济学。他在赖斯大学获得硕士学位，在范德比尔特大学获得博士学位。他曾作为福特基金访问教授访问了 Ceará 大学(巴西)，在耶鲁大学做过博士后，澳大利亚国立大学的客座研究员，还曾在巴西做过傅尔布莱特高级学者。他曾担任许多环境组织的主管，他是《Ecological Economics》杂志的联合创始人和副主编。他感兴趣的领域包括经济发展、人口、资源和环境等方面，已经在专业杂志和论文集上发表了上百篇的文章，另外，还出版了大量的著作，包括《走向稳态经济》(1993)，《稳态经济》(1977，1991)，《地球估值》(1993)，《超越增长》(1996)和《生态经济学与经济学的生态学》(1999)。他与神学研究者 John B. Cobb Jr 合作出版了《为了共同的利益》(1989，1994)，该书在 1991 年获得了 Grawemeyer 奖，表彰他改善世界秩序的观点。1996 年他获得了瑞典荣誉公民奖和由荷兰皇家艺术和科学学会颁发的 Heineken 环境科学奖金。1999 年由于在环境和发展领域的贡献，他被授予索菲奖金(挪威)，2002 年以在稳态经济方面的研究获得意大利共和国总统勋章。

Joshua Farley 在格林纳尔学院生物专业获得学士学位，在哥伦比亚大学获得国际事务的硕士学位并得到拉丁美洲研究证书，在康奈尔大学获得农业、资源和管理经济学的博士学位。在巴西利亚大学当研究员时，他第一次接触生态经济学这个跨学科的领域，尤其是 Herman E. Daly 的工作。生态经济学补充了他生物学、国际发展的学术背景以及他在欠发达国家工作、学习、旅行获得的广泛经验。在康奈尔学习后，他花了几年时间在澳大利亚昆士兰州远北的雨林研究中心教授生态经济学，开始是作为正式职工，后来担当了项目主管。他的教学强调跨学科性、解决问题的应用性，同时他的研究提供了丰富的具体案例，证明了未受管制的自由市场经济无法有效地、合理地配置生态资源。最近 4 年来，他在 Gund 生态经济研究所从事生态经济方面的工作，当研究所还在马里兰大学时他是行政主管，然后在佛蒙特大学做助理教授，现在他是社会发展和应用经济学系的助理教授。他目前工作将研究和教学结合起来，喜欢与非政府组织、社会团体和地方政府合作，创立跨学科的应用工作组和开设生态经济学领域的野外实习课程。

索　引*

* 页码中的 n 表示注解。

H

I

M

O

P

Q

R

S

T

U

V

W